Rahel Jaeggi / Daniel Loick (Hg.)
Karl Marx – Perspektiven der Gesellschaftskritik

Deutsche Zeitschrift für Philosophie

Zweimonatsschrift der internationalen philosophischen Forschung

Sonderband 34

Rahel Jaeggi / Daniel Loick (Hg.)

Karl Marx – Perspektiven der Gesellschaftskritik

Akademie Verlag

Lektorat: Mischka Dammaschke
Herstellung: Christoph Neubarth
Einbandgestaltung: hauser lacour

Bibliografische Information der Deutschen Nationalbibliothek
Die Deutsche Nationalbibliothek verzeichnet diese Publikation in der Deutschen Nationalbibliografie; detaillierte bibliografische Daten sind im Internet über http://dnb.d-nb.de abrufbar.

Library of Congress Cataloging-in-Publication Data
A CIP catalog record for this book has been applied for at the Library of Congress.

www.degruyter.de/akademie
Ein Unternehmen von De Gruyter

Dieses Papier ist alterungsbeständig nach DIN/ISO 9706.

ISBN 978-3-05-006321-8
eISBN 978-3-05-006522-9

Inhaltsverzeichnis

II. Ökonomie

III. Politik

Rahel Jaeggi, Daniel Loick

Philosophie, Ökonomie, Politik: Einleitung

Philosophie, Ökonomie und Politik sind die drei wichtigsten Koordinaten, welche das Werk von Karl Marx markieren. Diese Begriffe stellen aber nicht etwa thematische Rubriken oder Disziplinenunterscheidungen dar, sondern bilden theoretische Kategorien, die zueinander in einem Negations- oder Kontestationsverhältnis stehen. Man kann sich das fast so vorstellen wie beim beliebten Spiel „Stein Schere Papier“: Drei Positionen bilden zusammen eine Konstellation, in der jede durch eine andere übertrumpft wird. Die Politik schlägt gemäß der berühmten 11. Feuerbachthese die Philosophie: Während dieser angekreidet wird, die Welt „nur“ interpretiert zu haben, verortet Marx den eigentlichen Einsatz in ihrer praktischen Veränderung durch soziale Kämpfe. Die Politik hingegen wird wiederum durch die Ökonomie geschlagen, denn diese determiniert oder limitiert wesentlich die Handlungsspielräume, in denen sich die politischen Akteurinnen und Akteure in einer gegebenen historischen Situation befinden; politische, aber auch rechtliche und kulturelle Auseinandersetzungen spielen sich in der Sphäre des berüchtigten „Überbaus“ ab. Das Bild wäre aber nicht vollständig, würde man nicht erwähnen, dass für Marx aber keinesfalls die Ökonomie das letzte Wort behält, so als würde sich die Geschichte tatsächlich nur als mechanischer Prozess ohne jegliche Kontingenz abspielen. Die Philosophie bezeichnet Marx in seiner *Kritik der hegelschen Rechtsphilosophie* als den „Kopf der Emanzipation“: „das Proletariat kann sich nicht aufheben ohne die Verwirklichung der Philosophie“ (MEW 1, 391).

Den in diesem Band versammelten Texte geht es um eine systematische Reflexion dieser drei Begriffe und ihres Verhältnisses zueinander vor dem Hintergrund aktueller sozialer und politischer Entwicklungen. Die Texte bieten dabei einen Überblick über die Disparität und Spannbreite von Ansätzen und Überlegungen, die sich heute auf Marx beziehen: Von Arbeiten über die aristotelischen, hegelschen oder fourierschen Einflüsse in Marx' Werk über Bezüge zur Neoklassik oder der analytischen Philosophie über bis hin zu postkolonialen und feministischen Theorien. Auch sie stehen zueinander ebenso in einem Konkurrenz- wie in einem Komplementärverhältnis, denn sie widersprechen einander zwar, verweisen einander so aber auch auf blinde Flecken oder Problemfelder. Gemeinsam ist ihnen allerdings eine Unzufriedenheit mit den Beschränkungen der Vorherrschaft des politischen Liberalismus, mit welchem sich nach Eindruck der Beitragenden weder die Pathologien der gegenwärtigen Gesellschaftsformation, noch eine fruchtbare politische Perspektive zu deren Veränderung gewinnen lässt.

Der Band ist in die drei Sektionen „Philosophie", „Ökonomie" und „Politik" gegliedert. Den Anfang der Sektion „Philosophie" macht *Tilman Reitz*, der der Frage nachgeht, was es bedeutet, die Tatsache ernstzunehmen, dass Marx sich gerade nicht als Philosoph, sondern als Philosophiekritiker verstand. Reitz vertritt die These, dass Marx' Ansatz weder in der Logik, noch in der Moralphilosophie, noch in der Geschichtsphilosophie systematische Anleihen macht, sondern all diese Disziplinen gerade als Ausdruck ideologischer Verschleierungen begriffen hat. Wenn aber die Pointe der marxschen Polemik gerade ist, die Philosophie nicht nur des fundamentalen Selbstmissverständnisses, sondern auch der Ideologie zu überführen, so sollte man sich für Reitz den immer wieder auftretenden Versuchen, Marx zu re-philosophisieren, verwehren.

Andreas Arndt unternimmt in seinem Beitrag den Versuch, das Verhältnis der marxschen zur hegelschen Dialektik zu klären. Ein solches Unterfangen kann sich mangels Textgrundlage nicht auf systematische Ausführungen Marxens stützen, sondern muss auf den Umweg einer werkgeschichtlichen Rekonstruktion und Kondensation beschreiten. Arndt kommt zu dem Ergebnis, dass Marx' Aussage, seine eigene Methode sei eine „entmystifizierte" Variante der hegelschen Dialektik, so zu verstehen ist, dass er die Widersprüche, die Hegel als wesenhaft substanzialisiert, stattdessen geschichtlich auffasst. Der daraus resultierende Empirismus opfert jedoch für Arndt auch die philosophisch-begrifflichen Stärken der hegelschen Methode.

Franck Fischbach folgt einem Vorschlag Axel Honneths, den spezifischen Beitrag, den Marx zur Philosophie geleistet hat, als „sozialphilosophisch" zu verstehen. Die Sozialphilosophie sieht er dabei als geeignet an, die restaurativen Tendenzen, die mit einer Wiederbelebung der politischen Philosophie in Frankreich in den 80er und 90er Jahren einhergingen, dadurch zu bekämpfen, dass zum einen die ideologischen Gehalte von Schlüsselbegriffen wir Freiheit und Gleichheit offengelegt, zum anderen die politische Signifikanz ethischer Kategorien wie der der Selbstverwirklichung erschlossen werden.

Lukas Kübler fragt in seinem Beitrag, welche erklärenden Absichten Marx mit der Einführung des Entfremdungsbegriffs in den *Ökonomisch-philosophischen Manuskripten* verfolgt. Insbesondere richtet er sein Augenmerk auf Marx' Versuch, in Auseinandersetzung mit Adam Smiths *Wealth of Nations* eine eigenständige Perspektive auf das Problem der ökonomischen Kooperation zu gewinnen. Als Vertreter eines sozialen Holismus versteht Marx ökonomische Kooperation nicht wie Smith als Koordination unabhängiger individueller Tätigkeiten, sondern als Partizipation an einer vorgängigen, institutionell verfassten Rahmenstruktur, die der individuellen ökonomischen Tätigkeit überhaupt erst ihre spezifische Gestalt verleiht. Diese Perspektive ist, so Küblers These, stark von Hegels Rechtsphilosophie beeinflusst und erlaubt es, die Entfremdung der Arbeit primär nicht als Defizit individueller Handlungsvollzüge, sondern als Defizit arbeitsteiliger Kooperationsverhältnisse zu verstehen.

Georg Lohmann setzt sich in seinem Beitrag mit Marx' Kritik an normativ verfahrenden Gesellschaftskritiken und -politiken und insbesondere mit seiner Kritik an den Menschenrechten auseinander. Für Lohmann unterläuft Marx ein fatales Selbstmissverständnis, wenn er sich dagegen verwehrt, seine politischen Forderung in das Vokabular von Recht und Moral zu übersetzen, denn ohne wenigstens minimalen Rekurs auf normative Annahmen ist für Lohmann die marxsche Kapitalismuskritik gar nicht sinnvoll zu formulieren. Den impliziten Kern dieser Kritik sieht Lohmann dabei in einem zugrundeliegenden Verständnis menschlicher Würde. Es ist eben dieser Würdebegriff, den Lohmann gegen die Defizite der gegenwärtigen, eher gerechtigkeitsorientierten politischen Philosophie produktiv machen will.

Marco Iorio nimmt in seinem Aufsatz die Frage zum Ausgangspunkt, wie Marx' berühmte Behauptung zu verstehen sei, es komme darauf, die Welt zu „verändern". Dadurch, dass Marx es versäumt, zwischen unterschiedlichen Formen von Veränderung zu unterscheiden, handelt er sich für Iorio schwerwiegende Probleme ein: Tragende Begrifflichkeiten wie Verdinglichung, Entfremdung oder Verkörperung sind das, was Marx Hegel vorzuwerfen pflegte, nämlich Mystizismen, weil sie den in ihnen behaupteten Wechsel des „ontologischen Aggregatzustands" nicht erklären können. Dies macht für Iorio auch noch die metaphorische Verwendungsweise solcher Begriffe problematisch, weil sie eine Gemeinsamkeit disparater Phänomene suggiereren, die empirisch nicht gedeckt ist.

Hans-Christoph Schmidt am Busch unternimmt in seinem Text das Projekt in Angriff, entgegen der weit verbreiteten Annahmen einen prägenden Einfluss Charles Fouriers auf das marxsche Denken, insbesondere auf das philosophische Frühwerk, nachzuweisen. Um die Behauptung zu begründen, im Kommunismus könne Arbeit Lebensbedürfnis werden, muss Marx Schmidt am Busch zufolge nicht nur eine essentialistische Auffassung menschlicher Selbstverwirklichung, die er sich von Aristoteles und Hegel borgt, sondern auch die Annahme zugrunde legen, es sei gesellschaftlich möglich, die Produktion gemäß menschlicher Bedürfnisse zu organisieren – eine Behauptung, die Marx für durch Fourier ausreichend bewiesen anzusehen scheint. Dabei geht es Schmidt am Busch zugleich darum zu zeigen, dass die Versatzstücke der fourierschen Theorie, die in Marx' Sozialkritik und Anthropologie eingeflossen sind, zugleich problematisch sind, weil sie die theologischen Prämissen Fouriers gewissermaßen als Erblasten weitertragen.

Als Auftakt zur Sektion „Ökonomie" widmet sich *Matthias Bohlender* in seinem Text der marxschen Rezeption zweier „falscher Brüder", dem Engländer John Francis Bray und dem Franzosen Pierre-Joseph Proudhon. Dabei verfolgt Bohlender nicht ein ideengeschichtliches Fortschrittsnarrativ, sondern einen genealogischen Ansatz, der die jeweiligen Positionen hinsichtlich der realen geschichtlichen Konfliktkonstellationen vergleicht, die sie ermöglichen und hervorbringen. Diese Gegenüberstellung bildet für Bohlender die Hintergrund der Entstehung auch der marxschen Kapitalismuskritik: Vor allem die Notwendigkeit der Abrechnung mit Proudhon inspiriert Marx zur Entwicklung der Kritik der politischen Ökonomie, ein Projekt, bei dem Bray zwar zunächst eine Art Bündnispartner darstellt, letztlich aber selbst Marxens Kritik verfällt.

Michael Heinrich macht in seinem Beitrag auf die schwierige Editionslage des *Kapital* aufmerksam, die den meisten Leserinnen und Lesern der marxschen Kapitalismuskritik überhaupt nicht vor Augen steht. Heinrich rekonstruiert detailliert die Editionsgeschichte dessen, was als Marx' Hauptwerk bekannt geworden ist, um die damit zusammenhängenden inhaltlichen Probleme zutage treten zu lassen. Heinrich hebt dabei zwei Beispiel besonders hervor: So wird etwa durch editorische Eingriffe seitens Friedrich Engels' im Kapitel zum „tendenziellen Fall der Profitrate" suggeriert, Marx habe eine kohärente Krisentheorie vor Augen gestanden; eine ähnliche ungewollte „Aufwertung" durch Engels haben auch Marx' Überlegungen zur Kredittheorie erfahren. Heinrich berichtet zudem über den Stand und die theoretischen Erträge des MEGA-Projekts; aus dieser Grundlage könne man etwa vermuten, so Heinrich etwa, dass Marx selbst starke Zweifel am Gesetz des Profitratenfalls gekommen seien.

Tim Henning unternimmt in seinem Aufsatz den Versuch, die Kategorien und Begriffe der aktuellen Wirtschaftswissenschaft, namentlich der Neoklassik, aufzugreifen und kritisch fortzuschreiben, um auf diese Weise die ökonomische Analyse der kritischen Theorie auf breitere Füße zu stellen. Insbesondere für die Beschreibung des Phänomens der Entfremdung sieht er in der zeitgenössischen Wirtschaftstheorie einige fruchtbare Motive: Die von der Neoklassik beschriebene Realabstraktion etwa ist (sogar besser als die Arbeitswertlehre Marx') dazu in der Lage, die faktischen Handlungsorientierungen der Akteurinnen und Akteure im Kapitalismus zu beschreiben. Neoklassische Ökonomietheorien stellen demzufolge nicht eine verzerrende Beschreibung, sondern eine richtige Beschreibung verzerrter Verhältnisse dar.

Russell Keat geht es darum, die ethische Kritik am Kapitalismus, wie sie der frühe Marx formuliert hat, gegen Einwände vor allem seitens des Liberalismus und der Habermasschen Version der Kritischen Theorie zu rehabilitieren. Keat hält dabei zwar die Vorstellung einer staatlichen (und somit auch philosophischen) Neutralität gegenüber Fragen des guten Lebens für verfehlt, sieht jedoch auch Marx' ethische Kritik am Markt ebenso wie diejenige Alasdair MacIntyres für gescheitert an, weil beide eine zu pessimistische Analyse der Negativeffekte des Marktes zugrundelegen. Alternativ tritt Keat für einen ethisch begründeten Marktsozialismus ein.

Die Intervention von *Christoph Henning* stellt eine Kritik der Annahme dar, zeitgenössische Anerkennungstheorien wie die von Axel Honneth stünden in der Tradition von Marx. Für Henning erweist sich ersten Marx' Theorie derjenigen, die Honneth in Anschluss an Hegel entwickelt, in allen Punkten überlegen. Insbesondere das Programm der immanenten Kritik, das in der geschichtlichen Entwicklung einen normativen Geltungsüberhand unterstellt, welche moralischen Fortschritt ermöglicht, erscheint Henning wenig überzeugend. Anstatt sich mit dem „Erben" sollte eine kritische Theorie sich lieber mit dem „Vater", der weiter lebt und lebendig ist, auseinandersetzen.

Terrell Carvers Text geht von dem Befund aus, dass Marx zu gegenwärtigen feministischen Debatten aufgrund seiner Ignoranz gegenüber Fragen des Geschlechts kein interessanter Gesprächspartner zu sein scheint. Carver geht davon aus, dass durch die Übertheoretisierung der weiblichen Subjektivität in feministischen Diskursen implizit die Privilegierung des heterosexuellen Mannes als Norm fortgesetzt wurde, eine Tendenz, die Carver auch bei Marx vor allem bei der Dethematisierung der Reproduktionsarbeit angelegt sieht. Er wählt daher nicht den Weg, thematisch einschlägige Stellen im marxschen Werk zu zu konsultieren, sondern will zeitgenössische Diskussionen um sexuelle Politik mittels der marxschen Analyse von zentralen Kategorien wie Produktion, Technologie und Klasse bereichern. Über diese Strategie kommt Carver zu dem Ergebnis, dass Marx zwar ein Mangel an „Neugier" in Fragen der Geschlechterverhältnisse vorzuwerfen ist, er aber zumindest in seinen ökonomiekritischen Schriften für eine Analyse männlicher Subjektivität interessante Impulse anzubieten hat.

Manuela Boatcă beginnt ihren Beitrag mit einem Überblick über die Diskussion um den Evolutionismus und den damit zusammenhängenden Eurozentrismus der marxschen Ökonomiekritik. Sie widmet sich im Folgenden auf die Kolonialität der Arbeit und rekonstruiert die modernen Debatten um sowohl Effizienz, als auch die Legitimität der Sklaverei seit Beginn der Moderne, wobei sie sich gerade nicht auf die einschlägigen Passagen im marxschen Oeuvre zu Indien und China, sondern auf die zu Irland und Russland konzentriert. Sie kommt dadurch zu dem Schluss, dass die kapitalistische Weltökonomie in Bezug auf die Sklaverei bzw. deren Abschaffung von jeher von extremen politischen Ungleichzeitigkeiten und daher auch von einer großen Diversität an lokalen Arbeits- und Ausbeutungsformen geprägt war und dies bis heute bleibt. Dies hat Konsequenzen nicht nur für die geschichtsphilosophischen Vorstellungen, die Marx' Kapitalismuskritik zugrundeliegen, sondern auch für eine angemessene Beschreibung und Kritik der globalisierten Ökonomie.

Christine Löw fragt in ihrem Aufsatz nach den Lektionen einer postkolonialen und feministischen Perspektive für ein angemessenes Verständnis zeitgenössischer Globalisierungsprozesse. Dabei stellt sie den Begriff der Abstraktion in den Mittelpunkt: Wie sie mit Gayatri Spivak zeigen will, darf es einer sozialistischen Kapitalismuskritik nicht um eine Zurückweisung von Abstraktion als solcher gehen, wie es in den Polemiken gegen das Finanzkapital in den letzten Jahren häufig der Fall war. Die Erfahrung subalterner politischer Akteurinnen wie der aktivistischen Frauen aus dem globalen Süden lassen sich demgegenüber als der Versuch eines „sozialistischen Gebrauchs des Kapitals" beschreiben und werden so zu paradigmatischen Figuren von Handlungsfähigkeit im gegenwärtigen Kapitalismus. Kapitalismus und Sozialismus, so Löws abschließender Befund, bilden keine binäre Dichtomie, sondern enthalten und verschieben einander.

Zu Beginn der Sektion „Politik" fragt *Hanna Meißner* zunächst nach dem systematischen Status der Kapitalismuskritik im Vergleich zur Kritik anderer Herrschaftsverhältnisse. Sie plädiert dafür, postkoloniale und feministische Kritiken an der Begrenztheit der marxschen Kapitalismuskritik zwar ernstzunehmen, diese aber nicht zu verabschieden, sondern im Rahmen der aktuellen globalisierten ökonomischen Verhältnisse zu reformulieren und zu revitalisieren. Dies macht es notwendig, die Frage nach dem epistemologischen und ontologischen Anspruch der marxschen Theorie selbst zu stellen. Meißner spricht sich dafür aus, disparate Deutungsperspektiven der gesellschaftlichen Wirklichkeit auf spannungsreiche Weise miteinander zu verbinden, ohne dabei jedoch eine Art von „Vollständigkeit" zu erstreben. Dies hat Konsequenzen auch für den Streit um den „Ökonomismus" des marxschen Ansatzes: Das Konglomerat unterschiedlicher Herrschaftsverhältnisse, schlussfolgert Meißner, konstituiert sich paradoxerweise zugleich als Totalität und als Heterogenität.

Rosemary Hennessy plädiert dafür, die affektive Dimension politischen Handelns stärker ernstzunehmen. Sie geht sowohl von der Tradition der feministischen Marx-Kritik, als auch von ihren persönlichen Erfahrungen aus, die sie mit der Selbstorganisation mexikanischer Fabrikarbeiterinnen und -arbeiter gesammelt hat, um den Begriff der „Affektkultur" zu entwickeln, den sie kritisch von alternativen Affekttheorien wie der von Hardt/Negri und Laclau abgrenzt. Nur wenn die affektive Dimension kollektiver Organisierung in den Fokus der theoretischen Aufmerksamkeit rückt, so lautet ihr Fazit, können die konstruktiven wie die destruktiven Potentiale einer gegebenen Konfliktsituation angemessen verstanden und somit verändert werden.

Esra Erdem, J. K. Gibson-Graham und *Ceren Özselçuk* leisten mit ihrem Text einen feministischen Beitrag zur Frage, wie eine postkapitalistische Politik aussehen könnte. Ausgehend von einer Kritik „kapitalozentrischer" Modelle (weiblicher) Hausarbeit legen sie einen Ansatz zugrunde, der anstatt von einer kapitalistischen Totalität von „diversen Ökonomien" ausgeht. Dieser Ansatz ermöglicht es, alternative, experimentelle ökonomische Politiken diesseits einer globalen „Revolution" anzunehmen und zu verfolgen, ohne notwendigerweise die diversen Gestalten homogenisieren zu müssen.

Der thematische Kreis des vorliegenden Bandes schließt sich mit *Emmanuel Renaults* erneuter Reflexion auf den Status der Philosophie in Marx' Werk. Renault verfolgt die Argumentation, dass Marx die Philosophie weder verlassen, noch verwirklichen, sondern ihren Status transformieren wollte. Eine solche Perspektive ist nur dann aussichtsreich, wenn sie sich weder wie der Mainstream-Liberalismus auf abstrakte Gerechtigkeitsmaßstäbe, noch wie der Mainstream-Marxismus auf abstrakte Wertgesetzmäßigkeiten zurückzieht, sondern an reale Erfahrungen anknüpft und soziales Leiden zu artikulieren hilft. Diese Verankerung der philosophischen Kritik in den subjektiven Erfahrungen der Akteurinnen und Akteure sieht Renault in einer Kombination der Ansätze von Dewey und Adorno am Besten zum Ausdruck gebracht.

Die meisten der hier versammelten Texte sind überarbeitete Versionen von Vorträgen, die auf dem Kongress „Re-Thinking Marx. Philosophie, Kritik, Praxis" vom 20.–22. Mai 2011 an der Humboldt-Universität Berlin gehalten wurden. Wir danken nochmals allen an der Konferenz Beteiligten sowie den Autorinnen und Autoren dieses Bandes ebenso wie der Übersetzerin der Texte von Russell Keat und Rosemary Hennessy, Catherine Davies. Wir danken außerdem Mathias Böhm, Susan Morrow und Selana Tzschiesche für die Hilfe bei der Fertigstellung des Manuskripts.

Texte von Marx und Engels werden im ganzen Band, falls nicht anders angegeben, nach den im Dietz-Verlag Berlin herausgegebenen Marx-Engels-Werken (MEW) (1956 ff.) mit Bandangabe und Seitenzahl zitiert.

I. Philosophie

Tilman Reitz

Marx als Anti-Philosoph

Marx unter der Rubrik der Philosophie einzuordnen, erscheint mir irreführend. Es fällt schwer, aus diesem Blickwinkel jemanden zu diskutieren, der sich in seinen ersten eigenständigen Äußerungen von der Philosophie abgewendet hat und dabei den Rest seines produktiven Lebens geblieben ist. Besser lassen sich die massiven Vorwürfe nachvollziehen, die Marx gegen die Philosophie erhebt. Und mit etwas Aufwand kann man auch die alternativen Strategien rekonstruieren, mit denen er in seiner wissenschaftlichen und politischen Arbeit Fragen angeht, für die vorher Philosophen zuständig waren. In meinem Beitrag will ich dies beides versuchen.

Marx tritt damit als erster markanter Vertreter einer langen Reihe philosophisch geschulter Philosophiekritiker auf – kurz vor Nietzsche, lange vor Heidegger, Wittgenstein, Adorno, Foucault oder Derrida. Ich nenne diese Namen unter anderem, um daran zu erinnern, dass interessante Philosophie über einige Zeit nur als Philosophiekritik möglich war (was ja vielleicht noch heute so ist, nur dass es von beidem weniger gibt). Vor allem möchte ich aber auf eine Vorreiterrolle aufmerksam machen, die zentrale Stärken und Schwächen von Marx' Angriff erklärt: Er steht im Vergleich zu den Genannten etwa so zur Philosophie wie Walter Benjamin im Vergleich zu Adorno zur autonomen Kunst. Für Benjamin war das Zeitalter der Kunst bereits vorbei und Relevantes nur in der Analyse ihrer Nachfolgeformationen zu sehen[1] – kommerzieller Ästhetik, nicht-kontemplativer Massenkultur, politischer Inszenierung. Adorno hält dagegen an der Kunst

[1] Benjamins klarste Formulierung dazu wird, wenngleich sie sichtbar das *Passagen*-Exposé abschließt, selten bemerkt: „Die Entwicklung der Produktivkräfte [...] hat im XIX. Jahrhundert die Gestaltungsformen von der Kunst emanzipiert wie im XVI. Jahrhundert sich die Wissenschaften von der Philosophie befreit haben. Den Anfang macht die Architektur als Ingenieurkonstruktion. Es folgt die Naturwiedergabe als Photographie. Die Phantasieschöpfung bereitet sich vor, als Werbegraphik praktisch zu werden. Die Dichtung unterwirft sich im Feuilleton der Montage. Alle diese Produkte sind im Begriff, sich als Ware auf den Markt zu begeben." (Benjamin 1991, 59) Benjamin interessiert sich dafür, dass die Agenten des Wandels „noch auf der Schwelle" „zögern" (ebd.) – aber er hat dabei eben nicht mehr Künstler im Blick, sondern Ingenieure, Feuilletonisten und Werbegrafiker.

wie an der Philosophie melancholisch fest: Selbst wenn sie sich auflösen, sich selbst zerstören oder randständig werden sollten, ist es entscheidend, den Zerfallsprozess intellektuell zu durchdringen (und sogar ‚solidarisch' mit ihnen zu bleiben). Langfristig hat wohl Benjamin Recht behalten – doch ihm entgehen so auch starke Lösungen der selbstkritischen Moderne jenseits der Antikunst-Avantgarden. Entsprechendes gilt für Marx. Er bleibt nicht melancholisch oder auto-aggressiv bei der Philosophie stehen, sondern wendet sich voll ihrem Anderen, der (Sozial)Wissenschaft und politisch-polemischer Auseinandersetzung zu. Damit verpasst er einige moral- und vernunftkritische, sprach- und existenzphilosophische Einsichten. Anders als die selbstbezüglichen „letzten Philosophen" (Moses Heß) könnte er aber erkannt haben, dass philosophische Zugriffe jeder Art in der (post-)kapitalistischen Welt nur noch an den Rändern *anderer* Wissensfelder und Verständigungsprozesse etwas zu sagen haben.[2] Das ist zumindest die Position, die ihn hier für mich interessant macht.

Mein Ansatz erfordert zwei Durchgänge. Zuerst ist zu klären, was Marx seit Ende der 1840er Jahre der Philosophie vorwirft. Ich unterscheide hier zwischen dem, was Philosophie für ihn definitiv nicht leisten kann – namentlich revolutionäre Änderungen bewirken – und den Funktionen, die sie für ihn tatsächlich hat – namentlich der, ideologisches Einverständnis zu pflegen. Der zweite Durchgang erörtert dann, inwiefern die engagierte Gesellschaftstheorie des späteren Marx dennoch (nach-)philosophische Anteile hat und wie sie zu verstehen sind.[3] Thematisch lassen sie sich den Stichworten Dialektik, Ethik bzw. Moral und Geschichte zuordnen. Die weitläufigen Debatten, die hierzu jeweils geführt wurden, verhandeln immer auch, inwiefern Marx Philosoph bleibt: Analysiert er kapitalistische Vergesellschaftung mit einer spezifischen, etwa materialistischen ‚Dialektik'? Hat er eine implizite Moralphilosophie oder bräuchte er eine ausdrückliche? Und führen womöglich verweigerte Stellungnahmen in diesen Bereichen dazu, dass er sich umso stärker geschichtsphilosophisch festlegt? Der letzte Punkt gibt Anlass zu einer noch zu belegenden Nebenthese: Wenn Philosophie bei Marx und im Marxismus eine bestimmende Rolle spielt, dann vor allem als eine Art Unfall.

---

[2] Daher strebe ich keine Nähe zu Alain Badious Versuch an, Anti-Philosophie von Wittgenstein aus zu denken (2007) – und erst recht nicht zu seiner grundlosen Einschränkung auf den *Tractatus logico-philosophicus*.

[3] Das schließt die Annahme ein, dass Marx seine brauchbaren Alternativen zur Philosophie erst lange nach seinen unpublizierten Versuchen der 1840er Jahre entwickelt. Wer allein anhand dieser Versuche Marx' Projekt prüft (und scheitern sieht), die Philosophie hinter sich zu lassen (so Brudney 1998), verpasst das Entscheidende. Wäre Marx bei der 1844 umkreisten anthropologischen Idee stehen geblieben, „that labor is the self-realizing human activity", hätte er wohl ein „problem of justification" (weil Arbeit dies im Kapitalismus faktisch nicht ist; ebd., 197 ff.) – vor allem müsste man sich dann aber weniger mit ihm beschäftigen.

1. Philosophie als Ideologie

a. Was Philosophie nicht kann

Die Philosophiekritik, die Marx zusammen mit Engels Mitte der 1840er Jahre entwickelt, hat den interessanten Zug, dass sie sich vor allem gegen ‚linke' und ‚fortschrittliche' Positionen wendet: Was zuerst an der konservativen Staatsphilosophie Hegels ausprobiert wurde, wird nun auf Junghegelianer und Frühsozialisten ausgedehnt. Selbst Ziele, die Engels und Marx mit den anderen teilen, wollen sie nun nicht länger philosophisch verfolgen, weil sie das Medium für unnütz oder institutionell fragwürdig halten. Zugleich zeichnet sich eine Spaltung in der Theorielinken ab, die über bloße Methodenfragen hinausgeht und die Rolle der nicht berufsmäßig theoretisierenden Massen betrifft. Ich fasse den Prozess zusammen, indem ich aufliste, was Philosophie für Marx zu diesem Zeitpunkt nicht mehr kann – pointiert in den Feuerbachthesen:

- Philosophie kann nur sehr begrenzt aufklären. Systematische Täuschungen wie die der christlichen Religion entspringen einer unerfüllten, fremdbestimmten, beschränkten, etwa privategoistischen Lebensform, nicht bloß den Lügen und Irrtümern der Priester und Gläubigen.[4]
- Sie kann zu vielen ihrer Themen überhaupt keine bleibende Wahrheit herausbringen, da diese Themen geschichtlich wandelbar sind, vom sinnlichen Weltverhältnis bis zum so genannten Wesen des Menschen.[5]
- Im geschichtlichen Zeitverlauf kann die Philosophie auch keinen geistigen Fortschritt anführen oder (à la Hegel) erklären – denn ihre Ideen existieren nicht selbstständig. Sie sind, folgt man der schon um 1846 verfestigten Marx-Engelsschen Lehre, von der Gesamtheit praktisch-materieller Verhältnisse bestimmt oder, näher an Wittgenstein formuliert, in diese verflochten.[6]
- Philosophie kann schließlich keine vertrauenswürdigen praktischen Orientierungen bieten – denn das würde verlangen, dass ein Teil der Gesellschaft vorurteilslos und ohne Sonderinteresse ermittelt, was für alle gut wäre, sei es in Gestalt ethischer Regeln oder sozialer Reformpläne. Dieses Bild einer über die anderen Gruppen „erhabenen"

[4] Am schlüssigsten ist dies im Text *Zur Judenfrage* ausgeführt, der Marx' Religionskritik bündelt – aber ebenso (gegen Bruno Bauer) staatliche Restriktionen in diesem Feld ablehnt (MEW 1, 347–377).

[5] So die berühmte Feuerbachthese: „Aber das menschliche Wesen ist kein dem einzelnen Individuum innewohnendes Abstraktum. In seiner Wirklichkeit ist es das Ensemble der gesellschaftlichen Verhältnisse." (MEW 3, 534)

[6] Zu Beginn der *Deutschen Ideologie* finden sich beide Ansätze. Bekannt ist vor allem die folgende Zuspitzung: „Die Moral, Religion, Metaphysik und sonstige Ideologie und die ihnen entsprechenden Bewußtseinsformen […] haben keine Geschichte, sie haben keine Entwicklung, sondern die ihre materielle Produktion und ihren materiellen Verkehr entwickelnden Menschen ändern mit dieser ihrer Wirklichkeit auch ihr Denken und die Produkte ihres Denkens. Nicht das Bewußtsein bestimmt das Leben, sondern das Leben bestimmt das Bewußtsein." Kurz zuvor hieß es vorsichtiger: „Die Produktion der Ideen, Vorstellungen, des Bewußtseins ist zunächst unmittelbar verflochten in die materielle Tätigkeit und den materiellen Verkehr der Menschen, Sprache des wirklichen Lebens." (MEW 3, 26)

geistigen Elite legt unmittelbar nahe, dass „der Erzieher selbst erzogen werden muss" (MEW 3, 533). Und es lässt fragen, ob nicht auch die (selbsternannten oder beauftragten) Orientierungsexperten von anderen Machtgruppen abhängig sind.

Spätestens am zuletzt genannten Punkt zeigt sich, dass die Mängelliste positive theoretische Voraussetzungen hat. Sie impliziert und verlangt Aussagen darüber, welche Rolle ‚Ideen', Begriffe, Prinzipien und Theorien tatsächlich im Zusammenleben spielen, wenn sie nicht die Befreiungs- oder Führungsfunktion beanspruchen können, die ihnen Autoren wie Feuerbach, Bauer, Saint-Simon oder Owen zuschreiben. Besonders drängt sie darauf, das Verhältnis der Intellektuellen zu (anderen) herrschenden Gruppen und Unterworfenen zu klären.

b. Wie Philosophie stattdessen funktioniert

Der einfachste Gedanke lautet hier: Die Philosophen missverstehen sich selbst, indem sie aus ihrem universellen Deutungsanspruch (sie haben die Welt immerhin verschieden interpretiert) umfassende Veränderungsmöglichkeiten ableiten und dafür selbst die Richtung angeben. Wo kollektive Praxis nicht einfach Ideen ausführt, ist das ein Trugschluss. In diesem Sinn hatte schon Hegel die demokratische Opposition und Napoleon die *Idéologues* angegriffen; Engels und Marx übertragen den Vorwurf auf die Linkshegelianer als *deutsche* Ideologen. Doch sie gehen über den Antiintellektualismus der etablierten Macht hinaus, indem sie auch und gerade im anscheinend praxisfernen Denken Herrschaftszüge erkennen. Die Argumente dazu sind in den Manuskripten der *Deutschen Ideologie* nur ansatzweise entwickelt und verdienen daher einzeln rekonstruiert zu werden.

Der erste Ansatz verbirgt sich in der bekannten Formel, erst die Trennung von materieller und geistiger Arbeit habe so etwas wie selbstständige Gedanken hervorgebracht. Mit klassischen Denkern wie Aristoteles kann man hinzufügen: Sie enthält auch geistige Herrschaftsansprüche. Der Archi-Tektos, Herr und Ursprung des Bauens, macht den Entwurf und gibt Anweisungen, die Handwerker führen sie aus. Bereits beim „Pfaffen", den Marx einmal als erste Form des Ideologen bezeichnet, ebenso beim Richter, Volksvertreter oder Professor ist die Lage allerdings schwieriger: Sie entscheiden teils über andere, teils erfüllen sie eine Deutungsfunktion.[7] Die direkter regierenden und profitierenden Fürsten, Minister, Grundbesitzer oder Unternehmer können sich dagegen diskursiv zurückhalten. Gesellschaften, in denen die Funktionen derart verteilt sind, kommen in einer bekannten Passage der *Deutschen Ideologie* zur Sprache, in der zunächst formelhaft die ‚herrschenden Gedanken' als ‚Gedanken der Herrschenden' bestimmt wurden:

> „Die Teilung der Arbeit [...] äußert sich [...] auch in der herrschenden Klasse als Teilung der geistigen und materiellen Arbeit, so dass [...] der eine Teil

[7] Das Berliner Projekt Ideologietheorie (1979, 180–189) hat das zusammenfassend „Vergesellschaftung-von-oben" genannt – Vertreter einer imaginär über dem Zusammenleben verorteten Instanz wie Staat, Recht oder Kirche sagen mir, wie ich zu leben habe und wie meine Konflikte mit anderen zu lösen sind. Vgl. erläuternd auch Rehmann 2008, 153–160.

> als die Denker dieser Klasse auftritt (die aktiven konzeptiven Ideologen derselben, welche die Ausbildung der Illusion dieser Klasse über sich selbst zu ihrem Hauptnahrungszweige machen) [...]. Innerhalb dieser Klasse kann diese Spaltung derselben sich sogar zu einer gewissen Entgegensetzung und Feindschaft beider Teile entwickeln, die aber bei jeder praktischen Kollision, wo die Klasse selbst gefährdet ist, von selbst wegfällt" (MEW 3, 46 f.).

Die Deutungsexperten werden nunmehr, um es mit Bourdieu zu sagen, als subalterne Fraktion der herrschenden Klasse begriffen. Dass in dieser Gruppe auch Opposition möglich – aber nur begrenzt durchhaltbar – ist, wird am Ende der Passage bereits erwähnt. Weiter erklärt wird es in einer Ausführung, die vom Personal zu Struktur und Funktion der Weltdeutung übergeht. Als Machtsubjekt ist hier entsprechend eine breite Schicht von *Interessenträgern* ausgewiesen (die nicht mehr identisch mit den politischen Machthabern sein muss):

> „Jede neue Klasse [...], die sich an die Stelle einer vor ihr herrschenden setzt, ist genötigt, [...] ihr Interesse als das gemeinschaftliche Interesse aller Mitglieder der Gesellschaft darzustellen, d. h. ideell ausgedrückt: ihren Gedanken die Form der Allgemeinheit zu geben, sie als die einzig vernünftigen, allgemein gültigen darzustellen." (Ebd., 47 f.)

Damit ist der Bogen zurück zur Philosophie geschlagen, die ja als solche die allgemeinen und einzig vernünftigen Gedanken verwaltet. Zugleich holt erst die strukturelle Ausweitung (von ‚herrschend' zu ‚allgemein') moderne, bürgerliche Klassenherrschaft ein. Das Grundargument ist hier bis heute anwendbar: Auch wir haben Experten fürs Allgemeine – Moralphilosophinnen, Starwissenschaftler, Verfassungsrechtlerinnen ... –, die unter anderem Kategorien für die politisch ausgetragenen Interessenkämpfe entwickeln, zeitweilig – etwa in den 1960er und 70er Jahren – mit den gesellschaftlich Mächtigen in Konflikt geraten und sie dann wieder rechtfertigen. Diese selbst verdanken ihre Macht wie zu Marx' Zeiten kapitalistischer Profitakkumulation, als Eigentümerinnen oder Konzernfunktionäre, je nach nationaler und globaler Position mehr oder weniger stark verfilzt mit den Staatsapparaten. Nur eine ‚neue Klasse', die diese herrschende ablösen könnte, ist nicht in Sicht. Das nimmt philosophischen Kontroversen die Schärfe und erlaubt es ihren Vertretern, sich auf gesellschaftlich harmlose Teilprobleme zu beschränken.

2. Philosophische Reste und nichtphilosophische Alternativen

In der eben umrissenen Form lässt die Argumentation natürlich entscheidende Fragen offen: Wie verhält sich im Einzelnen und in verschiedenen Situationen ökonomische Macht oder Vorteilwahrung zu politischer Herrschaft? Lassen sich die verschiedenen Fassungen des Allgemeinen eindeutig bestimmten Interessengruppen zuordnen? Welche Koalitionen solcher Gruppen sind möglich, inwiefern bilden die Intellektuellen eine selbst interessierte, ggf. sehr bewegliche Schicht? Haben die symbolischen Ordnungen (oder gar gewachsene Institutionen wie das Recht) wirklich kein Eigenleben? Diese Fragen kann und muss man geschichts- und sozialwissenschaftlich, hermeneutisch und diskursanalytisch, nicht zuletzt politisch bearbeiten – Philosophen allein können höchstens klären, ob und wie man dabei jeweils sinnvoll von „Täuschung“ sprechen kann. Die Entscheidung, Philosophie bis auf Weiteres als Ideologie zu behandeln, hat also zumindest für sich, dass der Bereich ihrer möglichen eigenen Einwände begrenzt ist. Dennoch weckt die Lektüre von Marx das Bedürfnis, mehr und Konstruktiveres zu sagen – weil er selbst an wichtigen Theoriestellen philosophische Argumente neu einsetzt. Diesen Stellen wende ich mich jetzt zu.

a. Dialektik, Methodenreflexion und Wissenschaftstheorie

Man hat beim reifen Marx oft eine „materialistische Dialektik“ (Althusser u. a.) oder sogar einen „dialektischen Materialismus“ (Lenin usw.) vermutet. Er selbst gibt dazu direkt Anlass, indem er behauptet, Hegel vom Kopf auf die Füße gestellt zu haben.[8] Tatsächlich finden sich gerade in den Vorstudien zum *Kapital* viele Kategorien aus Hegels *Logik*, von Identität und Negation bis zu Gegensatz und Widerspruch.[9] Andere von Hegel stammende Begriffe wie Entfremdung bzw. Entäußerung hatten Marx' erste Aneignung der politischen Ökonomie angeleitet[10] und könnten im späteren Werk einfach übersetzt sein, etwa in den Gegensatz von lebendiger und toter, zu Kapital geronnener Arbeit. Hinzu kommen verwandte Verfahren wie das, eine Theorietradition und einen Sachzusammenhang durch ihre „Darstellung“ zugleich zu „kritisieren“.[11] Weiterhin bilden die Elemente kapitalistischer Vergesellschaftung ebenso wie die Begriffe ihrer marxschen Theorie ein zusammenhängendes Ganzes, vielleicht sogar eine „Totalität“ von Verhältnissen oder Kategorien.[12] Die besten Chancen, dieses Motivbündel

---

[8] Marx erläutert diesen Anspruch im Nachwort zur zweiten Auflage des ersten *Kapital*-Bands wie folgt: „Meine dialektische Methode ist der Grundlage nach von der Hegelschen nicht nur verschieden, sondern ihr direktes Gegenteil. Für Hegel ist der Denkprozeß, den er sogar unter dem Namen Idee in ein selbständiges Subjekt verwandelt, der Demiurg des Wirklichen, das nur seine äußere Erscheinung bildet. Bei mir ist umgekehrt das Ideelle nichts andres als das im Menschenkopf umgesetzte und übersetzte Materielle.“ (MEW 23, 27) Das lädt zu allen möglichen Missverständnissen ein, bis zu dem, dass das ‚Materielle‘ irgendwie ‚dialektisch‘ verfasst sei.

[9] Den besten Ansatz dazu, diese Aufnahme von Hegels „Reflexionsbestimmungen“ in Marx' *Grundrissen zur Kritik der politischen Ökonomie* aufzuschlüsseln, bietet meiner Kenntnis nach Michael Theunissen (1975).

[10] Namentlich in den Pariser Manuskripten von 1844, in denen auch erste Experimente mit Hegels logischen Kernbegriffen beobachtbar sind.

[11] Auch auf diese Parallele hat besonders prägnant Theunissen hingewiesen, der in Hegels Rechtsphilosophie eine „kritische Darstellung“ des bisherigen Naturrechts (1982, 318) und in Hegels Logik eine der Metaphysik sieht (1980, 61–91). Marx' einschlägige Formulierung steht in einem Brief an Lassalle: „Die Arbeit, um die es sich zunächst handelt, ist *Kritik der ökonomischen Kategorien* oder, if you like, das System der bürgerlichen Ökonomie kritisch dargestellt. Es ist zugleich Darstellung des Systems und durch die Darstellung Kritik desselben.“ (MEW 29, 550)

[12] So vor allem Georg Lukács in *Geschichte und Klassenbewusstsein*, etwa wie folgt: „Die dialektische Methode bei Marx geht auf die Erkenntnis der Gesellschaft als Totalität aus. Während die bürgerliche Wissenschaft jenen – einzelwissenschaftlich-methodologisch notwendigen und nützlichen – Abstraktionen, die einerseits infolge der sachlichen Absonderung der Forschungsobjekte, andererseits infolge der wissenschaftlichen Arbeitsteilung und Spezialisierung entstehen, entweder

zu entwirren, scheinen mir nun aber jenseits der ‚Dialektik' zu liegen – in Wissenschaftstheorie und, spezifischer, an den offenen politischen Flanken des Wissens von der Gesellschaft.

Marx hat seine Vorgehensweise bekanntlich in der abgebrochenen Einleitung zu den *Grundrissen* besonders genau erörtert. Der Akzent liegt dabei auf der Schwierigkeit, eine Gesamtheit zusammenwirkender Faktoren zu rekonstruieren. Jeder mögliche theoretische Einsatzpunkt ist eine Abstraktion, ob man nun die Verteilung der Güter getrennt von ihrer Herstellung oder die Arbeitsteilung getrennt von den Besitzverhältnissen betrachtet. Weiter bereitet Probleme, dass solche allgemeinen Begriffe die Sachlage gewöhnlich ideologisch vereinseitigen[13] und sich das Verhältnis der abstrahierbaren Faktoren im Geschichtsverlauf periodisch verschiebt. Marx' Lösungsansatz ist einfach: Die Abstraktionen sind nicht zu vermeiden, will man überhaupt einen Begriff vom Konkreten erhalten, aber sie müssen so zusammengesetzt werden, dass funktionale Verhältnisse in der je interessierenden Formation, in seinem Fall also der kapitalistischen Gegenwart, sichtbar werden. Entscheidend ist nun, dass Marx dieses Vorgehen von Hegel *abgrenzt*: Man sollte die theoretische Zerlegung und Rekonstruktion nicht mit der Dynamik der zu begreifenden Sache verwechseln.

> „Das Konkrete ist konkret, weil es die Zusammenfassung vieler Bestimmungen ist [...]. Im Denken erscheint es daher als Prozess der Zusammenfassung, als Resultat, nicht als Ausgangspunkt [...]. Hegel geriet daher auf die Illusion das Reale als Resultat des sich in sich zusammenfassenden und aus sich selbst bewegenden Denkens zu fassen, während die Methode vom Abstrakten zum Konkreten aufzusteigen, nur die Art für das Denken ist, sich das Konkrete anzueignen, es als ein geistig Konkretes zu reproduzieren. Keineswegs aber der Entstehungsprozess des Konkreten selbst." (1857, 22)

Was nach dieser Operation übrig bleibt, sind Fragen der klaren und einsichtigen Darstellung. Marx findet dafür im *Kapital* den glücklichen Ausgangspunkt der Ware, die jedem empirisch geläufig ist, deren funktionale Bedeutung, zumal ihr ‚Wert', sich jedoch nur im theoretischen, historisch gesättigten Ganzen erschließt. Weshalb Arbeitsprodukte zu bestimmten Relationen ausgetauscht werden, ist erst dann verständlich, wenn man etwa weiß, wie damit systematisch Profit gemacht wird, welche Rolle abhängige Arbeit hierfür spielt, ob die Beschäftiger überall gleiche Profite erwarten können und welche weiteren Gruppen (Finanzkapital, Grundbesitzer ...) an diesen beteiligt sind. Damit kommt Marx einem hegelschen Vorgehen nahe, das man als kontrollierte Rücknahme anfänglicher Unbestimmtheit verstehen kann (vgl. Fulda 1973, 242–259) – aber er muss sich nicht subjektphilosophisch oder begriffsontologisch festlegen. Seine Vorgehensweise wäre et-

---

naiv realistisch eine ‚Wirklichkeit' oder ‚kritisch' eine Autonomie zuschreibt, hebt der Marxismus diese Sonderungen, indem er sie zu dialektischen Momenten erhebt und herabdrückt, auf." (1923, 55)

[13] Dies hat vor allem Althusser betont: „Wenn sich eine Wissenschaft konstituiert, [...] arbeitet sie immer an existierenden Begriffen, ‚Vorstellungen', also an einer Allgemeinheit [...], die vorgängiger, ideologischer Natur ist." (1965, 125) Marxsche Beispiele bespreche ich weiter unten, im Kontext politischer Vor-Orientiertheit.

wa auch – wenn man den Erkenntnisprozess betont – mit weberscher Idealtypenbildung oder – wenn man die funktionalen Zusammenhänge in der rekonstruierten Wirklichkeit hervorhebt – mit Systemtheorie vereinbar. ‚Dialektisch' ist an ihr zunächst allenfalls, dass Marx oft das Umkippen gedanklicher und realer Abstraktionen in ihr Gegenteil zeigt, z. B. wenn gesteigerte Produktivität auf Kosten der Arbeitenden geht oder formal gleicher Tausch materielle Ungleichheiten festschreibt.

Aus dem Bereich salonfähiger Methodenlehre bewegt er sich erst durch die Weise hinaus, in der er mit den Abstraktionen seiner Vorgänger umgeht. Seine Darstellung übt hier in ziemlich umfassender Weise Kritik: Marx wirft der politischen Ökonomie vor, dass sie bestimmte Tatsachen nicht sehen kann, will oder darf, dass ihre Kategorien strukturell oder absichtlich bürgerliche Klassenherrschaft rechtfertigen – und er stellt selbst drastisch die Nachteile der untersuchten Produktionsweise heraus. Ich kann die genannten Punkte nicht im Einzelnen ausführen, will aber fragen, an welchem von ihnen Dialektik oder Philosophie ins Spiel kommt.

Die Grundlage für beides bilden politische Vorentscheidungen und soziale Solidaritäten, die Theorien prägen. Wenn Marx darlegt, dass die Klassiker der politischen Ökonomie deshalb eine menschliche Anlage zum Tausch erfinden, repräsentative Tätigkeiten als unproduktive Arbeit abwerten und die wertschaffende Arbeit selbst unhinterfragt voraussetzen, weil sie keine Alternativen zur bürgerlichen Tauschproduktion sehen oder zulassen wollen, weist er auf Vorverständnisse eben dieser Art hin. Von den Schwierigkeiten seiner eigenen, der Arbeiterklasse auf den Leib geschneiderten Arbeitswertlehre bis zu den marktgläubigen Modellabstraktionen der Neoklassiker legt vieles nahe, dass jede Wirtschaftstheorie solche Voraussetzungen hat. Noch allgemeiner gesagt: Keine Sozialwissenschaft ohne (implizite) sozialpolitische Position. ‚Dialektik' ist damit weiter nicht in Sicht. Von ihr könnte man erst sprechen, wenn Marx die Standpunkte seiner Gegner als Reihe notwendiger Einseitigkeiten darstellen oder den eigenen begrifflich ableiten würde – doch dafür muss man ihn eigens re-hegelianisieren. Denn selbst wenn es eine eigene Geschichte der (wirtschaftlichen) Ideen geben sollte – was mit der *Deutschen Ideologie* wie gesehen stark zu bezweifeln ist –, wird sie nicht systematisch verlaufen; und so viele Faktoren eine Theorie auch zusammenfassen mag, sie schafft immer nur ein Begriffs- oder Gedankenkonkretum, nicht eine praktische Lage und Haltung. Offener ist, ob die epistemische Rolle von Alltagserfahrung und politisch-sozialer Orientiertheit nicht am besten philosophisch geklärt werden kann. Ob bei Husserl, Heidegger oder Gadamer, bei Wittgenstein, in der Kritischen Theorie oder der Wissenschaftstheorie nach Popper – die vorwissenschaftlichen Wurzeln von Theoriebildung sind in der Philosophie des 20. Jahrhunderts zu einem Kernthema geworden. Will man allerdings nicht nur Bedingtheit, Geschichtlichkeit und Perspektivität als solche diskutieren, ist man erneut auf empirische Bemühungen der Wissenssoziologie, Ethnologie, historischen Semantik, Diskursanalyse und ähnlicher Disziplinen verwiesen. Auch hier scheint also das, was bei und nach Marx von der Philosophie übrig bleibt, in andere Kontexte auszuwandern. Ich lasse die Akzentuierung hier offen, weil mir der heikle Punkt ein anderer zu sein scheint: Marx' eigene *Parteinahme* und deren mögliche Gründe.

b. Politik und Moral

Wer sich für die Ausgebeuteten, Unterdrückten, Benachteiligten einer Gesellschaft einsetzt, tut dies gewöhnlich auch aus irgendwie ethischen Motiven. Wollte Marx über solche Motive Rechenschaft ablegen, bräuchte er wohl eine Art Moralphilosophie.[14] Stattdessen greift er wenige Instanzen so stetig an wie die Moral, zumal wo sie philosophisch formuliert ist. Im *Kommunistischen Manifest* gilt sie neben Gesetzen und Religion als eines der „bürgerliche[n] Vorurteile, hinter denen sich ebenso viele bürgerliche Interessen verstecken“ (MEW 4, 28); sie zählt zum festen Bestand der „ideologischen Formen“, die im publizierten Vorwort von *Zur Kritik der politischen Ökonomie* aufgelistet sind (MEW 19, 9); einzelne Prinzipien wie die „angebornen Menschenrechte“ (MEW 23,189), Freiheit, Gleichheit oder Gerechtigkeit werden noch im *Kapital* oder in der *Kritik des Gothaer Programms* als Vorstellungen der Warenbesitzergesellschaft bloßgestellt. Widerspricht sich Marx mit diesen Angriffen selbst?[15]

Eine kurze Bestandsaufnahme seines ethischen Vokabulars macht die Lage bereits klarer. Marx nutzt auch in seinem wissenschaftlichen Werk oft negative Wertbegriffe, um einerseits Kapitalisten (in ihrer sozialen Rolle), bürgerliche Politiker und Wissenschaftler (persönlich) anzugreifen, andererseits die Lage der arbeitenden Bevölkerung zu schildern. Bereits hier beruft er sich allerdings höchstens nebenbei auf Prinzipien, sondern zieht ‚dichte‘, zugleich beschreibende und wertende Begriffe vor. Ein Beispiel gibt ein wertungsreicher Satz, der die Zwiespältigkeit technischer Fortschritte im Kapitalismus erläutert:

> „[A]lle Mittel zur Entwicklung der Produktion schlagen um in Beherrschungs- und Exploitationsmittel des Produzenten, verstümmeln den Arbeiter in einen Teilmenschen, entwürdigen ihn zum Anhängsel der Maschine, [...] entfremden ihm die geistigen Potenzen des Arbeitsprozesses [...]; sie verunstalten die Bedingungen, innerhalb derer er arbeitet, unterwerfen ihn während des Arbeitsprozesses der kleinlichst gehässigen Despotie, [...] schleudern sein Weib und Kind unter das Juggernaut-Rad des Kapitals.“ (MEW 23, 674)

Jedes Urteil ist hier anschaulich; Begriffe wie Ausbeutung haben sogar eine technisch klar definierte Funktion; zuweilen wird mit Phänomenen wie „Brutalisierung und moralischer Degradation“ auch der Sittlichkeitsgrad insgesamt eingeschätzt (ebd., 675). Die deskriptiven Anteile kennzeichnen gleichfalls die wenigen Stellen, an denen Marx positive Ausblicke auf einen nachkapitalistischen Zustand gibt. Statt Freiheit als solcher diskutiert er dann etwa einen „Verein freier Menschen“, der mit „gemeinschaftlichen

---

[14] Wohlwollende Leserinnen und Leser bemerken, dass diese Moralphilosophie ziemlich minimalistisch und recht verschieden ausfallen könnte: „[I]f Marx's empirical claims about capitalism are true, little in the way of a normative account is needed to condemn it. Any moral view would condemn such things as widespread and unnecessary poverty, or excessive, unhealthy labor that stunts most human capacities.“ (Brudney 1998, 225, angelehnt an Allen Wood)

[15] Diese Frage hat eine lange Tradition; für einen aussagekräftigen Zwischenstand vgl. die Beiträge in Angehrn/Lohmann (Hg.) 1986 – und für eine Position, der ich nahe stehe, den Beitrag von Haug.

Produktionsmitteln“ arbeitet (ebd., 92), maximal geht es um die „volle und freie Entwicklung jedes Individuums“, die durch die kapitalistische Produktivitätssteigerung materiell möglich wird, aber erst in einer „höheren Gesellschaftsform“ realisierbar ist (ebd., 618). Die praktischen Ideen in der *Kritik des Gothaer Programms* haben erst recht diesen Charakter: Es sind Vorschläge, die gegen bestehende Probleme oder unkluge andere Vorschläge profiliert werden und vorrangig deshalb auch mit positiven Wertzeichen versehen sind.

Hieraus lässt sich Marx' „normatives“ Vorgehen insgesamt extrapolieren: Er stellt seine wissenschaftliche Arbeit in den Dienst einer politisch-sozialen Bewegung und gibt diese Solidarität oder Parteinahme durchgängig zu erkennen. Dabei achtet er auf eine sachhaltige Argumentation. Um systematische Gründe für seine Parteinahme bemüht er sich dagegen nicht – schon gar nicht ausgehend von allgemeinen moralischen Prinzipien, die für ihn bestenfalls für beliebige Zwecke einsetzbar und gewöhnlich untrennbar von der abgelehnten Sozialordnung sind. Das ist grundsätzlich nicht selbstwidersprüchlich, auch wenn Marx wohl fallweise an Haltungen appelliert, die ihm andernorts als ideologisch gelten. Allerdings gibt es Leserinnen und Leser, denen bei ihm damit eine wichtige argumentative Dimension „fehlt“.[16] Auf eine ähnliche Bedürfnislage hat früher der Marxismus-Leninismus geantwortet. Man kann aus Marx' Texten eine Gesamt-Weltanschauung entwickeln, die nicht nur über kapitalistische Vergesellschaftung aufklärt, sondern überall praktische Orientierung bietet. Man kann sie auch durch fremde Elemente zu einer solchen Weltanschauung ergänzen oder in eine andere einpassen. So holt man jedoch genau das nach, was Marx auch im Gebiet sozialer Parteinahme verweigert hat: Man macht ihn zum Philosophen.

Wer das nicht will, muss nicht die Moral vernachlässigen. Sie war nie irrelevant und ist heute wichtiger denn je. Ohne ethischen Anteil ist kaum ein Unternehmen oder Markenname mehr überlebensfähig; Unterdrückungsstaaten sind, wenn sie nicht zugleich Weltmachtfunktionen haben, von innen wie außen gefährdet; politische Parteien oder Bewegungen leben auch vom moralischen Konsens ihrer Mitglieder; Arbeits- und Lebensbeziehungen sähen ohne sittliche Standards oder unter Bedingungen, die deren Kultivierung verhindern, trostlos aus. Schon die Auflistung macht aber deutlich, dass eine Mindestanforderung für Moralreflexion wäre, sich über die sehr verschiedenen sozialen Funktionen ihres Gegenstands aufzuklären – in eben dem Zusammenspiel von Wissensformen, das Moralphilosophie typischerweise verweigert.

c. Geschichtliche Erwartungen und Geschichtsphilosophie

Problematischer als Marx' Einordnung der Moral ist womöglich, dass er auch die Politik ohne Weiteres zu den ideologischen Formen zählt. Die klassische Stelle dazu diskutiert die Struktur geschichtlicher Umbrüche:

[16] Dazu gehören offenbar auch die Veranstalterinnen und Veranstalter des 2011 stattgefundenen Kongresses „Re-Thinking Marx“, aus dem der vorliegende Sammelband hervorgegangen ist. Zumindest vertraten sie den oben genannten Anspruch im Titel einer Plenarveranstaltung: „Was fehlt bei Marx? Gerechtigkeit, Moral & Das Gute Leben“.

> „In der Betrachtung solcher Umwälzungen muss man stets unterscheiden zwischen der materiellen, naturwissenschaftlich treu zu konstatierenden Umwälzung in den ökonomischen Produktionsbedingungen und den juristischen, politischen, religiösen, künstlerischen oder philosophischen, kurz, ideologischen Formen, worin sich die Menschen dieses Konflikts bewusst werden und ihn ausfechten." (MEW 13, 9)

So soll offenkundig vermieden werden, den Staat unreflektiert fürs Gestaltungszentrum der sozialen Ordnung zu halten, und die ideologischen Auseinandersetzungen erhalten durch Einbeziehung der Politik einiges Gewicht. Dennoch fällt auf, dass Marx nicht einmal die Möglichkeit von Konflikten einräumt, deren Ursachen nicht in den Produktionsbedingungen liegen. Nimmt man hinzu, dass deren Veränderung ‚naturwissenschaftlich getreu' erfassbar sein soll, ist beinahe schon der geschichtsphilosophische Kern erreicht. Es fehlen nur noch die Naherwartung einer schlechthin befreienden sozialistischen Revolution und die Idee, dass sie ebenfalls quasi-naturwissenschaftlich voraussagbar ist. Marx hegt solche Gedanken spätestens seit seiner Verarbeitung der gescheiterten Februarrevolution und gibt ihnen noch im *Kapital* Ausdruck:

> „Die aus der kapitalistischen Produktionsweise hervorgehende kapitalistische Aneignungsweise, daher das kapitalistische Privateigentum, ist die erste Negation des individuellen, auf eigne Arbeit gegründeten Privateigentums. Aber die kapitalistische Produktion erzeugt mit der Notwendigkeit eines Naturprozesses ihre eigne Negation. Es ist die Negation der Negation. Diese stellt nicht das Privateigentum wieder her, wohl aber das individuelle Eigentum auf Grundlage der Errungenschaft der kapitalistischen Ära: der Kooperation und des Gemeinbesitzes der Erde und der durch die Arbeit selbst produzierten Produktionsmittel." (MEW 23, 791)

Die Passage beinhaltet schöne und weiterhin nicht erledigte Gedanken – aber der faktischen Unsicherheit kollektiver Erwartungshorizonte kann man kaum schlechter gerecht werden. Ausgerechnet das sozial Erwünschte (kooperative Produktion zum Nutzen aller Einzelnen) als naturnotwendig zu erwarten, ist bestenfalls blauäugig. Philosophische Geschichtstheorien von Benjamin und Heidegger bis zu Derrida sind hier sensibler – und man kann fragen, ob Marx nicht zumindest an diesem Punkt zu wenig Philosoph und zu wissenschaftsgläubig ist. Genau besehen kommt letzteres jedoch überhaupt nur durch unverdaute Philosophiereste zustande: Auf der einen Seite setzt Marx (eher untypisch) mit John Lockes naturrechtlichem Muster des durch Arbeit legitim erworbenen Eigentums an. Und auf der anderen Seite ist mit der Negation der Negation mehr hegelsche Dialektik ins *Kapital* gesickert, als die Kritik der Verwechslung gedanklicher und geschichtlicher Entwicklung erlaubt. Der wissenschaftliche Anspruch, den Marx verkündet, ist hier nicht einmal nach seinen eigenen Kriterien eingelöst. Die zitierte Stelle führt also exemplarisch vor, was zu Beginn vermutet wurde: Philosophie als Betriebsunfall, genauer als Kollabieren ihres Anderen, von Wissenschaft und Politik.

***

Ein abschließendes Plädoyer gegen die Philosophie erübrigt sich und wäre auch nicht ganz ehrlich – immerhin glaube ich, dass mit ihren Restbeständen und Folgeproblemen deutlich ideenreichere Wissenschaft und Politik zu machen ist als ohne sie. Marx bietet das beste Beispiel. Es genügt aber auch nicht zu betonen, dass diese Ideen nur frei werden, wo sich Philosophen auf andere Wissensbereiche einlassen – das würde zwar umfassend die Themen der Disziplin verschieben, bleibt aber hinter dem Skandal von Marx' Antiphilosophie zurück. Der springende Punkt ist eher, dass es nicht nur um Wissenschaft und eine weitere, sie bzw. ihre Grenzen reflektierende Wissensart geht. Die existenziellen Orientierungen, symbolischen Ordnungen, epistemischen Gewissheiten und geschichtlichen Erwartungen, um die sich Philosophie unter anderem kümmert, werden erst dort problematisch und aufregend, wo sich die Praxis der Fremdbestimmung und Ideologien des Einverständnisses als brüchig erweisen. Wer eine solche Situation nicht zu sehen vermag, kann heute ruhig innerhalb der Philosophie bleiben. Und wer sie erkennt, steht keineswegs schon jenseits der Ideologie – er oder sie ist dann ebenso sehr dem Sog mächtiger und kaufkräftiger Bestätigungswünsche ausgesetzt wie früher das reine Denken der Attraktion der Herrschaft.

Literatur

Althusser, Louis (1968): *Für Marx*, Frankfurt am Main.

Angehrn, Emil und Georg Lohmann (Hg.) (1986): *Ethik und Marx. Moralkritik und normative Grundlagen der marxschen Theorie*, Königstein/Ts.

Benjamin, Walter (1991): „Paris, Hauptstadt des XIX. Jahrhunderts", in: *Gesammelte Schriften*, hg. v. Rolf Tiedemann und Hermann Schweppenhäuser, Bd. V.1, Frankfurt am Main.

Brudney, Daniel (1998): *Marx's Attempt to Leave Philosophy*, Cambridge/Mass. u. a.

Fulda, Hans-Friedrich (1973): „Unzulängliche Bemerkungen zur Dialektik", in: Reinhard Heede und Joachim Ritter (Hg.), *Hegel-Bilanz*, Frankfurt am Main.

Lukács, Georg (1968): *Geschichte und Klassenbewusstsein. Studien über marxistische Dialektik*, Werke, Bd. 2, Neuwied.

Projekt Ideologie-Theorie (PIT) (1979): *Theorien über Ideologie*, Hamburg/Berlin.

Rehmann, Jan (2008): *Einführung in die Ideologietheorie*, Hamburg.

Theunissen, Michael (1974): „Krise der Macht. Thesen zur Theorie dialektischen Widerspruchs", in: *Hegel-Jahrbuch* 1974.

Theunissen, Michael (1980): *Sein und Schein. Die kritische Funktion der hegelschen Logik*, Frankfurt am Main.

Theunissen, Michael (1982): „Die verdrängte Intersubjektivität in Hegels Philosophie des Rechts", in: Dieter Henrich und Rolf-Peter Horstmann (Hg.), *Hegels Philosophie des Rechts. Die Theorie der Rechtsformen und ihre Logik*, Stuttgart.

Andreas Arndt

„... unbedingt das letzte Wort aller Philosophie"

Marx und die hegelsche Dialektik

Der Titel meiner Ausführungen ist einem Brief Marx' an Ferdinand Lassalle vom 31. Mai 1858 entnommen, in dem er – wie meist üblich – zunächst über seine Leiden berichtet und dann auf Lassalles soeben in Berlin erschienenes zweibändiges Werk über *Herakleitos den dunklen von Ephesos* zu sprechen kommt, das der Autor ihm geschickt hatte. „Ich hätte ferner gewünscht", so heißt es dort, „in dem Buche selbst *kritische* Andeutungen über Dein Verhältnis zur hegelschen Dialektik zu finden. So sehr diese Dialektik unbedingt das letzte Wort aller Philosophie ist, so sehr ist es andrerseits nötig, sie von dem mystischen Schein, den sie bei Hegel hat, zu befreien." (MEW 29, 561) Wer sich einmal gründlicher mit dem Problem der Dialektik bei Marx befasst hat, möchte diesen Wunsch an den Verfasser des Briefes zurückgeben. Dabei möchte er sicher nicht nur kritische Andeutungen, sondern auch positive Aussagen zu der Frage bekommen, die Marx schon 1844 in den *Pariser Manuskripten* gestellt hatte: „wie halten wir es nun mit der hegelschen *Dialektik*?" (MEW Erg.bd. 1, 568) Mehrere Monate vor dem Brief an Lassalle hatte Marx – wie bekannt und viel zitiert – gegenüber Engels geäußert: „Wenn je wieder Zeit für solche Arbeiten kommt, hätte ich große Lust, in 2 oder 3 Druckbogen das Rationelle an der Methode, die Hegel entdeckt, aber zugleich mystifiziert hat, dem gemeinen Menschenverstand zugänglich zu machen" (an Engels, 16.1.1858, MEW 29, 260). Dieses, gemessen an dem üblichen Umfang marxscher Arbeiten bescheidene Vorhaben – drei Druckbogen wären 48 Seiten – ist bekanntlich nicht realisiert worden. Zwar hatte Marx auch zehn Jahre später noch erklärt: „Wenn ich die ökonomische Last abgeschüttelt, werde ich eine ‚Dialektik' schreiben", aber auch dies blieb bloße Ankündigung (an Dietzgen, 9.5.1868, MEW 32, 547). Und so wartet bis heute nicht nur, wenn er sich denn überhaupt dafür interessieren sollte, der gemeine Menschenverstand auf Aufschlüsse darüber, was Marx für rationell an der hegelschen Dialektik hielt, sondern es wartet bis heute auch das philosophische Publikum, sofern es denn überhaupt noch mit Hegel oder gar mit Marx sich befassen mag, auf eine solche Darlegung.

Man könnte angesichts dieser Situation schlicht sagen, Marx habe sich dann doch nicht so sehr für diese Frage interessiert und sie auf sich beruhen lassen.

Glücklicher- oder unglücklicherweise, je nachdem, kommt Marx jedoch immer wieder auf Hegel zurück, sogar in seinen zu Lebzeiten gedruckten Texten, wobei er sich meist in kritischen Andeutungen ergeht, die jedoch den Nachteil haben, wirklich nur *Andeutungen* zu sein, d. h. die auch nicht klar erkennen lassen, was denn nun seine Position sei. Da Marx sich aber offensichtlich nie dabei beruhigt hat, Hegel auf sich beruhen zu lassen, liegt es nahe, seinen Andeutungen eine Position zu unterstellen, von der aus er sein Verhältnis zu Hegel bestimmt. Man müsste diese Andeutungen also gleichsam als Hinweise auf einen esoterischen Marx verstehen, sozusagen als Hinweise auf seine ungeschriebene Lehre. Da keine Belege dafür vorhanden sind, Marx habe in Londoner Pubs oder anlässlich von Treffen der Internationalen Arbeiter-Assoziation ausgewählte Adepten in rauchigen Hinterzimmern in die Geheimnisse der hegelschen Dialektik eingeweiht, müssen wir uns dabei an die geschriebene Lehre halten. Hiervon handelt der erste Teil meiner Ausführungen (1). Im zweiten Teil möchte ich dann einigen von Marx gelegten Spuren nachgehen, um zu überprüfen, ob sie zu einem einigermaßen gesicherten Bild führen können. Ansatzpunkt ist Marx' wiederholt geäußerte Behauptung, Hegel habe die Dialektik „mystifiziert". Was bedeutet das, und wie könnte eine „entmystifizierte" Dialektik aussehen (2)? Und schließlich möchte ich dann doch noch eine (vorläufige) Antwort auf die Frage versuchen: Wie halten wir es nun mit der *marxschen* Dialektik (3)?

1. Auf der Suche nach Marx' ungeschriebener Lehre

Das Verhältnis des marxschen *Kapital* zur hegelschen Philosophie und besonders zur *Wissenschaft der Logik* wird, mit unterschiedlicher Intensität, seit dem Erscheinen des ersten Bandes des *Kapital* diskutiert; Marx selbst sah sich bekanntlich bereits im Nachwort zur zweiten Auflage (1872) zu Klarstellungen hinsichtlich des Verhältnisses seiner Methode zur hegelschen Dialektik veranlasst. „Die deutschen Rezensenten", so heißt es dort, „schreien natürlich über hegelsche Sophistik" (MEW 23, 25). Ein anonymer russischer Rezensent im St. Petersburger *V'stnik' Evropy* (*Europäischer Bote*) dagegen – es handelte sich um den Ökonomen Illarion I. Kaufman – nannte Marx' „Forschungsmethode streng realistisch, die Darstellungsmethode aber unglücklicherweise deutsch-dialektisch" (ebd.). Marx entgegnete, indem er anhand ausführlicher Zitate zu zeigen versuchte, gerade die gelobte streng realistische Methode sei seine, Marx' dialektische Methode. Im Anschluss daran bekennt er sich als Schüler Hegels, obwohl seine Methode „der Grundlage nach" das „direkte [...] Gegenteil" der hegelschen sei: „Die Mystifikation, welche die Dialektik in Hegels Händen erleidet, verhindert in keiner Weise, daß er ihre allgemeinen Bewegungsformen zuerst in umfassender und bewußter weise dargestellt hat. Sie steht bei ihm auf dem Kopf. Man muß sie umstülpen, um den rationellen Kern in der mystischen Hülle zu entdecken." (ebd., 27).

Diese Bemerkungen führen kaum weiter. Denn einerseits verweist Marx, ohne es klar zu benennen, auf etwas, das Hegel geleistet habe – als wäre es ausgemacht, was denn bei Hegel die allgemeinen Bewegungsformen der Dialektik seien –; andererseits versichert Marx im selben Atemzug, seine dialektische Methode übernehme nur den rationellen Kern dessen, was Hegel dargestellt habe. Weitreichende Konsequenzen haben diese Bemerkungen zunächst nicht gehabt, denn die Theoretiker der II. Internationale – Orthodoxe wie Revisionisten – hatten wenig Sinn für Marx' „Kokettieren" mit der hegelschen Dialektik und schrieben es als wissenschaftlich bedeutungslos auf das Konto des Zeitgeistes, in dem Marx groß geworden war (vgl. Arndt 2002). Es war Lenin, der im Schweizer Exil die Bedeutung Hegels für Marx wiederentdeckte. Im Ergebnis seiner eigenen Lektüre der *Wissenschaft der Logik* kam er zu der Erkenntnis: „Man kann das ‚Kapital' von Marx und besonders das I. Kapitel nicht vollständig bergreifen, ohne die *ganze* Logik von Hegel durchstudiert und begriffen zu haben. Folglich hat nach einem halben Jahrhundert nicht ein Marxist Marx begriffen!!" (Lenin 1964, 170) Indem Lenin davon ausging, dass Marx zwar „keine *‚Logik'* (mit großem Anfangsbuchstaben)", wohl aber „die *Logik* des ‚Kapitals' hinterlassen" habe (ebd., 316), begründete er eine ganze Forschungsrichtung philosophischer Marx-Lektüre – sowohl im sowjetischen als auch im westlichen Marxismus –, in der es darum ging, das *Kapital* mit Hegels *Wissenschaft der Logik* zu konfrontieren und Marx durch Hegel ebenso wie Hegel durch Marx kritisch zu verstehen.

Die hieran anschließende Literatur ist kaum mehr zu übersehen, auch wenn sie in den letzten beiden Jahrzehnten spärlicher fließt. Ich möchte hierauf auch gar nicht im einzelnen eingehen, sondern vielmehr die grundlegende Frage aufwerfen, was eigentlich eine „Logik" des *Kapital* sein könnte. Auf den ersten Blick ist ja erkennbar, dass die *Wissenschaft der Logik* und das *Kapital* sich auf verschiedenen Theorieebenen bewegen. Aus Hegels Sicht handelt es sich beim *Kapital* um ein Teilstück der Theorie des objektiven Geistes, also um einen Teil der Philosophie des Geistes als Realphilosophie. Wieweit der Gang der realphilosophischen Wissenschaften sowohl im Ganzen als auch besonders im Einzelnen der logischen Abfolge der Kategorien entspricht und überhaupt entsprechen kann, ist weder für Hegel selbst noch für die Hegel-Forschung ausgemacht; Hegel selbst dementiert dies an mehreren Stellen ausdrücklich und hat sich im übrigen zu ständigen Umbauten seiner in der *Enzyklopädie* ja nur skizzierten realphilosophischen Systemteile im Verlauf seiner Vorlesungen veranlasst gesehen (vgl. Jaeschke 2003, 319 ff.). Selbst die *Wissenschaft der Logik* ist ja kein für die Ewigkeit fixierter Text, sondern wurde von Hegel selbst einer tiefgreifenden Revision unterzogen, wie die Neufassung der „Seinslogik" in der zweiten Auflage (1832) deutlich macht. Die „Logik" des *Kapital* wäre aus dieser Perspektive eine realphilosophische Konkretisierung von Figuren der *Wissenschaft der Logik*, aber nicht die Begründung einer logischen Struktur auf deren eigener Ebene. Legt man die Gliederungsentwürfe Marx' für sein Gesamtprojekt zugrunde, von dem die Bände 1–3 des *Kapital* ja wiederum nur ein kleiner Teil sind, wird auch von dieser Seite aus plausibel, dass Marx sich vor allem an Hegels *Rechtsphilosophie* orientiert hat, die ja seit seinen Studentenjahren einen ganz entscheidenden Bezugspunkt seiner Auseinandersetzung mit Hegel bildete. Der Gliederungsentwurf etwa, wie er in dem Brief an Ferdinand Lassalle vom 22. Februar 1858 entwickelt wird, sieht insgesamt 6 Bücher vor: „1. Vom Kapital [...]. 2. Vom Grundeigentum. 3. Von der Lohnarbeit. 4. Vom Staat. 5. Internationaler Handel. 6. Weltmarkt." (MEW 29, 551)[1] Diese Gliederung hat Marx trotz aller Verschiebungen im Großen und Ganzen offenbar nie aufgegeben.

[1] Hinzu kommen, worauf hier nicht weiter einzugehen ist, zwei von diesem Gesamtkomplex unabhängige weitere Teile, nämlich die Kritik und Geschichte der politischen Ökonomie und des

Sie entwickelt ganz offenkundig den Zusammenhang von bürgerlicher Gesellschaft und Staat, also der letzten beiden Kategorien der hegelschen Theorie der Sittlichkeit im Rahmen des objektiven Geistes, einschließlich der Weltgeschichte (hier: internationaler Handel und Weltmarkt). Bereits 1843 hatte Marx Hegel dahingehend kritisiert, dass er den Zusammenhang von bürgerlicher Gesellschaft und Staat falsch entwickelt habe; das wissenschaftliche Projekt der Folgejahre lässt sich durchaus als Durchführung dieser Kritik verstehen. Das aber heißt: das marxsche Projekt auch im *Kapital* bewegt sich bewusst auf Augenhöhe mit einem Abschnitt der hegelschen Geistesphilosophie als Realphilosophie und nicht mit der *Wissenschaft der Logik*. Marx konnte daher auch nicht an einer durchgehenden Parallelisierung mit dem kategorialen Aufbau der *Logik* gelegen sein, den Hegel selbst nur tentativ zum Leitfaden seiner realphilosophischen Darlegungen nahm.

Marx beansprucht auch nicht, mit dem *Kapital* eine allgemeine Theorie der Logik vorgelegt zu haben; es bleibt in dieser Hinsicht vielmehr – zusammen mit anderen, auch gerade brieflichen Zeugnissen – nur ein Hilfsmittel, um Marx' Umgang mit Hegels *Logik* näher zu bestimmen. Dabei sollte auch berücksichtigt werden, dass Marx ausdrücklich sogar darauf verzichtet hat, die im *Kapital* angewandte Methode eigens darzustellen und dem Leser zu erläutern; der im Zusammenhang mit den *Grundrissen* vorgelegte Versuch einer methodischen Einleitung zur Kritik der politischen Ökonomie wurde von Marx ja mit der Begründung aufgegeben, ein solches Für-sich-Stellen der methodischen Seite sei nicht angebracht (womit er, nebenbei bemerkt, Hegels Bestimmung der Methode als Selbstbewegung der Form ihres Inhalts für die Realphilosophie übernimmt – ein nicht ganz unproblematisches Unterfangen). Eine zureichende Basis für einen Vergleich des *Kapital* mit Hegels *Wissenschaft der Logik* dürfte nur dort gegeben sein, wo Marx ausdrücklich auf Hegel verweist bzw. auf markante Weise hegelsche Begriffe verwendet. Daraus aber ließe sich, mangels entsprechender Hinweise Marx', legitimerweise keine mit der hegelschen konkurrierende Logik ableiten. Im Gegenteil. Wo Marx die hegelsche *Wissenschaft der Logik* selbst *als* Logik und nicht im Rahmen einzelwissenschaftlicher Erörterungen in den Blick nimmt, führt er die fällige Auseinandersetzung nicht. Bereits in dem Kreuznacher Manuskript „Zur Kritik der hegelschen Rechtsphilosophie" heißt es im Zusammenhang einer Auseinandersetzung mit Hegels Theorie des Widerspruchs: „Das Weitere hierüber gehört in die Kritik der hegelschen Logik." (MEGA^2, 1, 2, 98) Dies gilt wohl auch für entsprechende Abschnitte im *Kapital*.

Schließlich kann drittens von einer „Logik des Kapital" noch in dem Sinne die Rede sein, dass die *Wissenschaft der Logik* selbst eine Logik der kapitalistischen Gesellschaftsordnung zum Ausdruck bringe. Auch diese Sichtweise hat eine lange Tradition hinter sich, die besonders im westlichen Hegelmarxismus seit Lukács und der frühen Frankfurter Schule verbreitet war. Diese Lesart könnte sich immerhin auf Überlegungen Marx' in den *Pariser Manuskripten* (1844) stützen, wo Hegels *Wissenschaft der Logik* als Ausdruck der entfremdeten (kapitalistischen) Verhältnisse gelesen wird. So heißt es dort: „Die *Logik* – das *Geld* des Geistes, der spekulative, der *Gedankenwert* des Menschen und der Natur [...] das *entäußerte*, daher von der Natur und dem wirklichen

Sozialismus sowie eine historische Skizze der Entwicklung der ökonomischen Kategorien und Verhältnisse. Vgl. Arndt 1985, 165–173.

Menschen abstrahierende *Denken;* das *abstrakte* Denken.“ (MEW 40, 571 f.) Dass die *Logik* gleichsam die entfremdete Wirklichkeit in Gedanken gefasst sei, dies wird Hegel dabei als Leistung zugerechnet: „Das Positive, was Hegel hier vollbracht hat – in seiner spekulativen Logik – ist, daß die *bestimmten Begriffe*, die allgemeinen *fixen Denkformen* in ihrer Selbständigkeit gegen Natur und Geist ein notwendiges Resultat der allgemeinen Entfremdung des menschlichen Wesens, also auch des menschlichen Denkens sind und daß Hegel sie daher als Momente des Abstraktionsprozesses dargestellt und zusammengefaßt hat.“ (Ebd. 585) Nun gibt es freilich in späteren Äußerungen Marx’ vergleichbare Aussagen nicht mehr, und es wäre auch schwer einzusehen, wie eine Logik der entfremdeten Wirklichkeit, die diese in der theoretischen Abstraktion verabsolutiert, „kritisch und revolutionär“ sein sollte, wie es Marx fast dreißig Jahre später behauptete (MEW 23, 28).

2. Spurensuche bei Marx: mystifizierte und entmystifizierte Dialektik

Das Ergebnis der Suche nach Marx’ ungeschriebener Lehre zur Dialektik könnte ernüchternder nicht sein: diese Lehre ist nirgends in Sicht. Wir haben es, um Marx’ eigene Metaphorik in Bezug auf Hegel zu bemühen, mit zahlreichen verstreuten Bemerkungen, mit Erscheinungsformen dialektischer Figuren in verschiedenen, zumeist einzelwissenschaftlichen Kontexten zu tun, deren „Kern“ verborgen bleibt. Wie ist mit diesem Befund umzugehen? Denkbar sind zwei Wege. Man könnte (a) versuchen, die verstreuten Bemerkungen auf ein Gravitationszentrum hin zu lesen und auf diesem Wege eine Systematik zu rekonstruieren, die gewissermaßen eine dialektische Tiefenstruktur bildet, welche die „Auftritte“ der dialektischen Figuren an der Oberfläche organisiert. Diesem Versuch freilich steht entgegen, dass – wie bereits erwähnt – die Verwendung logischer Figuren in realphilosophischen Kontexten keine sicheren Schlüsse auf den internen Zusammenhang der logischen Bestimmungen erlaubt. Niemand etwa könnte aus Hegels *Grundlinien der Philosophie des Rechts* die Struktur der *Wissenschaft der Logik* erschließen. Und auch aus Marx’ Hinweisen im *Kapital* lässt sich m. E. eine allgemeine Theorie der Dialektik nicht deduzieren, sondern höchstens der Einsatzpunkt dialektischer Denkfiguren im einzelwissenschaftlichen Kontext der Kritik der politischen Ökonomie begründen. Eine zweite Möglichkeit bestünde darin, (b) Marx zu unterstellen, er lege schlicht die hegelsche *Logik* zugrunde und verfüge *auf der Theorieebene* der *Wissenschaft der Logik* über gar keine eigene, alternative Konzeption, sondern betrachte Hegels *Logik* als ein Reservoir dialektischer Denkfiguren, von denen er in einzelwissenschaftlichen Kontexten experimentellen Gebrauch machen könne. Diese Deutung hat den Vorzug, Marx keine ungeschriebene Lehre der Dialektik unterschieben zu müssen und dürfte am ehesten mit seinem tastsächlichen Umgang mit Hegel in Übereinstimmung zu bringen sein. Das Problem dabei ist nur, dass Marx hartnäckig behauptet, seine eigene „dialektische Methode“ sei „der Grundlage nach von der hegelschen nicht nur verschieden, sondern ihr direktes Gegenteil“ (ebd., 27).

Was bedeutet diese Rede? Marx selbst verweist darauf, dass er – ich komme später darauf zurück – ein anderes Verhältnis von Idee und Wirklichkeit zugrundelege als Hegel. Und er fügt hinzu: „Die mystifizierende Seite der hegelschen Dialektik habe ich vor beinah 30 Jahren, zu einer Zeit kritisiert, wo sie noch Tagesmode war." (Ebd.) Dieser Hinweis ist, soweit ich sehen kann, in der bisherigen Marx-Literatur nur am Rande behandelt worden, auch wenn natürlich die These, Hegel habe die Dialektik mystifiziert und es komme darauf an, sie zu entmystifizieren, um ihre rationelle Gestalt zu gewinnen, vielfach diskutiert wurde. Das Nachwort zur zweiten Auflage des *Kapital* datiert auf den 24. Januar 1873. Vor „beinah 30 Jahren" bezieht sich also – eine korrekte Erinnerung Marx' unterstellt – auf 1844 oder wenig später. Dabei ist nicht ganz klar, ob Marx nur auf öffentlich zugängliche Äußerungen verweisen will, wie z. B. die *Heilige Familie* (1845), oder aber auch auf seine nicht publizierten Schriften, wie z. B. die Kreuznacher Manuskripte zur *Kritik der hegelschen Rechtsphilosophie* (1843), die *Pariser Manuskripte* (1844) oder die *Deutsche Ideologie* (1844/45). Da Marx' Semantik der Ausdrücke „mystisch", „Mystifikation" usw. relativ stabil ist, kann diese Problematik jedoch vernachlässigt werden. Was also meint Marx mit der „mystifizierenden Seite" bzw. „mystifizierten Form" der hegelschen Dialektik? (Ebd.)

Eine erste Antwort findet sich im unmittelbaren Kontext der Darlegungen von 1873, nämlich im ersten Band des *Kapital*. Der „mystische Charakter der Ware" (ebd., 85), so lesen wir dort, beruhe auf einem „Quidproquo", einer Vertauschung also: „Das Geheimnisvolle der Warenform besteht also einfach darin, daß sie den Menschen die gesellschaftlichen Charaktere ihrer eignen Arbeit als gegenständliche Charaktere der Arbeitsprodukte selbst, als gesellschaftliche Natureigenschaften dieser Dinge zurückspiegelt, daher auch das gesellschaftliche Verhältnis der Produzenten zur Gesamtarbeit als ein außer ihnen existierendes gesellschaftliches Verhältnis von Gegenständen. Durch dies Quidproquo werden die Arbeitsprodukte Waren, sinnlich übersinnliche oder gesellschaftliche Dinge." (Ebd., 86) Eine Mystifikation ist demnach eine Vertauschung, in der etwas – hier das Verhältnis der Gegenstände – an die Stelle eines anderen – hier der gesellschaftlichen Verhältnisse der Menschen – tritt. Dies deckt sich mit dem Sprachgebrauch des 18./19. Jahrhunderts, wo „mystisch" außerhalb des engen Bezugs auf die theologische Mystik „geheimnisvoll", „verworren", „unklar" meint. Das Geheimnisvolle und Verworrene des Mystischen beruht nach Marx auf einer Vertauschung, und das Mystische mystifiziert zugleich, indem es die Verkehrung verdeckt. Mystik im marxschen Sinne ist demnach ein Spezialfall von Ideologie und Entmystifizierung mithin Ideologiekritik.

Was aber ist nun das Mystifizierende und Mystifizierte der hegelschen Dialektik? Bereits in dem Kreuznacher Manuskript „Zur Kritik des hegelschen Staatsrechts" (1843) wird dies deutlich. Es werde, so Marx, „die empirische Wirklichkeit aufgenommen, wie sie ist; sie wird auch als vernünftig ausgesprochen, aber sie ist nicht vernünftig wegen ihrer eigenen Vernunft, sondern weil die empirische Tatsache in ihrer empirischen Existenz eine andre Bedeutung hat als sich selbst. Die Tatsache, von der ausgegangen wird, wird nicht als solche, sondern als mystisches Resultat gefaßt. Das Wirkliche wird zum Phänomen, aber die Idee hat keinen andren Inhalt als dieses Phänomen. Auch hat die Idee keinen andren Zweck als den logischen: ‚für sich unendlicher wirklicher Geist zu sein'. In diesem Paragraphen ist das ganze Mysterium der Rechtsphilosophie niedergelegt und der hegelschen Philosophie überhaupt.“ (Ebd., 201 f.) Die empirische Wirklichkeit wird als Ausdruck und Resultat einer Selbstbewegung der Idee gefasst und dadurch tritt eine Vertauschung bzw. Mystifikation ein: die Empirie bedeutet etwas Anderes als sie selbst. Das dürfte, sofern Marx schließlich nicht platter Empirist ist, so zu verstehen sein, dass die Idee nicht den inneren Zusammenhang der erscheinenden Wirklichkeit zum Ausdruck bringt, sondern die erscheinende Wirklichkeit in einen ihr – nach Marx' Auffassung – äußerlichen Zusammenhang einstellt: das Selbstverhältnis der Idee („für sich unendlicher wirklicher Geist zu sein“).

Nun ist diese Figur der Verkehrung von Feuerbach her bekannt als Vertauschung von Subjekt und Prädikat; die Projektionsthese der Religionskritik im *Wesen des Christentums* führt dies ebenso aus wie die sich daran anschließende Kritik der hegelschen Philosophie und mit ihr der spekulativen Philosophie überhaupt als einer Art säkulare Theologie. Tatsächlich finden sich in dem zitierten marxschen Manuskript Formulierungen, die genau in diese Richtung deuten: „Die Existenz der Prädikate ist das Subjekt: also das Subjekt die Existenz der Subjektivität etc. Hegel verselbständigt die Prädikate, die Objekte, aber er verselbständigt sie getrennt von ihrer wirklichen Selbständigkeit, ihrem Subjekt. Nachher erscheint dann das wirkliche Subjekt als Resultat, während vom wirklichen Subjekt auszugehn und seine Objektivation zu betrachten ist. Zum wirklichen Subjekt wird daher die mystische Substanz, und das reelle Subjekt erscheint als ein andres, als ein Moment der mystischen Substanz. Eben weil Hegel von den Prädikaten der allgemeinen Bestimmung statt von dem reellen Ens (*hypokeimenon*, Subjekt) ausgeht, und doch ein Träger dieser Bestimmung da sein muß, wird die mystische Idee dieser Träger.“ (ebd., 201 f.) Achtet man genauer auf die von Marx gebrauchten Formulierungen, so wird deutlich, dass er sich keineswegs ausschließlich in Feuerbachschen Bahnen bewegt. Für Feuerbach nämlich ist die Vertauschung von Subjekt und Prädikat mit einer anthropologischen Kehre verbunden: das wahre Subjekt – im Sinne der Personalität und Selbstbezüglichkeit – ist bei ihm der Mensch, der wiederum in seine Rechte einzusetzen ist, d. h.: dem die an das imaginierte göttliche Subjekt verschleuderten Bestimmungen wieder zu vindizieren seien. Für Marx dagegen ist das wahre Subjekt nicht anthropologischer Natur im Sinne der emphatischen Bestimmungen Feuerbachs, sondern *subiectum* im Sinne des *hypokeimenon*, also das nach Marx in Wahrheit Zugrundeliegende, nicht aber – jedenfalls nicht notwendig – ein im emphatischen Sinne Selbstbezügliches.

Dieses Subjektivitätsparadigma der hegelschen Philosophie, letztlich die Selbstbezüglichkeit der absoluten Idee, ist für Marx offenbar der Kern der „Mystifikation“. An diesem Punkt setzt schon die Kritik in dem Kreuznacher Manuskript zur hegelschen Rechtsphilosophie 1843 ein, wenn Marx die Nicht-Vermittelbarkeit „wirklicher“ Gegensätze feststellt und es als „Hegels Hauptfehler“ bezeichnet, „den Widerspruch der Erscheinung als Einheit im Wesen, in der Idee“ zu fassen, der aber nicht Einheit, sondern „einen wesentlichen Widerspruch“ (d. h. den Widerspruch zweier Wesen) zum Wesen habe (MEW 1, 295 f.). Dem entspricht, was Marx in der *Heilge[n] Familie* (1845) drucken lässt. Er beschreibt dort mäßig witzig den Mystifikationsprozess der „Spekulation“, welche aus verschiedenen Früchten „eine ‚Frucht‘ der Abstraktion – *die* Frucht“ macht um dann, „um zu dem Schein eines wirklichen Inhaltes zu gelangen“, die Abstraktion „auf eine *spekulative, mystische* Weise“ wieder aufzugeben, indem er die Frucht als Substanz der verschiedenartigen Früchte als „ein lebendiges, sich in sich unterscheidendes, bewegtes Wesen“ auffasst: „Diese Operation nennt man in spekulativer Redeweise: die *Substanz* als *Subjekt*, als *inneren Prozeß*, als *absolute Person* begreifen, und dies Begreifen bildet den wesentlichen Charakter der *hegelschen* Methode.“ (MEW 2, 60–62) Hegel, so heißt es an anderer Stelle, setze „an die Stelle des wirklichen Zusammenhangs von Mensch und Natur ein absolutes Subjekt-Objekt, das die ganze Natur und die ganze Menschheit auf einmal ist, den *absoluten Geist*“ (ebd., 177).

Marx sieht offenbar in der hegelschen logischen Idee eine Verselbständigung des Denkens, und zwar eine solche Verselbständigung, die auf einer Abstraktion von realen Zusammenhängen beruht. Damit erkennt Marx zwar an, dass Hegels Philosophie bis in die scheinbar abstraktesten Bestimmungen hinein empirisch gesättigt und nicht das Ergebnis einer bodenlosen Spekulation sei; zugleich übergeht er aber auch die Frage nach dem Status einer eigenen Reflexion begrifflich-kategorialer Zusammenhänge, wie sie Hegel auf der Ebene der *Wissenschaft der Logik* vornimmt. Genauer gesagt: diese Theorieebene – auf welche m. E. auch eine so genannte materialistische Dialektik nicht verzichten könnte – kommt bei Marx gar nicht vor; sie ist offenbar dem proklamierten Abschied von der Philosophie zugunsten der empirischen Wissenschaft zum Opfer gefallen. Symptomatisch hierfür sind folgende Formulierungen in der *Deutschen Ideologie*: „Die empirische Beobachtung muß in jedem einzelnen Fall den Zusammenhang der gesellschaftlichen und politischen Gliederung mit der Produktion empirisch und ohne alle Mystifikation und Spekulation aufweisen.“ (MEW 3, 25) Über die Naivität dieses in der *Deutschen Ideologie* verbreiteten Empirismus – als ob soziale und institutionelle Zusammenhänge empirisch beobachtbar seien wie ein Sonnenaufgang oder der Flug eines Vogels – braucht man wohl kein Wort zu verlieren. Theoretisch interessanter ist die Behauptung, ein Zusammenhang von Gedankenbestimmungen in der Theorie sei überhaupt nur „deshalb möglich, weil diese Gedanken vermittelst ihrer empirischen Grundlage wirklich miteinander zusammenhängen“ (ebd., 49). Fasst man sie, losgelöst von ihrer empirischen Grundlage, als „*bloße* Gedanken“, so werden sie – Marx zufolge – „zu Selbstunterscheidungen, vom Denken gemachten Unterschieden“ gemacht und dadurch in einen „mystischen Zusammenhang“ gebracht (ebd.).

Was Marx hier sagt, bleibt seine Auffassung. Die Ausführungen im Methodenkapitel der *Grundrisse* schließen hier nahtlos an: „Hegel geriet daher auf die Illusion, das Reale als Resultat des sich in sich zusammenfassenden, in sich vertiefenden und aus sich selbst sich bewegenden Denkens zu fassen, während die Methode, vom Abstrakten zum Konkreten aufzusteigen, nur die Art für das Denken ist, sich das konkrete anzueignen, es als geistig Konkretes zu reproduzieren. Keinesfalls aber der Entstehungsprozeß des Konkreten selbst.“ (MEW 42, 35) Und auch im *Kapital*, im bereits zitierten Nachwort zur zweiten Auflage, heißt es sachlich übereinstimmend: „Für Hegel ist der Denkprozeß, den er sogar unter dem Namen Idee in ein selbständiges Subjekt verwandelt, der Demiurg des Wirklichen, das nur seine äußere Erscheinung bildet. Bei mir ist umgekehrt das Ideelle nichts andres als das im Menschenkopf umgesetzte und übersetzte Materielle.“ (MEW 23, 27) Die Rede vom „Demiurgen“ macht dabei deutlich, dass Marx nicht an eine *creatio ex nihilo* denkt, sondern an eine Mystifikation: der Demiurg ist Weltbaumeister im Sinne von Platons *Timaios*, also ein Gott, der vorhandenen Stoff umformt.[2]

[2] Hierauf hat Heinz-Dieter Kittsteiner aufmerksam gemacht (2004, 57 f.).

3. Wie halten wir es nun mit der marxschen Dialektik?

Marx Aussagen über seine Kritik der *Grundlagen* der hegelschen Dialektik sind über Jahrzehnte hinweg im Kern unverändert. Es findet nach seiner Auffassung eine Mystifikation statt, die in etwa folgende Schritte aufweist:

1. Empirische Zusammenhänge werden in Zusammenhänge von Denkbestimmungen übersetzt. Dieser Schritt ist notwendig und Marx geht ihn daher mit („Bei mir ist [...] das Ideelle nichts andres als das im Menschenkopf umgesetzte und übersetzte Materielle“).
2. Der Zusammenhang der Denkbestimmungen wird zu einem Zusammenhang *aus* dem Denken mystifiziert. Die Mystifikation besteht hier in einem Quidproquo, einer Vertauschung. Vertauscht wird das Subjekt als *hypokeimenon*: empirische Realität gegen Denken qua Idee.
3. Das mystische *subiectum/hypokeimenon* wird nun aber noch einmal weitergehend mystifiziert, indem es zum Subjekt mit dem Status reiner Selbstbezüglichkeit erklärt wird. Dies ist, wie Marx seit 1843 zu zeigen bemüht ist, ein schwerwiegender Eingriff in die „Logik der Sache“ – also die realen Zusammenhänge – sofern diese, nach Marx’ Auffassung, grundsätzlich nicht durch eine solche Selbstbezüglichkeit charakterisiert sind.

Marx’ Umgang mit Hegel erfolgt offenbar auf der Grundlage, dass er die kritisierten Mystifikationen einerseits ausschließen will, andererseits aber im Zusammenhang mit Punkt 1 – der Übersetzung empirischer Verhältnisse und Prozesse in Denkbestimmungen – hegelsche Zusammenhänge von Denkbestimmungen experimentell einsetzt, um empirische Zusammenhänge zu beschreiben.

So weit ist nichts Geheimnisvolles an dem marxschen Projekt. Zweifellos ist es wissenschaftlich legitim, mit Theorien so umzugehen, wie Marx es mit Hegels *Logik* macht. Das Kriterium für den Einsatz der hegelschen Denkbestimmungen ist ja einzig und allein deren Tauglichkeit für die Erfassung und Darstellung empirischer Zusammenhänge und nicht deren eigener philosophischer Begründungszusammenhang. An dem ist Marx augenscheinlich auch gar nicht mehr interessiert. Er will an dem Auszug aus der Philosophie, wie ihn die Junghegelianer proklamiert hatten, festhalten, aber er will – wie schon in seiner Jugendzeit – diesen Auszug nicht als abstrakte Negation der Philosophie vollziehen, sondern durch die Einbeziehung philosophischer Denkfiguren in einzelwissenschaftliche Untersuchungen, sofern sie etwas zur Klärung einzelwissenschaftlicher Problematiken beitragen (können). In Bezug auf die Dialektik etwa ist dies dort der Fall, wo einzelwissenschaftlich fixierte Grenzen überschritten und historisch bestimmte Totalitäten rekonstruiert werden müssen, um die Zusammenhänge der gesellschaftlichen Wirklichkeit bestimmen zu können. Hieraus lässt sich weder eine abstrakte Negation der hegelschen (oder einer anderen) Philosophie noch eine „genuin“ *philosophische* Alternative ableiten. Das erste macht Marx nicht, das zweite ist nicht sein Thema. Man wird, so denke ich, Marx’ Verhältnis zur hegelschen Dialektik immer dann grundlegend verfehlen, wenn man diese spezifische Verbindung von besonderen Wissenschaften und Philosophie nicht im Auge behält.

Noch einmal: eine marxsche Dialektik, die auf einem der *Wissenschaft der Logik* vergleichbaren Theorieniveau angesiedelt ist, gibt es – auch als Alternativunternehmen – nicht, und es ist m. E. sehr zweifelhaft, ob die berühmten paar Druckbogen, die Marx nie geschrieben hat, überhaupt mehr enthalten hätten als Hinweise auf das, was Marx die Mystifikationen Hegels nennt, sowie auf Beispiele des empirisch-einzelwissenschaftlichen und insofern nichtmystifizierenden Gebrauchs hegelscher Denkfiguren. Wir haben keinen begründeten Anlass, bei Marx mehr zu vermuten.

Das heißt aber nicht, dass wir uns mit diesem Befund beruhigen könnten. Wenn Marx' Umgang mit Hegels *Logik* empirisch-wissenschaftlich auch legitim ist, so ist er philosophisch doch nicht zureichend, und das nicht aus dem Interesse an einer „genuinen" Philosophie heraus, sondern schlicht deshalb, weil er zu viele legitime Fragen nicht nur *der* Philosophie sondern auch *an die* Philosophie unbeantwortet lässt. Ich möchte hier nur einige exemplarisch nennen.

1. Der Vorwurf, Hegel verselbständige Denkzusammenhänge gegenüber ihrer empirischen Grundlage geht m. E. dort ins Leere, wo Hegel den Zusammenhang von Denkbestimmungen *als solche* thematisiert, d. h. den Zusammenhang von Denkmitteln (Kategorien) im Verhältnis zueinander. Z. B. den Zusammenhang der Reflexionsbestimmungen: wie verhalten sich Identität und Unterschied zueinander, was bedeutet es, dass ich das eine nicht ohne das andere bestimmen kann? Es ist dies ein kategorialer, kein empirischer Zusammenhang, und er bezeichnet die Theorieebene der *Wissenschaft der Logik*. Hierzu sagt Marx gar nichts und er scheint sich dafür auch im Rahmen seiner empirisch-wissenschaftlichen Forschungen nicht zu interessieren (was, es sei noch einmal betont, legitim ist).
2. Die Frage nach dem Status und der Möglichkeit einer *Wissenschaft der Logik* – sei sie mit oder gegen Hegel durchgeführt – bleibt damit unbeantwortet. So wäre z. B. zu prüfen, ob die absolute Methode – die ja bei Hegel die dialektische Methode ist – Bestand nur im empirisch gerichteten „suchenden Erkennen", wie Hegel es nennt, haben kann, oder ob die Abgeschlossenheit des reinen Denkens bei Hegel ihren Grund in einer tatsächlich zu legitimierenden inneren Systematizität der Denkbestimmungen hat. Von dorther wäre das Verhältnis der *Logik* (oder ihres theorietechnischen Äquivalents) zu den Realwissenschaften zu bestimmen, das Marx völlig ausblendet.
3. Marx scheint dies deshalb zu tun, weil er – jedenfalls programmatisch – noch immer darauf vertraut (wie übrigens auch Engels), dass die besonderen Wissenschaften aus sich selbst heraus totalisierende und disziplinüberschreitende Verfahren entwickeln können, die es erlauben, die philosophische Vernunft als Zusammenhangsdenken zu ersetzen. Ich zweifle, dass dies möglich ist, weil die besonderen Wissenschaften in ihrer arbeitsteiligen Spezialisierung daran gar kein Interesse haben bzw. aus sich heraus gar nicht die dafür notwendigen Denkmittel bereitstellen können (die ja auch Marx wenigstens zum Teil der hegelschen Philosophie entlehnen musste). Das heißt im Gegenzug nicht, dass die empirischen Wissenschaften in ein spekulatives Denken aufzuheben seien. Es heißt aber wohl, dass philosophische Denkmittel in der Kritik einzelwissenschaftlicher Bornierungen unverzichtbar sind – und sei es nur hypothetisch und experimentell.

Ich möchte es dabei bewenden lassen. Es ist ein weites Feld, auf dem Marx uns allein lässt. Von Marx' Umgang mit hegelschen Denkbestimmungen können wir dabei sicher noch immer viel lernen; die Arbeit des Begriffs aber müssen wir – mit und gegen Marx – selbst auf uns nehmen und den Mut haben, uns der dialektischen Vernunft selbst zu bedienen.

Literatur

Arndt, Andreas (1985): *Karl Marx. Versuch über den Zusammenhang seiner Theorie*, Bochum.

Arndt, Andreas (2002): „Hegel-Kritik", in: *Historisch-kritisches Wörterbuch des Marxismus*, hg. von W.-F. Haug, Bd. 5, Hamburg.

Jaeschke, Walter (2003): *Hegel-Handbuch*, Stuttgart.

Kittsteiner, Heinz-Dieter (2004): *Mit Marx für Heidegger. Mit Heidegger für Marx*, München.

Lenin, Wladimir Iljitsch (1964): *Philosophische Hefte*, *Werke* Bd. 38, Berlin.

FRANCK FISCHBACH

Marx zwischen politischer und sozialer Philosophie

In seinem Aufsatz „Pathologien des Sozialen. Zur Tradition und Aktualität der Sozialphilosophie" hat Axel Honneth den Versuch unternommen, im Kontext ihrer aktuellen prekären Situation, die eigenständige Züge der Sozialphilosophie wieder zu unterstreichen. Das tat er, indem er die These entwickelte, dass „es in der Sozialphilosophie vordringlich um eine Bestimmung und Erörterung von solchen Entwicklungsprozessen der Gesellschaft geht, die sich als Fehlentwicklungen oder Störungen, eben als Pathologien des Sozialen begreifen lassen" (Honneth 2000, 12). Wenn die Sozialphilosophie so definiert wird, dann ist es sofort klar, dass Marx eine ganz wichtige Rolle in dieser Denktradition gespielt hat. Und Axel Honneth kann sofort deuten, dass die marxsche Kapitalismuskritik sozialphilosophisch orientiert ist, weil der Kapitalismus bei Marx „nicht bloß als ein Unrecht der gesellschaftlichen Verhältnisse" und noch weniger als ein moralisches Unrecht, sondern „als eine Pathologie" verstanden sein soll (ebd., 27). Die Weise, in der Marx den Sinn dieser Pathologie verstanden hat, ist je nach seiner Werkphase zwar unterschiedlich. Zur Zeit der *Pariser Manuskripten* kann man sagen, dass Marx die Eigenschaft, sich selbst in dem Produkt seiner Arbeit zu vergegenständlichen, als „die zentrale Eigenschaft des Menschen" begreift. Der Kapitalismus kann also deshalb als Pathologie verstanden werden, weil in ihm und von ihm jede Möglichkeit zerstört wird, „den Vollzug des Arbeitens als ein Prozess der Selbstverwirklichung erleben zu können" (ebd., 26), und zwar wird jede Möglichkeit dieser Art so zerstört, indem die Form der Lohnarbeit dem Arbeiter jede Kontrolle über seine eigene Tätigkeit entnimmt. Der Kapitalismus stellt also eine Form des sozialen Lebens dar, die pathologisch ist, weil sie „den Menschen aller Aussichten auf ein gutes Leben beraubt" (ebd., 27).

Und meiner Meinung nach hat Axel Honneth ganz Recht, wenn er denkt, dass mit den späteren Schifften von Marx sich an dieser sozialphilosophischen Orientierung seiner Kapitalismuskritik inhaltlich nichts ändert: Zwar ändern sich die Termini der Kritik, nicht aber ihre sozialphilosophische Form. Zwar handelt es sich jetzt für Marx um das neue wissenschaftliche Programm einer Kritik der politischen Ökonomie, aber die Analyse der historischen Bedingungen der Verwertungslogik des Kapitals zielt immer noch darauf deutlich zu machen, dass diese Logik, wenn sie die zentrale Rolle in der Reproduktion der ganzen Sozialordnung spielt, zu einer sozialen Fehlentwicklung wird, weil sie „ein befriedigendes Leben unter den Menschen unmöglich macht“ (ebd., 28). Das Kritikmodell des späten Marx würde sich also auf der Idee gründen, nach welcher der Vorrang der Verwertungslogik und die Verallgemeinerung der Warenform als Hindernisse für ein gutes menschliches Leben zu kritisieren sind. Ob mit dem jungen oder mit dem späten Marx, es ist klar, dass er die Phänomene, die ihn „an der Gesellschaft seiner Zeit empören“, nicht „als soziale Konsequenzen eines moralischen Unrechts wahrnimmt“, sondern als „gesellschaftliche Entwicklungen, die dem Ziel der menschlichen Selbstverwirklichung entgegenstehen“ (ebd., 25). Das alles hat den Sinn, dass eine sozialphilosophische Kritik an dem Kapitalismus sich von einem moralpolitischen Protest gegen die Ungerechtigkeit oder die Ungleichheit unterscheidet, die die kapitalistische Sozialordnung ebenfalls überall mit sich bringt. Es wäre also möglich, zwischen den Kapitalismuskritiken in der Hinsicht zu unterscheiden, ob sie sich normativ auf die Idee eines gerechten gesellschaftlichen Zustands oder auf die Idee einer gelungenen Selbstverwirklichung stützen; wobei mit „Selbstverwirklichung“ die Bedingungen eines positiven und befriedigenden Verhältnisses zu sich selbst, zu den Anderen und zu der Natur gemeint ist – so dass es sich bei der Kritik um die Frage handelt, ob eine gesellschaftliche Ordnung diese Bedingungen liefert oder nicht. Auf Grund dessen könnte man dann zwischen politischer Philosophie und sozialer Philosophie so unterscheiden, indem man sagen würde, dass die erste sich auf die Hauptkategorien der Ungerechtigkeit und der Ungleichheit gründet, während die zweite – also die soziale Philosophie – mit den Grundkategorien der sozialen Pathologie verfährt. Ich bin hier mit Axel Honneth einverstanden, wenn er in einem Interview mit Olivier Voirol sagt, dass „die marxistische Tradition sich für die sozialen Pathologie viel mehr interessierte als für die sozialen Ungerechtigkeiten“, und dass „sein persönlicher Beitrag für Marx selbst vielleicht gewesen ist, bewiesen zu haben, dass die soziale Ungerechtigkeit gleichzeitig eine soziale Pathologie ist“ (Honneth 2006, 179).

Was bei Marx zu finden wäre, wäre also die Idee einer Identifizierung des Faktums der Ungerechtigkeit oder der Ungleichheit mit einer sozialen Pathologie, die sich so darstellen würde, dass wir wegen der allgemeinen Verwertungslogik von unseren eigenen sozialen Lebensbedingungen, von der äußerlichen Natur wie von unserer eigenen innerlichen Natur entfremdet wären. Die Frage, die zu stellen ist, ist zu wissen, ob es bei der sozialen und der politischen Philosophie um eine Alternative handelt oder nicht. Und wenn das Denken von Marx zu der sozialen Philosophie gehört, dann ist es zu fragen, wie dieses Denken sich zu der Politik verhält. Zum Beispiel: wie steht es mit einem Begriff wie dem des „Klassenkampfs“? Wie ist ein solcher Begriff zu verstehen? Handelt es sich hier um einen politischen Begriff oder um eine sozusagen „soziologische“ Kategorie, die uns erlaubt, gesellschaftliche und geschichtliche Prozessen zu beschreiben und zu verstehen? Wenn Marx und Engels schreiben, dass „die Geschichte aller bisherigen Gesellschaft die Geschichte von Klassenkämpfen ist“ (MEW 4, 462), dann ist es klar, dass es sich hier nicht um politische Strategie handelt. Handelt es sich aber deswegen um die einfache und reine Beschreibung eines geschichtlichen Prozesses oder eines gesellschaftlichen Zustands? Ich würde eine positive Antwort geben, aber in dem Sinne eines geschichtlichen *Fehl*entwicklung oder eines *pathologischen* gesellschaftlichen Zustandes. Keine der bisherigen Gesellschaften hat in sich die Bedingungen einer sozialen und menschlichen Selbstverwirklichung erschlossen, gerade weil jede Gesellschaft bis jetzt eine Gesellschaft gewesen ist, in der „Unterdrücker und Unterdrückte in stetem Gegensatz standen“ (ebd.). Und gerade weil jede Form der Gesellschaft bis jetzt von diesem Gegensatz affiziert worden ist, ist auch keine von dieser Formen die einer gerechten und freien Gesellschaft gewesen. Daran kann man sehen, dass der Begriff von dem Kampf zwischen Unterdrückern und Unterdrückten sowohl ein deskriptiver als auch ein normativer Begriff ist. Oder, anders gesagt, mit Hilfe eines solchen Begriffs werden die bisherigen Formen der geschichtlichen Gesellschaften beschrieben und verstanden, aber in einer solchen Weise, dass der *politische* Horizont einer vom Kampf, vom Gegensatz und von der Herrschaft befreiten Gesellschaft eröffnet wird.

Ich sehe hier einen Grund dafür, die These zu vertreten, dass es bei der sozialen und der politischen Philosophie nicht um eine Alternative geht. Zu behaupten, dass die soziale Ungerechtigkeit sich gleichzeitig als eine soziale Pathologie darstellt, heißt nämlich nicht, dass man auf den politischen Begriff der Gerechtigkeit oder auf eine politische Theorie der Gerechtigkeit verzichten sollte. Ich bin der Meinung, dass es nach Marx möglich ist zu behaupten, dass die soziale Philosophie in sich die politische einschließt. Wenn dem so ist, dann kann man das folgendermaßen verstehen: wenn es auch eine solche Gesellschaft geben würde, die politisch und rechtlich vollkommen nach den allgemeingültigen Prinzipien der Gerechtigkeit organisiert würde, dann würde sich trotz allem noch die Frage stellen, ob die sozialen Verhältnisse und der menschliche „Verkehr“ in dieser Gesellschaft von einer solchen Qualität sind, die für jedes Individuum maximale Chancen seiner Selbstverwirklichung eröffnet oder nicht.

Das was ich hier plausibel zu machen versuchen werde, hat einen Hintergrund, deren französische Eigentümlichkeit zunächst erklärt werden will. In den 80er und bis in die Mitte der 90er Jahre des letzten Jahrhunderts haben wir in Frankreich ein Wiederauferstehen der politischen Philosophie in einem ganz klassischen Sinn erlebt. Diese Restauration der politischen Philosophie hat im Endeffekt – das kann man jetzt sagen – den Sinn einer Philosophie der Restauration gehabt. Es war nur noch die Rede von dem Recht, von den Menschenrechten, von dem Rechtsstaat, von dem Gesetz, von der Demokratie im Sinne der westlichen liberalen Demokratie und so weiter. Es muss sofort gesagt werden, dass ich natürlich nichts gegen den Rechtsstatt und die Menschenrechte und, wenn möglich, noch weniger gegen die Demokratie habe, ganz im Gegenteil; es ist nur die Frage, ob es noch möglich ist, in der politischen Philosophie andere Themen zu behandeln, wie zum Beispiel die Gerechtigkeit und die Ungerechtigkeit, die Gleichheit und die Ungleichheit, die Rolle der Arbeit, die Demokratie nicht nur als politische aber auch als soziale Demokratie und so fort. Aber lassen wir diese Frage momentan beiseite. In den selben 80er Jahren ging es auch darum, die großen Klassiker der Tradition der politischen Philosophie wie Hobbes, Hume, Kant, aber auch Fichte, Hegel und Tocqueville wieder zu entdecken, wieder zu lesen und zu interpretieren.

Es ist aber inzwischen klar geworden, dass diese große „Renaissance“ der klassischen politischen Philosophie den Sinn einer politischen Reaktion hatte. Das war eine Reaktion zuerst gegen die herausragende Rolle, die der Marxismus bei uns mit Althusser und seiner Schule, aber auch schon früher mit Merleau-Ponty und Sartre seit den 50er und noch stärker in den 60er und 70er Jahren gespielt hatte; aber es ist auch, zweitens, eine Reaktion gewesen gegen die inzwischen immer größer gewordene Rolle der Sozialwissenschaften in der Philosophie selbst. Es ist eigentlich eine Tatsache, dass das Wichtigste, was in der Theorie und der Philosophie in den französischen 60er Jahren geschafft wurde, die Errungenschaft einer Zusammenarbeit der Philosophie mit dieser oder jener Sozialwissenschaft war, sei es die Anthropologie, die Soziologie oder die Sprachwissenschaft und die Psychiatrie. Zum Glück haben in dieser Zeit andere Autoren, wie zum Beispiel Étienne Balibar, aber auch Miguel Abensour, Jacques Rancière oder Christian Lazzerri und viele andere, die politische Philosophie in einem anderen Sinn weitergetrieben, dass heißt nicht in dem Sinn einer reinen normativen, sondern in dem einer *kritischen* politischen Philosophie.

Denn was war eigentlich der Sinn dieser Restauration der politischen Philosophie? Das war natürlicher Weise ein politischer Sinn und zwar dieser: dass das Sein mit dem Sollen gleich und identisch ist, dass alles was ist, oder politisch und gesellschaftlich existiert, genau auch das ist, was existieren soll. Man hat also in diesen Zeiten über das Sollen, über was sein soll, so viel spekuliert, nur um feststellen zu können, dass was sein soll, schon da ist, dass die Normen schon realisiert sind, dass – wie Hegel gesagt hätte – was vernünftig ist, auch schon wirklich ist.

Dabei wurde das klar und komplett bestätigt, was Marx von der Politik, von der Philosophie und von der politischen Philosophie dachte, nämlich dass es sich von verschiedenen Formen und Arten der Ideologie handelt. Wenn es die Rolle einer Ideologie ist, den existierenden Zustand nicht nur auszudrücken sondern auch zu rechtfertigen, dann hat die politische Philosophie der 80er und 90er Jahre bei uns ganz genau eine solche Rolle gespielt. Was nämlich bei dieser Restauration der politischen Philosophie in diesem Sinne verloren gegangen ist, ist zuerst alle Möglichkeit eines kritischen Standpunkts. Es war dann deshalb auch nicht sehr schwer, den Schluss zu ziehen, dass es keine Möglichkeit einer sozialen Kritik mehr gab, dass die Kritik ohnmächtig geworden war, und so weiter und so fort – was inzwischen bei uns bei vielen Philosophen wie auch bei einigen Soziologen zum Leitmotiv geworden ist.

In dieser grob bezeichneten Lage gab es einige, die gedacht haben, dass es sinnvoll sein könnte, die alte Benennung der „Sozialphilosophie" wieder ins Leben zu rufen. Was dabei gemeint ist, muss geklärt werden, und Marx kann hier von großer Hilfe sein, da er sicher einer der wichtigsten Repräsentanten dieser Tradition der sozialen Philosophie ist. Ich bin also der Meinung, dass es sich bei Marx nicht nur um eine Kritik der Politik (vgl. Balibar et al 1979) handle, sondern dass, im Grunde genommen die marxsche Philosophie eigentlich *keine politische Philosophie* ist. So überraschend diese Meinung aussehen mag, bin ich doch von weitem nicht der Erste, der sie vertritt. Fredric Jameson zum Beispiel ist in diese Richtung so weit gegangen zu schreiben, der Marxismus sei keine politische Philosophie" (Jameson 2007, 373). Was Jameson darüber schrieb soll aber *in extenso* zitiert werden:

> „Der Marxismus ist zwar keine politische Philosophie der Art ‚Weltanschauung', er gehört nicht dem selben Niveau wie Konservatismus, Liberalismus, Radikalismus, Populismus oder was man will; es gibt sicher eine marxistische Praxis der Politik, aber das politische Denken bei Marx – wenn es in diesem Sinne nicht praktisch ist – bezieht sich auf die politische Organisation

> der Gesellschaft und auf die Mittel mit deren die Leute zur Organisation der Produktion zusammen arbeiten" (ebd., 374).

Die marxsche Philosophie wäre also keine politische Philosophie. Was soll das aber heißen?

Das heißt, dass es bei Marx keine politische Ideologie gibt, und also auch, dass der Sozialismus im Sinne von Marx keine politische Ideologie oder keine politische Weltanschauung war. Anders gesagt heißt es zum Beispiel, dass bei Marx keine richtige Auffassung des Staates oder dessen Einrichtung, Entwicklung und möglichen Auflösung zu finden ist. Mit „Politik" wäre also bei Marx die Mittel gemeint, mit deren Hilfe die Menschen ihre Produktion und Kooperation gestalten. „Politik" wäre also die soziale Praxis, mit welcher die Menschen es versuchen, ihre soziale Verhältnisse und die Art ihrer eigenen Vergesellschaftung zu organisieren und zu orientieren. Aber mit „Menschen" ist zuviel gesagt: in den aktuellen Umständen handelt es sich eigentlich nicht um alle Menschen, sondern um diejenigen, die nicht in der Lage sind, oder die daran gehindert werden, die soziale Produktion und Kooperation mitzubestimmen, d. h. diejenigen, die Marx die "Proletarier" nannte.

Worum es hier geht, wurde von Étienne Balibar in *La crainte des masses* ganz klar zum Ausdruck gebracht. „Wie kann man eine Politik ohne politische Ideologie denken", fragt er, „d. h. ohne Rede über den Staat, über den Staat der Zukunft oder über die Zukunft der Staat (sei es seine Vernichtung)?" (Balibar 1997, 190). Die Frage sollte noch radikalisiert sein und man sollte eigentlich fragen: wie kann man eine Politik ohne politische Ideologie denken, das heißt nicht nur ohne Rede über den Staat, aber auch ohne Rede über die Freiheit, über die Gleichheit oder über die Gerechtigkeit, etc.? Nach der *Deutschen Ideologie* ist es klar, dass solche Ideen wie jene der Freiheit oder der Gerechtigkeit nur als reine ideologische Motive zu verstehen sind, d. h. als Ideen der herrschenden Klasse, die nichts Anderes ausdrücken als die Legitimation der herrschenden Rolle dieser Klasse. Deshalb konnte auch Marx zur Zeit der *Deutschen Ideologie* denken, dass der Proletariat keine Ideologie haben konnte, oder – was dasselbe ist – dass das Proletariat keine Politik im eigentlichen Sinne treiben konnte: die revolutionäre Praxis der Proletariat wäre keine politische Praxis, weil sie in der Tat nichts Anderes sei als die Selbstzerstörung der bürgerlichen oder kapitalistischen Gesellschaft. Und deshalb ist ganz explizit bei Marx der Kommunismus selber keine politische Weltanschauung, kein politisches Ideal, „wonach die Wirklichkeit sich zu richten hat", sondern „die wirkliche Bewegung, welche den jetzigen Zustand aufhebt" (MEW 3, 35).

Was bleibt noch unter diesen Umständen von der Politik, wenn diese nicht zu einer reinen Strategie reduziert sein soll? Gibt es noch eine Möglichkeit sich politisch zu orientieren, oder politisch zu handeln, zum Beispiel im Namen der Gleichheit oder der Freiheit und Gerechtigkeit? Wie ist es möglich, der Gefahr zu begegnen, dass die Politik nichts mehr sei als eine rein strategische Handlung, bei der es um nichts anderes mehr geht als um die Machtergreifung und die Machtbehaltung?

Dass eine soziale Philosophie keine politische Philosophie ist, oder sich prinzipiell von der politischen Philosophie unterscheidet, heißt aber nicht, dass sie kein Denken der Politik ist oder hat. Ganz im Gegenteil handelt es sich um ein Denken, das die Politik zum Gegenstand nimmt, aber diesen Gegenstand immer seine Stelle anweist und niemals absondert oder das die Politik nicht von ihrem sozialen Kontext trennt und isoliert. Aus dem Standpunkt einer sozialen Philosophie gesehen, ist die Politik nichts Anderes als noch eine bestimmte soziale Handlung, deren Sinne die Suche nach einer möglichen Beherrschung oder wenigstens nach einer bewussten Orientierung über die gesellschaftlichen Prozesse ist, so dass die Chancen maximiert werden, dass die Menschen in ihren Sozialverhältnissen ein gutes Leben führen können.

Ich denke, dass es bei Marx die Möglichkeit gibt, die politischen Werte und die politischen Diskurse so zu denken, dass sie zwar als ideologische Abstraktionen gelten, aber als *reelle* Abstraktionen, das heißt als Motive, die zwar immer Gefahr laufen, abstrakt zu gelten, also von der wirklichen sozialen Praxis abstrahiert zu sein, aber doch eine Wirksamkeit besitzen, oder als Motive, die zwar ideologisch sind, aber sich trotzdem nicht auf reine subjektive Illusionen reduzieren lassen. Es ist meiner Meinung nach die große Errungenschaft des späten Marx' gewesen, verstanden zu haben, dass es ganz abstrakte Vorstellungen geben kann, die sich als selbständige und allgemein geltende Denkformen und also als ideologische Motive geben, aber die trotzdem keine Illusionen sind und nicht einfach eine täuschende Rolle spielen. Das wird ganz klar am Anfang des *Kapital* im ersten Kapitel. „Aristoteles", so Marx, „konnte nicht aus der Wertform selbst herauslesen, dass in der Form der Warenwerte alle Arbeiten als gleiche menschliche Arbeit und daher als gleichgeltend ausgedrückt sind". Und Aristoteles konnte es nicht, so Marx weiter, „weil die griechische Gesellschaft auf der Sklavenarbeit beruhte, daher die Ungleichheit der Menschen zur Basis hatte". Um „das Geheimnis des Wertausdrucks" entziffern zu können, muss, so Marx weiter, „der Begriff der menschlichen Gleichheit bereits die Festigkeit eines Volksvorurteils besitzen". Aber das wird selbst erst möglich, wenn „die Warenform die allgemeine Form des Arbeitsprodukts" geworden ist, d. h. erst wenn „das Verhältnis der Menschen zueinander als Warenbesitzer das herrschende gesellschaftliche Verhältnis" geworden ist (MEW 23, 74). Und das ist selbst erst der Fall, wenn die meisten Arbeiter zu „freien Arbeitern" geworden sind, oder anders gesagt, wenn das zentrale gesellschaftliche Verhältnis das Verhältnis geworden ist, in dem ein Besitzer von Arbeitskraft oder Arbeitsvermögen mit einem Besitzer von objektiven Arbeitsbedingungen handelt.

Erst unter diesen Umständen wird der Begriff der menschlichen Gleichheit zu einer politischen Idee, und erst dann kann diese Idee sogar auch eine ideologische und eine täuschende Rolle spielen. Aber es ist auch so, dass dieser Begriff überhaupt nicht auf diese ideologische Funktion reduziert sein kann: wegen der zentralen Rolle, welche die Ausgleichung aller Arbeiten in der modernen Gesellschaft spielt. Wegen der Rolle der abstrakten Arbeit besitzt auch die menschliche Gleichheit *als* Abstraktion eine soziale Verankerung, eine gesellschaftliche Wirklichkeit, die erst auch der Idee der Gleichheit eine politische Wirksamkeit gibt. Erst wenn die Gleichheit solchermaßen in der Struktur der Produktion selbst verankert ist, wird es dann auch sinnvoll, einen *politischen* Protest zu erheben gegen eine Gesellschaft, die sich mit sich selbst im Widerspruch setzt, da in ihr die Ungleichheit nicht bestehen kann, ohne im Widerspruch zu treten zu der zentralen Rolle, die diese selbe Gesellschaft der Ausgleichung als wirklichem Prozess gibt. Man versteht jetzt vielleicht besser die Eigentümlichkeit des Standpunkts einer sozialen Philosophie: ihre Kritik der Politik hat nicht den Sinn, dass die politische Vorstellungen, Ideen und Diskurse rein täuscherische Illusionen wären. Das bedeutet dass die politische Vorstellungen und Herausforderungen wie die der menschlichen Gleichheit Vorstellungen sind, die erst in einer bestimmten Phase des gesellschaftlichen und geschichtlichen Prozesses eine wirkliche Bedeutung bekommen können. Die Kritik der Politik hat dann ihren Sinn, wenn wir feststellen können, dass die sozialen Akteure sich meistens in der pathologischen Lage befinden, in der eine Gesellschaft solchen Ideen wie der der menschlichen Freiheit und Gleichheit eine Gültigkeit geben kann, aber gleichzeitig auch und systematisch Strukturen der Unfreiheit und der Ungleichheit ständig in sich reproduziert. Es geht dann zwar darum, die Politik zu kritisieren, aber nicht um sie aufzulösen, sondern um sie zu verwirklichen und zu realisieren.

Literatur

Balibar, Étienne et al (1979): *Marx et la critique de la politique*, Paris.

Balibar, Étienne (1997): *La crainte des masses. Politique et philosophie avant et après Marx*, Paris.

Honneth, Axel (2000): *Das Andere der Gerechtigkeit. Aufsätze zur praktischen Philosophie*, Frankfurt am Main.

Honneth, Axel (2006): „La Théorie critique de l'Ecole de Francfort et la théorie de la reconnaissance. Entretien avec Olivier Voirol", in: A. Honneth, *La société du mépris. Vers une nouvelle Théorie critique*, herausgegeben von Olivier Voirol, Paris.

Jameson, Frederic (2007): *Le postmodernisme ou la logique culturelle du capitalisme tardif*, Paris.

Lukas Kübler

Marx' Theorie der Entfremdung

Von den sogenannten *Ökonomisch-philosophischen Manuskripte*[1] erhoffte man sich seit ihrer Erstveröffentlichung im Jahr 1932 vor allem, dort einen „philosophischen Marx" zu finden, der hier im Vokabular des Junghegelianismus (vgl. Breckman 1999) die Grundbegriffe seiner späteren Kapitalismuskritik entwickelt (Marcuse 1932). Zwar lassen die Rhetorik und das politische Engagement des „reifen" Marx keinen Zweifel daran, dass er den Kapitalismus als fundamental kritikwürdig ansieht. Allerdings hat er in seinen späten Schriften nie versucht, explizit zu begründen, warum man die Abschaffung des Kapitalismus als einen wünschenswerten Fortschritt – und nicht nur als historisch unvermeidliche Veränderung – verstehen sollte.

Sowohl für eine systematisch wie auch für eine historisch orientierte sozialphilosophische Auseinandersetzung mit Marx besteht daher der heute sicherlich interessanteste Aspekt der *Manuskripte* darin, dass Marx hier versucht, eine fundamentale Kritik des Kapitalismus zu entwickeln. „Even aside from the pernicious economic conditions it creates, he thinks that capitalism is in some deep way at odds [...] with the proper life for human beings." (Brudney 1998, 146)

Der zentrale Begriff dieser Kritik ist der Begriff der *Entfremdung*: Die Tatsache, dass die Arbeit im Kapitalismus notwendig entfremdet ist, soll erklären, warum und in welchen Hinsichten der Kapitalismus mit dem für den Menschen richtigen Leben unvereinbar ist. Bekanntlich unterscheidet Marx vier unterschiedliche „Bestimmungen" der

[1] Sie werden im Folgenden abkürzend als „*Manuskripte*" bezeichnet und Seitenverweise werden nach der „Ersten Wiedergabe" der MEGA (I/2, 187–322) in Klammern im Text zitiert. Die Rede von „*den Manuskripten*" schließt stillschweigend auch die *Auszüge aus James Mill* ein. Diese wurden, obwohl sie sich weder nach Papiertyp, Art der Paginierung noch nach Weise der Beschriftung von den übrigen Notizheften unterscheiden (Rojahn 1983, 19 f.), nur deshalb MEGA IV/2 zugeordnet, weil auch die zweite Edition der MEGA noch „weitgehend im Bann der Tradition, gemäß der die ‚Manuskripte' eine von den übrigen Notizen abgrenzbare Marxsche ‚Arbeit' darstellen, bleibt" (Rojahn 1985, 661).

Entfremdung: Die Arbeitenden sind im Kapitalismus vom Produkt ihrer Arbeit, von der Tätigkeit selbst, vom „Gattungswesen" und von anderen Menschen entfremdet.

Im Ausgang von dieser wenig kontroversen Einschätzung der Bedeutung der *Manuskripte* stellen sich allerdings zwei Fragen: *Erstens* ist zu klären, wie die vier „Bestimmungen" miteinander zusammenhängen und wie sie sich zu den unterschiedlichen von Marx thematisierten Phänomenen verhalten. So hat etwa Allen Wood bezweifelt, dass der Entfremdungsbegriff des frühen Marx mehr bedeute als „the separation of things which naturally belong together" (Wood 2004, 3 f.): „Those who wish to defend the young Marx's theory of alienation must discover a way of reading its explanatory claims which saves them from being mere gibberish." (Ebd., 6) Wenn „Entfremdung" ein theoretisch gehaltvoller Grundbegriff sein soll, müsse erstens gezeigt werden, dass es sich dabei um eine „natural kind among human or social dysfunctions" (ebd., 4) handelt – d. h. um eine *spezifische* Störung sozialer Praxis –, die in kapitalistischen Gesellschaften *systematisch* auftritt. *Zweitens* müsste dann immer noch geklärt werden, mit welchen Gründen Marx auf dieser Grundlage seine fundamentale Kritik des Kapitalismus rechtfertigen kann.

In diesem Aufsatz soll der Versuch unternommen werden, die marxsche Konzeption der Entfremdung in einer Weise zu rekonstruieren, die diesen beiden Kriterien genügt und damit Woods Einwand zurückzuweisen. Dabei soll vor allem die Frage im Vordergrund stehen, welche Zwecke Marx mit seiner Entfremdungstheorie überhaupt verfolgt und wie er sie gegenüber alternativen Auffassungen des Kapitalismus abgrenzt. Die dabei zu entwickelnde These ist, dass vor allem Marx' Abgrenzung von Adam Smiths Auffassung ökonomischer Kooperation interessante Rückschlüsse auf die Theorie der Entfremdung zulässt, weil diese als ein Defizit ökonomischer Kooperationsverhältnisse zu verstehen ist.

1. Die Schlüsselstelle

Ich werde die Theorie der Entfremdung ausgehend von einer – m. E. konzisen – Zusammenfassung der ihr zugrunde liegenden These rekonstruieren, die Marx selbst im Kontext einer Rekonstruktion von Adam Smiths *Wealth of Nations* gibt:

> „Daß die Arbeit aber selbst nicht nur unter den jetzigen Bedingungen, sondern insofern überhaupt ihr Zweck die blosse Vergrößerung des Reichthums ist, ich sage, daß die Arbeit selbst schädlich, unheilvoll ist, das folgt, ohne daß der Nationalökonom es weiß, aus seinen Entwicklungen." (207, l. Sp.)

Diese – im Folgenden als „Schlüsselstelle" bezeichnete – Zusammenfassung ist für den hier verfolgten Versuch einer Rekonstruktion der systematischen Einheit der marxschen Entfremdungstheorie aus zwei Gründen von Bedeutung: Erstens verspricht sie eine Antwort auf Woods Einwand, denn Marx hebt hier ein *spezifisches* Merkmal der Arbeit hervor („ihr Zweck [ist] die blosse Vergrößerung des Reichthums"), das für den Kapitalismus *charakteristisch* sein könnte und in Marx' Augen offensichtlich *kritikwürdig* ist („schädlich, unheilvoll"). Zweitens ist der Bezug, den Marx hier zwischen seiner eigenen Entfremdungsdiagnose und Smiths politischer Ökonomie herstellt, ein wichtiger

Schlüssel zum Verständnis der enigmatischen argumentativen Struktur der *Manuskripte*: Wie im Folgenden gezeigt werden soll, kommt Marx an entscheidenden Argumentationsschritten im „Heft I" der Manuskripte immer wieder auf diese Stelle zurück, um seine eigene Position von der Smiths abzugrenzen.[2]

Bevor ich im nächsten Abschnitt den Bezug zu Adam Smith und anschließend die Zentralität der Schlüsselstelle für das marxsche Argument erläutere, will ich die drei Thesen, die sich in der Schlüsselstelle unterscheiden lassen, unter Berücksichtigung des Kontextes präzise formulieren:

(T_1) Es ist erlaubt, von Smiths Theorie der politischen Ökonomie auf eine normative These (T_3) zu schließen, selbst wenn sich Smith dessen nicht bewusst ist (T_3 folgt, „ohne daß der Nationalökonom es weiß, aus seinen Entwicklungen"). Dieser Kommentar Marx' zur eigenen Vorgehensweise ist vor allem deshalb rätselhaft, weil er offensichtlich aus den Defiziten von Smiths sich vornehmlich als deskriptiv verstehender politischer Ökonomie eine normative These ableiten will. Wie ich zeigen will, lässt sich von T_1 ausgehend die Struktur des in Heft I der Manuskripte entwickelten Arguments rekonstruieren. An einer Bemerkung Marx' über das Verhältnis von Smiths Theorie und ihrem Gegenstand werden aber bereits zwei entscheidende Hintergrundbedingungen von T_1 deutlich: „Die zerrißne Wirklichkeit der Industrie bestätigt ihr [der Nationalökonomie, L. K.] in sich zerrißnes Princip, weit entfernt, es zu widerlegen." (258) Erstens versteht Marx den Anspruch von Smiths Projekt einer politischen Ökonomie als Versuch, die vielfältigen empirischen Prozesse auf fundamentale, allgemeine Prinzipien zurückzuführen, die diese Prozesse organisieren und strukturieren.[3] Zweitens ist Marx der Auffassung, dass Smith diese Strukturprinzipien in bestimmtem Sinn durchaus angemessen erfasst hat, sodass er z. B. in der Lage ist, zutreffende Voraussagen über die reale ökonomische Entwicklung zu treffen. Wenn solche Prinzipien selbst aber „zerrissen" sein können, dann deutet dies darauf hin, das Smith allerdings nicht über angemessene Kriterien für die Bewertung solcher Prinzipien verfügt.

(T_2) Marx unterscheidet implizit zwei Zustände: Unter bestimmten Bedingungen (B_1), die (zumindest) im Kapitalismus vorliegen, ist der „Zweck" der Arbeit „die blosse Vergrößerung des Reichthums", unter anderen Bedingungen (B_2) ist dies nicht der Fall. Marx bezieht sich, das wird aus dem Kontext des Zitats deutlich, auf Adam Smiths Begriff des Reichtums (wealth), der die Gesamtmenge an Gütern bezeichnet, die einer Gesellschaft zur Befriedigung von Bedürfnissen zur Verfügung stehen (das „Sozialprodukt"). Seine Produktion – seine „Vergrößerung" – ist eine überaus nützliche, für menschliche Gesellschaften unverzichtbare Angelegenheit. Sollte unter B_2 die Pro-

---

[2] Die Pointierung von Smiths Einfluss lässt sich durch die zahlreichen Verweise in den *Manuskripten*, und durch Marx' umfassendes Exzerpt des *Wealth of Nations* rechtfertigen (MEGA IV/2, S. 332–386; vgl. auch Fay 1986). Aus Gründen der Vereinfachung lese ich Marx' Bezugnahme auf „die Nationalökonomie" bzw. „den Nationalökonomen" durchgängig als Bezugnahme auf Smith, selbst wenn manchmal auch andere Ökonomen mitgemeint sind.

[3] Diese Deutung findet sich bereits bei Hegel: „Die *Staats-Oekonomie* [...] zeigt das Interessante, wie der *Gedanke* (s. Smith, Say, Ricardo) aus der unendlichen Menge von Einzelnheiten, die zunächst vor ihm liegen, die einfachen Prinzipien der Sache, den in ihr wirksamen und sie regierenden Verstand herausfindet." (Hegel 2009, § 189 Anm.; gesperrte Textstellen werden aus technischen Gründen kursiv wiedergegeben)

duktion von Gütern überhaupt nicht mehr Zweck der Arbeit sein dürfen, wäre Marx' Argument daher in hohem Maße unplausibel. Deshalb ist entscheidend, dass das spezifische Merkmal von B_1 darin besteht, dass hier der Zweck der Arbeit „die *blosse* Vergrößerung des Reichthums" ist. Das rechtfertigt m. E. Die Annahme, die relevante Differenz zwischen B_1 und B_2 bestehe darin, dass im einen Fall die Produktion von Gütern ausschließlicher Zweck der Arbeit ist, im anderen Fall auch andere Zwecke eine Rolle spielen.[4]

(T_3) Unter den Bedingungen B_1 ist die Arbeit notwendigerweise („nicht nur unter den jetzigen Bedingungen, sondern insofern überhaupt") und intrinsisch „schädlich" und „unheilvoll": Als ausschließliche Reichtumsproduktion ist „die Arbeit selbst" falsch und nicht etwa nur ihr – möglicherweise korrigierbarer – Effekt. Wenn mit „Vergrößerung des Reichtums" die Produktion von Gütern und nicht die Orientierung an Profit gemeint ist, dann lässt sich T_3 nicht als Kritik rücksichtslosen Profitstrebens verstehen. Stattdessen behauptet T_3, dass unter B_1 „die Arbeit selbst" mit einem gelingenden menschlichen Leben unvereinbar sein muss. T_2 legt nahe, dass dies aufgrund der in der Arbeit verfolgten Zwecke der Fall sein muss. Demnach wäre es eine notwendige Voraussetzung eines gelingenden menschlichen Lebens, dass in der Arbeit bestimmte Zwecke jenseits der Güterproduktion verfolgt werden. Daraus ergibt sich die Frage, welche Zwecke dies sind und warum sie für ein gelingendes menschliches Leben notwendig sind.

2. Der Kontext der Schlüsselstelle: Marx über Adam Smith

Die argumentative Struktur von Heft I der *Manuskripte* ist insgesamt durch Marx' Versuch bestimmt, das Verhältnis zwischen seiner eigenen Perspektive auf die kapitalistische Gesellschaft und der klassischen politischen Ökonomie zu bestimmen. Die Motivation hinter dieser minutiösen Auseinandersetzung mit Smith und anderen Autoren ist nicht nur darin zu sehen, dass Marx 1844 überhaupt erst beginnt, sich den erreichten Wissensstand der zeitgenössischen Ökonomie anzueignen. Vielmehr soll dem Aufweis von Defiziten der wissenschaftlichen ökonomischen Theorien eine begründende Rolle in Marx' eigener Theorie zukommen. Deshalb stellt T_1 Marx' eigenem Selbstverständnis zufolge nicht einfach eine zufällige Folgerungsbeziehung dar, sondern besitzt entscheidende Relevanz für das gesamte Projekt. Das erklärt, warum Marx wiederholt die *Darstellung* der nationalökonomischen Grundbegriffe und Erklärungsmodelle – „Wir sind ausgegangen von den Voraussetzungen der Nationalökonomie. Wir haben ihre Sprache und ihre Gesetze akzeptiert" (234) – von deren *Kritik* abgrenzt: „Erheben wir uns nun über das Niveau der Nationalökonomie [...]" (208).

Die Schlüsselstelle resümiert nun eine Passage, in der Marx ausführlich Smiths Überlegungen zur Entwicklung des Arbeitslohns rekonstruiert (203–208 l. Sp.) und in deren Einleitung er explizit seine rein *darstellenden* Intentionen betont:

---

[4] Für die prinzipiell mögliche Lesart, „blosse" nicht auf „Vergrößerung des Reichthums", sondern nur auf „Vergrößerung" (z. B. in Abgrenzung zu qualitativen Veränderungen des Reichtums) zu beziehen, gibt es m. E. keine Anhaltspunkte.

> „Stellen wir uns nun ganz auf den Standpunkt des Nationalökonomen und vergleichen wir nach ihm die theoretischen und praktischen Ansprüche der Arbeiter. Er sagt uns, daß ursprünglich und dem Begriff nach das *ganze Produkt* der Arbeit dem Arbeiter gehört. Aber er sagt uns zugleich, daß in der Wirklichkeit dem Arbeiter der kleinste und allerunumgänglichste Theil des Produkts zukömmt, nur so viel, als nöthig ist, nicht damit er als Mensch, sondern damit er als Arbeiter existirt, nicht damit er die Menschheit, sondern damit er die Sklavenklasse der Arbeiter fortpflanzt." (203 f.)

Bei der Gegenüberstellung der „theoretischen und praktischen Ansprüche der Arbeiter", wie sie sich immanent aus Smiths Theorie rekonstruieren lassen, handelt es sich nun um genau die „Entwicklungen", aus denen die Schlüsselstelle durch T_1 bestimmte Schlussfolgerungen zu ziehen beansprucht.

Smiths These besteht bekanntlich darin, dass die in einer Gesellschaft jährlich geleistete Arbeit bei gegebenen äußeren Rahmenbedingungen (wie Rohstoffen, Klima und Fruchtbarkeit des Bodens) den entscheidenden Faktor in der Bestimmung der Höhe des gesellschaftlichen Reichtums bildet (Smith 1976, I.i.1). Da allein die Arbeit Reichtum schafft und Smith in implizitem Rekurs auf das von John Locke vertretene Prinzip der *self-ownership* davon ausgeht, dass jedes Individuum berechtigt ist, exklusiv über seine Fähigkeiten und ihren Einsatz zu verfügen, stellt die individuell geleistete Arbeit *prima facie* – mit Marx Worten: „ursprünglich und dem Begriff nach" – auch die einzige Quelle aller Ansprüche auf Teilhabe an diesem Reichtum dar (Locke 2007, §§ 27–51):[5] „The property which every man has in his own labour, as it is the original foundation of all other property, so it is the most sacred and inviolable." (Smith 1976, I.x.c.12)

Ebenso wie Locke versteht auch Smith das Prinzip der *self-ownership* als Teil der natürlichen Rechte, die Individuen unabhängig von konventionell etablierten institutionellen Strukturen in einem „Urzustand" besitzen: „In that original state of things, which precedes both the appropriation of land and the accumulation of stock, the whole produce of labour belongs to the labourer." (Ebd., I.viii.2) Unter den *„theoretischen* Ansprüche[n]" versteht Marx folglich die Ansprüche der Arbeiter auf das Produkt ihrer Arbeit, die sich aus dem Prinzip der *self-ownership* ableiten lassen.

Warum beschränken sich aber nun die *„praktischen* Ansprüche" der Arbeiter im Kapitalismus auf den „allerunumgänglichste[n] Theil des Produkts"? Das liegt daran, dass das Urzustandsmodell bei Smith auch Teil einer *genetischen Erklärung* der sozialen Strukturen arbeitsteiliger ökonomischer Kooperation und ihrer Entwicklungsdynamik ist. Aus der Interaktion der durch bestimmte „natürliche Neigungen" charakterisierten Individuen des Urzustands entwickeln sich nicht-intendierte Handlungsfolgen:

> „This division of labour, from which so many advantages are derived, is not originally the effect of any human wisdom, which foresees and intends that

[5] Dass Marx diesen Zusammenhang gesehen hat, belegt eine spätere Stelle: „Locke's Auffassung um so wichtiger, da er der klassische Ausdruck der Rechtsvorstellungen der bürgerlichen Gesellschaft im Gegensatz zur feudalen und seine Philosophie überdieß der ganzen spätren englischen Oekonomie zur Grundlage aller ihrer Vorstellungen diente." (MEGA II/3.6, 2120, zit. n. Lohmann 1991, 49).

> general opulence to which it gives occasion. It is the necessary, though very slow and gradual consequence of a certain propensity to truck, barter, and exchange one thing for another. […] It is common to all men, and to be found in no other race of animals, which seem to know neither this nor any other species of contracts.“ (Ebd., II.i.1–2)

Die für die arbeitsteilige Produktion notwendige Koordination individueller Handlungen kann dadurch erklärt werden, dass erstens Individuen eine natürliche Disposition zum Tausch zugeschrieben wird. Diese ermöglicht es ihnen, durch Verträge geregelte Kooperations- und Tauschbeziehungen einzugehen, die anderen Tieren unmöglich sind. Eine zweite Disposition besteht in einem prinzipiell unstillbaren Wunsch nach Verbesserung der eigenen Lebensumstände – „the desire for bettering our condition“ (ebd., II.iii.28, I.viii.44) –, der die Individuen zu Sparsamkeit und profitorientierter Investitionstätigkeit motiviert.[6]

Da im Laufe der ökonomischen Entwicklung Land angeeignet und Kapital akkumuliert wird, verfügen die Arbeiter nun selbst nicht mehr über die Produktionsmittel. Deshalb müssen sie einen Teil des erwirtschafteten Gesamtprodukts an die Kapitalisten und Grundeigentümer abtreten, damit diese bereit sind, ihre Ressourcen im Produktionsprozess einzusetzen. Die Arbeit ist zwar weiterhin die einzige Quelle des Reichtums, aber – und das ist ebenfalls eine nicht-intendierte Handlungsfolge – nicht mehr die einzige Einkommensquelle: Der Arbeiter muss akzeptieren, dass Kapitalprofit und Grundrente vom „whole produce of his own labour“ „abgezogen“ werden (ebd., I.viii.6–7).

> „[T]his original state of things, in which the labourer enjoyed the whole produce of his own labour, could not last beyond the first introduction of the appropriation of land and the accumulation of stock. It was at an end, therefore, long before the most considerable improvements were made in the productive powers of labour, and it would be to no purpose to trace farther what might have been its effects upon the recompence or wages of labour.“ (Ebd., I.viii.5)

Da Arbeit wie die anderen Produktionsfaktoren auf Märkten gehandelt wird, bestimmt über die Höhe der Beteiligung der Arbeiter am Sozialprodukt nur noch die Nachfrage nach Arbeit, wie Smith in seiner Diskussion der drei unterschiedlichen Entwicklungsdynamiken, in denen sich eine Volkswirtschaft befinden kann – *thriving, stationary, decaying* –, zeigt (ebd., I.viii.21–26). Im Fall der Stagnation (und *a fortiori* im Fall der Rezession) reduziert sich diese Nachfrage nach Arbeit aber so stark, dass der Lohn auf „the lowest rate which is consistent with common humanity“ sinken muss.[7]

---

[6] „An augmentation of fortune is the means by which the greater part of men propose and wish to better their condition. It is the means the most vulgar and the most obvious; and the most likely way of augmenting their fortune, is to save and accumulate some part of what they acquire“ (Smith 1976, II.iii.28; vgl. Rothschild/Sen 2006, 324, 330).

[7] „There would be a constant scarcity of employment, and the labourers would be obliged to bid against one another in order to get it. If in such a country the wages of labour had ever been more than sufficient to maintain the labourer, and to enable him to bring up a family, the competition

Marx' Gegenüberstellung der „theoretischen und praktischen Ansprüche der Arbeiter“ (bzw. zwischen dem, was ihnen „ursprünglich und dem Begriff nach“ und dem, was ihnen „in der Wirklichkeit“ zukommt), stellt somit durchaus eine angemessene Rekonstruktion von zwei unterschiedlichen Aspekten von Smiths Theorie dar: Einerseits ist die Arbeit Quelle allen Reichtums und deshalb auch Quelle aller Ansprüche auf Beteiligung am gesellschaftlich erzeugten Reichtum, andererseits resultiert aus der Institutionalisierung dieses Prinzips als negative nicht-intendierte Handlungsfolge u. a. die Verelendung der Arbeitenden.

Wie kann nun der Befund dieser immanenten Rekonstruktion eine begründende Funktion in Marx' eigenem Argument übernehmen? Den ersten Hinweis darauf gibt Marx' Bemühen, das Verhältnis zwischen den normativen und den faktischen Ansprüchen der Arbeitenden als einen immanenten Widerspruch darzustellen (204–6 l. Sp.). Da für sich kein Widerspruch zwischen dem Prinzip der *self-ownership* und der Akzeptanz von Ungleichverteilungen, die auf freien Tauschbeziehungen basieren, besteht, muss hier eine zusätzliche Prämisse ins Spiel gebracht werden: Tatsächlich behauptet Smith: „No society can surely be flourishing and happy, of which the far greater part of the members are poor and miserable.“ (Smith 1976, I.vii.36) Unter dieser Voraussetzung lässt sich tatsächlich folgern: „Da aber nach Smith eine Gesellschaft nicht glücklich ist, wo die Majorität leidet, da aber der reichste Zustand der Gesellschaft zu diesem Leiden d[er] Mehrzahl und da die Nationalökonomie [...] zu diesem reichsten Zustand führt, so ist also das *Unglück* der Gesellschaft der Zweck der Nationalökonomie.“ (202 f. l. Sp.)[8]

Dies entspricht einem geläufigen Verständnis „immanenter“ Kritik: Man akzeptiert um des eigenen Arguments willen die Prämissen des zu kritisierenden Arguments und zeigt dass sich daraus inakzeptable Konsequenzen ergeben. Es ist aber offensichtlich, dass Marx mit T_1 eine deutlich stärkere These für sich beansprucht: Er will nicht nur die Inkonsistenz von Smiths Argument erweisen, sondern aus dieser Inkonsistenz selbst eine eigene normative These (T_3) ableiten.

3. Der Bezug der Schlüsselstelle zur Kritik der entfremdeten Arbeit

Bislang ist meine Rekonstruktion auf der Ebene dessen verblieben, was ich zu Beginn von Abschnitt 2 *Darstellung* genannt habe. Marx betont aber neben dem immanenten Charakter seiner Auseinandersetzung mit Smith auch deren transzendierenden Anspruch. Wenn T_1 tatsächlich eine rechtfertigende Rolle in der Begründung von T_3 spielen soll, dann muss die Folgerungsbeziehung anspruchsvoller sein als eine bloß immanente Kritik im eben rekonstruierten Sinn (vgl. das Ende von Abschnitt 2). Die in diesem und dem folgenden Abschnitt zu entwickelnde Hypothese ist, dass Marx den Entfremdungsbegriff in der Absicht einführt, diese anspruchsvolle Folgerungsbeziehung aufzuweisen.

---

of the labourers and the interests of the masters would soon reduce them to this lowest rate which is consistent with common humanity.“ (Smith 1976, I.viii.24)

8 Smith zufolge stagniert ökonomische Entwicklung, sobald sie das höchste erreichbare Niveau erreicht hat, weshalb die Nachfrage nach Arbeit dann dauerhaft niedrig bleiben muss (ebd., I.ix.15).

Zunächst lässt sich dies textimmanent erweisen: Unmittelbar vor der Einführung des Entfremdungsbegriffs betont Marx nochmals, bislang „[a]us der Nationalökonomie selbst, mit ihren eigenen Worten" gezeigt zu haben, „daß das Elend des Arbeiters im umgekehrten Verhältniß zur Macht und zur Größe seiner Production steht" (234). Sowohl (i) in der Überleitung zur ersten Bestimmung der Entfremdung (234 f.) als auch (ii) im Fazit nach der vierten Bestimmung (244 f.) grenzt er seine eigene Perspektive auf dieses Problem von der Perspektive Smiths ab:

(i) Einleitend behauptet er, die aus Smiths Theorie folgende Verelendung der Arbeiter sei als „Ausdruck" der ersten Bestimmung der Entfremdung zu verstehen:

> „Wir gehn von einem Nationalökonomischen, *gegenwärtigen* Factum aus. Der Arbeiter wird um so ärmer, je mehr Reichthum er producirt, je mehr seine Production an Macht und Umfang zunimmt. [...] Dieß Factum drückt weiter nichts aus, als: Der Gegenstand, den die Arbeit producirt, ihr Product, tritt ihr als ein *fremdes Wesen*, als eine, von d[em] Producenten *unabhängige Macht* gegenüber." (235 f.)

Bei dieser Charakterisierung der immanent aus Smiths Theorie rekonstruierten Entwicklungsdynamik – die zugleich eine zutreffende Beschreibung der Effekte des faktisch wirksamen kapitalistischen Strukturprinzips darstellt (ein „Factum" ist, vgl. oben die Erläuterung von T_1 in Abschnitt 1) – als „Ausdruck" der Entfremdung handelt es sich nicht um eine unschuldige, beiläufige oder bloß metaphorische Formulierung.

Erstens wiederholt Marx diese Charakterisierung ausdrücklich: „Die Entfremdung des Arbeiters in seinem Gegenstand drückt sich nach nationalökonomischen Gesetzen so aus, daß je mehr der Arbeiter producirt, er um so weniger zu consummiren hat [...]." (237) Zweitens würde eine rein metaphorische Verwendung von „ausdrücken" behaupten, dass Smiths Theorie die Entfremdung *symbolisch darstelle*, so wie z. B. der Gini-Koeffizient den Grad der Ungleichverteilung von Einkommen in einer Volkswirtschaft „auszudrücken" vermag. Aber Marx behauptet, die Entfremdung werde nicht nur durch Smiths *Theorie*, sondern durch das faktisch existierende Strukturprinzip (das „Factum") ausgedrückt. Dies ist nur dadurch zu erklären, dass Marx „ausdrücken" hier in der Bedeutung von „etwas widerspiegeln" und „in etwas sichtbar werden" (Grimm/Grimm 2007, 1006–1014) verwendet. Drittens behauptet Marx auch später, dass eine soziale Tatsache eine andere soziale Tatsache in diesem Sinn „ausdrücken" könne: So seien „die Bedingungen innerhalb deren bestimmte Produktionskräfte angewandt werden können, die Bedingungen der Herrschaft einer bestimmten Klasse der Gesellschaft [...], deren soziale, aus ihrem Besitz hervorgehende Macht in der jedesmaligen Staatsform ihren praktisch-idealistischen Ausdruck" habe (Marx/Engels 2003, 27).

Wenn wir etwas als Ausdruck von etwas anderem verstehen, dann betrachten wir es als gerechtfertigt, von einem Oberflächenphänomen auf einen zugrunde liegenden Zustand zu schließen, der dieses erklärt. Verzieht jemand beispielsweise das Gesicht, dann erlaubt uns das (in Abhängigkeit vom Kontext, z. B. wenn wir sehen, dass sie ein Stück Zitronenschale in der Hand hält) den Schluss, dass sie vermutlich gerade auf ein Stück Zitrone gebissen hat und deshalb das Gesicht verzieht. Es ist anzunehmen, dass die in T_1 behauptete Folgerungsbeziehung analog dazu von den Oberflächenphänomenen des

Kapitalismus – wie sie von Smith gedeutet werden – auf eine Tiefenstruktur – die Entfremdung – schließen soll.

(ii) Marx' erneuter Verweis auf die Schlüsselstelle am Ende der Diskussion der vier Entfremdungsbestimmungen erhärtet diesen vorläufigen Befund und erlaubt ein näheres Verständnis dieser Ausdrucksbeziehung. Hier behauptet er, das immanente Spannungsverhältnis zwischen normativen und faktischen Ansprüchen der Arbeiter aufgelöst zu haben:

> „Diese Entwicklung giebt sogleich Licht über verschiedne bisher ungelöste Collisionen. 1) Die Nationalökonomie geht von der Arbeit als der eigentlichen Seele der Production aus und dennoch giebt sie der Arbeit nichts und dem Privateigenthum Alles. [...] Wir aber sehn ein, daß dieser scheinbare Widerspruch der Widerspruch der *entfremdeten Arbeit* mit sich selbst ist, und daß die Nationalökonomie nur die Gesetze der entfremdeten Arbeit ausgesprochen hat." (244)

Entscheidend ist hier, dass Marx das diagnostizierte Spannungsverhältnis als „scheinbare[n] Widerspruch" dem „Widerspruch der entfremdeten Arbeit mit sich selbst" gegenüberstellt. Das ist deshalb bemerkenswert, weil diese Neuformulierung ein Vorbild in Marx' Kritik von Hegels *Rechtsphilosophie* von 1843 hat. Dort behauptet Marx: Im modernen Staat „*erscheint* [...] als *Gegensatz* der Elemente des fürstlichen Princips und des Princips des ständischen Elements" was „[i]n *Wahrheit* aber [...] der *Widerspruch des abstrakten politischen Staates* mit sich selbst" ist (MEGA I/2, 100).

Im Kontext dieser Behauptung unterscheidet Marx in einer methodologischen Reflexion zwischen zwei Schritten einer „wahrhaft philosophische[n] Kritik" konkurrierender Theorien: Zuerst weist die Kritik „Widersprüche als bestehend auf" und anschließend „erklärt sie [diese Widersprüche], sie begreift ihre Genesis, ihre Nothwendigkeit" (ebd., 101). Der entscheidende Schritt besteht darin, einen existierenden Widerspruch als einen „*Widerspruch der Erscheinung*" zu verstehen, von dem dann gezeigt werden soll, warum er notwendig auftreten muss, weil er durch einen „*wesentlichen Widerspruch*" (ebd., 100) verursacht wird.

Die von Smith rekonstruierten Strukturprinzipien ökonomischer Kooperation sind daher insofern Ausdruck der entfremdeten Arbeit, als sie *Erscheinungen* des ihnen zugrunde liegenden *Wesens* sind.[9] Der von mir als „Darstellung" bezeichnete Schritt in der marxschen Argumentation besteht also darin, die Ebene der Erscheinungen so zu ordnen, dass in einem zweiten Schritt – der „Kritik" – erklärt werden kann, warum diese Oberflächenphänomene notwendig auftreten müssen. Folglich besteht die deskriptive

---

[9] Die hier vorgelegte Rekonstruktion ignoriert Marx' Konzeption sozialer Widersprüche und bezieht sich nur auf seine Unterscheidung zwischen essentiellen und scheinhaften Merkmalen der sozialen Wirklichkeit. Letztere besitzt bis zum *Kapital* eine entscheidende Bedeutung für Marx, ist aber bislang kaum untersucht worden (vgl. aber Rosen 1996, 200–207; Theunissen 1994, 75): „[A]lle Wissenschaft wäre überflüssig, wenn die Erscheinungsformen und das Wesen der Dinge unmittelbar zusammenfielen" (MEGA II/15, 792). Sie rechtfertigt auch die Darstellungsweise des *Kapitals*: „Der Reichthum der Gesellschaften in welchen kapitalistische Produktionsweise herrscht, *erscheint* als eine ‚ungeheure Warensammlung', die einzelne Waare als seine Elementarform. Unsere Untersuchung beginnt daher [!] mit der Analyse der Waare." (MEGA II/10, 37, Hervorh. L. K.).

Funktion des Entfremdungsbegriffs darin, das fundamentale Strukturprinzip der kapitalistischen Arbeitsorganisation zu erfassen: Damit soll das in Abschnitt 2 rekonstruierte immanente Spannungsverhältnis zwischen den „theoretischen und praktischen Ansprüchen der Arbeiter" als ein „scheinbare[r] Widerspruch" gedeutet werden, das durch den „Widerspruch der *entfremdeten Arbeit* mit sich selbst" erklärt werden kann.

4. Marx' methodologische Kritik an Smith

Um zu verstehen, wie sich Marx' Perspektive auf die Strukturprinzipien ökonomischer Kooperation von der Smiths unterscheidet, ist es hilfreich, sich den innovativen und attraktiven Charakter der letzteren vor Augen zu führen: Wie oben (Abschnitt 2) gezeigt, liefert Smith eine *genetische Erklärung* ökonomischer Kooperation und ihrer Entwicklungsdynamik, genauer: eine *invisible-hand-Erklärung*. Der große Vorzug solcher Erklärungen besteht Robert Nozick zufolge darin, dass sie *potentielle fundamentale Erklärungen* über die Konstitution sozialer Institutionen und anderer Phänomene sozialer Ordnung sind (Nozick 1974, 6–9, 18–22; Ullmann-Margalit 1978). Sofern solche Erklärungen die komplexe Phänomene auf basalere Faktoren zurückführen und zeigen, wie sie aus diesen basalen Faktoren zumindest hätten entstehen können, sind sie selbst dann wertvoll, wenn sie als Erklärung der faktisch existierenden Zustände nicht zutreffend sind, weil sie uns helfen, die Struktur dieser Phänomene besser zu verstehen. Das Modell des Urzustandes, mit den beiden wesentlichen Rahmenbedingungen der natürlichen Dispositionen und des Privateigentums liefert eine *genetische fundamentale Erklärung* der sozialen Ordnung arbeitsteiliger ökonomischer Kooperation: Es ist für alle Individuen rational, sich nicht auf Subsistenzproduktion zu beschränken, sondern durch Spezialisierung *spontan* arbeitsteilige, über Marktbeziehungen vermittelte Kooperationszusammenhänge zu bilden, ohne dass dazu eine übergeordnete, intendierte Koordination notwendig wäre.[10]

Wenn wir nun eigentlich solche *invisible-hand*-Erklärungen als attraktive fundamentale Erklärungen ansehen, wie ist dann Marx' Einwand zu verstehen, Smith gelinge es nicht, das „Wesen" der sozialen Wirklichkeit zu begreifen? Dies scheint offensichtlich zu bedeuten, dass er Smiths Erklärung als *nicht fundamental genug* zurückweist. M. E. liegt der Schlüssel für ein Verständnis dieses Einwands in Marx' Kritik an Smiths methodologischer Verwendung des Urzustandsmodells (*the original state of things*[11]):

> „Versetzen wir uns nicht, wie der Nationalökonom, wenn er erklären will, in einen erdichteten Urzustand. Ein solcher Urzustand erklärt nichts. Er schiebt

---

[10] „Spontaneous order theorists like Adam Smith [...] regard the origin of the core social institutions [...] as traceable to the interaction of order-seeking individuals with the circumstances in which they find themselves. However, these institutions are not originally the deliberate result of the purposive actions of individuals. Mankind did not set out rationally to construct these institutions. They sought to stabilize their expectations and produced, as a result of their interaction, a series of unintended consequences that led to the formation of social order." (Smith 2006, 165)

[11] Die deutsche Übersetzung des *Wealth of Nations* gibt Smiths „original state of things" adverbial wieder: „Ursprünglich, vor der Landnahme und der Ansammlung von Kapital [...]" (Smith 1993, 56).

> blos die Frage in eine graue, nebelhafte Ferne. Er unterstellt in Form der Thatsache, des Ereignisses, was er deduciren soll, nämlich das nothwendige Verhältniß zwischen zwei Dingen, z. B. zwischen Theilung der Arbeit und Austausch. So erklärt d[er] Theologe den Ursprung des Bösen durch den Sündenfall, d. h. er unterstellt als ein Factum, in der Form der Geschichte, was er erklären soll." (235)

Marx kritisiert Smiths methodologischen Gebrauch des Urzustands dafür, wie darin bestimmte Annahmen einfach *vorausgesetzt* („in Form der Thatsache" unterstellt) und als *erklärende* Faktoren behandelt werden (wie es der „Theologe" tut). Smith habe weder das „Wesen des Privateigenthums" (234) erfasst, noch verstanden, dass die Orientierung der Nutzenmaximierung keine natürliche Disposition sei, sondern nur „Ausdruck einer nothwendigen Entwicklung" (234 f.).

Marx wendet sich aber nicht nur gegen die *spezifischen*, als erklärend angenommenen Voraussetzungen von Smiths Urzustandsmodell, sondern überhaupt gegen den Versuch, den übergreifenden ökonomischen Kooperationszusammenhang von Tausch und Arbeitsteilung als nicht-intendierten Effekt der Verkettung individueller Handlungen („in Form der Geschichte") zu begreifen. Genetische Erklärungen vom Typ Smiths müssen Marx zufolge *als fundamentale Erklärungen* der ökonomischen Kooperationsverhältnisse scheitern, weil es ihnen nicht gelingt, den Zusammenhang zwischen Tausch und Arbeitsteilung angemessen, d. h. als „nothwendiges Verhältniß" zu erläutern.[12] Worin besteht das Defizit dieser Erklärungen und wie hängt dies nun mit dem „Wesen" der sozialen Wirklichkeit zusammen?

Einen ersten Hinweis gibt eine weitere Charakterisierung der smithschen Auffassungen von Tausch und Arbeitsteilung:

> „Die Betrachtung der *Theilung der Arbeit* und des *Austausches* sind vom höchsten Interesse, weil sie die *sinnfällig entäusserten* Ausdrücke der menschlichen *Thätigkeit* und *Wesenskraft*, als einer *Gattungsmässigen* Thätigkeit und Wesenskraft sind. [...] *Theilung der Arbeit* und *Austausch* sind die beiden *Erscheinungen*, bei denen der Nationalökonom auf die Gesellschaftlichkeit seiner Wissenschaft pocht und den Widerspruch seiner Wissenschaft, die Begründung der Gesellschaft durch das ungesellschaftliche Sonderinteresse in einem Atemzug bewußtlos ausspricht." (313)

Arbeitsteilung und Tausch, wie Smith sie versteht, sind ebenso Oberflächenphänomene („Ausdrücke" bzw. „Erscheinungen") wie die Dynamik der Lohnentwicklung der Arbeitenden, d. h. auch sie müssen auf eine ihnen zugrunde liegende Tiefenstruktur zurückgeführt werden können. Der interessante und neue Aspekt besteht nun in der dunklen Formulierung, Arbeitsteilung und Tausch seien „entäussert[e] Ausdrücke" der „menschlichen *Thätigkeit* [...] als einer *Gattungsmäßigen* Thätigkeit".

[12] „Sehr ergözlich ist der Cirkel im Demonstriren, den Smith macht. Um die Theilung der Arbeit zu erklären, unterstellt er den Tausch. Damit aber der Tausch möglich sei, muß er schon die Theilung der Arbeit, die Differenz der menschlichen Thätigkeit voraussetzen. Damit, daß er das Problem in den Urzustand verlegt, ist er es nicht los geworden." (MEGA IV/2, 336)

Bemerkenswert ist, dass Marx hier einen direkten Zusammenhang zwischen Smiths Auffassung der ökonomischen Kooperation und einer „Begründung der Gesellschaft durch das ungesellschaftliche Sonderinteresse“, also eine Aussage über die Rechtfertigung dieser Kooperationsverhältnisse herstellt. Darauf werde ich weiter unten genauer eingehen (Abschnitt 6). Entscheidend ist an dieser Stelle, dass sich Marx von dem nationalökonomischen Verständnis der „Gesellschaftlichkeit“ ökonomischer Kooperation abgrenzt. Deshalb liegt die Vermutung nahe, dass die entscheidende Differenz zwischen Smiths und Marx’ Perspektive in dem Verständnis der ökonomischen Kooperation besteht. Während Smith Kooperation als Ergebnis der Interaktion voneinander unabhängiger Individuen rekonstruiert, verweist Marx mit seinem Begriff der „[g]attungsmäßige[n] Thätigkeit“ darauf, dass Kooperation einen intrinsisch kommunalen Charakter besitzt.

In den nächsten beiden Abschnitten werde ich untersuchen, warum und in welchem Sinn dieses kommunale Verständnis von Arbeit mit der Forderung zusammenhängt, Tausch und Arbeitsteilung seien als Teile eines „nothwendigen Verhältni[sses]“ zu begreifen. Hierzu sind zwei weitere Stellen aufschlussreich, an denen Marx sein eigenes Verständnis ökonomischer Kooperation von Smiths Auffassungen von Tausch (Abschnitt 5) und Arbeitsteilung (Abschnitt 6) abgrenzt.

5. Tausch und Privateigentum

Smiths Konzeption des Tauschs versteht Marx als „*entfremdete* Form“ der „wechselseitigen Ergänzung zum Gattungsleben“:

> „Die Nationalökonomie nun faßt das *Gemeinwesen* des *Menschen*, oder ihr sich bethätigendes *Menschenwesen*, ihre wechselseitige Ergänzung zum Gattungsleben, zum wahrhaft menschlichen Leben unter der Form des *Austausches* und des *Handels* auf. [...] Die *Gesellschaft*, sagt Adam Smith, ist eine *Handelstreibende Gesellschaft*. Jedes ihrer Glieder ist ein Kaufmann. Man sieht, wie die Nationalökonomie die *entfremdete* Form des geselligen Verkehrs als die *wesentliche* und *ursprüngliche und* der Menschlichen Bestimmung entsprechende *fixirt*. Die Nationalökonomie – wie die wirkliche Bewegung – geht aus von dem *Verhältniß des Menschen zum Menschen*, als dem des *Privateigenthümers zum Privateigenthümer*.“ (MEGA IV/2, 453)

Die Beziehung zwischen Privateigentümern ist bei Smith auf der Ebene des Urzustandes durch das Prinzip der *self-ownership* als natürliches Verhältnis individueller normativer Ansprüche festgelegt. Marx bestreitet nicht einfach die Gültigkeit dieser Ansprüche, sondern sein Einwand zielt überhaupt auf das Verständnis des Privateigentums als eines unabhängig von sozialen Institutionen gegebenen individuellen Anspruchs.

Stattdessen versteht Marx das Privateigentum als ein *Verhältnis wechselseitiger Anerkennung*: Jedes Individuum ist in diesem Verhältnis „exclusiver Besitzer [...] [der] durch diesen exclusiven Besitz seine Persönlichkeit bewährt und sich von andern Menschen unterscheidet, wie auf sie bezieht“ (ebd., 453). Das Privateigentum ist also eine Institution, in der sich die Individuen wechselseitig als Träger eines bestimmten Bündels von Rechten und Pflichten anerkennen: Sie räumen sich wechselseitig den deontischen

Status ein (Searle 1995), exklusiv über die sozial verfügbaren Ressourcen zu verfügen (MEGA IV/2, 453–455).[13]

Wenn wir dieses Anerkennungsverhältnis nun im Kontext ökonomischer Kooperation betrachten, dann wird deutlich, dass durch das Privateigentum eine neue soziale Beziehung – die Tauschbeziehung – entsteht, die über Bedürfnisse und zu ihrer Befriedigung produzierte Güter vermittelt ist. Auf der Grundlage des Privateigentums ist eine „wechselseitige Ergänzung zum Gattungsleben" möglich, d. h. es konstituiert eine institutionelle Rahmenstruktur des kollektiven Vollzugs produktiver Tätigkeiten:

> „Das Band, welches die beiden Privateigenthümer auf einander bezieht, ist die *spezifische Natur des Gegenstandes*, der die Materie ihres Privateigenthums ist. Die Sehnsucht nach diesen beiden Gegenständen, d. h. das Bedürfniß nach ihnen, zeigt jedem der Privateigenthümer, bringt es ihm zum Bewußtsein, daß er ausser dem Privateigenthum noch ein andres *wesentliches* Verhältniß zu den Gegenständen hat, daß er nicht das besondre Wesen ist, wofür er sich hält, sondern ein *totales* Wesen, dessen Bedürfnisse im Verhältniß des *innern* Eigenthums [...] auch zu den Productionen der Arbeit der Andern stehn. [...] Der *Tausch* oder der *Tauschhandel* ist also der gesellschaftliche, der Gattungsakt, das Gemeinwesen, der gesellschaftliche Verkehr und Integration der Menschen innerhalb des Privateigenthums und darum der äusserliche, der entäusserte Gattungsakt." (Ebd., 453 f.)

Durch das Privateigentums nimmt somit die arbeitsteilige ökonomische Kooperation die Gestalt wechselseitig instrumenteller, „aus Noth, aus Bedürfniß" (ebd.) motivierter Beziehungen an und dies konstituiert die in diesem Rahmen ausgeübte Arbeit als eine wesentlich instrumentell verstandene Tätigkeit: „Das Verhältniß des Tausches vorausgesetzt, wird die *Arbeit* zur *unmittelbaren Erwerbsarbeit*." (Ebd., 455)[14]

Tausch und Arbeitsteilung als ein „nothwendiges Verhältniß" zu begreifen, bedeutet somit, von der konstitutiven Rolle des Privateigentums für die Gestalt der arbeitsteiligen Kooperationsverhältnisse auszugehen. Vor diesem Hintergrund lässt sich nun die sich aus T_2 ergebende Frage beantworten, unter welchen Bedingungen (B_1), der Zweck der Arbeit in der „blossen Vergrößerung des Reichthums" besteht: Unter der Voraussetzung des Anerkennungsverhältnisses des Privateigentums nimmt die Arbeit als Partizipation

[13] Marx orientiert sich hier an Hegels Begriff des „abstrakten Rechts" (Hegel 2009, 34–104; vgl. Quante 2009, 278–293). „The organizing idea of a private property system is that, in principle, each resource belongs to some individual." (Waldron 1988, 38)

[14] Als „unmittelbare" ist die Erwerbsarbeit nur autarke Subsistenzproduktion mit Tausch der produzierten Überschüsse, aber sie ist für Marx bereits die Keimzelle der erst im Kapitalismus vollständig entwickelten Entfremdung: „Dieß Verhältnis der entfremdeten Arbeit erreicht seine Höhe erst dadurch, daß 1) von der einen Seite die Erwerbsarbeit, das Produkt des Arbeiters in keinem unmittelbaren Verhältniß zu seinem Bedürfniß und zu seiner Arbeitsbestimmung steht, sondern nach beiden Seiten hin durch dem Arbeiter fremde gesellschaftliche Combinationen bestimmt wird; 2) daß der, welcher das Product kauft, selbst nicht producirt, sondern das von einem andern Producirte austauscht." (MEGA IV/2, 455) Aus Gründen der Darstellung blende ich die komplexe geschichtsphilosophische Dimension der marxschen Entfremdungstheorie durchgängig aus.

an der ökonomischen Kooperation notwendig einen instrumentellen Charakter an. Der entscheidende Einwand gegen Smith besteht darin, dass dieser instrumentelle Charakter der Tätigkeit eben keine intrinsische, sondern eine relationale Eigenschaft ist, d. h. ihr erst kraft der durch das Privateigentum institutionalisierten wechselseitig instrumentellen Beziehungen zukommt. Dass Smith das Bewusstsein für diese Tatsache fehlt, deutet Marx bereits in einer Bemerkung an, die unmittelbar an die Schlüsselstelle anschließt: „Die *Arbeit* kömmt *nur* unter der Gestalt der *Erwerbsthätigkeit* in der Nationalökonomie vor“ (208).

6. Arbeitsteilung

Um nun zu verstehen, warum unter den institutionellen Bedingungen des Privateigentums notwendigerweise „die Arbeit selbst schädlich, unheilvoll ist“ (T_3), ist ein genauer Blick auf Marx’ Charakterisierung des instrumentellen Charakters der durch das Privateigentum konstituierten Form arbeitsteiliger Kooperation notwendig:

> „Die *Gesellschaft* – wie sie für den Nationalökonomen erscheint – ist die *bürgerliche Gesellschaft*, worin jedes Individuum ein Ganzes von Bedürfnissen ist und es nur für d[en] Andern, wie der Andre nur für es da ist, insofern sie sich wechselseitig zum Mittel werden. […] Die *Theilung der Arbeit* ist der nationalökonomische Ausdruck von der *Gesellschaftlichkeit der Arbeit* innerhalb der Entfremdung. Oder, da die *Arbeit* nur ein Ausdruck der menschlichen Thätigkeit innerhalb der Entäusserung […] ist, so ist auch die *Theilung der Arbeit* nichts andres als das *entfremdete, entäusserte* Setzen der menschlichen Thätigkeit als einer *realen Gattungsthätigkeit* oder als *Thätigkeit* d[es] *Menschen als Gattungswesen.*“ (309)

Wieder grenzt Marx die „Erscheinungsweise“ der Gesellschaft von ihrer Tiefenstruktur ab. In der Charakterisierung der ersten zitiert er dabei wörtlich Hegels *Rechtsphilosophie*: Für Hegel ist „[d]ie concrete Person, welche sich als *Besondere Zweck* ist, als ein Ganzes von Bedürfnissen […] das eine *Prinzip* der bürgerlichen Gesellschaft, – aber die besondere Person als wesentlich in *Beziehung* auf andere solche Besonderheit“ (Hegel 2009, § 182). Dies entspricht der im vorigen Abschnitt rekonstruierten marxschen Auffassung von der durch das Privateigentum konstituierten Form ökonomischer Kooperation. Entscheidend ist nun, dass Hegel die bürgerliche Gesellschaft nur als „*Erscheinungswelt* des Sittlichen“ (ebd., § 181) bezeichnet, d. h. sie ebenfalls als Oberflächenphänomen einer zugrunde liegenden Struktur versteht, die er „Sittlichkeit“ bzw. „objektiver Geist“ nennt.

Hegel zufolge sind Individuen und ihr Handeln nur „Accidenzen“ der sittlichen Substanz (ebd., § 145) und dies führt er auf eine grundlegende Unterscheidung zwischen einer atomistischen und holistischen Sozialontologie zurück :

> „Beim sittlichen sind immer diese zwei Gesichtspunkte möglich, ob man von der Substanzialität ausgeht, oder atomistisch verfährt, und von der Einzelheit als solcher als Grundlage ausgeht. Geht man von diesem aus, so erhält

> man nichts als Zusammensetzung, wo die Beziehung nur ein äußeres Band ist […].“ (Hegel 1974, 503)

Der *soziale Holismus* vertritt die These, dass die Existenz bestimmter horizontaler Beziehungen zwischen Individuen konstitutiv dafür ist, dass diese Individuen über für ein gelingendes menschliches Leben charakteristische Eigenschaften verfügen können (Pettit 1998, 1996, Kap. 3). Diese These über die Abhängigkeit des Individuums von der Gemeinschaft ist nicht mit der trivialen Behauptung zu verwechseln, jedes Individuum sei auf die Bereitstellung von Fürsorge- und Sozialisationsleistungen seitens anderer angewiesen. Gegen die Behauptung einer solchen *kausalen* Abhängigkeit (die auch die Gegenposition des *sozialen Atomismus* akzeptieren kann) betont der Holismus, dass bestimmte Strukturen sozialer Beziehungen *konstitutiv* für menschliche Individuen sind.

Hegel vertritt nun eine spezifische Variante des sozialen Holismus: Ihm kann die These zugeschrieben werden, dass „die Sozialbeziehungen innerhalb der Gemeinschaft deren Mitglieder mit Eigenschaften versehen, *die für sie wesentlich sind* und *von ihnen auch als wesentlich eingeschätzt werden.*“ (Quante 2011, 269, Hervorh. L. K.) Dieser *hegelsche Holismus* erfordert nicht nur, dass die Individuen in bestimmten institutionellen Beziehungen zueinander stehen müssen, sondern dass sie diesen Beziehungen gegenüber auch bestimmte evaluative Einstellungen übernehmen. Dies liegt daran, dass die Realisierung dieser Beziehungen „nur als eine Rahmenstruktur verstanden werden [kann], die aus aktualen sozialen Praxen und aus dem praktischen Wissen der Individuen besteht, die an diesen Praxen partizipieren“ (ebd.). Die übergreifende institutionelle Gestalt dieser Rahmenstruktur ist, als „die Wirklichkeit der sittlichen Idee“, der organisch gegliederte Staat (Hegel 2009, § 257).[15]

Wenn nun diese institutionelle Rahmenstruktur auch von den subjektiven Einstellungen der an ihr Partizipierenden (ihrer „sittlichen Gesinnung“; Hegel 1992, § 515) abhängig ist, kann es zu Verzerrungen kommen, wenn dies nicht der Fall ist. Ein solcher Fall ist die „Verwechslung“ der bürgerlichen Gesellschaft mit der Tiefenstruktur des Staats, wie sie z. B. in den modernen politischen Vertragstheorien Lockes und Rousseaus vorliege:

> „Wenn der Staat mit der bürgerlichen Gesellschaft verwechselt und seine Bestimmung in die Sicherheit und den Schutz des Eigenthums und der persönli-

[15] Vgl. zu Hegels staatstheoretischem Organizismus Wolff 1984; Siep 1992. Der frühe Marx bezieht sich affirmativ auf diese Konzeption: „Wenn aber die früheren philosophischen Staatsrechtslehrer aus den Trieben, sei es des Ehrgeizes, sei es der Geselligkeit, oder zwar aus der Vernunft, aber nicht aus der Vernunft der Gesellschaft, sondern aus der Vernunft des Individuums den Staat construirten: so die ideellere und gründlichere Ansicht der neuesten Philosophie aus der Idee des Ganzen. Sie betrachtet den Staat als den großen Organismus, in welchem die rechtliche, sittliche und politische Freiheit ihre Verwirklichung zu erhalten hat […]“ (MEGA I/1, 189; vgl. MEGA I/2, 12, 62). Eine ausführliche Rechtfertigung der These, dass Marx den von Feuerbach übernommenen Begriff des „Gattungswesens“ mit Bezug auf Hegel als „naturalisierte Sittlichkeit“ (Jaeggi 2005, 27) deutet – bzw. „daß Marx, auf dem Standpunkt Feuerbachs, wieder Hegels Lehre vom objektiven Geist gegen Feuerbachs Anthropologie zur Geltung bringt“ (Löwith 1995, 111, Fn. 272) –, müsste im Einzelnen rekonstruieren, wie Marx das „Gattungswesen“ in seiner Auseinandersetzung mit Hegels *Rechtsphilosophie* bestimmt.

> chen Freyheit gesetzt wird, so ist *das Interesse der Einzelnen als solcher der letzte Zweck*, zu welchem sie vereinigt sind, und es folgt hieraus eben so, daß es etwas beliebiges ist, Mitglied des Staates zu seyn. – Er hat aber ein ganz anderes Verhältniß zum Individuum; indem er objectiver Geist ist, so hat das Individuum selbst nur Objectivität, Wahrheit und Sittlichkeit, als es ein Glied desselben ist. Die Vereinigung als solche ist selbst der wahrhafte Inhalt und Zweck, und die Bestimmung der Individuen ist ein allgemeines Leben zu führen [...]." (Hegel 2009, § 258 Anm.)

Hegel kritisiert hier eine axiologische Position, die sich als *moralischer Atomismus* bezeichnen lässt:[16] Die soziale Gemeinschaft und ihre Institutionen werden als ein *kollektives Gut* verstanden, d. h. als eine Funktion von Gütern, über die Individuen prinzipiell unabhängig von ihrer Mitgliedschaft in dieser Gemeinschaft verfügen könnten (das „Interesse der Einzelnen als solcher"). Diese Auffassung, die individuelle Güter vorgesellschaftlich definiert, impliziert einen sozialen Atomismus, d. h. es „folgt [...], daß es etwas beliebiges ist, Mitglied des Staates zu seyn". Entsprechend wäre die Gemeinschaft selbst nur „Zusammensetzung, wo die Beziehung nur ein äußeres Band" ist.

Deshalb ist der moralische Atomismus inkompatibel mit dem hegelschen Holismus, demzufolge Individuen in bestimmten Beziehungen zu anderen Individuen stehen *und* diesen Beziehungen gegenüber ein bestimmtes Verhältnis einnehmen müssen. Das lässt sich so verstehen, dass die sozialen Institutionen als Struktur solcher Beziehungen, mit einem Begriff Charles Taylors, *irreduzibel soziale Güter* sind. Eine konstitutive Voraussetzung dieser Güter ist, dass ihr Charakter als ein Gut Gegenstand eines gemeinsamen Verständnisses (*common understanding*) ist (Taylor 1995a, 139). Hegels sittliche Institutionen setzen voraus, dass sie von den Individuen als „wesentlich", d. h. als intrinsisch gut eingeschätzt werden. Durch den sozialen Atomismus wird die Möglichkeit irreduzibel sozialer Güter aber gerade begrifflich ausgeschlossen. Hegel weist somit die *normativen Aussagen* der Vertragstheorien mit Verweis auf ihre implizite Sozialontologie, d. h. ihre *deskriptiven Prämissen*, zurück.[17]

In dem obigen Zitat über die nationalökonomischen Begriffe von Arbeitsteilung und Tausch (vgl. das Ende von Abschnitt 4) hatte Marx nun behauptet, dass mit diesen „Erscheinungen" ökonomischer Kooperation „der Nationalökonom auf die Gesellschaftlichkeit seiner Wissenschaft poch[e]", doch zugleich „die Begründung der Gesellschaft durch das ungesellschaftliche Sonderinteresse in einem Atemzug bewußtlos auss pr[e]ch[e]". Dies lässt sich nun im Licht des hegelschen Holismus so verstehen, dass Marx Smiths *genetische fundamentale Erklärung* des Zusammenhangs

[16] In Anlehnung an das, was Joseph Raz „moralischen Individualismus" nennt: „A moral theory will be said to be individualistic if it [...] does not recognize any intrinsic value in any collective good." (Raz 1986, 198; vgl. Bird 1999, 64–81).

[17] Vgl. zum Zusammenhang von sozialontologischen und normativen Fragestellungen in der Sozialphilosophie Taylor 1995b, 183: „Taking an ontological position doesn't amount to advocating something; but at the same time, the ontological does help to define the options it is meaningful to support by advocacy. The latter connection explains how ontological theses can be far from innocent."

der ökonomischen Kooperation auf der Grundlage atomistischer Prämissen dafür kritisiert, dass damit inakzeptable begriffliche Vorentscheidungen hinsichtlich der Möglichkeit der Bewertung der ökonomischen Kooperation verknüpft sind.

Diese Vorentscheidungen sind für Marx deshalb inakzeptabel, weil er im Anschluss an den hegelschen Holismus Arbeit als „*Thätigkeit* d[es] *Menschen als Gattungswesen*", d. h. als Partizipation an einer institutionellen Rahmenstruktur versteht, die konstitutiv für die Gestalt der individuellen Tätigkeiten ist. Mit Bezug auf die *gelingende* Form ökonomischer Kooperation vertritt Marx nun die These, dass diese ein irreduzibel soziales Gut darstelle, weil sie von den evaluativen Einstellungen der Individuen abhängig sei. Dies wird an seiner knappen Skizze der sozialen Beziehungen nicht-entfremdeter „menschlicher" Produktions- und Tauschbeziehungen als die Beziehungen wechselseitiger „Bestätigung" und „Ergänzung" zwischen sich anerkennenden Individuen deutlich (MEGA IV/2, 465 f.): Wie insbesondere Daniel Brudney und Michael Quante jüngst herausgearbeitet haben, handelt es sich bei den dort skizzierten Tätigkeiten von Produktion und Konsumtion um Tätigkeiten, die ein Individuum nicht unabhängig von den Einstellungen, die andere ihm gegenüber einnehmen, durchführen kann (Brudney 1998, 2002, 2010; Quante 2009, 2010).

Damit lässt sich nun nachvollziehen, weshalb Marx in der Schlüsselstelle behaupten kann, aus den *deskriptiven Defiziten* von Smiths Theorie „folge" (T_1) bereits die *normative These*, „daß die Arbeit selbst schädlich, unheilvoll ist" (T_3), „insofern überhaupt ihr Zweck die blosse Vergrößerung des Reichthums ist" (T_2). In einem ersten Schritt unterstellt Marx, dass Smith die Struktur der ökonomischen Kooperation im Kapitalismus und ihre Dynamik zutreffend erklären kann. Wie sich aus Smiths Theorie unter Voraussetzung seiner Grundbegriffe immanent rekonstruieren lässt, muss diese Dynamik aber notwendig das „Unglück der Gesellschaft" zur Konsequenz haben (Abschnitt 2). Marx entwickelt nun eine alternative fundamentale Erklärung der ökonomischen Kooperation, die diese nicht als Koordination unabhängiger individueller Tätigkeiten versteht, sondern als Partizipation an einer institutionell verfassten Rahmenstruktur, die den Charakter individueller Tätigkeiten erst konstituiert (Abschnitt 4). Diese Konzeption ökonomischer Kooperation erlaubt nun eine fundamentalere Erklärung der problematischen Konsequenzen zu liefern (Abschnitt 5) und vor dem Hintergrund eines Ideals gelingender Kooperation den grundsätzlichen Defekt des Kapitalismus zu identifizieren, d. h. zu zeigen, wie die Verwirklichung dieses Ideals systematisch verhindert wird (Abschnitt 6).

7. Entfremdung

Damit ist es möglich, zu dem zu Beginn des vorigen (sechsten) Abschnitts eingeführten Zitat von Marx zurückzukehren und den Begriff der Entfremdung in seinen Grundzügen zu erläutern: Die „*Gesellschaftlichkeit der Arbeit* innerhalb der Entfremdung" bezeichnet die Form arbeitsteiliger ökonomischer Kooperation im Kapitalismus, also die Koordination individueller Tätigkeiten durch Verhältnisse wechselseitig instrumenteller Orientierungen. Entfremdung besteht also darin, dass „[d]ie wechselseitige und allseitige Abhängigkeit der gegeneinander gleichgültigen Individuen [...] ihren gesellschaftlichen Zusammenhang [bildet]." (MEW 42, 90)

Was bedeutet dies nun für die vier „Bestimmungen" der entfremdeten Arbeit? Für gewöhnlich wird davon ausgegangen, dass der marxsche Entfremdungsbegriff ein Defizit der Arbeit *als einer individuellen Tätigkeit* bezeichnet. Tatsächlich thematisieren die ersten beiden Bestimmungen der Entfremdung auch das Verhältnis eines individuellen Arbeiters zu dem Produkt seiner Tätigkeit und zu der Tätigkeit selbst: Dem Arbeiter tritt einerseits das Produkt seiner Arbeit „als ein fremdes Wesen, als eine von d[em] Producenten *unabhängige Macht* gegenüber" (236). Andererseits ist die Tätigkeit selbst „nicht freiwillig, sondern gezwungen", sie ist „nicht die Befriedigung eines Bedürfnisses, sondern [...] nur ein *Mittel*, um Bedürfnisse ausser ihr zu befriedigen" (238) und deshalb ist sie keine „Selbstthätigkeit" (239) des Arbeiters. Die alltagssprachliche Rede von „entfremdeter Arbeit" ist für gewöhnlich auf solche Phänomene bezogen und sicher verdankt sich auch die historische Wirkmächtigkeit des marxschen Entfremdungsbegriffs seiner Fähigkeit zur Artikulation der damit verbundenen Erfahrungen.

Die anspruchsvollste systematische Rekonstruktion des Entfremdungsbegriffs entlang dieser beiden Bestimmungen geht davon aus, dass Marx sich implizit auf ein von Hegel übernommenes „Vergegenständlichungsmodell" der Arbeit bezieht, das Seyla Benhabib treffend folgendermaßen charakterisiert:

> „Marx's critique of alienated labor is only intelligible when it is assumed that labor is a mode of self-confirming externalization, and that under the domination of private property it becomes the complete opposite. The essence of labor is the self-realization of the individuals through the creation of objects, but the existence of labor is the complete denial of its essence." (Benhabib 1986, 56; vgl. Lange 1980; Quante 2009)

Im Unterschied zu den vom Tätigkeitscharakter der Arbeit ausgehenden Interpretationen ist Entfremdung der hier vorgeschlagenen Deutung zufolge dagegen als ein Defizit arbeitsteiliger Kooperationsverhältnisse zu verstehen. Entsprechend müssten die beiden weiteren Bestimmungen der Entfremdung im Zentrum einer umfassenden Rekonstruktion stehen: Die Entfremdung vom „Gattungswesen" und die Entfremdung von anderen Individuen. Das ist m. E. deshalb interessant, weil sich damit einige der begrifflichen und normativen Schwierigkeiten umgehen lassen, die mit einem anspruchsvollen Tätigkeitsbegriff von Arbeit verbunden sind. Allerdings wirft der hier vorgeschlagene Interpretationsansatz zwei wesentliche Fragen auf, bei denen ich abschließend nur knappe Hinweise geben kann, wie sie beantwortet werden könnten:

Erstens stellt sich die Frage, wie sich die beiden ersten, deutlich auf den Tätigkeitscharakter von Arbeit bezogenen Bestimmungen der Entfremdung zu der Auffassung von Arbeit als einem Kooperationsverhältnis in Beziehung setzen lassen. Eine mögliche Strategie bestünde darin, die von Marx beschriebenen Phänomene – Fremdbestimmung und Sinnverlust – als eine Folge des grundlegenden Defizits der Kooperation zu deuten. So lässt sich der Verweis auf den instrumentellen Charakter der Arbeit in der zweiten Bestimmung der Entfremdung – dass sie unter Bedingungen der Entfremdung nur „*Mittel*, um Bedürfnisse ausser ihr zu befriedigen" (238) ist – direkt auf T_3 beziehen. Demnach wäre auch „Selbstthätigkeit" als normativer Gegenbegriff zur Entfremdung als etwas zu verstehen, dass sich nur relational, durch die Partizipation an bestimmten Strukturen der Kooperation realisieren ließe.

Zweitens ist bislang völlig offen geblieben, welcher Maßstab gelingender Kooperationsverhältnisse Marx' Entfremdungsbegriff zugrunde liegt. Eine Klärung dieser Frage müsste vor allem Marx' Begriff des Gattungswesens näher auf seine normativen Voraussetzungen hin untersuchen. Marx' Rede von „Selbstthätigkeit" als Gegenbegriff zur Entfremdung legt es nahe, hier einen impliziten Bezug auf den Begriff der Selbstbestimmung oder der Freiheit zu vermuten. Dafür findet sich zumindest in der *Deutschen Ideologie* ein Hinweis, denn dort heißt es: „In der wirklichen Gemeinschaft erlangen die Individuen in & durch ihre Association zugleich ihre Freiheit." (Marx/Engels 2003, 74) Die Emphase, Freiheit realisiere sich nicht nur *durch*, sondern auch *in* der Assoziation, deutet darauf hin, dass für Marx auch individuelle Freiheit konstitutiv von der Existenz bestimmter Formen der Gemeinschaft abhängig ist.

Literatur

Benhabib, Seyla (1986): *Critique, Norm, and Utopia. A Study of the Foundations of Critical Theory*, New York.

Bird, Colin (1999): *The Myth of Liberal Individualism*, Cambridge.

Breckman, Warren (1999): *Marx, the Young Hegelians, and the Origins of Radical Social Theory. Dethroning the Self*, Cambridge.

Brudney, Daniel (1998): *Marx's Attempt to Leave Philosophy*, Cambridge, MA und London.

Brudney, Daniel (2002): „Zur Rechtfertigung einer Konzeption des guten Lebens beim frühen Marx", in: *Deutsche Zeitschrift für Philosophie* 50/2.

Brudney, Daniel (2010): „Gemeinschaft als Ergänzung", in: *Deutsche Zeitschrift für Philosophie* 58/2.

Fay, Alice Margaret (1986): *Der Einfluß von Adam Smith auf Marx' Theorie der Entfremdung. Eine Rekonstruktion der Ökonomisch-philosophischen Manuskripte aus dem Jahr 1844*, hg. von Johannes D. Hengstenberg, Frankfurt am Main.

Grimm, Jacob und Wilhelm Grimm (2007): *Deutsches Wörterbuch*, hg. von der Berlin-Brandenburgischen Akademie der Wissenschaften und der Akademie der Wissenschaften zu Göttingen, Neubearbeitung, Bd. 3, Stuttgart.

Hegel, G. W. F. (1974): *Philosophie des Rechts. Nach der Vorlesungsnachschrift von H. G. Hotho 1822/23*, hg. von. Karl-Heinz Ilting (Vorlesungen über Rechtsphilosophie 1818–1831, Bd. 3) Stuttgart-Bad Cannstatt.

Hegel, G. W. F. (1992): *Enzyklopädie der philosophischen Wissenschaften im Grundrisse* (1830), hg. von. Wolfgang Bonsiepen und Hans-Christian Lucas, *Gesammelte Werke*, Bd. 20, hg. von der Rheinisch-Westfälischen Akademie der Wissenschaften, Hamburg.

Hegel, G. W. F. (2009): *Grundlinien der Philosophie des Rechts*, hg. von. Klaus Grotsch und Elisabeth Weisser-Lohmann, Gesammelte Werke, Bd. 14.1, hg. von der Nordrhein-Westfälischen Akademie der Wissenschaften und der Künste, Düsseldorf.

Jaeggi, Rahel (2005): *Entfremdung. Zur Aktualität eines sozialphilosophischen Problems*, Frankfurt am Main.

Lange, Ernst-Michael (1980): *Das Prinzip Arbeit. Drei metakritische Kapitel über Grundbegriffe, Struktur und Darstellung der „Kritik der politischen Ökonomie" von Karl Marx*, Frankfurt am Main, Berlin, Wien.

Locke, John (2007): *Zweite Abhandlung über die Regierung* (Suhrkamp Studienbibliothek, Bd. 7), Frankfurt am Main.

Lohmann, Georg (1991): *Indifferenz und Gesellschaft. Eine kritische Auseinandersetzung mit Marx*, Frankfurt am Main.

Löwith, Karl (1995): *Von Hegel zu Nietzsche. Der revolutionäre Bruch im Denken des 19. Jahrhunderts*, Hamburg.

Marcuse, Herbert (1932): „Neue Quellen zur Grundlegung des Historischen Materialismus. Interpretation der neuveröffentlichten Manuskripte von Marx“, in: *Die Gesellschaft. Internationale Revue für Sozialismus und Politik* 2/8.

Marx, Karl und Friedrich Engels (2003): „Die deutsche Ideologie. Artikel, Druckvorlagen, Entwürfe, Reinschriftenfragmente und Notizen zu I. Feuerbach und II. Sankt Bruno“, *Marx-Engels-Jahrbuch* 1.

Nozick, Robert (1974): *Anarchy, State, and Utopia*, New York.

Pettit, Philip (1996): *The Common Mind. An Essay in Psychology, Social Theory and Politics*, Oxford.

Pettit, Philip (1998): „Defining and Defending Social Holism“, in: *Philosophical Explorations* 1/3.

Quante, Michael (2009): „Kommentar“, in: Karl Marx: *Ökonomisch-philosophische Manuskripte* (Suhrkamp Studienbibliothek, Bd. 15), Frankfurt am Main.

Quante, Michael (2010): „Recognition as the Social Grammar of Species Being in Marx“, in: Ikäheimo, Heikki und Arto Laitinen (Hg.): *Recognition and Social Ontology*, Leiden.

Quante, Michael (2011): *Die Wirklichkeit des Geistes. Studien zu Hegel*, Berlin.

Raz, Joseph (1986): *The Morality of Freedom*, Oxford.

Rojahn, Jürgen (1983): „Marxismus – Marx – Geschichtswissenschaft. Der Fall der sog. Ökonomisch-philosophischen Manuskripte aus dem Jahre 1844“, *International Review of Social History* 28.

Rojahn, Jürgen (1985): „Die marxschen Manuskripte aus dem Jahre 1844 in der neuen Marx-Engels-Gesamtausgabe (MEGA)“, in: *Archiv für Sozialgeschichte* 25.

Rosen, Michael (1996): *On Voluntary Servitude. False Consciousness and the Theory of Ideology*, Cambridge.

Rothschild, Emma und Amartya Sen (2006): „Adam Smith's Economics“, in: Haakonssen, Knut (Hg.): *The Cambridge Companion to Adam Smith*, Cambridge.

Searle, John R. (1995): *The Construction of Social Reality*, New York.

Siep, Ludwig (1992): „Hegels politische Philosophie“, in: *Praktische Philosophie im Deutschen Idealismus*, Frankfurt am Main.

Smith, Adam (1976): *An Inquiry into the Nature and Causes of the Wealth of Nations*, hg. v. R. H. Campbell und A. S. Skinner (The Glasgow Edition of the Works and Correspondence of Adam Smith, Bd. 2), Oxford.

Smith, Adam (1993): *Der Wohlstand der Nationen. Eine Untersuchung seiner Natur und seiner Ursachen*, München.

Smith, Craig (2006): *Adam Smith's Political Philosophy. The Invisible Hand and Spontaneous Order*, London, New York.

Taylor, Charles (1995a): „Irreducibly Social Goods“, in: *Philosophical Arguments*, Cambridge, MA.

Taylor, Charles (1995b): „Cross-Purposes. The Liberal-Communitarian Debate“, in: *Philosophical Arguments*, Cambridge, MA.

Theunissen, Michael (1994): *Sein und Schein. Die kritische Funktion von Hegels Logik*, 2. Aufl., Frankfurt am Main.

Ullmann-Margalit, Edna (1978): „Invisible-Hand Explanations“, in: *Synthese*, 39/2.

Waldron, Jeremy (1988): *The Right to Private Property*, Oxford.

Wolff, Michael (1984): „Hegels staatstheoretischer Organizismus. Zum Begriff und zur Methode der hegelschen ‚Staatswissenschaft'“, in: *Hegel-Studien* 19.

Wood, Allen W. (2004): *Karl Marx*, 2. Aufl., New York.

Georg Lohmann

Marxens Kapitalismuskritik als Kritik an menschenunwürdigen Verhältnissen

1. Einleitung[1]

Marx hatte bekanntlich ein ambivalentes, zum Teil aber auch paradoxes Verhältnis zu Moral und Recht (Angehrn/Lohmann 1986). Auf der einen Seite lehnt er für seine Kritik gesellschaftlicher Verhältnisse von Beginn an ein rein moralisches Sollen gemäß „ewiger" Moralgrundsätze oder einzelner moralischer Normen, insbesondere Gerechtigkeit und Freiheit, als ein bloßes Moralisieren oder als verdeckte, ideologische Durchsetzung von Klasseninteressen ab, auf der anderen Seite ist seine Kapitalismuskritik gar nicht anders angemessen, und das heißt auch: Marx-kritisch, zu verstehen, als eine Kritik, die moralische und auch rechtliche Normen zu ihrer Rechtfertigung unterstellen müsste (Lohmann 1980). Das berühmte Diktum des jungen Marx, dass der „kategorische Imperativ" der revolutionären Kritik laute: „Alle Verhältnisse umzuwerfen, in denen der Mensch ein erniedrigtes, ein geknechtetes, ein verlassenes, ein verächtliches Wesen ist!" (MEW 1, 385) kann als eine negativistische (Theunissen 1984, 693 f.) Bestimmung des komplexen moralischen, aber auch rechtlichen Maßstabes der späteren Kapitalismus-Kritik gelesen werden, der positiv mit den Begriffen „menschenwürdige Verhältnisse" und „Menschenrechte" durchaus expliziert werden *könnte*. Denn die marxsche Kritik richtet sich nicht einfach nur gegen den Mangel, die Ausbeutung und die ungerechte Benachteiligung der arbeitenden Klassen, gegen ihnen aufgezwungene Armut, Elend und Unfreiheit, sondern zugleich auch gegen die Entwürdigung und Entrechtung, die ihre materielle und geistige Lage als arbeitende Klasse[2] ihnen aufzwingt. Es sind, wie der beißende Polemiker Marx formuliert, „Verhältnisse, die man nicht besser schildern kann als durch den Ausruf eines Franzosen bei einer projektierten Hundesteuer: Arme Hunde! Man will euch wie Menschen behandeln!" (MEW 1, 385). Das heißt positiv formuliert,

---

[1] Ich übernehme hier überarbeitete Teile aus Lohmann (2011c).

[2] Marx ist hier sicherlich beeinflusst von Friedrich Engels' Studie „Die Lage der arbeitenden Klasse in England" (MEW 2, 225–506).

die marxsche Kritik richtet sich gegen Verhältnisse, in denen Menschen wie Tiere (Hunde) behandelt werden, d. h. in denen sie rechtlos und würdelos sind.

Es kennzeichnet Marxens kritisches Unternehmen, dass er jeweils in einem umfassenden Sinne und auf das Ganze seines Gegenstandes bezogen Kritik übt. Gegenstand seiner Kritik sind die geistigen, sozialen und materiellen Lebens- und Produktionsverhältnisse der Menschen, wie sie geschichtlich entstanden, kulturell und politisch geregelt und durch die Produktions- und Verkehrsverhältnisse bestimmt sind. Marxens Kritik wendet sich dabei auch immer gegen einseitige oder oberflächliche Kritikmaßstäbe und es ist diese, auf das Geschäft der Kritik selbst bezogene Reflexion, aus der heraus er die Menschenrechte thematisiert. Die Menschenrechte, so wie sie Ende des 18. Jahrhunderts *deklariert* worden sind und die Marx „unter ihrer authentischen Gestalt, ... welche sie bei ihren *Entdeckern*, den Nordamerikanern und Franzosen besitzen" (MEW 1, 347–377) thematisiert, waren in der Tat unausgewogen und wurden, nach Umfang und Inhalt, nur sehr selektiv in Geltung gesetzt. Träger von Menschenrechten waren faktisch nicht alle Menschen, sondern zunächst nur männliche, weiße Besitz- und Staatsbürger und die Aufhebung der Sklaverei, die ja Mit-Motiv und Folge der Menschenrechtsideen war, wurde nur zögerlich durchgesetzt. Inhaltlich war die Menschenrechtspraxis dominiert durch einen Vorrang negativer, individueller Freiheitsrechte, die Freiheit, Eigentum und individuelles Glücksstreben sicherten und im Ansatz, soweit wie es zur Sicherung privaten Eigentums notwendig ist, gleiche politische Rechte und faire Behandlung im Rechtswesen forderten, aber gegenüber materieller Not, Armut und Ausbeutung indifferent erschienen. Marx hatte daher gute Gründe, gegenüber den Menschenrechten skeptisch zu sein. Zudem „verschwanden" (vgl. Hoffmann 2010) die Menschenrechte aus der politischen Diskussion des 19. Jahrhunderts und es ist daher umso bemerkenswerter, dass Marx als einer der wenigen (im 19. Jahrhundert) sich explizit und ausführlich mit den Menschenrechten beschäftigt: in der kritischen Rezension von Bruno Bauers Schriften über „Die Judenfrage" (1843), die Marx unter dem Titel „Zur Judenfrage" 1844 in den „Deutsch-Französischen Jahrbüchern" veröffentlichte. Darin entwickelt er eine im Ansatz durchaus akzeptable, in ihren ambivalenten Auswirkungen aber fatale Kritik, die es ihm verunmöglichte seine eigenen kritischen Intentionen mit einem verbesserten Menschenrechtsverständnis zum Ausdruck zu bringen (Lohmann 1999, 91–104).

2. Sozialistische Vorläufer einer Kritik menschenunwürdigen Lebens

Die marxsche Kritik an Verhältnissen, in denen „der Mensch ein erniedrigtes, ein geknechtetes, ein verlassenes, ein verächtliches Wesen" ist, fordert mit der Achtung seiner Menschenwürde eine Verwirklichung *aller* Menschenrechte, die ein Leben in *freier* Selbstbestimmung, *gleicher* Selbstachtung und *menschenwürdiger* Existenz sichern (Lohmann 2010, 46–63). Die bleibende Bedeutung von Marx liegt daher nicht so sehr in seiner skeptischen und überschießenden Kritik der Menschenrechte (obwohl Skepsis gegenüber einem wohlfeilen Idealismus der Menschenrechte durchaus berechtigt ist), als in seiner impliziten Forderung, das menschliche Leben in einem umfassenden Sinne zu schützen und deshalb den ganzen Katalog der Menschenrechte angemessen zu beachten. Marx steht hier in der sozialistischen Tradition, von deren Protagonisten er sich im Kampf um die richtige politische Organisation der Arbeiterklasse zugleich auch distanziert hat.

Sozialistische Gesellschaftsentwürfe speisen sich aus zwei Quellen: Sozialutopien und Naturrecht. Ernst Bloch hat ihre Eigenarten und Beziehungen prägnant formuliert: „Die Sozialutopien gehen überwiegend auf Glück, mindestens auf Abschaffung der Not und der Zustände, die diese erhalten oder produzieren. Die Naturrechtstheorien gehen […] überwiegend auf Würde, auf Menschenrechte, auf juristische Garantien der menschlichen Sicherheit und Freiheit, auf Kategorien des humanen Stolzes.“ (Bloch 1961, 234) Im Laufe der Geschichte der sozialistischen Ideen verschränken sich beide Forderungen: „Es gibt keine menschliche Würde ohne Ende der Not, aber auch kein menschliches Glück ohne Ende alter oder neuer Untertänigkeit.“ (Ebd., 237) Diese Entwicklungen freilich geschehen zumeist, ohne dass der Begriff der Menschenwürde explizit eine prominente Rolle spielt. Bestenfalls randständig wird er genannt, um Forderungen der Arbeiterbewegung zu formulieren oder in theoretischen Reflexionen begrifflich zu bestimmen und zu rechtfertigen. Ausgangspunkt ist im Frühsozialismus eine kritische Aufnahme der radikalen Menschenrechtserklärungen der französischen Revolution, in der die liberalen Freiheitsrechte als unzulänglich oder zu abstrakt zurückgewiesen werden und durch die Forderungen nach allgemeinen politischen Rechten (allgemeines passives und aktives Wahlrecht) zur Realisierung der Gleichheit und durch soziale Rechte („soziale Freiheit“) zur Überwindung des Elends ergänzt werden müssen.[3] Und wie in den amerikanischen und französischen Menschenrechtserklärungen spielt der Begriff der Menschenwürde explizit keine Rolle. Rückblickend freilich erscheint es so, als ob sachlich und systematisch viele Forderungen und Ideen der sozialistischen Bewegungen sich als Kampf um die Anerkennung der gleichen Würde aller Menschen verstehen lassen,[4] nun um die Bekämpfung von Not und Elend, insbesondere freilich der Arbeiterschaft, erweitert.

Es lassen sich in diesen normativen Kämpfen drei zumeist implizite Bezugnahmen auf freilich unterschiedliche „Würde“-Konzeptionen[5] unterscheiden. Erstens ist der Begriff einer sozialen, *besonderen* Standeswürde wichtig, da der „vierte Stand“, die Arbeiterschaft, nun den gleichen rechtlichen und politischen Rang wie der siegreiche „dritte Stand“, also die *gleichen* Bürgerrechte, fordert. Zweitens spielt Kants moralphilosophischer Begriff einer *allgemeinen* Würde eine Rolle, insofern (negativ) Verhältnisse kritisiert werden, in denen die Arbeiter zum Mittel gemacht werden und ihre *freie* Selbstbestimmung ihnen verwehrt wird. Drittens schließlich wird adjektivisch ein würdiges oder würdevolles Leben gefordert, das dem Arbeiter wie jedem Menschen durch die Leistungen seiner Arbeit ein Leben ohne Mühsal und Not und ohne Beleidigung und Erniedrigung ermöglicht. Alle drei Aspekte sind im Menschenwürdebegriff nach 1945 „aufgehoben“, der dritte, umfassende Aspekt charakterisiert aber insbesondere sozialistische Vorstellungen bis heute.

---

[3] Siehe z. B. die Forderungen der Zeitschrift *Das Westfälische Dampfboot,* dazu Arno Klöne (1981), auch insgesamt Bödeker (2004).

[4] Zu dieser Sicht siehe auch Habermas (2010).

[5] Siehe zu den unterschiedlichen Würdekonzeptionen Lohmann (2011b, 56 ff.).

3. Kapitalismuskritik als Kritik am „menschenunwürdigen Leben“

Wir hatten schon gesagt, dass Marx sich sehr skeptisch zu Moral und Recht als normative Institutionen und als Maßstab seiner Kapitalismuskritik geäußert hat (Angehrn/Lohmann 1986, hervorragend auch Peffer 1990). Das trifft dann besonders auf die Menschenrechte zu, die ihm, nach einer durchaus bedenkenswerten kritischen Interpretation als politische Rechte,[6] schließlich doch nur als Instrumente zur Durchsetzung von Klasseninteressen erschienen. Sie sind, so formuliert er dann resümierend, „nichts anderes als“ Ausdruck der egoistischen Interessen der bürgerlichen Klasse und entsprechen damit der Herrschaft kapitalistischer Verhältnisse (Lohmann 1999). Marx verortet sie im Kapitalbuch in die „Sphäre der Zirkulation“ (MEW 23, 189 f.) und wertet sie in ihrem normativen Gehalt ab als „Schein, bloße Form, die dem Inhalt selbst fremd ist und ihn nur mystifiziert“ (ebd., 609) und auch später noch (1875) sind sie für ihn „zu veraltetem Phrasenkram“ (MEW 19, 22) geworden. Eine explizit moralische Berufung auf die Menschenwürde lehnt er, z. B. in einer überscharfen Polemik gegenüber einem Konkurrenten in der sozialistischen Bewegung (Karl Heinzen), als bloßes Moralisieren ab (MEW 4, 344 f.).

Gegen Marxens Selbstinterpretationen ist seine Kritik kapitalistischer Verhältnisse aber gar nicht anders als normativ zu rekonstruieren, und die normativen Maßstäbe seiner Kritik, recht verstanden, sind durchaus moralische Kategorien wie Freiheit, Gleichheit, Gerechtigkeit, Autonomie, Selbstverwirklichung oder eben auch Menschenwürde (vgl. Peffer 1990, 119 ff.). Seine Kritik lässt sich daher auch weit angemessener als er das gesehen hat als Forderung nach universeller Achtung der Menschenwürde und als Realisierung der Menschenrechte verstehen. In dieser marxkritischen Lesart bekommt der Begriff der Würde des Menschen eine akzentuierende und umfassende Rolle für Marx’ Kapitalismuskritik. Das soll im Folgenden in drei Hinsichten gezeigt werden.

a. Ent-würdigung als umfassende Kategorie der Kapitalismuskritik

Gemäß dem einleitend zitierten „kategorischen Imperativ“ seiner revolutionären Kritik: „Alle Verhältnisse umzuwerfen, in denen der Mensch ein erniedrigtes, ein geknechtetes, ein verlassenes, ein verächtliches Wesen ist!“ (MEW 1, 385) bildet die nur indirekt über ihre Verletzungen angesprochene Würde den *umfassenden* normativen Maßstab der marxschen Kapitalismuskritik. Dabei ist Marx’ besondere Methode einer immanent ansetzenden Kritik zu beachten. Marx beginnt mit einer immanenten Kritik der den ökonomischen Verhältnissen entnommenen, naturrechtlichen (vornehmlich auf Locke zurückgehenden) Selbstlegitimation des Kapitals und verbindet damit eine transzendierende Kritik im Lichte der Verletzungen von darüberhinausgehenden, umfassenderen normativen Werten. Auf diese Werte bezieht sich Marx nur indirekt, indem er in den historischen Passagen des Kapitalbuches die politischen, moralischen und rechtlichen Widersprüche der Arbeiterschaft gegen ihre kapitalistische Vereinnahmung und Unter-

[6] Siehe die Interpretationen in Menke und Raimondi (2011, 250 ff.).

drückung („Subsumption“ ist der marxsche Begriff dafür) wiedergibt.[7] Fragt man sich, ob diese einzelnen Aspekte der marxschen Kritik unter einen Begriff zusammengefasst werden können, so bietet sich der Begriff der Entwürdigung an. Entwürdigend sind die *Ungleichbehandlung*, die *Missachtung der Freiheit* und die *Verelendung* der Lebensbedingungen der kapitalistischen Industriearbeiterschaft. Damit bleibt der Würdebegriff, nur negativ angesprochen, im Hintergrund, gestattet es aber die einzelnen Aspekte der marxschen Kritik als Momente eines Würdebegriffs (siehe dazu unten) zu verstehen, der dann auch als Hintergrundbegriff die Entwicklung der sozialistischen Ideen mitbestimmt.

b. Kantianischer Einfluss: Würde als Selbstzweck und Entwürdigung als Instrumentalisierung

Zentral für diese Interpretation ist der Umstand, dass Marx ausgiebig Gebrauch macht von Kants moralischem Verbot, Menschen *nur* als Mittel für ihnen fremde oder aufgezwungene Zwecke zu behandeln. Das ist nach Kant zugleich eine Verletzung der Würde des Menschen, weil seine Autonomie (sein Selbstzweckcharakter) nicht respektiert wird. Dabei operiert der junge Marx noch sehr und zu allgemein mit einem generellen Mediatisierungsverbot, das ab und an das kantische „nur“ nicht beachtet und schlicht schon ein Zum-Mittel-Werden des Menschen ablehnt.[8]

Eine sogar explizit positive Beziehung auf die Würde als Begründung dafür, dass Menschen nicht als Mittel gebraucht werden sollen, vertritt Marx in einem Artikel gegen die Todesstrafe. Er lehnt eine Abschreckungstheorie der Strafe ab, weil mit ihr der einzelne Mensch als Mittel missbraucht werde und plädiert mit Kant und Hegel für eine Vergeltungstheorie: „Vom Standpunkt des abstrakten Rechts gibt es nur eine Theorie der Bestrafung, die die menschliche Würde abstrakt anerkennt, und das ist die Kantische Theorie, besonders in der strengeren Fassung von Hegel.“ (MEW 8, 507) Wichtig für Marxens Bezug auf Kant ist, dass er die normative, gleiche Anerkennung der Würde jedes Menschen beibehält, zugleich aber die kantische Konzeption der gleichen Würde aller, die Kant im absoluten Wert des „freien Willens“ begründet, als zu abstrakt und einseitig kritisiert. Marx schlägt vor, auf der Basis eines positiven Kantbezugs an die Stelle der „Abstraktion des ‚freien Willens‘“, die nur „eine der vielen Eigenschaften“ des Menschen ist, den ganzen „Menschen selbst“ zu setzen, „mit seinen wirklichen Beweggründen, mit den zahlreichen, ihn bedrängenden sozialen Verhältnissen“ (ebd., 508), d. h. mit seinen Bedürfnissen und sozialen Beziehungen. Diese inhaltliche Erweiterung des Würdebegriffs über die intellektuellen Vernunftvermögen hinaus auf die sinnliche und soziale Bedürftigkeit des Menschen kennzeichnet nun auch die Art und Weise, wie Marx vom kantischen Instrumentalisierungsverbot im *Kapital* Gebrauch macht. Marx behält also in seiner Explikation der „menschlichen Würde“ die Normen gleicher Frei-

[7] Siehe zum methodischen Programm dieser immanent ansetzenden, dann aber transzendierenden Kritik Lohmann (1991, 39–80).

[8] Siehe statt einzelner Nachweise v. Magnis (1975, 173 ff.).

heiten bei und ergänzt sie, *nicht: ersetzt sie*, durch die umfassenden Bedingungen eines würdevollen Lebens.

Dabei beachtet Marx im *Kapital* sehr wohl das kantische „nur“: Der Lohnarbeiter macht sich selbst zum Mittel, verdinglicht seine Lebens- und Arbeitsvermögen selbst, wenn er sie als seine Arbeitskraft verkauft, aber er macht sich damit nicht vollständig *nur* zum Mittel für Zwecke des Käufers seiner Arbeitskraft, des Kapitalisten, sondern er erhält sich zugleich auf diese Weise als freie Person und wird auch auf dem Arbeitsmarkt als ein rechtlich gleichgestelltes, freies Rechtssubjekt anerkannt. Dieses sich selbst *nur partiell* zum Mittel machen ist daher kantianisch nicht zu kritisieren. Und deshalb ist Marxens Haltung zu den Menschenrechten hier ambivalent (s. o.); einmal redet er nur ironisch und diffamierend vom Arbeitsmarkt als dem „wahren Eden der angeborenen Menschenrechte“ (MEW 23, 189), zum anderen aber streicht er die *epochale* (ebd., 184) Bedeutung dieser Anerkennung heraus: Mit der basalen (und abstrakten) Anerkennung der Würde des Lohnarbeiters, insofern er als gleichgestelltes Rechtssubjekt anerkannt ist, wird „Weltgeschichte“ gemacht. Auf dieser Basis erst bildet sich die „Klasse der freien Arbeiter“, die, indem sie ihr „Recht als Verkäufer“ z. B. im „Kampf um die Schranken des Arbeitstages“ (ebd., 249) geltend machen, erst konkretisieren, worin denn umfänglich die Achtung ihrer Würde besteht. Man kann daher mit Marx sagen, dass nicht nur in die „Wertbestimmung der Arbeitskraft ein historisches und moralisches (sic! G. L.) Element“ eingeht, sondern, nun über Marx hinaus, auch in die Bestimmung der Achtung der Würde des Menschen. Auf diese historischen und moralischen Elemente der Würdebestimmung kommt Marx wiederum nur negativ, im Modus ihrer Verletzungen zu sprechen. Immer wieder, und mit Fortgang der Darstellung im Kapitalbuch zunehmend, führt Marx historische Dokumente an, in denen solche Würdeverletzungen festgehalten werden (Lohmann 1991, 75 ff.). Diese Verletzungen sind, wie der Protest und Kampf gegen sie, gradueller Art: In ihnen wird um eine angemessene Interpretation und Begrenzung dieses „*nur* als Mittel für fremde Zwecke benutzt werden“ gestritten. Der Kampf um den verbesserten Schutz der Würde entfaltet sich daher als historischer Kampf um die Rechte der Arbeiter, z. B. in der von Marx ausführlich behandelten englischen Fabrikgesetzgebung (MEW 23, 294 ff.). Die Lohnarbeiter kämpfen dafür, dass sie nicht *nur* als Mittel, d. h. als *beliebig ersetzbare* Arbeitskräfte, behandelt werden, sondern dass die formale Anerkennung ihres Rechtsstatus als freie Arbeiter auch mit sozialer Sicherung *jedes Einzelnen* verbunden wird und dass dies für alle in der *gleichen* Weise (deshalb der Kampf gegen die diskriminierende Frauen- und Kinderarbeit) gilt.

c. Arbeit und menschenwürdiges Dasein

Für diese Ausweitung des Würdebegriffs gegenüber der kantischen Intellektualisierung argumentiert Marx von einer erweiterten Anthropologie aus. Marx geht bekanntlich von einer anthropologischen, in der philosophischen Tradition durch Aristoteles, Feuerbach und Schelling bestimmten, sinnlich bedürftigen *Natur des Menschen* aus, der seine allseitig produktiven Fähigkeiten in Gemeinschaft mit anderen verwirklicht. Wenn Marx daher gesellschaftliche Produktions- und Verkehrsverhältnisse fordert, in denen die Menschen „unter den, ihrer menschlichen Natur *würdigsten* und adäquatesten Bedingungen“

(Hervorhebung vom Vf.) arbeiten und auf dieser Basis (dem „Reich der Naturnotwendigkeiten") die „menschliche Kraftentwicklung, die sich als Selbstzweck gilt" („Reich der Freiheit") „aufblühen kann" (MEW 25, 828)[9], so bezieht sich dieses geforderte Würdig-Sein auf eine umfassend verstandene Natur des Menschen. Würde ist daher nicht, wie bei Kant, nur in den intellektuellen Fähigkeiten des Menschen begründet und auf sie allein bezogen, sondern umfasst den ganzen Menschen, seine Leiblichkeit, seine sozialen und intellektuellen Bedürfnisse und Fähigkeiten. Ein der umfassenden Natur des Menschen *würdiges Dasein* erstreckt sich daher nicht nur auf den Respekt vor seiner freien Selbstbestimmung, sondern auch auf die Befriedigung der unmittelbaren materiellen Lebensbedürfnisse, und auch nicht nur auf die durch Arbeit zu leistende zweckmäßige Bewältigung, rationale Kontrolle und gesellschaftliche Organisation des menschlichen Stoffwechsels mit der Natur, sondern auch auf die Entfaltung selbstzweckhafter Fähigkeiten und sozialer Beziehungen, die frei gesetzte Zwecke und Werte im Prozess geschichtlicher Zivilisierung verwirklichen. Wir können daher im Ausgang von Marx Bestimmung der menschlichen Natur nun drei Aspekte eines menschenwürdigen Daseins, das nun das „Reich der Notwenigkeit" und das „Reich der Freiheit" umgreift, unterscheiden:

1. Zunächst geht es um die Sicherung der *Subsistenz*, um die durch Arbeit hervorzubringenden Erhaltungsbedingungen des bedürftigen, menschlichen Lebens, die sowohl der materiellen wie geistigen Natur des Menschen angemessen sein müssen.
2. Dann geht es um die Sicherung der (letztlich universellen) sozialen Fähigkeiten und Praktiken, die für ein *gemeinschaftliches gutes Leben* notwendig sind und die Marx auch mit dem Begriff des menschlichen „Gattungswesens" versucht zu umreißen.
3. Schließlich gehören zum menschenwürdigen Leben auch kulturell und sozial vermittelte Aspekte einer *freien Selbstverwirklichung* des Menschen durch freie, auf Spiel, Kunst und Selbstgenuss gerichtete Fähigkeiten.

Alle drei Aspekte beziehen sich auf voneinander nicht getrennte Ebenen und sind miteinander verwoben: Bedürfnisse sind immer kulturell interpretierte Bedürfnisse; Individualisierungen sind immer sozial vermittelt und das Ganze ist am Selbstzweckcharakter der teleologisch und experimentellen Selbstverwirklichung (Lohmann 2011a) ausgerichtet. Ein Leben, das dieser normativ verstandenen Natur des Menschen (Subsistenz, gemeinschaftlich gutes Leben, Selbstverwirklichung) entspricht, kann zusammenfassend als „menschenwürdiges Dasein" bestimmt werden.

Dieses menschenwürdige Dasein sieht Marx nun durch Arbeit verwirklicht. Dabei überdehnt Marx den Arbeitsbegriff, weil ihm (freilich nicht immer) jede menschliche Tätigkeit als Arbeit erscheint und deshalb allein Arbeit als Garant und Vollzug eines würdigen Lebens erscheint. Diese begriffliche Hypostasierung des Arbeitsbegriffs kann man rückgängig machen und „Arbeit und Interaktion" (Habermas 1989) als Verwirklichungsweisen eines menschenwürdigen Daseins bestimmen. Aber auch mit dieser Korrektur ist Marxens Einsicht beizubehalten, dass ein würdiges Leben Geist *und* Körper

[9] Siehe zum Verhältnis von „Reich der Notwendigkeit" und „Reich der Freiheit" Lohmann (1991, 109 ff.).

des Menschen umfasst und dass es durch Arbeit und Interaktion geleistet und gesichert wird. Aus dieser Erweiterung des klassischen Würdebegriffs (verglichen etwa mit dem von Kant) ergeben sich dann auch neue Bereiche des durch Menschenrechte zu Schützenden. Nicht mehr allein die klassischen Freiheitsrechte sind erforderlich, sondern auch die nun „sozial" genannten Rechte, die sich auf Wirtschaft, Kultur und soziale Beziehungen richten.

4. Sozialistische Ausläufer im Kampf für ein „wahrhaft menschenwürdiges Dasein"

Zu den Ideen des Frühsozialismus und Marxens vornehmlich nur negativen Bezugs auf die Würde des Menschen kommen in der Arbeiterbewegung weitere Bezugnahmen auf die Forderung eines menschenwürdigen Daseins durch Arbeit. So fordert Ferdinand Lassalle am 12.4.1862 in einer Rede (*Arbeiterprogramm*), dass die „die kummervolle und notbeladene Lage der arbeitenden Klassen" durch Arbeit (durch „reichlicheren und gesicherten Erwerbe") „zu verbessern" und ihnen „somit erst zu einem wahrhaft menschenwürdigen Dasein zu verhelfen" sei (Lasalle 1919, 173). Diese Forderung wird allgemeiner aufgenommen und führt dann zu einem Kampf um ein „Recht auf Arbeit" (Gardner 2002). In der Weimarer Reichsverfassung von 1919 wird diese Forderung der Arbeiterbewegung im Art. 151 I 1 so formuliert: „Die Ordnung des Wirtschaftslebens muß den Grundsätzen der Gerechtigkeit mit dem Ziel der Gewährung eines menschenwürdigen Daseins für alle entsprechen." (Weimarer Reichsverfassung, Art. 151, I 1) Schließlich werden, insbesondere auf Druck der Kommunistischen Staaten, in die AEMR eine Reihe von sozialen Menschenrechten aufgenommen. Dabei geht es, nach dem Katalog der AEMR um so genannte Leistungsrechte, die als Rechte des Einzelnen Rechte auf Fürsorge, Arbeit, Wohnung, Bildung und Kultur sind: das bis heute umstrittene „Recht auf Arbeit" (Art. 23), Art. 24 (Recht auf Erholung, [...] und periodisch bezahlten Urlaub), Art. 25 (Recht auf Gesundheit, Lebenshaltung, Wohnung, Krankenversorgung etc.), Art. 26 (Recht auf Bildung), Art. 27 (Recht auf Kultur). Völkerrechtlich, wenn auch mit sehr schwachen Verbindlichkeiten und Durchsetzungschancen, sind sie seit 1966 im *Internationalen Pakt für wirtschaftliche, soziale und kulturelle Rechte* (IPWSKR) institutionalisiert.[10]

In gegenwärtigen Sozialismuskonzeptionen, wie insbesondere in Entwürfen eines Marktsozialismus, spielt der Würdebegriff keine sichtbare Rolle (vgl. Wildt 2008, 1219–1225). Und auch in sozialliberalen Gesellschaftstheorien werden nur zögernd soziale Menschenrechte und Menschenwürde miteinander in Beziehung gebracht. So wird in John Rawls *Theorie der Gerechtigkeit* weder auf den Würdebegriff im Sinne Kants noch auf die sozialistische Forderung nach einen menschenwürdigen Dasein explizit Bezug genommen. Gleichwohl lassen sich zentrale Begriffe und

---

[10] Dokumente abgedruckt in Heidelmeyer (1982). Zu den WSK-Rechten siehe: Eide et al (2001); Engbruch (2008), Riedel (2007) Siehe jetzt auch die entsprechenden Artikel über „Subsistenzrechte" und „wirtschaftliche", „soziale" und „kulturelle Rechte", in: Pollmann/Lohmann (2012, 233 ff. und 272 ff.).

Überlegungen von Rawls dieser Tradition zuordnen: So zuvorderst die grundlegende Idee des Differenzprinzips, die Idee des fairen „Werts der Freiheit“[11] und der wichtige Begriff der Selbstachtung (Rawls 1971, 204 f., 440 ff.). Soziale Menschenrechte werden im Anschluss an Rawls und insbesondere nach einer bahnbrechenden Arbeit von Henry Shue (1980) heute zumeist über Gerechtigkeitsforderungen begründet (vgl. etwa Gosepath 2004). Dabei spielt in jüngster Zeit der Begriff der Menschenwürde eine zunehmend interessantere, aber auch umstrittene Rolle.

Kritisch gegen Rawls' einseitige Liste der Grundgüter und explizit auf Marx (und Aristoteles) sich berufend stellt Martha Nussbaum eine Liste der Grundfähigkeiten auf, die nötig seien „um ein der menschlichen Würde angemessenes Leben führen zu können.“ (Nussbaum 2010)[12] Mit Marx und im Einklang mit der sozialistischen Tradition fordert sie gegen die stoische und kantianische Sicht, „die Zuschreibung von Menschenwürde nicht auf irgendeine einzelne ‚Grundfähigkeit‘ (wie beispielsweise Rationalität) zu gründen“ (Nussbaum 2010, 91). Sie versucht stattdessen mit ihrem anthropologischen Ansatz zu zeigen, dass „Würde [...] nicht nur in Rationalität (liegt), sondern in den menschlichen Bedürfnissen selbst und den verschiedenen Formen des Strebens, die aus diesen menschlichen Bedürfnissen erwachsen.“ (Ebd., 92) Mit ihrem *Capabilities Approach* hat sie, zusammen mit Amartya Sen, einen diskussionswürdigen Vorschlag zur Begründung der sozialen Menschenrechte gemacht (Nussbaum/Sen 1993).

In dieser von Marx ausgehenden Tradition steht auch Jürgen Habermas. Habermas vertritt die These, dass von Beginn an, historisch und systematisch, ein enger Bezug zwischen Menschenwürde und Menschenrechten bestand (Habermas 2010, 344 f.), weil sich die Menschenrechte als Schutz vor spezifischen Verletzungen der Menschenwürde verstehen ließen. Er nimmt damit nicht nur methodisch Marxens negativistischen Ansatz auf, er sieht auch, wie in der obigen Marxinterpretation, die Menschenwürde als „moralische ‚Quelle‘, aus der sich die Gehalte aller Grundrechte speisen“ (ebd., 345). Für ihn hat „die Erfahrung verletzter Menschenwürde [...] eine Entdeckungsfunktion“, die zur Begründung von Rechten und zur „Konstruktion *neuer* Grundrechte“ führt und führen kann. So wird ihm, wie in der sozialistischen Tradition, der indirekte Bezug auf die Menschenwürde zur Quelle auch der sozialen Grundrechte: „Die Erfahrungen von Exklusion, Elend und Diskriminierung lehren, dass die klassischen Grundrechte erst dann ‚den gleichen Wert‘ (Rawls) für alle Bürger erhalten, wenn soziale und kulturelle Rechte *hinzutreten*.“ (Ebd., 346) Mit diesem Ansatz, nach dem die „Menschenwürde [...] die *Unteilbarkeit* der Grundrechte“ (ebd., 347) begründet, argumentiert Habermas dann gegen einseitige und verengende Fassungen der Menschenrechte, wie sie gegenwärtig häufig zu beobachten sind (ebd., 353 ff.). In diesem philosophischen Streit muss sich freilich erst noch zeigen lassen, dass die Menschenwürde die diese Rechte verbürgende und begründende Kraft, dem universellen Anspruch der Menschenrechte entsprechend, auch global besitzt.[13]

---

[11] Die man freilich nicht, wie Rawls, auf politische Freiheiten beschränken darf, sondern auf die Sicherung sozialer Grundgüter erweitern muss, siehe dazu Tugendhat (1992).

[12] Die Liste der Grundfähigkeiten ist offen und von Nussbaum häufiger geändert worden, eine letzte Version in Nussbaum (2000).

[13] Erste Ansätze dazu habe ich versucht in Lohmann (2012) und Lohmann (2013).

Literatur

Angehrn, Emil und Georg Lohmann (Hg.) (1986): *Ethik und Marx. Moralkritik und normative Grundlagen der marxschen Theorie*, Königstein/Ts.

Bloch, Ernst (1961): Naturrecht und menschliche Würde, Frankfurt am Main.

Bödeker, Hans-Erich (2004): „Der europäische Frühsozialismus und die Menschenrechte", in: *Mitteilungsblatt des Instituts für soziale Bewegungen*, Nr. 31, Essen.

Eide, Asbjoern, Catarina Krause und Allan Rosas (Hg.) (2001): *Economic, Social and Cultural Rights: A Textbook*, Dordrecht u. a.

Engbruch, Katharina (2008): „Das Menschenrecht auf einen angemessenen Lebensstandard. Ernährung, Wasser, Bekleidung und Energie als Elemente des Art. 11 (1)", in: *IPWSKR*, Frankfurt am Main.

Gardner, Margarete (2002): „Das Recht auf Arbeit", in: dies. u. a. (Hg.), *Grund- und Menschenrechte. Historische Perspektiven – Aktuelle Perspektiven*, Wien.

Gosepath, Stefan (2004): *Gleiche Gerechtigkeit*, Frankfurt am Main.

Habermas, Jürgen (1989): „Arbeit und Interaktion", in: ders., *Technik und Wissenschaft als „Ideologie"*, Frankfurt am Main.

Habermas, Jürgen (2010): „Das Konzept der Menschenwürde und die realistische Utopie der Menschenrechte", in: *Deutsche Zeitschrift für Philosophie*, 58.3.

Heidelmeyer, Wolfgang (Hg.) (1982): *Die Menschenrechte*, Paderborn u. a.

Hoffmann, Stefan-Ludwig (2010): „Einführung. Zur Genealogie der Menschenrechte", in: ders. (Hg.), Moralpolitik. Geschichte der Menschenrechte im 20. Jahrhundert, Göttingen.

Klöne, Arno (1981): „‚Alles für das Volk, Alles durch das Volk!' Die Frühsozialisten um das ‚Westfälische Dampfboot' 1845–1848", in: ders. u. a. (Hg.), *Beiträge zur Geschichte der Bielefelder Arbeiterbewegung*, Bielefeld.

Lassalle, Ferdinand (1919): „Arbeiter Programm", in: ders., *Gesammelte Reden und Schriften*, hg. v. E. Bernstein, 2. Band, Berlin.

Lohmann, Georg (1980): „Gesellschaftskritik und normativer Maßstab. Überlegungen zu Marx", in: Axel Honneth und Urs Jaeggi (Hg.), *Arbeit, Handlung, Normativität*, Frankfurt am Main.

Lohmann, Georg (1991): *Indifferenz und Gesellschaft. Eine kritische Auseinandersetzung mit Marx*, Frankfurt am Main.

Lohmann, Georg (1999): „Karl Marx' fatale Kritik der Menschenrechte", in: Karl Graf Ballesstrem u. a. (Hg.), *Politisches Denken. Jahrbuch 1999*, Stuttgart/Weimar.

Lohmann, Georg (2010): „Die rechtsverbürgende Kraft der Menschenwürde. Zum menschenrechtlichen Würdeverständnis nach 1945", in: *Zeitschrift für Menschenrechte*, Jg.4., Nr. 1.

Lohmann, Georg (2011a): „Experimentelle Selbstverwirklichung. Von Marx bis heute", in: Gerhard Gamm und Jens Kertscher (Hg.), *Philosophie in Experimenten. Versuche explorativen Denkens*, Bielefeld.

Lohmann, Georg (2011b): „Menschenwürde als ‚soziale Imagination'. Über den geschichtlichen Sinn der Deklaration der Menschenrechte und Menschenwürde nach 1945", in: Nikolaus Knoepffler, Peter Kunzmann und Martin O'Malley (Hg.), *Facetten der Menschenwürde*, Freiburg/München.

Lohmann, Georg (2011c): „Soziale Menschenrechte bei Marx?", in: Sarhan Dhouib und Andreas Jürgens (Hg.), *Wege in der Philosophie. Geschichte – Wissen – Recht – Transkulturalität*, Weilerswist.

Lohmann, Georg (2012): „Menschenwürde und Staatsbürgerschaft", in: *MenschenRechtsMagazin*, Heft 2/2012, Potsdam.

Lohmann, Georg (2013): „Menschenwürde als ‚Basis' von Menschenrechten", in: Jan C. Joerden, Eric Hilgendorf und Felix Thile (Hg.), *Handbuch Menschenwürde und Medizintechnik*, Berlin.

Magnis, Franz von (1975): *Normative Voraussetzungen im Denken des jungen Marx (1843–1848)*, Freiburg/München.

Menke, Christoph und Francesca Raimondi (Hg.) (2011): *Die Revolution der Menschenrechte*, Frankfurt am Main.
Nussbaum, Martha C. (2000): *Women and Human Development: The Capabilities Approach*, Cambridge.
Nussbaum, Martha C. (2010): „Menschenwürde und politische Ansprüche“, in: *Zeitschrift für Menschenrechte*, Jg. 4, Nr. 1.
Nussbaum, Martha C. und Amartya Sen (Hg.) (1993): *The Quality of Life*, Oxford.
Peffer, R. G. (1990): *Marxism, Morality, and Social Justice*, Princeton.
Pollmann, Arnd und Georg Lohmann (Hg.) (2012): *Menschenrechte. Ein interdisziplinäres Handbuch*, Stuttgart und Weimar.
Rawls, John (1971): *A Theory of Justice*, Oxford.
Riedel, Eibe (Hg.) (2007): *Social security as a Human Right. Drafting a general Comment on Article 9 ICESCR – Some Challenges*, Heidelberg.
Shue, Henry (1980): *Basic Rights. Subsistence, Affluence, and U.S. Foreign Policy*, Princeton.
Theunissen, Michael (1984): „Negativismus“, in: Joachim Ritter u. a. (Hg.), *Historisches Wörterbuch der Philosophie*, Bd. 6, Basel.
Tugendhat, Ernst (1992): „Liberalism, Liberty and the Issue of Economic Human Rights“, in: ders., *Philosophische Aufsätze*, Frankfurt am Main.
Wildt, Andreas (2008): „Sozialismus“, in: Stefan Gosepath, Wilfried Hinsch und Beate Rössler (Hg.), Handbuch der Politischen Philosophie und Sozialphilosophie, Band 2, Berlin.

Marco Iorio

Veränderung, Verdinglichung, Entfremdung

Über Marxens verhegelt-verhagelte Ontologie

„Die Philosophen haben die Welt nur verschieden *interpretiert*, es kömmt drauf an, sie zu *verändern*." (MEW 3, 7, Hervorhebungen i. O.) Mit diesem viel zitierten Schlusssatz endet bekanntlich ein kurzes Manuskript von Karl Marx aus dem Jahr 1845, das Friedrich Engels nach dem Tod seines Autors unter der Bezeichnung „Marx über Feuerbach" veröffentlichte und das dann später unter dem irreführenden Titel „Elf Thesen über Feuerbach" Weltruhm erlangte. Dieser Schlusssatz ist programmatisch für das gesamte Denken von Marx und enthält insbesondere eine Vokabel, die auf das innerste Zentrum seines Weltbilds verweist: „verändern". Von dieser Vokabel ausgehend möchte ich im Folgenden einige Gedanken über Marxens Weltbild formulieren und dabei vor allem die Aufmerksamkeit auf einen tiefen Riss in diesem Bild lenken.

1.

Wenn Marx am Ende der *Feuerbachthesen* schreibt, es komme darauf an, die Welt zu verändern, kann man ihn in mindestens zweierlei Weise missverstehen. Zum einen geht es ihm natürlich nicht darum, jede *beliebige* Form der Veränderung zu fordern und zu befördern. Gemeint sind ausschließlich *positive* Veränderungen, Veränderungen hin zum Besseren. Es geht also entgegen dem Wortlaut der besagten Thesen nicht allgemein darum, die Welt zu verändern. Es geht darum, sie zu verbessern (vgl. Iorio 2010).

Das zweite Missverständnis, das durch die knappe Formulierung des berühmten Schlusssatzes nahegelegt wird, besteht in der Annahme, Marx sei der Ansicht, die Welt würde sich *nicht* verändern, würde sie nicht von den Philosophen verändert, über die er spricht. Diese Annahme ist falsch, weil Marx *nicht* glaubt, die Welt verändere sich *nur dann*, wenn sie von Philosophen oder von philosophisch informierten Menschen verändert wird. Marx denkt vielmehr, dass sich die Welt ohnehin *stets* verändert, dass diese Veränderungen zumeist aber nur dann *Verbesserungen* sind, wenn sie von den richtigen Leuten aktiv und bewusst herbeigeführt werden. Und diese Leute müssen über die richtige Philosophie, nämlich Marxens Philosophie, informiert sein (vgl. MacIntyre 2010, 27 f.).

Die Welt ist in Marxens Weltsicht aber nicht nur als kosmisches Gesamtding permanent Veränderungen unterworfen. Die Welt ist für Marx auch ein Ort vielfältiger und verschiedenartiger Veränderungen im Detail. Was zuerst den allgemeineren Punkt betrifft, findet man schon in den *Ökonomisch-philosophischen Manuskripten aus dem Jahr 1844* und dann ausführlicher in dem Manuskriptkonvolut mit dem Titel *Die Deutsche Ideologie* aus den Jahren 45 und 46 bei Marx die Vorstellung, die gesamte Weltgeschichte sei eine universale Naturgeschichte, die einem bestimmten Ziel zustrebt. Im Verlauf dieser teleologischen Naturgeschichte verändert ein bestimmter Teil der Natur, nämlich der Mensch, die un- bzw. vormenschliche Natur nach und nach so, dass am Ende der Geschichte die gesamte Natur, die gesamte Welt also, vermenschlicht sein bzw. ein menschliches Antlitz tragen wird. So heißt es in den *Ökonomisch-philosophischen Manuskripten*:

> „Indem aber für den sozialistischen Menschen die *ganze sogenannte Weltgeschichte* nichts anderes ist als die Erzeugung des Menschen durch die menschliche Arbeit, als das Werden der Natur für den Menschen, so hat er also den anschaulichen, unwiderstehlichen Beweis von seiner *Geburt* durch sich selbst, von seinem *Entstehungsprozeß*.“ (MEW 40, 546, Hervorhebungen i. O.)[1]

Oder an anderer Stelle:

> „Damit der ‚*Mensch*‘ zum Gegenstand des *sinnlichen* Bewusstseins und das Bedürfnis des „Menschen als Menschen“ zum Bedürfnis werde, dazu ist die ganze Geschichte die Vorbereitungs-Entwicklungsgeschichte. Die Geschichte selbst ist ein *wirklicher* Teil der *Naturgeschichte*, des Werdens der Natur zum Menschen. Die Naturwissenschaft wird später ebensowohl die Wissenschaft von dem Menschen, wie die Wissenschaft von dem Menschen die Naturwissenschaft unter sich subsumieren: es wird *eine* Wissenschaft sein.“ (MEW 40, 543 f., Hervorhebungen i. O.)

Und diesen Standpunkt ergänzend ist in der *Deutschen Ideologie* zu lesen:

> „Wir kennen nur eine einzige Wissenschaft, die Wissenschaft der Geschichte. Die Geschichte kann von zwei Seiten aus betrachtet, in die Geschichte der Natur und die Geschichte der Menschen abgeteilt werden. Beide Seiten sind indes nicht zu trennen; solange Menschen existieren, bedingen sich Geschichte der Natur und Geschichte der Menschen gegenseitig. Die Geschichte der Natur,

---

[1] Marx hält an dieser „naturalistischen“ Vorstellung durchgängig fest. Im *Kapital* ist zu lesen: „Die Arbeit ist zunächst ein Prozeß zwischen Mensch und Natur, ein Prozeß, worin der Mensch seinen Stoffwechsel mit der Natur durch seine eigene Tat vermittelt, regelt und kontrolliert. Er tritt dem Naturstoff selbst als eine Naturmacht gegenüber. Die seiner Leiblichkeit angehörigen Naturkräfte, Arme und Beine, Kopf und Hand, setzt er in Bewegung, um sich den Naturstoff in einer für sein eignes Leben brauchbaren Form anzueignen. Indem er durch diese Bewegung auf die Natur außer ihm wirkt und sie verändert, verändert er zugleich seine eigene Natur.“ (MEW, 23, 192, Hervorh. i. O.)

> die sogenannte Naturwissenschaft, geht uns hier nicht an; auf die Geschichte der Menschen werden wir indes einzugehen haben [...]" (MEW 3, 18)[2]

Das ist zusammengenommen Hegels Philosophie der Geschichte durch Marx vom Kopf auf die Füße gestellt – in Kurzform. Der Idealist Hegel sagt, im Laufe der Geschichte findet die Weltvernunft zu sich selbst, indem sie nach und nach erkennt, dass die scheinbar geistlose Natur in Wahrheit doch nur ihresgleichen ist. Der Idealismuskritiker Marx sagt, leibhaftige Menschen aus Fleisch und Blut machen Geschichte, indem sie denjenigen Teil der Natur, der noch nicht menschlicher Natur ist, im Dienste der Menschheit umgestalten und so zur vermenschlichten Natur machen.

Was auf der anderen Seite die Welt als Ort bzw. Bühne vielfältiger und vielgestaltiger Veränderungen anbelangt, fällt mit Blick auf fast alle Texte aus Marxens Feder auf, dass sie eine Fülle von Vokabeln enthalten, die auf Veränderungen, Transformationen, Umgestaltungen, Wandlungsprozesse usw. verweisen. Die Welt ist für Marx nicht nur als Ganze im permanenten Wandel begriffen. Alles in der Welt ist seiner Sicht zufolge fast immer im Wandel. Marx ist daher nicht so sehr der Philosoph der Praxis, als der er von manchen Interpreten bezeichnet wurde (vgl. Gramsci 1991, insbes. Heft 10 und 11). Marx ist vor allem ein Prozess-Philosoph, ein Denker, für den Wandlungsprozesse verschiedenster Art die vielleicht wichtigste ontologische Kategorie bilden. Revolutionen – in der wörtlichen Bedeutung des Ausdrucks – stehen im Zentrum von Marxens Weltbild.

Natürlich bleibt er auch damit Hegel treu. Bei Hegel sind Gedanken, Ideen, Begriffe usw. in historischer, aber auch in logisch-konzeptueller Perspektive stets im Wandel, stets in Bewegung. Bei Marx sind es auch und *vor allem* die Dinge, Phänomene, Sachverhalte der empirischen bzw. natürlichen Welt, die „transitorisch" (MEW 19, 359) sind, die also immer eine Geschichte hinter sich und meistens eine Zukunft vor sich haben. Nichts fällt vom Himmel und bleibt, wie es ist. Alles, was ist, ist geworden und im zeitlich-geschichtlichen Verlauf verschiedensten Veränderungen unterworfen. *Panta rhei.*

Insofern sie das Konzept der Veränderung ins Zentrum ihrer Weltbilder rücken, können Hegel und Marx mit gutem Grund beanspruchen, moderne, uns und unserem zeitgenössischen Denken nahestehende Denker zu sein. Auch wir sehen das so. Evolutionsbiologie, Geschichtswissenschaft, Astrophysik, Sprach-, Sozial- und Wirtschaftswissenschaften usw. Nur wenige Disziplinen der modernen Wissenschaft konzentrieren sich auf die Dinge, wie sie jetzt gerade sind. In fast allen Disziplinen geht es neben den jeweiligen Gegenständen der Disziplin auch um die Veränderungen, denen diese Gegenstände unterworfen sind.

Insofern Marx die Dinge, die der Veränderung unterworfen sind, anders als Hegel in der empirisch zugänglichen Welt der menschlichen und un- bzw. vormenschlichen Natur lokalisiert, ist der Schüler zweifelsfrei moderner als sein Lehrer, steht jedenfalls uns und unserem zeitgenössischen Denken weit näher als Hegel mit seiner idealistischen Ontologie. Klar, zum Kanon unserer heutigen Wissenschaftsdisziplinen gehört auch die Ideengeschichte. Das sollte man natürlich nicht bezweifeln. Aber die Ideen, um die es in diesem Teil der Geschichtswissenschaft geht, haben nicht viel mit dem zu tun, was Hegel Ideen nennt. Die Ideen der Ideengeschichte sind mentale Phänomene im Bewusst-

[2] Vgl. zum Naturbegriff bei Marx und Hegel Quante (2009, 300–315).

sein natürlicher Menschen, im Gehirn „leiblicher“ Individuen, um es in Marxens Worten zu sagen (MEW 40, 577). Und als solche Phänomene sind sie Gegenstand empirischer Naturwissenschaft, wenn man die Ausdrücke „empirisch“ und „Natur“ so großzügig versteht, wie Marx z. B. sie verstanden hat.

2.

Vor dem Hintergrund der allgemeinen Betrachtungen des zurückliegenden Abschnitts möchte ich jetzt mehr ins Detail gehen, um auf den besagten Riss zuzusteuern, der meines Erachtens quer durch Marxens Weltbild geht und dieses Bild nicht nur beschädigt, sondern am Ende sogar zerstört. Um die Diagnose des Problems wenigstens umrisshaft bzw. als These formuliert vorauszuschicken: Der Prozess-Philosoph Marx hat zwischen ontologisch grundsätzlich verschiedenen Arten von Veränderungen nicht unterschieden und durch dieses Versäumnis auch solche Veränderungsformen in sein Gesamtbild zu integrieren versucht, die es gemäß seiner naturalistisch-empiristischen bzw. antiidealistisch-materialistischen Grundlagen gar nicht geben kann.

Ich möchte die unterschiedlichen Formen der Veränderung, um die es im Folgenden gehen wird, in zwei Haupttypen einteilen. Auf der einen Seite stehen solche Formen der Veränderung, die leicht zu verstehen und in den Rahmen der Weltsicht von Marx problemlos zu integrieren sind. Auf der anderen Seite stehen hingegen solche Veränderungsformen, die in Marxens post-hegelianischer Weltsicht eigentlich keinen Platz mehr finden.

Um mit den unproblematischen Formen der Veränderung zu beginnen, lassen sich zwei Varianten unterscheiden. In der ersten Variante geht es um Dinge, die im Laufe der Zeit vormalige Eigenschaften ablegen und neue Eigenschaften annehmen, sich also im denkbar griffigsten Sinn des Wortes zwischen zwei Zeitpunkten verändern. Ein Mensch, der zu neuen Ein- oder doch immerhin Ansichten gelangt, verändert sich in diesem Sinn des Wortes, hat, wenn man so will, vorher und nachher ein anderes, ein verändertes Bewusstsein. Wenn man es darauf anlegt, könnte man auch sagen, er sei nach der Veränderung ein anderer Mensch. Aber hier fängt die Sache schon an, heikel, weil metaphorisch zu werden. Denn wörtlich genommen, ist er natürlich nach wie vor derselbe Mensch. Karl bleibt Karl, auch wenn er seine Ansichten ändert. Er ist ein Mensch, *an* oder *mit dem* sich etwas geändert hat.

Die zweite Variante unproblematischer Veränderungen geht mit solchen Fällen einher, in denen eine Sache von einer bestimmten Art durch eine andere Sache derselben Art ersetzt wird. Man stelle sich etwa vor, ein Unternehmen nimmt das Produkt A aus seinem Angebot und ersetzt es durch das Nachfolgemodell B. Auf der Typenebene betrachtet, fällt dieses Beispiel in die bereits erläuterte erste Kategorie der Veränderung. Denn der Nachfolgetyp B hat Eigenschaften, die er im Zustand A noch nicht hatte. A und B verhalten sich also zueinander so, wie der betrachtete Mensch in den zwei Phasen vor und nach seinem Sinneswandel.

Wenn wir jedoch die Typenebene verlassen und uns stattdessen die Einzeldinge vergegenwärtigen, die unter die Typenbegriffe fallen, gerät nun doch eine zweite, grundsätzliche andere Art der Veränderung in den Blick. Ist das Nachfolgemodell B z. B. ein Auto mit geringerem Benzinverbrauch, dann fahren nach der Veränderung sparsamere Fahrzeuge auf den Straßen herum als zuvor. Das sind dann aber *andere* Autos als zuvor. Es sind nicht die alten Benzinfresser in neuer Gestalt. Mein neu erworbener Astra ist nicht mein neulich verschrotteter Astra in veränderter Form. Er ist ein ganz anderes Ding.

Dass Marx diese beiden Unterarten der Veränderung der Sache nach kennt, auch wenn er sie nicht explizit unterscheidet, kommt z. B. dann zum Vorschein, wenn er von sich ändernden Produktionsverhältnissen spricht. Und dies tut er bekanntermaßen oft. Was ihm in solchen Fällen vor Augen schwebt, ist ein Zweiphasen-Modell, dem gemäß Produktionsverhältnisse anfangs Veränderungen der zuerst erläuterten Art ausgesetzt sind, bis es an einem bestimmten Punkt der Entwicklung zu einer Veränderung der zweiten Art kommt. In der ersten Phase nehmen die bestehenden Produktionsverhältnisse in Reaktion auf Weiterentwicklungen der Produktivkräfte Eigenschaften an, die sie zuvor noch nicht hatten. Irgendwann ist es dann mit einem Wechsel der Eigenschaften aber nicht mehr getan, weil ein größeres Maß an Anpassung vonnöten ist. Daher werden in der zweiten Phase der Entwicklung die alten Produktionsverhältnisse durch neue Verhältnisse ersetzt. Die erste Phase gehört in die Klasse der Veränderungen, in der sich schon die Person befindet, die ihre Ansichten ändert. Die zweite Phase entspricht dem Beispiel meiner beiden Autos. Modern-kapitalistische Produktionsverhältnisse sind nach der Revolution der Bourgeoisie nicht die mittelalterlich-feudalen Verhältnisse in neuer Form. Es handelt sich vielmehr um zwei distinkte Sets von Verhältnissen, die beide vom Typ *Produktionsverhältnisse* sind.

Aus dem Umstand, dass Marx zwischen den beiden bisher erläuterten Formen der Veränderung zwar der Sache nach, aber nicht explizit unterscheidet, möchte ich ihm keinen Strick drehen. Denn soweit ich sehe, handelt er sich durch diesen blinden Fleck keine nennenswerten theoretischen Probleme ein. Er verspielt nur die Chance, seine theoretischen Standpunkte differenzierter darzustellen.

Die Probleme fangen aber da an schwerwiegender und folgenreicher zu werden, wo Marx weitere Formen der Veränderung ins Spiel bringt. Auch mit Blick auf diese problematischen Formen, auf die ich mich im Rest dieses Abschnitts konzentrieren werde, kann man zwischen zwei Varianten unterscheiden, wobei sich eine dieser Varianten noch einmal in zwei Unterformen aufteilen lässt.

Im Fall der ersten Variante haben wir es mit Situationen zu tun, in denen etwas seinen, wie man sagen könnte, ontologischen Aggregatzustand ändert. Drei von Marx mehr oder weniger häufig gebrauchte Vokabeln mögen deutlich machen, was es mit der Rede vom Wechsel des ontologischen Aggregatzustands auf sich hat: „Vergegenständlichung", „Verkörperung" und „Verdinglichung".[3] Wie viele der Ausdrücke der deutschen Sprache, die auf dem Suffix „-ung" enden, sind auch die drei genannten Vokabeln auf die bekannte Art und Weise ambig. Sie können zum einen verwendet werden, um auf die

[3] Ihrer lexikalischen Bedeutung nach können diese drei Ausdrücke synonym verwendet werden. Marx verwendet sie jedoch in drei unterschiedlichen Bedeutungen, auf die ich im gegenwärtigen Kontext nicht im Einzelnen einzugehen habe. Zuweilen gebraucht Marx auch die Rede von der Verwirklichung in der Bedeutung „Verkörperung" oder „Vergegenständlichung": „Verwirklichung" verwendet er aber auch in weiteren Bedeutungen, auf die ich im Haupttext nicht zu sprechen komme.

Prozesse zu verweisen, in denen etwas vergegenständlicht, verkörpert oder verdinglicht wird. Sie können zum anderen aber auch auf die *Resultate* dieser Prozesse referieren, also auf die Gegenstände, Körper oder Dinge, die aus den besagten Prozessen hervorgehen.[4]

Entscheidend ist nun der Punkt, dass alle drei Vokabeln zwei zusammenhängende Vorstellungen transportieren. Gemeint ist zum einen die Vorstellung, es gäbe Prozesse, in denen etwas, das zuvor kein Gegenstand, Körper oder Ding war, zum Gegenstand, Körper oder Ding wird. Zum anderen geht damit natürlich die Vorstellung einher, es gäbe Gegenstände, Körper oder Dinge, die vor den besagten Prozessen keine Gegenstände, Körper oder Dinge, sondern etwas von einer anderen ontologischen Kategorie waren.

Stellen wir die Frage, wie hilfreich, brauchbar, ja haltbar diese beiden Vorstellungen sind, zurück, bis auch die noch verbleibenden Formen der Veränderung veranschaulicht sind. Im nächsten Schritt sei erläutert, inwiefern es die soeben charakterisierte Variante der Veränderung bei Marx in zwei Formen gibt. Es gibt sie zum einen gemäß der Vorstellung, dass das, was dem Prozess der Vergegenständlichung, der Verkörperung oder Verdinglichung ausgesetzt ist, am Ende dieses Prozesses voll und ganz in der Vergegenständlichung, Verkörperung oder Verdinglichung (in der zweiten Bedeutung dieser Vokabeln) aufgeht, dass also das, was am Anfang des Prozesses stand, am Ende nicht mehr existiert. Das ist das Bild, das Marx z. B. dann zeichnet, wenn er die Produkte menschlicher Arbeit als Vergegenständlichungen der Arbeit fasst. So schreibt er schon in den *Pariser Manuskripten*:

> „Das Produkt der Arbeit ist die Arbeit, die sich in einem Gegenstand fixiert, sachlich gemacht hat, es ist die *Vergegenständlichung* der Arbeit. Die Verwirklichung der Arbeit ist ihre Vergegenständlichung." (MEW 40, 513 f., Hervorh. i. O.)

Und noch aussagekräftiger heißt es Jahrzehnte später in den *Grundrissen der Kritik der politischen Ökonomie*:

> „Andererseits wird die Arbeit ebenfalls konsumiert, indem sie angewandt, in Bewegung gesetzt wird und so ein bestimmtes Quantum Muskelkraft etc. des Arbeiters verausgabt wird, wodurch es sich erschöpft. Aber sie wird nicht nur konsumiert, sondern zugleich aus der Form der Tätigkeit in der des Gegenstandes, der Ruhe fixiert, materialisiert; als Veränderung im Gegenstand verändert sie ihre eigene Gestalt und wird aus Tätigkeit Sein. Das Ende des Prozesses ist das *Produkt*, worin der Rohstoff als mit der Arbeit verbunden erscheint [...]" (MEW 42, 297 f, Hervorh. i. O., vgl. dazu Lange 1980).

Zum anderen gibt es die erläuterte Form der Veränderung bei Marx auch gemäß der Vorstellung, dass das, was dem Prozess der Vergegenständlichung, Verkörperung oder Verdinglichung ausgesetzt wird, an sich bleibt, was es war, jene Prozesse aber eine *Reproduktion* der Ausgangsentität in Form eines Gegenstandes, Körpers oder Dinges hervorbringen. Das ist das Bild, das Marx z. B. dann zeichnet, wenn er das Produkt des Baumeisters als eine Verwirklichung des zuvor existenten Plans von diesem Produkt im

---

[4] Siehe zu dieser Ambiguität schon Max Scheler (1971, 166 f.).

Bewusstsein des Baumeisters fasst. Hier sind das Bauwerk und der mentale Plan des Bauwerks distinkte Entitäten, die – so muss man wohl annehmen – ab einem bestimmten Moment zugleich und ontologisch unabhängig voneinander existieren:

> „[...] eine Biene beschämt durch den Bau ihrer Wachszellen manchen menschlichen Baumeister. Was aber von vornherein den schlechtesten Baumeister vor der besten Biene auszeichnet, ist, dass er die Zelle in seinem Kopf gebaut hat, bevor er sie in Wachs baut. Am Ende des Arbeitsprozesses kommt ein Resultat heraus, das beim Beginn desselben schon in der Vorstellung des Arbeiters, also schon ideell vorhanden war." (MEW 23, 193)

In der ersten Variante verwandelt sich also A in B und zwar so, dass a verschwindet und durch b ersetzt ist. In der zweiten Variante verschwindet a nicht, sondern findet in b eine Kopie seiner selbst, die einer anderen ontologischen Kategorie zugehört als die Kopiervorlage.

Die letzte Form der Veränderung, die es schließlich zu beleuchten gilt, ähnelt wieder der ersten der beiden unproblematischen Veränderungsformen, insofern es hier erneut um Dinge, also Träger von Eigenschaften, und deren Eigenschaften geht. Ging es im unproblematischen Fall um Veränderungen, die darin bestehen, dass ein Eigenschaftsträger sich im Zuge der Zeit verändert, insofern er *irgendeine* Eigenschaft ablegt oder *irgendeine* Eigenschaft annimmt, die er zuvor nicht hatte, so geht es im jetzigen Fall um Situationen, in denen etwas eine *bestimmte* Eigenschaft annimmt und durch diese Eigenschaft auf eine hervorgehobene Art und Weise zu charakterisieren ist. „Versubjektivierung", „Vermenschlichung" und „Entfremdung" sind drei paradigmatische Ausdrücke, die Marx verwendet, wenn es ihm um Veränderungen der jetzt zur Diskussion stehenden Art geht.

Etwas, das versubjektiviert wird, nimmt die Eigenschaft an, subjektiv zu sein; eine Eigenschaft, die es nicht hatte, bevor der Prozess der Versubjektivierung stattgefunden hat. Und die versubjektivierte Sache eine Versubjektivierung (im zweiten Sinn des Wortes) zu nennen, transportiert die Vorstellung, dass der Träger der neuen Eigenschaft durch diese Eigenschaft charakteristischer erfasst ist als durch irgendeine seiner unendlich vielen anderen Eigenschaften. – Dasselbe gilt auch mit Blick auf die Fälle der Vermenschlichung und der Entfremdung. Ein Mensch, der einer entfremdeten und entfremdenden Arbeit nachgeht, führt Tätigkeiten aus, durch die er sich selbst und durch die ihm selbst sein eigenes Leben fremd werden. Er und sein Dasein nehmen damit eine Eigenschaft an, die er und sein Leben vor dem Prozess der Entfremdung noch nicht hatten.

3.

Wenden wir uns jetzt der oben zurückgestellten Frage zu, wie hilfreich, brauchbar, ja haltbar die Vorstellungen sind, die sich hinter Marxens Gebrauch der erläuterten Vokabeln verbergen. Und beginnen wir wieder mit dem Bild vom Wechsel des ontologischen Aggregatzustands, das im Hintergrund der Ausdrücke „Vergegenständlichung", „Verkörperung" und „Verdinglichung" steht. Kann etwas zum Gegenstand, Körper oder

Ding werden, das zuvor kein Gegenstand, Körper, Ding war? Nimmt man diese Frage wörtlich, lautet die Antwort sicherlich: Nein. Gegenstände, Körper, Dinge werden und vergehen. Aber zu keinem Zeitpunkt ihrer Geschichte sind sie etwas anderes als Gegenstände, Körper oder Dinge. Manche dieser Entitäten bringen aufgrund mancher Eigenschaften, die sie haben, weitere Gegenstände, Körper oder Dinge hervor. Manche Dinge gebären Dinge, wenn man das so sagen will. Aber auch diese weiteren Entitäten sind im Laufe ihrer Geschichte niemals etwas anderes als Gegenstände, Körper oder Dinge. Beim Wort genommen ergeben daher die Konzepte der Vergegenständlichung, der Verkörperung und der Verdinglichung keinen Sinn, da es nichts gibt, was allererst vergegenständlicht, verkörperlicht oder verdinglicht werden könnte oder gar müsste.[5]

Etwas anders stellt sich die Sachlage indes dar, wenn man danach fragt, woher Marx diese Konzepte hat, und natürlich auch mit dieser Frage wieder bei Hegel landet. Akzeptiert man Hegels idealistische Ontologie und Hegels spezifische Konzeption der Dialektik, dann ist verständlich, was es mit den fraglichen Konzepten auf sich hat.[6] Gegenstände, Körper, Dinge sind für Hegel, kurz gefasst, vergegenständlichte, verkörperte, verdinglichte bzw. materialisierte Ideen, von denen der Weltgeist noch nicht weiß, dass und inwiefern sie Ideen und damit seinesgleichen sind. Sieht man die Welt, ihr ontologisches Inventar und die Begebenheiten, die in ihr statthaben so, wie Hegel es tut, dann ist die Rede von der Vergegenständlichung, Verkörperung, Verdinglichung ganz wörtlich zu verstehen. Doch entscheidender als der Punkt, dass *wir* wenig Grund haben, Hegels gewagte Prämissen und damit seine Weltsicht zu akzeptieren, ist der Umstand, dass *Marx* weder Hegels Prämissen noch dessen Sicht der Dinge akzeptiert. Denn Marxens vermeintlicher Materialismus, der sich just in den eingangs erwähnten Thesen über Feuerbach erstmals zu Wort meldet, ist ja im Prinzip nichts anderes als eine radikale Zurückweisung der idealistischen Ontologie und damit zugleich die Heimkehr des kontinentalen Denkens zum gesunden Menschenverstand (vgl. Kline 1984). Angesichts dieser Heimkehr zur empiristisch-realistischen Sicht auf die Welt ist jedoch klar, dass *Vergegenständlichung*, *Verkörperung* und nicht zuletzt auch *Verdinglichung* Konzepte sind, die beim Wort genommen in Marxens Weltbild keine Heimat finden. Und dies gilt auch dann, wenn man in Rechnung stellt, dass Marx natürlich nicht davon ausgeht, dass am Anfang der besagten Prozesse Ideen oder ideenartige Entitäten stehen.[7] Denn es ist vollkommen gleichgültig, welche Art von Entitäten sich Marx als Ausgangspunkt der besagten Prozesse im Einzelfall denken mag. Da Gegenstände keine Vergegenständlichungen, Körper keine Verkörperungen

---

[5] Dass Marx dem entgegen doch an die Wandelbarkeit ontologischer Aggregatzustände glaubte, deuten Formulierungen wie diese an: „*Das Geld [...] hat als Kapital seine Starrheit verloren, und ist aus einem handgreiflichen Ding zu einem Prozeß geworden.*“ (MEW 42, 174) Fraglich bleibt angesichts solcher Formulierungen aber immer, ob Marx wörtlich meint, was er schreibt, oder ob er sich lediglich etwas blumiger bzw. bildlicher Darstellungsformen bedient.

[6] Für die Probleme, die sich Marx dadurch einhandelt, dass er auch nach seiner anti-idealistischen Wende am Konzept der Dialektik festzuhalten versucht, siehe Iorio (2012, 34–39).

[7] Es ist nicht immer leicht zu entscheiden, welche Art von Entität sich Marx zu Beginn der betreffenden Prozesse denkt. Im Fall der Vergegenständlichung ist es in der Regel Arbeit: „Ein Gebrauchswert oder Gut hat also nur einen Wert, weil abstrakt menschliche Arbeit in ihm vergegenständlicht oder materialisiert ist.“ (MEW 23, 53).

und Dinge keine Verdinglichungen sind, ist die Annahme der Existenz jener Prozesse unbegründet. Damit erübrigt sich die Frage nach dem Input, der in diese Prozesse eingehen könnte. Um Marx in dieser Hinsicht mit dem Wort zu schelten, mit dem er gern gegen Hegel wettert: Die Konzepte der Vergegenständlichung, Verkörperung und Verdinglichung zeugen von einem unreflektierten „Mystizismus" (vgl. etwa MEW 1, 205).

Es liegt auf der Hand, dass sich die vorgetragene Kritik auf beide Varianten der Vergegenständlichungskonzeption beziehen lässt. Denn wenn es stimmt, dass es keine Prozesse namens Vergegenständlichung, Verkörperung und Verdinglichung gibt, dann kann weder das Modell funktionieren, dem gemäß der Input durch den Output des Prozesses ersetzt wird, noch das Modell, dem gemäß der Output den Input in einer anderen ontologischen Kategorie dupliziert. Daher wende ich mich sofort der letzten Form der Veränderung zu. Hier ging es um solche Situationen, in denen etwas insofern einer Veränderung unterworfen ist, als es eine spezifische Eigenschaft annimmt, die dazu dient, den Eigenschaftsträger in einer hervorstechenden Art und Weise zu charakterisieren. „Versubjektivierung", „Vermenschlichung" und „Entfremdung" waren in diesem Zusammenhang unsere Stichworte. Was ist von der Vorstellung zu halten, die sich hinter diesen Stichworten zu erkennen gibt?

Anders als im vorangegangenen Fall, in dem es um einen mutmaßlichen Wechsel des ontologischen Aggregatzustand ging, ist es in diesem letzten Fall unmöglich, ein einheitliches Urteil zu fällen. Denn es hängt hier alles davon ab, um welche Eigenschaft es im jeweiligen Einzelfall geht. Mit Blick auf einige Eigenschaften, die in den Texten von Marx zur Sprache kommen, bereitet es keine Schwierigkeiten, sich ein klares Bild davon zu verschaffen, was es heißt, dass eine Entität, die die betreffende Eigenschaft zuvor nicht hatte, sie annimmt und durch diese auf eine hervorstechende Art zu charakterisieren ist. Etwas, was zuvor nicht subjektiv war, kann subjektiv werden – in irgendeiner der verschiedenen Bedeutungen des schillernden Ausdrucks „subjektiv". Und etwas, was vormals nicht fremd war, kann durchaus fremd werden und gerade wegen seiner neuen Fremdheit dem Betrachter ins Auge stechen.

Das eigentliche Problem, das sich mit Blick auf die letzte Form der Veränderung auftut, lässt sich markant an der Doppeldeutigkeit der Rede von der Vermenschlichung aufzeigen. In einer Bedeutung des Wortes, in der sich „menschlich" im Deutschen durch „human" übersetzen lässt, fällt es leicht, Beispiele dafür zu finden, dass etwas, das zuerst nicht menschlich war, menschlich, sprich human wird. Lebensverhältnisse, Erziehungsmethoden, Gefängnisse, Krankenhäuser und andere Institutionen können menschlich oder auch unmenschlich, besser vielleicht in verschiedenem Ausmaß menschlicher oder unmenschlicher sein. In all diesen Fällen mag die Rede von der Vermenschlichung zwar kein etablierter Bestandteil der zeitgenössischen Sprache sein. Aber jeder, der diese Sprache versteht, dürfte wissen, was mit dem Wort im jeweiligen Kontext gemeint ist.

In der anderen Bedeutung, in der „menschlich" mit „Mensch sein" bzw. „Exemplar der Gattung *homo sapiens sapiens* sein" übersetzt werden kann, sieht die Sache aber weit problematischer aus. Denn hier stoßen wir auf eine Schwierigkeit, die ihrer Natur nach derjenigen entspricht, an der Marxens Gebrauch der Konzepte *Vergegenständlichung*, *Verkörperung* und *Verdinglichung* auf Grund gelaufen war. Menschen müssen nicht erst vermenschlicht werden, da sie ja als Menschen das Licht der Welt erblicken, also immer schon Menschen sind. Und was kein Mensch ist, kann auch beim besten Willen nicht vermenschlicht, also zum Menschen gemacht werden. Ergo gibt es für den Ausdruck „Vermenschlichung“ in der zweiten Bedeutung des Wortes ebenfalls keine sinnvolle Verwendung. Auch in diesem Kontext droht Marx just dem Mystizismus anheimzufallen, den er Hegel und dessen idealistisch orientierten Nachfolgern vorhält.

4.

Ich habe bisher die Behauptung zu begründen versucht, dass in den Schriften von Marx neben zwei unproblematischen Formen auch zwei bzw. drei problematische Formen der Veränderung thematisiert werden, deren Darstellung beim Wort genommen nur ein verkappt idealistischer und damit für Marx inakzeptabler Sinn abzugewinnen ist. Wer wie er glaubt, dass die Welt primär aus materiellen Objekten, Dingen, Gegenständen oder Körpern besteht, kann nicht widerspruchsfrei annehmen, dass diese Entitäten Produkte solcher Prozesse oder Vorgänge sind, an deren Anfang etwas anderes als materielle Objekte stehen. Vermutlich liegt jedoch seit geraumer Zeit schon dem einen oder anderen der Einwand auf der Zunge, dass ich in meiner zurückliegenden Diskussion ohne jede Not darauf bestanden habe, die Darstellungen der von mir problematisch genannten Veränderungsformen zu sehr beim Wort zu nehmen. Haben die betreffenden Vokabeln keine übertragene bzw. metaphorische Bedeutung? Und ist es nicht hilfreich, diese Vokabeln in ihrer metaphorischen Bedeutung zu verwenden, um Phänomene anzusprechen, für deren Darstellung uns ansonsten keine besseren Ausdrucksformen zur Verfügung stehen?

Es mag tatsächlich der Fall sein, dass man weit eher auf einen grünen Zweig gelangt, wenn man einige der diskutierten Darstellungen von Veränderungsformen nicht wörtlich nimmt, sondern nach einer metaphorischen Bedeutung Ausschau hält. Ich möchte diese Spur zum Abschluss meiner Überlegungen an den Beispielen der Konzepte *Verdinglichung* und *Entfremdung* verfolgen, die sich in der jüngeren Literatur wieder einer gewissen Renaissance erfreuen.

Was zuerst das Konzept der *Verdinglichung* betrifft, ist bekannt, dass es in den Schriften von Marx eine nur marginale Rolle spielt. Erst Georg Lukács hat diesem Konzept in seiner Variante der marxistischen Theorie einen größeren Stellenwert eingeräumt (Lukács 1968). Auf die vielen Probleme, die sich Lukács durch seine Fassung des Verdinglichungskonzepts eingehandelt hat, wurde nicht zuletzt von Axel Honneth hingewiesen (vgl. Honneth 2005, auch Nussbaum 2002). Honneth sieht angesichts dieser Probleme selbst jedoch weniger Grund dazu, auf das Verdinglichungskonzept zu verzichten. Vielmehr hat er versucht, ihm eine neue und insofern metaphorische Bedeutung zuzuweisen, in der Hoffnung, es dadurch für die Analyse gegenwärtiger Sozialverhältnisse wieder fruchtbar zu machen. Das Anliegen, das diesem Versuch zugrunde liegt, ist sehr gut nachzuvollziehen. Es gibt eine Reihe von Phänomenen, die sich intuitiverweise unter einem neu gedeuteten bzw. metaphorisch verwendeten Begriff der Verdinglichung zusammenfassen lassen. Als Beispiele verweist Honneth auf Indizien einer „schleichenden Ökonomisierung unseres Alltagslebens“, auf eine kultursoziologisch und sozialpsychologisch nachgewiesene Tendenz, „bestimmte Gefühle oder Wünsche aus Opportunitätsgründen so lange bloß vorzuspielen, bis sie als Bestandteil der eigenen Persönlichkeit auch tatsächlich erlebt werden“, einer „Atmosphäre kalter Sachlichkeit und Manipulation“ und „ein menschliches Verhalten, das insofern gegen unsere moralischen oder ethischen Prinzipien verstößt, als andere Subjekte nicht gemäß ihrer menschlichen Eigenschaften, sondern wie empfindungslose, tote Gegenstände, eben als „Dinge“ oder „Waren“ behandelt werden [...]“ (diese und weitere Beispiele Honneth 2005, 12–16).

Wie diese Aufzählung einiger Beispiele von Phänomenen, die durch das Verdinglichungskonzept zusammengefasst werden können, zeigt, kann es nicht richtig sein, dass dieses Konzept uns erst die Möglichkeit eröffnet, die betreffenden Phänomene zur Sprache zu bringen. Unser Wortschatz und Beschreibungsapparat sind reichhaltig genug, um über alles zu reden, wovon man nicht schweigen will. Honneth selbst führt dies ja vor Augen. Wenn das Verdinglichungskonzept also überhaupt etwas zu leisten vermag, muss seine Leistung viel mehr darin bestehen, Phänomene unter einen *gemeinsamen* Begriff zu fassen, die unter anderen Beschreibungen keine Gemeinsamkeit offenbaren. Hierbei besteht jedoch eine Gefahr, über die sich Honneth nicht im Klaren zu sein scheint, auf die er jedenfalls nirgends in seiner Auseinandersetzung ausdrücklich zu sprechen kommt. Diese Gefahr geht nicht aus dem Umstand hervor, dass das Verdinglichungskonzept insofern metaphorisch gedeutet wird, als auch Honneth nicht davon ausgeht, dass irgendetwas wörtlich zum Ding wird, was zuvor kein Ding war. Nicht also der Status, eine Metapher zu sein, macht die Verdinglichungsrede suspekt. Die Gefahr, die ich sehe, besteht vielmehr darin, dass durch eine nur metaphorische Verwendung des Verdinglichungsbegriffs viel zu schnell und viel zu leicht der Eindruck erwächst, dass *alle* Phänomene, die unter diesen Begriff zusammengefasst werden, auch wirklich relevante Eigenschaften teilen. Dafür, dass dem so ist, müsste aber erst ein unabhängiger Nachweis erbracht werden. Solange der nicht erbracht ist, besteht kein Anlass für die Vermutung, alle Phänomene, die durch die Verdinglichungsmetapher charakterisiert werden können, hätten dieselben oder zumindest vergleichbare Ursachen. Auch die Vermutung, allen problematischen Phänomenen, die als Fälle von Verdinglichung angesprochen werden können, könnte auf dieselbe oder doch immerhin vergleichbare Art und Weise begegnet werden, ist grundlos. Nicht alles, was rot ist, ist aus denselben Gründen rot. Und nicht jede Krankheit ist durch die immer selbe Medizin zu kurieren. Wer Gesellschaftsanalyse betreiben will, sollte daher Analytiker sein, d. h., sich mit der Fülle an konkreten Problemen *im Einzelfall* auseinandersetzen, statt durch zu allgemeine Begriffe eine Einheitlichkeit der Theorie zu produzieren, die durch die Unübersichtlichkeit der Praxis Lügen gestraft wird.

Dieselben Überlegungen erscheinen mir auch mit Blick auf das Entfremdungskonzept angebracht. Auch hier gibt es zweifelsfrei eine Reihe von Phänomenen, die sich metaphorisch allesamt als Fälle der Entfremdung zusammenfassen lassen. Rahel Jaeggi hat mit Blick auf diese Phänomene die folgende Liste zusammengestellt: „Indifferenz, Instrumentalisierung, Versachlichung, Absurdität, Künstlichkeit, Isolation, Sinnlosigkeit, Ohnmacht [...] Unfreiheit und Machtlosigkeit, aber auch eine charakteristische ‚Verarmung‘ der Beziehung zu sich und der Welt.“ (Jaeggi 2005, 23) Diese Liste belegt erneut die Behauptung, dass unsere Sprache reich genug ist, um die unterschiedlichen Phänomene in ihrer Unterschiedlichkeit in Worte zu fassen. Wenn die Entfremdungsmetapher etwas leistet, dann besteht diese Leistung wie im Fall der Verdinglichungsmetapher darin, unterschiedliche Phänomene zusammenzufassen, die sich unter alternativen Beschreibungen nicht als zusammengehörig offenbaren. Aber auch in diesem Fall sehe ich die Gefahr, dass die doch zum Teil recht verschiedenartigen Phänomene, die Jaeggi zusammengestellt hat, durch die gemeinsame Subsumption unter die Entfremdungsmetapher in einen Mantel der Einheitlichkeit gesteckt werden, der den Blick auf die Anatomie der problematischen Phänomene doch wohl eher verstellt. Daher würde ich auch in diesem Kontext empfehlen, die Rede von der Gesellschaftsanalyse mehr beim Wort zu nehmen, d. h., analytisch die Vielfältigkeit der sozialen Welt und ihrer verschiedenartigen Probleme in den Blick zu nehmen, statt synthetisch durch neu gedeutete Wörter einen nicht abgesicherten Anschein von Einheitlichkeit zu generieren. Die Welt ist bunt. Daher ist „farbig" ein vergleichsweise uninteressantes Exemplar in der Menge der Farbausdrücke.

Literatur

Gramsci, Antonio (1991): *Gefängnishefte*, Hamburg.

Honneth, Axel (2005): *Verdinglichung. Eine anerkennungstheoretische Studie*, Frankfurt am Main.

Iorio, Marco (2010): „Karl Marx: Gesellschaft analysieren und verändern", in: Ansgar Beckermann, Dominik Perler (Hg.), *Klassiker der Philosophie heute*, Berlin, New York.

Iorio, Marco (2012): *Einführung in die Theorien von Karl Marx*, Berlin, New York.

Jaeggi, Rahel (2005): *Entfremdung. Zur Aktualität eines sozialphilosophischen Problems*, Frankfurt am Main.

Kline, George L. (1984): „The Myth of Marx's Materialism", in: *Annals of Scholarship* 3.

Lange, Ernst Michael (1980): *Das Prinzip Arbeit. Drei metakritische Kapitel über Grundbegriffe, Struktur und Darstellung der ‚Kritik der Politischen Ökonomie' von Karl Marx*, Berlin.

Lukács, Georg (1968): *Geschichte und Klassenbewusstsein* (1923), in: *Werke*, Band 2, Neuwied und Berlin.

MacIntyre, Alasdair (2010): „Die Feuerbachthesen – Ein nicht beschrittener Weg", in: Karl Marx und Friedrich Engels (2009): *Die deutsche Ideologie*, hrsg. von Harald Bluhm, Berlin.

Nussbaum, Martha (2002): „Verdinglichung", in: dies, *Konstruktion der Liebe, des Begehrens und der Fürsorge. Drei philosophische Aufsätze*, Stuttgart.

Quante, Michael (2009): *Karl Marx. Ökonomisch-philosophische Manuskripte*, Frankfurt am Main.

Scheler, Max (1971): „Arbeit und Ethik" (1899), in: *Gesammelte Werke*, Band 1, Bern.

Hans-Christoph Schmidt am Busch

„Das Ei des Kolumbus“?

Über den grundlegenden – und problematischen – Einfluss Fouriers auf das marxsche Denken

> „Fourier hat ökonomisches Genie. Man benutzt ihn u[nd] putzt sich mit fremden Federn, ohne ihn zu nennen.“ Arnold Ruge[1]

Die These, dass die Sozialtheorie des französischen Philosophen und Gesellschaftstheoretikers Charles Fourier die Ausarbeitung der marxschen Anthropologie und Sozialkritik grundlegend beeinflusst hat, ist verblüffend. Denn sowohl in Marx' eigenem Urteil als auch vom Standpunkt des Marxismus aus ist Fourier lediglich ein utopischer Denker, der die kapitalistischen Gesellschaften seiner Zeit auf eine wissenschaftlich nicht ernst zu nehmende Art und Weise kritisiert habe (vgl. MEW 1, 489–492, MEW 19, 177–228, dazu auch Adorno 1966). Aus diesem Grunde könne er weder dem marxschen Denken noch dem Marxismus nennenswerte Impulse gegeben haben. Diese Einschätzung ist heute ein Gemeinplatz der Forschung.[2]

Ich möchte demgegenüber Folgendes zeigen: (1.) Bei der Ausarbeitung seiner Anthropologie und Sozialkritik in den *Ökonomisch-philosophischen Manuskripten* hat Marx die Gültigkeit der fourierschen Sozialtheorie vorausgesetzt; (2.) dieser Umstand hatte einen entscheidenden Einfluss auf die marxsche Anthropologie und Sozialkritik; (3.) Marx' Voraussetzung der Gültigkeit der fourierschen Sozialtheorie ist sachlich problematisch. Zur Erreichung dieser Untersuchungsziele werde ich zunächst diejenigen Elemente der marxschen Anthropologie analysieren, die im vorliegenden Zusammenhang relevant sind. Hierbei werde ich mich auf Marx' Konzeption des Menschen als eines freien Gattungswesens konzentrieren (I. & II.). Im Anschluss daran werde ich die philosophischen Grundlagen und zentralen Elemente der fourierschen Sozialtheorie rekonstruieren (III.) und einen Überblick über die Rezeption seines Denkens im nachhegelschen Deutschland geben (IV.). Ich werde dann zeigen, dass

---

[1] Quelle: ein Brief Arnold Ruges an Hermann Köchly vom 6. Mai 1844. Zitiert nach: Hundt 2010, 1354).

[2] Um hierfür nur einen aktuellen Beleg anzuführen: In Archie Browns monumentaler Studie *Aufstieg und Fall des Kommunismus* wird Fourier knapp den „frühen Kommunisten“ zugeordnet, und zum Verhältnis von Fourier und Marx findet sich in diesem Werk lediglich der folgende Satz: „Marx las sowohl Fourier wie auch Proudhon und griff beide gleichermaßen scharf an.“ (Brown 2009, 33)

Fouriers Theorie nicht nur für Friedrich Engels und Moses Heß, sondern auch für Karl Marx eine wichtige Inspirationsquelle war (V.). Abschließend werde ich darlegen, warum Marx' Unterstellung der Gültigkeit der fourierschen Sozialtheorie sachlich problematisch ist (VI.).

1.

In den *Ökonomisch-philosophischen Manuskripten* entwickelt Marx eine anthropologische Theorie über das, was er das menschliche Gattungswesen nennt; diese Theorie bildet zugleich eine der Grundlagen seiner Sozialkritik. Marx glaubt, dass sowohl (nicht-menschliche) Tiere[3] als auch Menschen eine spezifische „Lebenstätigkeit" haben, durch die sich ihr (jeweiliges) Gattungswesen realisiert. Allerdings ist nach Marx' Auffassung nur die menschliche Lebenstätigkeit eine „freie Tätigkeit". Was versteht Marx unter „Freiheit" und warum sind seines Erachtens nur Menschen frei? Folgt man den knappen – und zum Teil schwer verständlichen – Ausführungen, welche die *Manuskripte* zu diesem Thema enthalten, dann lässt sich feststellen, dass die marxsche Freiheitstheorie zwei wesentliche Elemente hat:

Element 1: Hinsichtlich des ersten Elements der marxschen Freiheitstheorie sind die folgenden Textstellen relevant:

> „Der Mensch ist ein Gattungswesen, nicht nur indem er praktisch und theoretisch die Gattung, sowohl die eigne als die der übrigen Dinge zu seinem Gegenstand macht, sondern – und dieß ist nur ein andrer Ausdruck für dieselbe Sache – sondern auch indem er sich zu sich selbst als der gegenwärtigen, lebendigen Gattung verhält, indem er sich zu sich als einem *universellen*, darum freien Wesen verhält."

Marx ergänzt:

> „Das Tier ist unmittelbar eins mit seiner Lebensthätigkeit. Es unterscheidet sich nicht von ihr. Es ist *sie*. Der Mensch macht seine Lebensthätigkeit selbst zum Gegenstand seines Wollens und seines Bewußtseins. Er hat bewußte Lebensthätigkeit. Es ist nicht eine Bestimmtheit, mit der er unmittelbar zusammenfließt. […] Nur darum ist seine Thätigkeit freie Thätigkeit." (Marx 2009, 89 f.)

Folgt man diesen Ausführungen, dann sind Menschen – anders als Tiere – frei, weil – oder insofern[4] – sie sich zu sich selbst auf eine bestimmte Art und Weise, nämlich als „universelle Wesen", verhalten. Zwar sagt Marx nicht ausdrücklich, was er im vorliegenden Zusammenhang unter „universell" versteht; angesichts der von mir zitierten Textstellen scheint es aber klar zu sein, dass Menschen in Marx' Verständnis aus zwei Gründen universelle Wesen sind: zum einen deshalb, weil sie sich dessen, was sie tun, „bewußt"

[3] Der Ausdruck „Tiere" bezieht sich im Folgenden stets auf nicht-menschliche Tiere.

[4] In diesem Punkte weichen die oben zitierten beiden Auszüge aus den *Manuskripten* voneinander ab.

sind (oder zumindest sein können); anders als Tiere haben Menschen nämlich sprachlich-begriffliche Kapazitäten, die es ihnen erlauben, die wesentlichen Eigenschaften von Dingen und Ereignissen zu erkennen und diese unter allgemeinen Gesichtspunkten zu klassifizieren – oder, wie Marx schreibt, „theoretisch die Gattung, sowohl die eigne als die der übrigen Dinge[,] zu [ihrem] Gegenstand [zu] mach[en]“. Zum anderen sind Menschen universell, weil sie nicht mit einer spezifischen Tätigkeit „zusammenfließen“ oder „eins“ sind, sondern sich zu jeder der ihnen möglichen Tätigkeiten willentlich verhalten können; anders als Tiere sind Menschen nämlich nicht aufgrund von biologischen Tatsachen auf eine spezifische Lebensweise festgelegt, sondern sie können sich von ihren Bedürfnissen, Neigungen usw. willentlich distanzieren, überlegen, welche ihrer Bedürfnisse, Neigungen usw. sie erfüllen möchten, und sich dazu entschließen, ihnen hierzu geeignet erscheinende Tätigkeiten auszuführen. Weil das so ist, können Menschen unterschiedliche Tätigkeiten wissentlich „zum Gegenstand [ihres] Wollens machen“. Fasst man diese Überlegungen zusammen, dann ist festzustellen, dass Menschen universell sind, weil sie nicht aufgrund ihrer biologischen Natur auf eine spezifische Lebensweise festgelegt sind, sondern selbst entscheiden können (und müssen), welche Tätigkeiten sie verfolgen möchten. Nach Marx' Auffassung ist das entsprechende Selbstverständnis ein wesentliches Element von menschlicher Freiheit.[5]

Element 2: Das zweite Element der marxschen Freiheitstheorie lässt sich anhand der folgenden Passagen aus den *Manuskripten* bestimmen:

> „Die Universalität des Menschen erscheint praktisch eben in der Universalität, die die ganze Natur zu seinem *unorganischen* Körper macht sowohl insofern wie 1) ein unmittelbares Lebensmittel, als inwiefern sie der Gegenstand/ Materie und das Werkzeug seiner Lebenstätigkeit ist.“
>
> „Das praktische Erzeugen einer *gegenständlichen Welt*, die *Bearbeitung* der unorganischen Natur ist die Bewährung des Menschen als eines bewußten Gattungswesens […].“
>
> „Eben in der Bearbeitung der gegenständlichen Welt bewährt sich der Mensch daher erst wirklich als *Gattungswesen*. Diese Produktion ist sein Werkthätiges Gattungsleben. Durch sie erscheint die Natur als *sein* Werk und seine Wirklichkeit. Der Gegenstand der Arbeit ist daher die *Vergegenständlichung des Gattungslebens des Menschen*; indem er sich nicht nur, wie im Bewusstsein, intellektuell sondern werkthätig, wirklich verdoppelt, und sich selbst daher in einer von ihm geschaffnen Welt anschaut.“ (Marx 2009, 89–91)

Demnach ist Marx der Auffassung, dass es ein bestimmtes Set an Tätigkeiten gibt, durch welche die von mir als Element 1 bezeichnete Universalität des Menschen sich tatsächlich („wirklich“) „bewährt“ oder „praktisch erscheint“. Wenngleich Marx die zuletzt genannten Termini nicht näher erläutert, ist die Feststellung gerechtfertigt, dass er die fraglichen Tätigkeiten als eine adäquate („wahre“) Realisierung der menschlichen

[5] Wie ich hier nur anmerken kann, spielt dieser Gedanke auch für die moderne philosophische Anthropologie eine zentrale Rolle. Vgl. z. B. Gehlen (2009).

Universalität erachtet. Das geht aus der wiederholten Verwendung des Ausdrucks „bewähren" hervor, der in der zeitgenössischen philosophischen Literatur in genau diesem Sinne gebraucht wird – etwa im Kapitel über Herrschaft und Knechtschaft der *Phänomenologie des Geistes*, einer Schrift, die Marx in den *Manuskripten* eingehend behandelt (vgl. Marx 2009, 150–169).

Trifft diese Einschätzung zu, dann macht es für Marx in puncto *Freiheit* einen Unterschied, ob Menschen solche Tätigkeiten, durch die sich ihre Universalität bewährt, ausführen oder nicht. Denn Marx ist ja, wie gesehen, der Auffassung, dass Menschen „frei" sind, weil – oder insofern – sie „universelle Wesen" sind. Folglich sind Menschen, die ihre Universalität handelnd „bewähren", in Marx' Verständnis frei, während Menschen, die dies nicht tun, bestenfalls in einem eingeschränkten Maße frei sein können.

Aus dem Gesagten folgt, dass die Ausführung derjenigen Tätigkeiten, durch die sich die menschliche Universalität bewährt, ein weiteres – nämlich das zweite – Element von Freiheit im marxschen Verständnis ist. Marx selbst bestätigt diese Schlussfolgerung, indem er die fraglichen Tätigkeiten wiederholt als „freie Thätigkeit[en]" bezeichnet.

Ist die marxsche Freiheitstheorie (so wie sie in den *Manuskripten* vorliegt) zufriedenstellend? Bereits an dieser Stelle ist Folgendes kritisch zu bemerken: Marx führt kein Argument für die Thesen an, (1) dass sich die von mir als Element 1 bezeichnete Universalität des Menschen überhaupt in bestimmten Tätigkeiten bewährt und (2) dass es sich bei diesen Tätigkeiten gerade um die in den *Manuskripten* genannten handelt. Die Richtigkeit dieser beiden Thesen ist für Marx also selbstverständlich. Wie leicht zu sehen ist, bedarf die marxsche Position aber einer Rechtfertigung. Wenn nämlich Element 1 der marxschen Freiheitstheorie tatsächlich aus der selbstbewussten, begründeten Entscheidung für die Ausführung oder Unterlassung *beliebiger* Tätigkeiten besteht, ist nicht ersichtlich, warum sich dieses Element nur in *bestimmten* – und nicht in all denjenigen – Tätigkeiten „bewährt", welche auf die von Element 1 geforderte Art und Weise gewählt werden. Wie gesehen, läuft Element 2 aber auf eine Beschränkung des Bereichs der vollständig „freien Tätigkeiten" auf bestimmte Tätigkeiten hinaus. (Um welche Tätigkeiten es sich hierbei handelt, werde ich weiter unten darlegen.) Folglich bedarf der von Marx behauptete Zusammenhang – dass sich die als Element 1 bezeichnete Universalität in den von Element 2 spezifizierten Tätigkeiten bewährt – einer Rechtfertigung. Soweit ich sehe, hat Marx eine solche weder in den *Manuskripten* noch in einer anderen Schrift gegeben.

2.

Wie aus den von mir zitierten Textstellen hervorgeht, ist es die „Bearbeitung" der „ganze[n]" äußeren („unorganischen") Natur, wodurch nach Marx' Auffassung die menschliche Universalität adäquat realisiert wird. Näher ist diese Aktivität ein komplexer sozialer Prozess (das „Gattungsleben" der Menschen), durch den „die Natur" als das „Werk" oder die „Wirklichkeit" der sie transformierenden Menschen erscheint. Weil das so ist, ist das Resultat der Arbeit „die Vergegenständlichung des Gattungslebens des Menschen", der „sich selbst [...] in einer von ihm geschaffnen Welt anschaut". Nach Marx' Auffassung ist dieses „praktische Erzeugen einer gegenständlichen Welt" die menschliche „Lebensthätigkeit" bzw. die adäquate Realisierung „des Menschen als eines bewußten Gattungswesens".

Diese – schwer verständlichen – Ausführungen werfen die Frage auf, unter welchen *institutionellen* Bedingungen die menschliche Lebenstätigkeit adäquat ausgeführt werden kann. Wie er deutlich macht, ist Marx der Auffassung, dass privatrechtliche und marktwirtschaftliche Institutionen hinsichtlich der Realisierung der menschlichen Lebenstätigkeit ungeeignet sind. Mehr noch: In Marx' Verständnis kann die menschliche Lebenstätigkeit nur in einem sozialen Kontext adäquat realisiert werden, in dem es *keine* privatrechtlichen und marktwirtschaftlichen Institutionen gibt (vgl. Marx 2009, 82–98). Welche Institutionen aber muss ein solcher Kontext aufweisen? Erstaunlicherweise behandelt Marx diese Frage nicht explizit. Allerdings lassen sich seiner Theorie der „Vergegenständlichung des Gattungslebens" der Menschen zwei Informationen entnehmen, die im vorliegenden Zusammenhang aufschlussreich sind. Erstens ist Marx der Auffassung, dass eine adäquate Vergegenständlichung des Gattungslebens durch Bearbeitung der äußeren Natur nur dann stattfindet, wenn es auf Seiten der Menschen ein *genuines, nicht-instrumentelles Bedürfnis* gibt, diese Tätigkeit auszuführen (vgl. Marx 2009, 87 f.).[6] (Das schließt selbstverständlich nicht aus, dass die Bearbeitung der äußeren Natur *auch* deshalb gewollt wird, weil sie eine Befriedigung von konsumtiven Bedürfnissen ermöglicht.) Zweitens vertritt Marx den Standpunkt, dass von einer Vergegenständlichung des menschlichen Gattungswesens nur dann die Rede sein kann, wenn die Bearbeitung der äußeren Natur ein Vorgang ist, dessen Verlauf und Resultat von den Menschen *beabsichtigt* worden ist. Aus diesem Grunde charakterisiert Marx die Vergegenständlichung des Gattungslebens als einen Prozess, in dem die Menschen sich „nicht nur, wie im Bewußtsein, intellektuell, sondern werkthätig, wirklich verdoppeln". Nach seiner Auffassung ist also das, was die Menschen „werkthätig" tun und hervorbringen, ihnen zunächst als etwas von ihnen Beabsichtigtes („im Bewußtsein") gegeben. Deshalb ist die von ihnen geschaffene Welt, wie Marx schreibt, ihr „Werk", in dem sie „sich" selbst „anschauen" können. Fasst man diese Überlegungen zusammen, dann lässt sich feststellen, dass die Vergegenständlichung des menschlichen Gattungslebens (durch Bearbeitung der äußeren Natur) im Tätigkeits- und Resultatssinn dieses Ausdrucks von den Menschen beabsichtigt wird und aus Tätigkeiten besteht, deren Ausführung ihnen ein genuines Bedürfnis ist.[7]

Dieser Befund ist im vorliegenden Zusammenhang aufschlussreich, denn aus ihm geht hervor, dass eine adäquate Realisierung der menschlichen Lebenstätigkeit in Marx' Verständnis nur durch eine *Planwirtschaft* sichergestellt werden kann. Das ist deshalb der Fall, weil die gesellschaftliche Arbeit in ihrer Gesamtheit nur in einem solchen Kontext – zumindest idealiter – eine Verwirklichung einer (gemeinsamen) Absicht der

[6] Wie aus seiner (1875 verfassten) *Kritik des Gothaer Programms* hervorgeht, hat Marx diese Auffassung beibehalten. In diesem Manuskript stellt Marx fest, dass in einer nicht-entfremdeten kommunistischen Gesellschaft „die Arbeit nicht nur Mittel zum Leben, sondern selbst erstes Lebensbedürfnis" (MEW 19, 21) sein würde.

[7] Den zuletzt genannten Punkt betont auch Raymond Geuss im Rahmen seiner Überlegungen zur marxschen Freiheitstheorie. Vgl. Geuss 1997, insbesondere 123 f.

Gesellschaftsmitglieder sein kann. Demgegenüber sind privatrechtliche und marktwirtschaftliche Institutionen bezüglich der Realisierung der menschlichen Lebenstätigkeit ungeeignet, weil sie die Aktivitäten der Menschen auf eine Weise koordinieren, deren Resultate von niemandem beabsichtigt worden sind. Marx' Theorie der Vergegenständlichung des menschlichen Gattungslebens macht also deutlich, warum der Autor der *Ökonomisch-philosophischen Manuskripte* privatrechtliche und marktwirtschaftliche Institutionen kritisiert.

Angesichts dieses Befundes ist zu erwarten, dass Marx sich eingehend mit der Frage auseinandersetzt, ob die gesellschaftliche Arbeit so eingerichtet werden kann, dass sie (1) planmäßig ist und (2) aus Tätigkeiten besteht, deren Ausführungen den Menschen ein nicht-instrumentelles Bedürfnis ist. Denn nur in diesem Fall könnte die äußere Natur ja auf eine Art und Weise bearbeitet werden, welche den Erfordernissen der menschlichen Lebenstätigkeit (in Marx' Verständnis) entspricht. Erstaunlicherweise untersucht Marx die oben genannte Frage aber gar nicht; ja, er stellt sie nicht einmal – und zwar weder in den *Manuskripten* noch in einer anderen Schrift aus dieser Zeit. Was er damit unthematisiert lässt, ist nichts weniger als die Frage, ob es möglich ist, dass die Menschen die ihnen als Menschen eigentümliche Lebenstätigkeit adäquat ausführen oder nicht.

Wie ist dieser Umstand zu erklären? Im vorliegenden Zusammenhang ist zunächst zu bemerken, dass Marx die von mir genannte Frage – ob es möglich ist, dass die Menschen die ihnen als Menschen eigentümliche Lebenstätigkeit adäquat ausführen oder nicht – *beantwortet haben muss*. Wie seiner Kritik an den kommunistischen Autoren seiner Zeit zu entnehmen ist, war es nämlich eines der zentralen Anliegen von Marx, eine Sozialkritik zu entwickeln, die nicht auf utopischen Annahmen oder Entwürfen beruht.[8] Folglich musste Marx der Überzeugung sein, dass die gesellschaftliche Arbeit so eingerichtet werden kann, dass sie den Erfordernissen der menschlichen Lebenstätigkeit entspricht.

Nach meiner Einschätzung teilte Marx diese Überzeugung in der Tat. Mehr noch: Er ging wie *selbstverständlich* davon aus, dass die gesellschaftliche Arbeit gemäß den Erfordernissen der menschlichen Lebenstätigkeit organisiert werden kann. Deshalb sah er keine Notwendigkeit, die oben genannte Frage zu untersuchen, ob die gesellschaftliche Arbeit so eingerichtet werden kann, dass sie (1) planmäßig ist und (2) aus Tätigkeiten besteht, deren Ausführungen den Menschen ein nicht-instrumentelles Bedürfnis ist.

Wie aber ist es zu erklären, dass Marx dieser Auffassung war? Im vorliegenden Zusammenhang ist zunächst zu berücksichtigen, dass Marx aus begrifflichen Gründen der Überzeugung war, dass Dinge und Lebewesen das, was ihnen wesentlich ist, realisieren können müssen. In diesem Sinne war Marx (ohne dies explizit zu machen) Aristoteliker und Hegelianer.[9] Allerdings lässt sich mit dieser allgemeinen essentialistischen Überzeugung nicht zufriedenstellend erklären, warum Marx wie selbstverständlich der Auffassung war, dass das, was er als die spezifische menschliche Lebenstätigkeit ansah, adäquat realisiert werden kann. Denn nach Marx' eigener Einschätzung ist dies ja während der gesamten menschlichen Geschichte nicht der Fall gewesen. Um die oben

[8] Das geht etwa aus Marx' scharfer Kritik an Étienne Cabet hervor. Vgl. hierzu Marx' Ausführungen in Hundt 2010, 1302–1304.

[9] Vgl. zu Marx' Aristotelismus auch Pike 1999.

genannte Auffassung vertreten zu können (und nicht ähnlichen Einwänden ausgesetzt werden zu können wie die von ihm kritisierten utopischen Kommunisten), musste Marx also der Meinung sein, dass es überzeugende *sozialtheoretische* Argumente dafür gibt, dass die gesellschaftliche Arbeit gemäß den Erfordernissen der menschlichen Lebenstätigkeit eingerichtet werden kann.

Nach meiner Einschätzung war Marx in der Tat dieser Meinung. Dieser Umstand ist meines Erachtens darauf zurückzuführen, dass Marx wie selbstverständlich glaubte, dass Charles Fourier bereits den Nachweis erbracht habe, dass die gesellschaftliche Arbeit gemäß den Erfordernissen der menschlichen Lebenstätigkeit eingerichtet werden könne. Aus diesem Grunde sah er im vorliegenden Zusammenhang keinen Klärungsbedarf. Trifft diese Einschätzung zu, dann bildet Fouriers Sozialtheorie für Marx eine nicht diskutierte Grundlage seiner eigenen Anthropologie und Sozialkritik. Wollte man ein Wort von Jürgen Habermas auf den vorliegenden Zusammenhang zuschneiden, dann könnte man sagen, dass Karl Marx Charles Fourier als sozialtheoretische „Rückendeckung“ in Anspruch nahm.[10]

Diesen theoriegeschichtlichen Standpunkt werde ich im Folgenden begründen. Wie eingangs bemerkt, werde ich zu diesem Zweck zunächst die philosophischen Grundlagen und zentralen Elemente der fourierschen Sozialtheorie rekonstruieren.

3.

Den Ausgangspunkt von Fouriers Überlegungen bildet seine Einschätzung, dass die soziale und politische Verfasstheit der europäischen Gesellschaften seiner Zeit die Ursache von massiver materieller Armut und geistig-moralischer Dekadenz sei und deshalb den Erfordernissen des „sozialen Wohlergehens“ (OC I, 16)[11] der Menschen zuwiderlaufe.[12] Die institutionelle Ordnung jener Gesellschaften erklärt Fourier wiederum mit dem sozialen Wirksamwerden philosophischer, ökonomischer und politischer Theorien, deren Charakteristikum darin bestehe, keine exakten Wissenschaften im Sinne der newtonschen Physik zu sein. Aus dieser Überlegung zieht er den Schluss, dass nur eine *in diesem Sinne exakte Sozialwissenschaft* darlegen kann, wie eine Gesellschaft beschaffen sein muss, deren Mitglieder in einem Zustand sozialen Wohlergehens leben. Eine solche soziale Physik[13] beansprucht Fourier mit seiner Theorie zu entwickeln.

Die basalste Ebene von Fouriers Theorie bildet seine Bewegungslehre, die *Théorie des quatre mouvements*,[14] welche Fourier später um eine fünfte Bewegungsart ergänzt hat. Fourier beansprucht, mit seiner Analyse dessen, was er mit (1) „materielle Bewegung“, (2) „organische Bewegung“, (3) „aromale Bewegung“, (4) „tierische Bewegung“ und (5) „soziale“ oder „passionelle Bewegung“ bezeichnet, eine adäquate wissenschaftliche Beschreibung „des allgemeinen Systems der Natur“ (OC I, XXXV) zu geben. Wie

[10] In *Theorie des kommunikativen Handelns* behauptet Jürgen Habermas, „ohne metaphysische Rückendeckung“ zu philosophieren. Vgl. Habermas 1988, 198.

[11] Die Sigle OC verweist auf Fourier 1966–68, die römische Zahl auf den Band.

[12] Vgl. hierzu Fourier 2012. Vgl. zu Fouriers Leben und Wirken vor allem Beecher 1986.

[13] Diesen Ausdruck verwendet Joseph Vogl in einem anderen Zusammenhang. Vgl. Vogl 2011, 31.

[14] Fouriers frühes Hauptwerk, veröffentlicht 1808, trägt diesen Titel.

Fourier präzisiert, beinhaltet dieses System – in einer uns geläufigen Begrifflichkeit – die natürliche, die mentale und die soziale Welt.

In sozialphilosophischer Hinsicht ist die fünfte Bewegungsart, also das, was Fourier „soziale" oder „passionelle" Bewegung nennt, entscheidend.[15] In diesem Zusammenhang entwickelt Fourier die anthropologischen Thesen, dass der Mensch ein rein passionelles Wesen sei und dass genau zwölf Passionen „die Haupttriebfedern der (menschlichen) Seele" (OC I, 72) bildeten. Neben den fünf Passionen der Sinne zählt Fourier hierzu die Passionen der Freundschaft, des Ehrgeizes, der Liebe und der Familie sowie diejenigen Passionen, die er (mit Hilfe von Neologismen) *la cabaliste*, *la papillonne* und *la composite* nennt und die sich, folgt man seinen Ausführungen, jeweils in einem Streben nach Prestige, nach Abwechslung und nach sozialer Zugehörigkeit erfüllen (vgl. OC VI, 47–51).

Fourier vertritt die These, dass sämtliche Passionen gut sind, und er begründet diese Auffassung mit dem Argument, dass sie den Menschen von Gott gegeben worden seien. Zudem sei es der Wille Gottes, dass die Menschen ihre Passionen befriedigten. Mehr noch: Da die menschlichen Passionen gottgegeben seien, müsse es eine soziale Ordnung geben können, in der sie vollständig und harmonisch befriedigt werden (vgl. OC I, 19).[16] Diese *theologisch-metaphysische* Annahme ist für Fourier in *sozialtheoretischer* Hinsicht leitend. In der Tat beansprucht er mit seiner Theorie der Assoziation („association") zu zeigen, wie eine Gesellschaft beschaffen sein muss, in der die Passionen der Menschen einander so anziehen und abstoßen, dass sie vollständig und harmonisch befriedigt werden.

Ohne auf die Details dieser Theorie einzugehen, lässt sich sagen, dass eine Assoziation ein sozialer Raum ist, in dem die Menschen ihre (menschlichen) Passionen durch produktive, konsumtive und sexuelle Tätigkeiten befriedigen, die minutiös geplant und organisiert werden.[17] Fouriers Berechnungen derjenigen Tätigkeitskomplexe („Serien" oder „Gruppen von Passionen"; vgl. z. B. OC VI, 1–86), die eine optimale Befriedigung der Passionen sicherstellen, beruhen auf der von ihm getroffenen Unterscheidung zwischen dem „Wesen" („nature") und der „Richtung" („marche") (vgl. OC I, 9) der menschlichen Passionen. Fourier glaubt, dass sich die Passionen der Assoziierten un-

---

[15] Aufgrund des sehr großen Umfangs, den der mit ihm bezeichnete Begriff bei Fourier hat, übersetze ich den Term „passion" mit „Passion"; der Ausdruck „Leidenschaft" wäre im vorliegenden Zusammenhang irreführend.

[16] Auch Hermann Heinrich Gossen beanspruchte, mit den Mitteln einer exakten Sozialwissenschaft (nämlich der von ihm begründeten Mikroökonomie) „die Gesetze" der göttlichen „Schöpfung" zu explizieren und den Menschen so den Weg „zu einem vollendeten Paradiese" zu weisen. Vgl. hierzu Kurz 2009.

[17] Im vorliegenden Zusammenhang ist daran zu erinnern, dass es zu Fouriers Lebzeiten keine etablierte, allgemein anerkannte Theorie der Assoziation gab. Im Gegenteil: Der Ausdruck „Assoziation" wurde von verschiedenen Autoren zur Bezeichnung qualitativ unterschiedlicher gesellschaftlicher Entwürfe verwendet. Differenzen bestanden in dieser Hinsicht nicht nur zwischen rivalisierenden ‚sozialistischen' Schulen (etwa den Saint-Simonisten und den Fourieristen), sondern auch zwischen Fourier und seinen Schülern. Vgl. hierzu Beecher 2001. Vgl. zur „Karriere" des Assoziationsbegriffs nach 1830 auch Bluhm 2010.

ter Beibehaltung ihres Wesens und Anpassung ihrer Richtung so aufeinander beziehen lassen, dass sie vollständig und harmonisch befriedigt werden können.

Mehr noch: Fourier war der Meinung, dass die gesellschaftliche Arbeit so organisiert werden kann, dass jede Arbeit spezifische menschliche Passionen befriedigt und deshalb von der sie verrichtenden Person im Vollzug bejaht und genossen wird. Es ist ja denkbar, dass eine soziale Ordnung sämtliche Passionen ihrer Mitglieder befriedigt, zu diesem Zweck aber die Verrichtung von Arbeiten erforderlich macht, die ihrerseits keine Passionen befriedigen und als Belastungen oder Entbehrungen wahrgenommen werden. Folgt man Fourier, dann ist es möglich, die gesellschaftliche Arbeit so zu strukturieren, dass sie von den Arbeitenden restlos als Mittel der Befriedigung von menschlichen Passionen genossen wird.[18]

4.

Fouriers Schriften wurden in den 1830er und 1840er Jahren in Frankreich und Deutschland stark rezipiert. Zu dieser Zeit zählte Fourier, mit einem Wort des Hegel-Schülers Friedrich Wilhelm Carové, „unbedenklich zu den bedeutendsten Erscheinungen“ (Carové 1838, 182) seiner Epoche. In Deutschland wurden Fouriers Schriften vor allem von Hegel-Schülern und den Junghegelianern rezipiert. Ihr Interesse an der fourierschen Lehre – wie auch an anderen französischen Sozialphilosophien dieser Zeit – entsprang einer wachsenden Unzufriedenheit mit der hegelschen Philosophie des Geistes. In der Tat waren viele dieser Denker der Auffassung, dass die Philosophie ihres Lehrers für eine Lösung von zentralen Problemen der Zeit – vor allem der so genannten sozialen Frage[19] – keine geeigneten Konzepte zur Verfügung stelle und deshalb Gefahr laufe, eines ihrer primären Ziele, die Menschen mit den Institutionen der modernen Welt zu versöhnen,[20] nicht zu erreichen. In diesem real- und theoriegeschichtlichen Kontext wurde Fouriers Sozialphilosophie als eine Lehre wahrgenommen, mit der Defizite der hegelschen Philosophie des Geistes möglicherweise behoben werden konnten.

Es ist keine Übertreibung zu behaupten, dass die Rezeption der fourierschen Sozialphilosophie die Entwicklung der nachhegelschen deutschen Philosophie stark beeinflusst hat. Nach meiner Auffassung ist es sinnvoll, grundsätzlich zwischen zwei Arten der deutschen Fourier-Rezeption zu unterscheiden, die sich wie folgt beschreiben lassen:

---

[18] Es sei hier nur erwähnt, dass sich in Fouriers Schriften auch Überlegungen finden, die sich in das Programm einer an der newtonschen Physik orientierten Sozialwissenschaft nicht einfügen lassen. So behauptet Fourier zum Beispiel, dass die Mitglieder kapitalistischer Gesellschaften rechtlich relevante Ansprüche auf den Erhalt eines existenzsichernden Grundeinkommens sowie die Ausübung einer gesellschaftlichen Arbeit hätten, und er begründet diese These explizit naturrechtlich, nämlich unter Bezugnahme auf die „natürlichen Rechte“ (OC, XII, 623–624) der einzelnen Menschen. (Vgl. hierzu Vanderborght & Van Parijs (2005, 23–24) sowie Schmidt am Busch (2011a).) Diese Überlegungen sind aber im Rahmen der marxschen Fourier-Rezeption irrelevant und können deshalb in der vorliegenden Untersuchung außer acht gelassen werden.

[19] Eine 1834 veröffentlichte Schrift zu diesem Thema trägt einen aufschlussreichen Titel: Das Problem der Zeit und dessen Lösung durch die Association. Vgl. Schneider 1834.

[20] Ich folge hier der Hegel-Interpretation von Michael Hardimon. Vgl. Ders. 1994.

1. Es wurde versucht, *einzelne* Elemente der fourierschen Theorie in die hegelsche Philosophie des Geistes *zu integrieren.* Das Ziel dieser Integration war es, vermeintliche *partikulare* Defizite von Hegels Philosophie – etwa im Bereich der institutionellen Gliederung der bürgerlichen Gesellschaft – mithilfe von konkreten sozialpolitischen Überlegungen Fouriers zu beheben. Ein Charakteristikum der vorliegenden Art der Rezeption – die in einigen Fällen durch Fouriers Schüler vermittelt war (vgl. Beecher 2001) – ist die Nicht-Beachtung der *basalen* Elemente der fourierschen Sozialphilosophie, nämlich der fourierschen Bewegungslehre sowie der These, dass sich *sämtliche* menschliche Passionen harmonisch befriedigen lassen. Repräsentanten dieser Art der Fourier-Rezeption sind Sebastian R. Schneider und Friedrich Tappehorn sowie der Junghegelianer August von Cieszkowski – zumindest in seinem frühen Werk (vgl. Cieszkowski 1981, Schneider 1834 und Tappehorn 1834).

2. Es wurde versucht, Fouriers Überlegungen zum Aufbau einer *nicht-hegelschen* Sozialphilosophie zu nutzen. Diesem Bestreben lag die Annahme zugrunde, dass Hegels Philosophie *grundsätzlich* problematisch sei (und nicht nur partikulare Defizite aufweise). Ein Charakteristikum der vorliegenden Rezeptionsart ist ein starkes Interesse an den *basalen* Elementen der fourierschen Sozialphilosophie. Repräsentanten dieser Art der Fourier-Rezeption sind Friedrich Engels, Moses Heß und Karl Marx.

Angesichts der Ziele der vorliegenden Untersuchung werde ich mich im Folgenden auf die zweite Art der Fourier-Rezeption konzentrieren.[21] Ich werde darlegen, warum Fouriers Sozialphilosophie für Friedrich Engels, Moses Heß und Karl Marx eine entscheidende Inspirationsquelle war.

5.

In einem im November 1843 publizierten Zeitungsartikel, „Fortschritte der Sozialreform auf dem Kontinent“, setzt sich Friedrich Engels mit der fourierschen Theorie auseinander. Wie Engels betont, findet man in Fouriers Schriften „mehr wirklichen Wert“ als in denen der anderen französischen Sozialphilosophen des 19. Jahrhunderts – etwa der Saint-Simonisten, deren Theorie Engels abschätzig als „Sozialpoesie“ bezeichnet. Was Fouriers Werk demgegenüber auszeichne, seien „wissenschaftliche Forschung, kühles, vorurteilsfreies, systematisches Denken, kurzum Sozialphilosophie“ (MEW 1, 483). Engels fährt fort:

> „Fourier war es, der zum ersten Male das große Axiom der Sozialphilosophie aufstellte: Da jedes Individuum eine Neigung oder Vorliebe für eine ganz bestimmte Art von Arbeit habe, müsse die Summe der Neigungen aller Individuen im großen und ganzen eine ausreichende Kraft darstellen, um die Bedürfnisse aller zu befriedigen. Aus diesem Prinzip folgt: Wenn jeder einzelne seiner persönlichen Neigung entsprechend tun und lassen darf, was er möchte, werden doch die Bedürfnisse aller befriedigt werden, und zwar ohne

[21] Mit der ersten Art der Fourier-Rezeption setze ich mich an anderer Stelle auseinander. Vgl. Schmidt am Busch 2012.

> die gewaltsamen Mittel, die das gegenwärtige Gesellschaftssystem anwendet. Diese Behauptung schien kühn zu sein, und doch ist sie in der Art, wie Fourier sie aufstellt, ganz unanfechtbar, ja fast selbstverständlich – das Ei des Kolumbus. Fourier weist nach, dass jeder mit der Neigung für irgendeine Art von Arbeit geboren wird, dass absolute Untätigkeit Unsinn ist, etwas, was es nie gegeben hat und nicht geben kann, dass das Wesen des menschlichen Geistes darin besteht, selber tätig zu sein und den Körper in Tätigkeit zu bringen, und dass daher keine Notwendigkeit besteht, Menschen zur Tätigkeit zu zwingen, wie im gegenwärtig bestehenden Gesellschaftszustand, sondern nur die, ihren natürlichen Tätigkeitsdrang in die richtige Bahn zu lenken. Er beweist ferner, dass Arbeit und Vergnügen identisch sind, und zeigt die Vernunftwidrigkeit der gegenwärtigen Gesellschaftsordnung, die beide voneinander trennt, aus der Arbeit einer Plackerei und das Vergnügen für die Mehrheit der Arbeiter unerreichbar macht; weiter zeigt er, wie bei vernünftigen Vorkehrungen die Arbeit zu dem gemacht werden kann, was sie eigentlich sein soll, nämlich zu einem Vergnügen, wobei jeder seinen eigenen Neigungen folgen darf.“ (MEW 1, 483)

Festzuhalten ist an dieser Stelle Folgendes:

1. Engels bezieht sich zustimmend auf Fouriers These, dass es eine Gesellschaft geben können „müsse“, in der „die Bedürfnisse aller“ Menschen harmonisch befriedigt werden. (Zwar spricht Engels im vorliegenden Zusammenhang von *den* Bedürfnissen aller und nicht von *sämtlichen* Bedürfnissen aller; klarerweise ist aber Letzteres das von ihm Gemeinte.[22])
2. Engels bezieht sich zustimmend auf Fouriers These, dass in einer solchen Gesellschaft jeder Bürger nur solche Arbeiten verrichtet, deren Ausübung ohne „Zwang“ erfolgt, einer „Neigung“ des Arbeitenden entspricht und diesem „Vergnügen“ bereitet.
3. Engels bezieht sich zustimmend auf Fouriers These, dass eine solche Gesellschaft auf Planung beruhe. Es bedarf „vernünftige[r] Vorkehrungen“, damit die Bedürfnisse der Menschen harmonisch befriedigt werden und die Arbeit so beschaffen ist, dass sie ohne „Zwang“ erfolgt, den „Neigungen“ der sie verrichtenden Personen entspricht und diesen „Vergnügen“ bereitet.

Sieht man davon ab, dass Fouriers Begriff „Passion“ umfassender ist als Engels' Begriff „Bedürfnis“ – Engels scheint im vorliegenden Zusammenhang im Wesentlichen an konsumtive Bedürfnisse zu denken –, dann lässt sich Folgendes feststellen: Engels übernimmt von Fourier die Auffassung, dass sich durch gesellschaftliche Planung eine vollständig harmonische soziale Ordnung herstellen lasse, in der die Menschen ohne Zwang nur solche Arbeiten verrichten, die ihren Neigungen entsprechen und ihnen Vergnügen bereiten.

Wie ich hier nur andeuten kann, gelangt Moses Heß bezüglich des Gehalts und der Relevanz der fourierschen Theorie zu einer ähnlichen Einschätzung wie Friedrich Engels. Gleich Engels ist er der Auffassung, dass Fourier gezeigt habe, warum und wie es möglich sei, eine Gesellschaft so einzurichten, dass sie vollständig aus Tätigkeiten

[22] Das macht Engels auch an anderer Stelle deutlich. Vgl. MEW 4, 361–380.

besteht, die ohne Zwang bzw. „frei“ verrichtet werden, den „Neigungen“ der Menschen entsprechen und ihnen „Genuß“ (Heß 1961, 202, 206 f.) bereiten. Und wenngleich er, anders als Engels, nicht ausdrücklich die Frage thematisiert, ob in einer solchen Gesellschaft sämtliche Neigungen oder Bedürfnisse der Menschen befriedigt werden können, suggerieren Heß’ Ausführungen, dass er dieser Auffassung ist.[23]

Karl Marx hat sich nicht so detailliert zu Fourier geäußert wie Engels oder Heß. Gleichwohl gibt es gute Gründe für die Annahme, dass er ihre Einschätzung des Gehalts und der Relevanz der fourierschen Theorie im Wesentlichen teilte. Unter diesen Gründen befinden sich die folgenden:

1. Marx hat mit Engels und Heß zu dieser Zeit eng zusammengearbeitet, und er war mit ihren Arbeiten über Fourier gründlich vertraut.[24] In den *Ökonomisch-philosophischen Manuskripten* bezeichnet er ihre wirtschafts- und sozialwissenschaftlichen Studien als die neben „Weitlings Schriften“ einzigen „originalen deutschen Arbeiten“ (MEW 40, 468) auf diesen Gebieten, und an mehreren Stellen der *Manuskripte* bezieht sich Marx ausdrücklich – und zustimmend – auf diejenige Aufsatzsammlung, in der Heß die oben skizzierte Fourier-Interpretation entwickelt (MEW 40, 468 u. 540).

2. In einem Brief an Arnold Ruge, den er im September 1843 verfasst hat, stellt Marx fest, dass das in den „socialistische[n] Lehren [...] von Fourier“ und Anderen entwickelte „socialistische Princip [...] *die Realität des wahren menschlichen Lebens* betrifft“ (zitiert nach Hundt 2010, 1303, Hervorhebung SaB). Bemerkenswerterweise kritisiert Marx mit keinem Wort den Inhalt dieser Lehren, sondern allein die Umstände, dass die französischen Sozialisten die Religion und Theologie keiner Kritik unterzogen und ihren Standpunkt methodisch nicht im Ausgang einer gründlichen Kritik an den bestehenden gesellschaftlichen Verhältnissen entwickelt hätten (vgl. Hundt 2010, 1302 ff.). Offenbar

---

[23] Moses Heß’ Verständnis der fourierschen Theorie scheint durch seine Lektüre des Werkes *Der Socialismus und Communismus des heutigen Frankreichs* von Lorenz Stein geprägt worden zu sein. In der Tat war Heß’ Aufsatz „Sozialismus und Kommunismus“ (aus dem die im Haupttext zitierten Stellen entnommen sind) eine Rezension dieses Buches, das 1842 veröffentlicht wurde. In *Der Socialismus und Communismus des heutigen Frankreichs* präsentiert Stein Fouriers Theorie als Versuch einer Beantwortung der folgenden beiden Fragen: (1.) Wie lässt sich die Produktivität der gesellschaftlichen Arbeit so steigern, dass alle konsumtiven Bedürfnisse der Gesellschaftsmitglieder befriedigt werden können? (2.) Wie lässt sich die gesellschaftliche Arbeit so einrichten, dass sie ein Genuss ist und gerne ausgeführt wird? Folgt man Stein, dann behauptet Fourier im vorliegenden Zusammenhang im Wesentlichen Folgendes: Um die Produktivität der gesellschaftlichen Arbeit so zu steigern, dass alle konsumtiven Bedürfnisse befriedigt werden können, ist es notwendig und hinreichend, dass die gesellschaftliche Arbeit so eingerichtet wird, dass sie ein Genuss ist und gerne ausgeführt wird. Die gesellschaftliche Arbeit kann so eingerichtet werden, dass diese Bedingung erfüllt ist. Denn es ist der „Wille Gottes“ (273), dass die Menschen ein harmonisches und glückliches Leben führen. Vgl. Stein 1842, insbesondere 268–282.

[24] Ernst Michael Lange hat zu Recht darauf hingewiesen, dass die Schriften Moses Heß’ aus dieser Zeit einen erheblichen Einfluss auf die Entstehung der marxschen Anthropologie und Sozialkritik gehabt hätten. Vgl. Lange (1980, 96–105). Allerdings berücksichtigt Lange nicht, dass Heß’ Überlegungen ihrerseits sehr stark durch Fourier beeinflusst worden sind. Meine vorliegende Untersuchung ist mit Langes Überlegungen kompatibel und stellt diese in einen größeren Kontext. Vgl. zum Verhältnis von Heß und Marx auch Bensussan (2004).

war Marx also der Auffassung, dass der fouriersche Sozialismus im Wesentlichen eine angemessene Explikation der „Realität des wahren menschlichen Lebens“ leiste.[25]

3. Im 19. Jahrhundert war die Auffassung ein Gemeinplatz, dass es so etwas wie eine geistige Arbeitsteilung gebe, in deren Rahmen Frankreich für die Entwicklung politischer und sozialer Theorien, Deutschland hingegen für die philosophische Grundlagenforschung zuständig sei. Zu den ausdrücklichen Vertretern dieses Standpunktes zählte eine Reihe von Intellektuellen aus Marx' engstem Umfeld, unter anderen Moses Heß und Friedrich Engels (vgl. MEW 1, 480–496 und Heß 1841). Es wäre deshalb überraschend, wenn Marx von dieser Auffassung unberührt geblieben wäre.

Angesichts dieser Befunde ist die Annahme gerechtfertigt, dass Marx Engels' und Heß' Einschätzung des Gehalts und der Relevanz der fourierschen Sozialtheorie im Wesentlichen teilte. Mit dieser Annahme lässt sich verständlich machen, warum Marx keine Notwendigkeit sah, die im Rahmen seiner Anthropologie und Sozialkritik sehr wichtige Frage zu erörtern, ob es möglich sei, die gesellschaftliche Arbeit so einzurichten, dass sie der menschlichen Lebenstätigkeit (in seinem Verständnis) entspricht. Marx ging einfach – mit Engels und Heß – davon aus, dass Fourier gezeigt habe, warum und wie dies möglich ist. Aus diesem Grunde musste ihm die von ihm vertretene Position – dass sich das menschliche Gattungsleben in einer gesellschaftlichen Arbeit erfüllt, die (1) geplant ist und (2) aus Tätigkeiten besteht, deren Ausübung den Menschen ein genuines, nichtinstrumentelles Bedürfnis ist – in sozialtheoretischer Hinsicht unbedenklich erscheinen.

6.

Meines Erachtens ist Marx' stillschweigende Annahme, dass Fourier gezeigt habe, warum und wie die gesellschaftliche Arbeit der menschlichen Lebenstätigkeit entsprechen kann, sachlich problematisch. In diesem Zusammenhang ist Folgendes zu bedenken:

1. Fouriers Begründung der These, dass es eine soziale Ordnung geben können müsse, in der die menschlichen Passionen vollständig und harmonisch befriedigt werden, ist problematisch. Wie gesehen, beruhen Fouriers Überlegungen auf der theologisch-metaphysischen Annahme, dass jene Passionen von Gott geschaffen worden seien. Offensichtlich lässt sich aber sowohl diese Annahme als auch die von Fourier behauptete sozialtheoretische Relevanz derselben[26] mit guten Argumenten kritisieren. Folglich

---

[25] Diese Behauptung bedarf einer Präzisierung. In *einem* Punkt hielt Marx Fouriers Theorie bezüglich der Explikation der „Realität des wahren menschlichen Lebens“ nämlich für unangemessen. Fourier war der Auffassung, dass eine vollständig harmonische soziale Ordnung nicht die Abschaffung der Institution des Privateigentums erfordere. Vgl. z. B. OC IV, 516–525. Wie Engels und Heß hat Marx diese Auffassung kritisiert. Vgl. MEW 1, 483–484; Heß 1961, 202 und MEW 40, 534. Deshalb erwähnt er in dem oben genannten Brief an Ruge neben Fourier Pierre-Joseph Proudhon, der die Institution des Privateigentums in der 1840 erschienenen Schrift *Qu'est-ce que la propriété?* in scharfer Form kritisiert hat.

[26] Wie erläutert, gilt für Fourier Folgendes: Weil die menschlichen Passionen von Gott geschaffen worden sind, muss es eine soziale Ordnung geben können, in der sie vollständig und harmonisch befriedigt werden können.

kann Fouriers Sozialtheorie nicht einfach übernommen werden; als „Rückendeckung“ der marxschen Anthropologie und Sozialkritik ist sie ohne Weiteres nicht geeignet.

Hier ließe sich einwenden, dass Fouriers theologisch-metaphysische Begründung der These, dass es eine soziale Ordnung geben können müsse, in der die menschlichen Passionen vollständig und harmonisch befriedigt werden, weder von Engels und Heß noch von Marx übernommen worden ist. Das ist richtig. Allerdings wird jene These von Engels, Heß und Marx auch *nicht mit anderen* (sozialtheoretischen) *Argumenten* begründet. Genau genommen erhält sie von ihnen also gar keine (sozialtheoretische) Begründung. Trifft diese Einschätzung zu, dann ist es aber völlig unklar, ob die gesellschaftliche Arbeit gemäß den Erfordernissen der marxschen Lebenstätigkeit eingerichtet werden kann oder nicht.

Zur Begründung dieser Kritik sei noch einmal auf Engels' oben zitierten Text verwiesen. In ihm argumentiert der Autor wie folgt: Jeder Bürger verrichtet aufgrund seiner „Neigungen“ bestimmte Arbeiten gern, und wenn jeder Bürger nur solche Arbeiten verrichtet, die er gern verrichtet, dann müssen sich mit den auf diese Weise hergestellten Gütern die konsumtiven Bedürfnisse aller Bürger befriedigen lassen. Nun ist es aber denkbar, dass jeder Bürger eine seinen Neigungen entsprechende Arbeit verrichtet und die von allen Bürgern auf diese Weise hergestellten Güter ungeeignet sind, die konsumtiven Bedürfnisse dieser Menschen in ihrer Gesamtheit zu befriedigen.[27] Folglich ist es unklar, ob es eine im engelschen Sinne vollständig harmonische Gesellschaft geben kann – und klar, dass es sie nicht geben können *muss* (wie Engels behauptet). Engels' Übernahme des fourierschen Modells sozialer Harmonie ist deshalb problematisch.

Wie gesehen, teilt Marx (wie auch Heß) im Wesentlichen Engels' Einschätzung des Gehalts und der Relevanz der fourierschen Theorie. Auch er erachtet es also nicht als notwendig, die (vermeintliche) Gültigkeit dieser Theorie mit sozialtheoretischen Argumenten zu begründen. Aus diesem Grunde ist meine obige Kritik an Engels auch auf Marx (und Heß) zu beziehen.[28]

2. Fouriers Sozialphilosophie konzeptualisiert den Menschen als einen Träger von Passionen und versucht nachzuweisen, warum diese Passionen durch gesellschaftliche Planung harmonisch und vollständig befriedigt werden können. Demgegenüber vertritt Marx – zumindest in den *Manuskripten* – die These, dass Menschen „frei“ sind, weil – oder insofern – sie sich als „universelle Wesen“ verstehen, also als Wesen, die sich auf der Basis von Gründen zu ihren Bedürfnissen, Neigungen etc. verhalten und selbst entscheiden können (und müssen), welche Handlungen sie ausführen möchten.[29] An-

---

[27] Das könnte etwa deshalb so sein, weil viele Menschen gemäß ihren Neigungen nur solche Güter produzieren können, mit denen keine konsumtiven Bedürfnisse befriedigt werden können.

[28] Hier ließe sich einwenden, dass Marx den essentialistischen Standpunkt vertrat, dass das, was Dingen und Lebewesen wesentlich ist, tatsächlich realisiert werden können muss. (Siehe oben, Teil II der vorliegenden Untersuchung.) Wie erläutert, reicht diese allgemeine These aber nicht aus, um die Annahme zu begründen, warum das, was Marx als die spezifische menschliche Lebenstätigkeit ansah, adäquat realisiert werden kann. Um sein Vorhaben der Ausarbeitung einer nicht-utopischen Anthropologie und Sozialkritik ausführen zu können, bedurfte Marx also überzeugender sozialtheoretischer Argumente. Deshalb glaubte er ja, dass Fourier für ihn relevant sei.

[29] Dieser Standpunkt wurde oben als Element 1 der Marxschen Freiheitstheorie bezeichnet. Vgl. Teil I der vorliegenden Untersuchung.

gesichts dieser grundlegenden Differenz aber ist Fouriers Sozialtheorie kein möglicher Rückhalt der *marxschen* Anthropologie und Sozialkritik. Denn sie eröffnet keinen Raum für selbstbestimmtes Entscheiden – und zwar weder auf der individuellen noch auf einer kollektiven Ebene –, sondern bemisst die Qualität einer Gesellschaft allein an deren Fähigkeit, menschliche Passionen effizient zu befriedigen. Aus diesem Grunde ist sie *grundsätzlich* ungeeignet, die Befriedigung menschlicher Passionen oder Bedürfnisse durch gesellschaftliche Arbeit als „Bewährung“ der menschlichen Universalität im Sinne des ersten Elements der marxschen Freiheitstheorie auszuweisen – genau dies ist aber ein explizites Anliegen der *Ökonomisch-philosophischen Manuskripte*.

Aus den genannten Gründen – so lässt sich als Ergebnis festhalten – ist Marx' Voraussetzung der Gültigkeit der fourierschen Sozialtheorie sachlich problematisch. Ob diese Voraussetzung lediglich das Denken des jungen Marx oder auch die spätere *Kritik der politischen Ökonomie* belastet hat, ist eine Frage, die im Rahmen einer weiterführenden Untersuchung zu prüfen wäre.[30]

Literatur

Adorno, Theodor W. (1966): „Vorwort“, in: Charles Fourier, *Theorie der vier Bewegungen und der allgemeinen Bestimmungen*, Frankfurt am Main.

Beecher, Jonathan (1986): *Charles Fourier. The Visionary and His World*, Berkeley/Los Angeles/London.

Beecher, Jonathan (2001): *Victor Considerant and the Rise and Fall of French Romantic Socialism*, Berkeley.

Bensussan, Gérard (2004): *Moses Hess. La philosophie, le socialisme* (1836–1845), Hildesheim.

Bluhm, Harald (2010): „Bewegungen, Assoziationen und Partei – Elemente einer Theorie kollektiver Akteure bei Karl Marx“, in: *Marx-Engels-Jahrbuch 2010*, Berlin.

Brown, Archie (2009): *Aufstieg und Fall des Kommunismus*, Berlin.

Carové, Friedrich W. (1838): *Mittheilungen aus & ueber Frankreich*, Leipzig.

Cieszkowski, August von (1981): *Prolegomena zur Historiosophie*, Hamburg.

Fourier, Charles (1966–1968): *Œuvres complètes I–XII*, Paris (OC).

Fourier, Charles (2012): *Über das weltweite soziale Chaos. Ausgewählte Schriften zur Philosophie und Gesellschaftstheorie*, Berlin.

Gehlen, Arnold (2009): *Der Mensch. Seine Natur und seine Stellung in der Welt*, Wiebelsheim.

Geuss, Raymond (1998): „Freiheit im Liberalismus und bei Marx“, in: Julian Nida-Rümelin und Wilhelm Vossenkuhl (Hg.), *Ethische und politische Freiheit*, Berlin.

Habermas, Jürgen (1988): *Theorie des kommunikativen Handelns*. Frankfurt am Main.

Hardimon, Michael O. (1994): *Hegel's Social Philosophy. The Project of Reconciliation*, Cambridge.

Hegel, Georg W. F. (1970): *Phänomenologie des Geistes*, in: *Werke*, Bd. 3, Frankfurt am Main.

[30] Die vorliegende Untersuchung ist aus dem Forschungsprojekt „Soziale Ideen und Idealismus“ hervorgegangen, das von der *Deutschen Forschungsgemeinschaft* und der *Agence Nationale de la Recherche* gefördert wurde. Ich danke allen Personen, die an diesem Projekt beteiligt waren, für ihre Unterstützung meiner Arbeit. Auszüge meines Manuskripts konnte ich anlässlich einer Brightoner Tagung („Marx on Freedom and Community“, April 2011) sowie des Berliner Kongresses „Re-Thinking Marx: Philosophy, Critique, Practice“ zur Diskussion stellen; bei jeder dieser Gelegenheiten habe ich wichtige Hinweise zu meinen Überlegungen erhalten, für die ich den Diskussionsteilnehmerinnen und -teilnehmern danke. Wertvolle Kommentare zu früheren Fassungen meiner Arbeit verdanke ich Daniel Brudney, Marco Iorio, Michael Quante und Ludwig Siep.

Hegel, Georg W. F. (1970a): *Grundlinien der Philosophie des Rechts*, in: *Werke*, Bd. 7, Frankfurt am Main.

Heß, Moses (1841): *Die europäische Triarchie*, Leipzig.

Heß, Moses (1961): *Philosophische und sozialistische Schriften 1837–1850. Eine Auswahl*, Berlin.

Hundt, Martin (2010): *Der Redaktionsbriefwechsel der Hallischen, Deutschen und Deutsch-Französischen Jahrbücher (1837–1844)*, Bd. 2, Berlin.

Kurz, Heinz D. (2009): „Wer war Hermann Heinrich Gossen (1810–1858), Namensgeber eines der Preise des Vereins für Socialpolitik?", in: *Schmollers Jahrbuch 129*, 3.

Lange, Ernst M. (1980): *Das Prinzip Arbeit. Drei metakritische Kapitel über die Grundbegriffe, Struktur und Darstellung der ‚Kritik der Politischen Ökonomie' von Karl Marx*, Frankfurt am Main/Berlin.

Marx, Karl (2009): *Ökonomisch-philosophische Manuskripte*, herausgegeben und kommentiert von Michael Quante, Frankfurt am Main.

Pike, Jonathan (1999): *From Aristotle to Marx. Aristotelianism in Marxist Social Ontology*, Brookfield.

Schmidt am Busch, Hans-Christoph (2008): „Personal Respect, Private Property, And Market Economy: What Critical Theory Can Learn From Hegel", in: *Ethical Theory and Moral Practice 11*.

Schmidt am Busch, Hans-Christoph (2011): *„Anerkennung" als Prinzip der Kritischen Theorie*, Berlin.

Schmidt am Busch, Hans-Christoph. (2011a): „Welchen Wert hat die Natur? Zur links-libertären Begründung des Grundeinkommens", in: *Zeitschrift für philosophische Forschung*, 65, 3.

Schmidt am Busch, Hans-Christoph (2012): „Einleitung des Herausgebers", in: Charles Fourier, *Über das weltweite soziale Chaos. Ausgewählte Schriften zur Philosophie und Gesellschaftstheorie,* Berlin.

Schneider, Sebastian R. (1834), *Das Problem der Zeit und dessen Lösung durch die Association*, Gotha.

Stein, Lorenz von (1842): *Der Socialismus und Communismus des heutigen Frankreichs. Ein Beitrag zur Zeitgeschichte*, Leipzig.

Tappehorn, Friedrich (1834): *Die vollkommene Association, als Vermittlerin der Einheit des Vernunftstaates und der Lehre Jesu. Ein Beitrag zur Lösung aller großen Fragen dieser Zeit*, Augsburg.

Vogl, Joseph (2010/2011): *Das Gespenst des Kapitals*, Zürich.

Vanderborght, Yannick und Philippe van Parijs (2005): *Ein Grundeinkommen für alle? Geschichte und Zukunft eines radikalen Vorschlags*, Frankfurt am Main/New York.

II. Ökonomie

Matthias Bohlender

Marx, ein Exzerpt und der „falsche Bruder"

Zu einer Genealogie der „Kritik der politischen Ökonomie"

„By thus fighting them [the political economists] upon their own ground, and with their own weapons, we shall avoid that senseless clatter respecting ,visionaries' and ,theorists', with which they are so ready to assail all who dare move one step from that beaten track which, ,by authority', has been pronounced to be the only right one." John Francis Bray

Man muss schon aufhorchen, wenn Marx, der zeitlebens mit Lob auf sozialistische oder kommunistische Autoren äußerst sparsam umging, im *Kapital* kurz und knapp bemerkt: „Die englischen Fabrikarbeiter waren die Preisfechter nicht nur der englischen, sondern der modernen Arbeiterklasse überhaupt, wie auch ihre Theoretiker der Theorie des Kapitals zuerst den Fehdehandschuh hinwarfen." (MEW 23, 316 f.) Wer waren diese Theoretiker, die „zuerst" der politischen Ökonomie die Stirn boten, den Kampf gegen dieses Wissen aufnahmen und in deren Tradition sich Marx hier scheinbar ausdrücklich stellt?

Gemeinhin werden sie im Quartett gruppiert und als sog. „ricardianische Sozialisten" bezeichnet; „ricardianisch" vor allem deshalb, weil sie alle vier mehr oder weniger auf einer werttheoretischen Grundlage eine eigenständige Kritik der klassischen politischen Ökonomie entwickeln und darüber hinaus beanspruchen, diesen Wissenskorpus systematisch verbessert oder gar vollendet zu haben.[1] Die Schüler von Robert Owen und Jeremy Bentham, nämlich William Thompson (1775–1833), Thomas Hodgskin (1787–1869), John Gray (1799–1883) und John Francis Bray (1809–1897) sind die ersten, die auf dem Niveau des Diskurses der politischen Ökonomie *gegen* die politische Ökonomie argumentieren, die das zu entwickeln versuchen, was man – präziser formuliert – ein *Gegenwissen* nennen muss.[2] Dieses Gegenwissen ist von vorneherein ein disqua-

---

[1] Marx selbst spricht von einer Gruppe von Sozialisten, die „die egalitäre Anwendung der Ricardoschen Theorie vorgeschlagen haben" (MEW 4, 98). Es gibt mittlerweile in der Forschungsliteratur größere Zweifel daran, diese vier Autoren allesamt als „Ricardianer" oder als „Sozialisten" zu bezeichnen. Vgl. dazu zusammenfassend Hoff (2008, 21 ff.)

[2] Ganz in diesem Sinne spricht Foucault (1999, 15 ff.) von einem „unterworfenen Wissen" oder einem „historischen Wissen der Kämpfe". Es ist ein Wissen, dessen Wahrheit sich nicht in der

lifiziertes, ein illegitimes und vor allem populares Wissen;[3] es hat die institutionelle Schwelle der Universitäten und Colleges noch nicht überschritten und wird selbst aus den Bildungsstätten der Arbeiter und Handwerker, den *Mechanics' Institutes*, verbannt.[4] Es ist natürlich ein gefährliches Wissen, denn es besagt: Wenn die bürgerlichen Gelehrten, wenn ein Malthus und Ricardo, ein McCulloch und Senior mit den Kategorien und Instrumenten der politischen Ökonomie bisher gezeigt haben, dass unser Platz in der Gesellschaft niemals mehr und ein anderer sein kann als der von *labouring poor* und *redundant population*, dann legen wir ihnen jetzt offen, mit ihrem eigenen Instrumentarium, dass sie und ihre Klasse die eigentlichen „Überflüssigen“ sind und in einer künftigen Gesellschaft der universellen Arbeit kein Platz mehr für sie und ihresgleichen sein wird.

1. Eine genealogische Perspektive

Das ist es, was Marx mit „Fehdehandschuh“ meint und dessen Echo man noch dann hören kann, wenn er selbst sein *Kapital* als „das furchtbarste Missile“ bezeichnet, „das dem Bürger je an den Kopf geschleudert“ worden sei.[5] Allerdings könnte man hier die folgenden Fragen stellen: Wenn die „ricardianischen Sozialisten“ die ersten waren, war Marx dann doch nur der zweite? Oder waren sie, diese englisch-schottisch-irischen „Frühsozialisten“, eben zu „früh“, und damit nur die Vorläufer, während Marx dann den eigentlichen Höhepunkt, den wissenschaftlichen Triumph – die „wirkliche“ und „wahre“ Kritik der politischen Ökonomie darstellt?

Tatsächlich lässt sich das Feld der Rezeption dieses britischen Quartetts grob in die folgenden beiden Position unterteilen: Auf der einen Seite eine ältere und sehr heterogene Linie, die Marx zwar als großen, aber immer nur als Abkömmling, als Zweiten, als sozialistischen Ricardianer denkt. Alles, was Marx letztlich getan hat, war eine letzte große Performanz, eine große Synthese; alles lag schon bereit, um das fürchterliche Missile loszuschießen: Material, Baupläne, Verbindungen. Wir haben es hierbei mit einem Diskurs zu tun, der das Original, den Anfang und den Ursprung sucht und damit eine Abfolge kreiert, die die Dignität der Ersten und Vorausgegangen gegenüber ihren Nachfolgern sicherstellt.[6]

Neutralität des Rechts oder der Objektivität der Zahlen manifestiert, sondern in der perspektivischen Stellung innerhalb der Kräfteverhältnisse.

3 Im Unterschied zu einem „populistischen“ Wissen, dass in etwa zu dieser Zeit von Ökonomie-Fibeln wie dem Bestseller von Jane Marcet (*Conversations on political economy*, 1816/1827) in den Kinderstuben der bürgerlichen Familien verbreitet wird.

4 Als Thomas Hodgskin 1825 am neu gegründeten *London Mechanics' Institute* seine Vorlesung über politische Ökonomie halten will, wird er auf Intervention des umtriebigen Francis Place gestoppt und zur selben Zeit auch aus der *Society for the Diffusion of Useful Knowledge* entlassen. Siehe hierzu Thompson (2002, 59).

5 „Es ist sicher das furchtbarste Missile, das den Bürgern (Grundeigentümer eingeschlossen) noch an den Kopf geschleudert worden ist.“ (MEW 31, 541)

6 Zu dieser Rezeptionslinie gehören so unterschiedliche Autoren wie Anton Menger (1891), Michael Vester (1972), Ernst Nolte (1983) oder Noel Thompson (2002).

Auf der anderen Seite steht eine neuere, relativ homogene, wertkritische Rezeptionslinie, die den unendlichen Abstand betont zwischen einer nur *kritischen* politischen Ökonomie und einer von Marx triumphalen, weil theoretisch nicht mehr hintergehbaren *Kritik* der politischen Ökonomie. Im wissenschaftsgeschichtlichen Narrativ dieser Linie spielen nun die sozialistischen Ricardianer die Rolle von zwar respektablen antikapitalistischen Autoren, aber bloßen Vorläufern; ihre kritischen Einsätze sind gut gemeint, aber sie bleiben im diskursiven Feld der politischen Ökonomie kleben, sind noch ganz blind für die erst noch kommende Offenlegung des widersprüchlichen Kerns der kapitalistischen Produktionsweise. Im Unterschied zum vorhergehenden Diskurs geht es hier um eine Geschichte der Wahrheit und des Mangels, des Richtigen und des Fehlerhaften, der Erkenntnisse und der Irrtümer, und es ist zugleich eine Geschichte des „erst“: *Erst* Marx hat die Mängel behoben, *erst* Marx konnte die Fehler beseitigen, *erst* Marx war in der Lage die Irrtümer als Irrtümer zu erkennen und richtig zu stellen.[7]

Nun wäre es möglicherweise ein lobenswertes Unterfangen, die beiden Linien noch einmal darzulegen, ihre jeweiligen Argumente abzuwägen, um dann ein gelehrtes Urteil für eine der beiden Seiten zu fällen oder gar eine Art Synthese zu formulieren. Denn: Liegt es nicht auch nahe zwischen beiden Linien eine Affinität, eine unausgesprochene Nähe auszumachen? Der Diskurs, der immer nur die Originalität sucht und meist nicht mehr als die Abkömmlinge, die Kopien, die Zweiten findet, dieser Diskurs trifft sich mit dem, der die Wahrheit spricht und daher die Mängel und Fehler der Vorläufer sehen kann, sichtbar machen kann und sich zurecht zum Original, zum ersten erklärt.

Aber statt diesen Weg einzuschlagen und eine Synthese weiter zu verfolgen, möchte ich lieber die Perspektive etwas verschieben und eine mögliche andere Linie offen legen, in deren Zentrum nicht die Frage nach der wissenschaftsgeschichtlichen *Originalität* von Marx oder die nach der epistemologischen *Wahrheit* seiner Kritik steht, sondern vielmehr eine spezifische Problemkonstellation, die – mit Nietzsche gesprochen – die *Herkunft* und den *Entstehungsherd* einer Kritik der politischen Ökonomie auszuleuchten versucht. Es geht mir also um eine *Genealogie der Kritik* und damit um die Frage: Woher, aus welchen Ängsten und Beunruhigungen, Bedrohungen und Problematisierungen kommt der Wille, sich einer Macht wie der der politischen Ökonomie entgegenzustellen, ihr den Fehdehandschuh hin- oder das fürchterlichste aller Missiles an den Kopf zu werfen? Wenn demnach die beiden genannten Linien auf der Suche nach der Originalität und Wahrheit der Kritik sind, so legt der Genealoge eben jene Konstellation frei, aus der die Kritik entstehen konnte und mit ihr vor allem ihre *Gefährlichkeit*.

2. Das Bray-Exzerpt

In dieser Genealogie spielt ein bestimmtes marxsches Exzerpt eine Schlüsselrolle.[8] Es handelt sich dabei um jene fast kommentarlosen Auszüge und Übertragungen, die Marx

[7] In dieser wesentlich durch die sog. „neue Marx-Lektüre“ geprägten Linie findet man beispielsweise Autoren wie David McNally (1993), Michael Heinrich (1999) und jüngst Jan Hoff (2008). Zur neuen Marx-Lektüre siehe die umfassende Arbeit von Elbe (2010).

[8] Das Exzerpt wird demnächst im Band IV/5 der MEGA erscheinen.

im August des Jahres 1845 in der Bibliothek von Manchester über die Schrift von John Francis Bray mit dem Titel „Labours Wrongs and Labours Remedies. Or the Age of Might and the Age of Right" anfertigt. Der Text selbst wurde 1839 veröffentlicht und zählt eben deshalb zu den letzten großen Arbeiten der sogenannten ricardianischen Sozialisten. Wahrscheinlich geht die Schrift auf Vorlesungen zurück, die Bray im November 1837 in den Räumen der *Working Men's Association* von Leeds gehalten hatte. Der *Northern Star* – die führende Zeitschrift der Chartistenbewegung – kündigt das Buch 1838 unter der Überschrift *The Politics of Socialism* an und macht damit zugleich auch die Distanz deutlich, die die Chartisten zu Bray und den Ausführungen in seinem Buch eingenommen hatten.[9]

Zu Recht ist später bemerkt worden, dass Bray hier in seiner ganzen Argumentationsstruktur eine Art Synthese der verschiedenen Strömungen antikapitalistischer Kritik unternimmt: Owenismus, Chartismus, Utilitarismus, alles dies findet sich in der Brayschen Schrift, aber die Synthese vollzieht sich auf der Grundlage der neusten Sprache dieser Kritik, nämlich der politischen Ökonomie eines Smith und Ricardo. Interessant ist nun im Hinblick auf Marx, dass dieser ungeheuer viel Zeit und Akribie darauf verwendet, Brays Buch zu exzerpieren und zugleich ins Deutsche zu übertragen. Marx lernt jetzt gewissermaßen die englische Sprache, er erarbeitet sich ihre Begriffe und Wendung in Form der politischen Ökonomie, vor allem aber der kritischen politischen Ökonomie von John Francis Bray.[10] Während er etwa zuvor für die Zusammenfassung von William Thompsons umfangreichem Buch *An Inquiry into the principles of the distribution of wealth* nicht mehr als knapp zehn Druckseiten benötigt, exzerpiert er Brays kleine Schrift mit über 50 Druckseiten. Etwas an Bray fasziniert ihn von Anfang an, und es ist fast so, als ob er geahnt hätte, dass hier der Entstehungsherd seiner Kritik liegen könnte.

Vergleicht man Brays Text mit dem, was Marx aus ihm herausschreibt und übersetzt, so sind auf den ersten Blick kaum Schwerpunkte zu finden. Bei genauerem Hinsehen jedoch lassen sich immerhin drei, vier Themen ausfindig machen, an denen Marxens Eifer, sich den Text anzueignen, merklich zunimmt. Da ist zunächst Brays *Kritik der Politik,* eine radikale Zurückweisung bloßer politischer Umwälzungen und gewerkschaftlicher Verbesserungen, die aber die Grundlage des „social system" nicht berühren. Das „social system" ist eine Gesamtheit, eine Totalität, die auf der Art und Weise der Produktion und des Tausches von Gütern beruht; dort muss die Kritik ihr Ziel finden und folglich eine Umwälzung der Gesellschaft betreiben. Da ist ferner seine *Kritik des „ungleichen Tausches"* zwischen Arbeiter und Kapitalist, der sich letztlich, wie Bray schreibt, unter der Perspektive der Arbeitswertlehre, gar als eine Fiktion, eine Chimäre und ein grandioser Betrug herausstellt: der Tausch ist kein Tausch – weder ein gleicher noch ein ungleicher. „The whole transaction, therefore, between the producer and the capitalist, is a

[9] Bray war als Anhänger der Gewerkschaften und Chartisten gestartet, hatte sich dann aber immer weiter von deren Politik entfernt und mit seinem Buch auch eine radikale Kritik ihrer Politik unternommen. Vgl. hierzu Bronstein (2009, 20 ff.)

[10] Tatsächlich hatte Marx noch in den *Pariser Manuskripten* Smith, Ricardo und James Mill in französischen Ausgaben gelesen. In Manchester nun liest er weitere Autoren der britischen politischen Ökonomie im Original; und er liest ihre Kritiker William Thompson, Robert Owen und John Francis Bray.

palpable deception, a mere farce: it is, in fact, in thousands of instances, no other than a barefaced though legalised robbery, by means of which the capitalists and proprietors contrive to fasten themselves upon the productive classes, and suck from them their whole substance." (Bray 1839, 50) Und da ist Brays große *Frage nach dem Übergang*, der Transformation des „present social system" zu dem, was er „the social system of community of possession" nennt und das Marx – noch ganz unsicher – mal „communistisches" System meistens aber ins Französische als System der „communauté" übersetzt. Zu dieser Frage des Übergangs gehört dann die ganz Problematisierung eines Arbeitsgeldes, einer Tauschbank etc., der sich Marx im Bray-Exzerpt ausführlich widmet.

Warum nun aber – könnte man fragen – liest Marx Bray, und warum liest er ihn so intensiv? Liest er ihn schon, um über Ricardo hinaus zu kommen, liest er ihn schon um seine eigenen Waffen zu schärfen, oder orientiert er sich schlicht und einfach nur im schon vorhandenen Diskurs, im Setting von Argumenten und Argumentationen die der Sozialismus bisher gegen das „present social system" hervorgebracht hat? Wie immer man diese Fragen beantworten will und könnte, sie führen letztlich von der genealogischen Perspektive weg und wieder hin zu den beiden oben genannten Rezeptionslinie, nämlich entweder zum geringsten Übergang oder zum großen Bruch zwischen Marx und den „ricardianischen Sozialisten". Sie führen also wieder zurück zu Ursprung und Wahrheit, zur Serialität des Ersten und des Zweiten. Lassen wir sie also beiseite und kommen stattdessen neben Bray zu einer weiteren Schlüsselfigur in der Genealogie der Kritik.

3. Der „falsche Bruder"

Ich nenne diese Figur mit Marx' eigenen Worten den „falschen Bruder". Diese Bezeichnung taucht zuerst in einem Brief an Joseph Weydemeyer aus dem Jahr 1859 auf. Dort kündigt Marx dem Adressaten die hoffentlich baldige Publikation seiner „Kritik der politischen Ökonomie" an und schildert ihm die Struktur der ersten beiden Kapitel (1. Die Ware, 2. Das Geld oder die Zirkulation) des Buches. Das dritte Kapitel, „Das Kapital", wird aus „politischen" Gründen von Marx noch zurückgehalten. Jedenfalls fährt er dann am Ende der Gliederung resümierend fort: „In diesen 2 Kapiteln wird zugleich der Proudhonsche, jetzt in Frankreich fashionable Sozialismus, der die Privatproduktion bestehn lassen, *aber* den Austausch der Privatprodukte *organisieren*, der die *Ware* will, aber das *Geld* nicht, in der Grundlage kaputtgemacht. Der Kommunismus muß sich vor allem dieses ‚falschen Bruders' entledigen. [...] Ich hoffe, unsrer Partei einen wissenschaftlichen Sieg zu erringen." (MEW 29, 573). Auch Engels schwört er noch einmal ein, in der künftigen Rezension des Bandes unbedingt darauf hinzuweisen, dass nun dieser „falsche Bruder", der „Proudhonismus in der Wurzel vernichtet ist" (MEW 29, 463). In der Grundlage *kaputtgemacht* und in der Wurzel *vernichtet* – Marx, der große Schattenboxer, feiert einen hasserfüllten Triumpf, einen wissenschaftlichen Sieg; er hat den Kampf gewonnen, er glaubt die Kräfteverhältnisse zu seinen Gunsten gewendet zu haben, denn: Er hat den „falschen Bruder" entlarvt und die wahre Kritik etabliert.

Was nun aber hat eigentlich der falsche Bruder, was hat dieser französische Sozialist und Anarchist Pierre-Joseph Proudhon mit jenem John Francis Bray zu tun, von dessen Schrift Marx vierzehn Jahre zuvor in Manchester ein Exzerpt erstellte? Nun wissen zumindest die Marx-Kenner längst, dass die Verknüpfung beider Namen in jener großen Abrechnungsschrift liegt, die Marx 1847 in französischer Sprache verfasste und auch in Frankreich veröffentlicht hat. Ihr Titel lautet bekanntermaßen: *Misère de la Philosophie. Response A La Philosophie de la Misère de M. Proudhon.*[11] In diesem Text geschieht nun an einer grundlegenden Stelle der Argumentation etwas ganz eigentümliches. Marx hat gerade ausführlich dargelegt, dass die von Ricardo entwickelte Bestimmung des Wertes durch die Arbeitszeit nichts anderes ist als „der wissenschaftliche Ausdruck der ökonomischen Verhältnisse der gegenwärtigen Gesellschaft" (MEW 4, 98) und dass daher Herr Proudhon, der diese Formel als seine Entdeckung und als Grundstein einer künftigen Reformierung der Gesellschaft ausgibt, mehr als irrt. Marx geht aber noch einen Schritt weiter und fragt nun: Wenn Proudhon schon nicht die Formel der Werttheorie entdeckt hat, wenn Proudhon schon nicht Ricardo ist, kann er wenigstens zu recht von sich behaupten, diese Formel erstmals in gesellschaftsverändernder Absicht ausgedeutet zu haben? „Gebührt aber wenigstens die ‚egalitäre' Anwendung dieser Formel Herrn Proudhon? Ist er der erste, der sich eingebildet hat, die Gesellschaft dadurch zu reformieren, daß er alle Menschen in unmittelbar, gleiche Arbeitsmengen austauschende Arbeiter verwandelt? Kommt es ihm zu, den Kommunisten [...] den Vorwurf zu machen, nicht vor ihm diese ‚Lösung des Problems des Proletariats' gefunden zu haben?" (MEW 4, 98).

Auch das nicht, antwortet Marx, und belehrt ihn über die Existenz der so genannten ricardianischen Sozialisten – über Thompson, Hodgskin und eben jenen, wie es heißt, „englischen *Kommunisten*" Bray,[12] aus dessen „bemerkenswerter Schrift" er ihm – Herrn Proudhon – zitieren will. Zum einen so schreibt Marx, „weil Herr Bray in Frankreich noch wenig bekannt ist, und ferner, *weil wir in seinem Buch den Schlüssel gefunden zu haben glauben für die vergangenen, gegenwärtigen und zukünftigen Schriften des Herrn Proudhon*" (MEW 4, 98; Herv. MB). Und nun macht Marx folgendes: Er kopiert Auszüge aus seinem Bray-Exzerpt von 1845 in den Text hinein – und zwar fast viereinhalb Druckseiten unkommentiert und sehr genau ins Französische übertragen. Dabei filtert er noch einmal die für ihn wichtigsten Schwerpunkte des Exzerptes von 1845, nur um die Radikalität von Bray gegenüber dem seichten Reformer Proudhon hervorzuheben: die Radikalität des gesellschaftlichen gegenüber eines bloß politischen Umsturzes; die Herstellung eines gegenseitigen und gleichen Austausches von Werten bzw. Arbeitsmengen als Grundlage der Gerechtigkeit; die Farce, der Diebstahl und Betrug innerhalb des „Systems der Ungleichheit des Tausches" zwischen Arbeiter und

[11] Der Text erschien in einer deutschen Übersetzung von Karl Kautsky und Eduard Bernstein erst sehr spät, nämlich 1885. Engels hat darin einige Veränderung gegenüber dem französischen Original vorgenommen und ein Vorwort verfasst, in dem er hervorhebt, dass Marx hier zum ersten Mal die „Grundzüge seiner historischen und ökonomischen Anschauungsweise" im Gegensatz zu Proudhon entwickelt, vgl. (MEW 4, 558).

[12] Interessant ist hier die von Marx hervorgehobene Bezeichnung des „englischen *Kommunisten*". In der Rezeption wird dies nicht selten als besondere Auszeichnung oder Wertschätzung von Marx gegenüber Bray gelesen. Tatsächlich geht es Marx um nicht mehr als einen weiteren Seitenhieb auf Proudhon, der – wie oben zitiert – „den Kommunisten" den Vorwurf macht von politischer Ökonomie nichts verstanden zu haben.

Kapitalist und letztlich der Übergang in das „System der Gemeinschaftlichkeit“[13] über ein System von Kooperativen und lokalen Aktiengesellschaften, „das so eingerichtet ist, daß das *individuelle* Eigentum an den Produkten fortbesteht neben dem *gemeinschaftlichen* Eigentum an den Produktivkräften“ (MEW 4, 103).

Das Exzerpt vom Exzerpt steht wie ein Monument im Text – eine stumme Anklage gegen den falschen Bruder. Eine bittere Lektion wird hier erteilt: ‚Sieh her Proudhon, Kleinbürger und wissenschaftlicher Stümper, ich habe den Text für dich exzerpiert und ins Französische übersetzt, so dass auch du es verstehen kannst und alle Welt es sehen kann: Sie sind nicht der erste, sie sind nicht originell, sie sind ein falscher Bruder‘. Noch bevor Marx sein „fürchterlichstes Missile“ der Bourgeoisie an den Kopf schleudern sollte, wirft er den Fehdehandschuh seinem Erzfeind, dem Kleinbürger Proudhon vor die Füße. Aber es handelt sich hierbei nicht um eine bloße Polemik, mit Bray und Proudhon befinden wir uns mitten im Entstehungsherd der Kritik der politischen Ökonomie.

4. Exkurs: Proudhon vs. Marx

Bevor ich aber noch genauer auf die Falschheit oder Falschheiten des falschen Bruders eingehen werde, muss – denn die Genealogie ist grau und kleinlich – auf die politische und persönliche Konstellation Marx/Proudhon bis zu diesem Zeitpunkt kurz eingegangen werden. Marx kannte Proudhon nicht nur aus seinen Schriften, sondern auch persönlich sehr gut, ja er bewunderte ihn sogar. Er sah in ihm einen der wenigen ernsthaften wissenschaftlichen und politischen Mitstreiter für den Sozialismus und traf sich mit ihm 1844/45 im Pariser Exil zu intensiven und nächtelangen Diskussionen.[14] Dann im Frühjahr 1846 kommt es zu einem kurzen, aber folgenreichen Briefwechsel zwischen Proudhon und Marx. Dieser schreibt am 5. Mai an Proudhon, um ihn zur Mitarbeiter an den im Aufbau befindlichen internationalen Kommunistischen Korrespondenz-Komitees zu gewinnen. In einem Postskriptum dann warnt er ihn ausdrücklich vor Karl Grün und dessen Bewegung der „wahren“ Sozialisten.[15] „Dieser Mensch ist

[13] Bray spricht von einem „system of community and equality“; in der französischen Fassung übersetzt Marx dies mit „système de la communauté“.

[14] In der *Heiligen Familie* lobt Marx die Proudhonsche Kritik am Eigentum und seine Kritik der Nationalökonomie, weil „er den *menschlichen Schein* der nationalökonomischen Verhältnisse ernst genommen [hat] und ihrer *unmenschlichen Wirklichkeit* schroff gegenübergestellt. Er hat sie gezwungen, das in der Wirklichkeit zu sein, was sie in ihrer Vorstellung von sich sind, oder vielmehr ihre Vorstellung von sich aufzugeben und ihre wirkliche Unmenschlichkeit einzugestehen. Er hat daher konsequent nicht diese oder jene Art des Privateigentums, wie die übrigen Nationalökonomen, auf partielle Weise, sondern das Privateigentum schlechthin auf universelle Weise als den Verfälscher der nationalökonomischen Verhältnisse dargestellt. Er hat alles geleistet, was die Kritik der Nationalökonomie von nationalökonomischem Standpunkte aus leisten kann.“ (MEW 2, 34)

[15] Marx hatte schon in der *Deutschen Ideologie* mit Karl Grün „abgerechnet“. Er war ein weiterer „falscher Bruder“, der sich nun in Paris anschickte, mit Proudhon politisch und theoretisch gemeinsame Sache zu machen. Und in der Tat wird Grün Proudhons *Système de Contradiction économique ou Philosophie de la Misère* 1847 ins Deutsche übertragen mit dem Titel „Philosophie der Staatsökonomie oder Notwendigkeit des Elends“. Marx Kritik trifft also im Grunde Proudhon und Grün, zwei falsche Brüder.

nichts weiter als ein literarischer Hochstapler, eine Art Scharlatan, der mit modernen Ideen hausieren möchte. Er versucht, seine Unwissenheit hinter hochtrabenden und anmaßenden Redensarten zu verbergen, aber es ist ihm lediglich gelungen, sich durch seinen *Galimathias* lächerlich zu machen. Außerdem ist der Mann *gefährlich*. [...] Hüten Sie sich vor diesem Schmarotzer." (MEW 27, 443). Die Antwort Proudhons vom 17. Mai muss auf Marx wie ein Affront gewirkt haben, denn dieser spricht nun offen aus, was er von Marx und seinen Anhängern befürchtet:

> „Lassen Sie uns gemeinsam, wenn Sie es wünschen, die Gesetze der Gesellschaft ergründen, die Art und Weise wie diese Gesetze sich verwirklichen, die Methode mit der wir sie am besten entdecken können; aber nachdem wir alle ungeprüften Dogmatismen (dogmatisme *àpriori*) zertrümmert haben, lassen Sie uns um Gottes Willen nicht davon träumen, die Menschen unsererseits zu indoktrinieren [...] Mit ganzen Herzen unterstütze ich ihre Idee, alle Meinungen offen darzulegen; lassen Sie uns in einen fruchtbaren und loyalen Streit eintreten und der Welt ein Beispiel unserer erlernten und weitsichtigen Toleranz geben. Aber lassen Sie uns nicht, weil wir an der Spitze einer Bewegung stehen, zu Führern einer neuer Intoleranz werden und nicht als Apostel einer neuen Religion auftreten, selbst wenn diese Religion die Religion der Logik, die Religion der Vernunft wäre. Lassen Sie uns allen Widerstand sammeln und ermutigen und jeden Ausschluss, jeden Mystizismus brandmarken. Lassen Sie uns niemals eine Frage als völlig beantwortet betrachten und wenn uns die Argumente ausgegangen sind, dann lassen Sie uns eben von vorne beginnen – mit Eloquenz und Ironie. Unter dieser Bedingung werde ich gerne ihrem Verein beitreten. Ansonsten – nein!" (Proudhon 1979, 205, Übersetzung MB)

Im Dezember 1846 beginnt Marx die Niederschrift seiner Kritik an Proudhons Buch; zeitgleich schreibt er einen ausführlichen Brief an den russischen Publizisten Annenkow, in dem er die „falsche Kritik der politischen Ökonomie" von Proudhon in einem ersten Zugriff offen zu legen versucht. Tatsächlich jedoch zeigt er nur, wie ahistorisch und idealistisch Proudhon argumentiert; er spart sich das Wesentliche noch auf, so schreibt er: „Herr Proudhon eröffnet sein Buch mit einer Abhandlung über den Wert, der sein Steckenpferd ist. Mit der Untersuchung dieser Abhandlung werde ich mich diesmal nicht befassen." (MEW 4, 550). Der Brief endet mit der Feststellung: „Sie verstehen jetzt, warum Herr Proudhon der erklärte Feind jeder politischen Bewegung ist. Die Lösung der gegenwärtigen Probleme liegt für ihn nicht in der öffentlichen Aktion,[16] sondern in den dialektischen Kreisbewegungen innerhalb seines Kopfes." (MEW 4, 555)

[16] Gemeint ist hier natürlich die „Revolution", der Proudhon in seinem Brief an Marx ebenfalls eine Absage erteilt. Er schreibt darin, dass auch er lange am Gedanken eines „revolutionären Momentums" festgehalten habe, nun aber davon überzeugt sei, dass dieser Weg der sozialen Reform nur zu Gewalt und Willkür führe und daher ein Widerspruch darstelle.

5. Die drei Falschheiten des Doppelgängers

Wann auch immer Marx auf die Idee kam mit Proudhon ein für alle Mal abzurechnen, er muss auf jeden Fall in dieser Phase zwischen Mai und Dezember 1846 gespürt haben, dass bei diesem Autor zwei Dinge gefährlich zusammenlaufen: eine *Kritik der politischen Ökonomie* und eine *soziale und politische Bewegung* von beträchtlichem Ausmaß. Marx muss geahnt haben, dass er es mit seinem Doppelgänger zu tun hat: einem Philosophen, dem er selbst den Hegel beigebracht hat[17] und einem Ökonomen, von dessen bahnbrechender Arbeit über das Eigentum (*Qu´est ce que la propriètè?*) er begeistert war. Im Vorwort zum *Elend der Philosophie* macht Marx deutlich, wie gefährlich dieser Proudhon werden könnte, wenn man nicht seine Falschheiten entlarvt: „Herr Proudhon genießt das Unglück, auf eigentümliche Art verkannt zu werden. In Frankreich hat er das Recht, ein schlechter Ökonom zu sein, weil man ihn für einen tüchtigen deutschen Philosophen hält; in Deutschland dagegen darf er ein schlechter Philosoph sein, weil er für einen der stärksten französischen Ökonomen gilt. In unserer Doppeleigenschaft als Deutscher *und* Ökonom sehen wir uns veranlaßt, gegen diesen doppelten Irrtum Protest einzulegen.“ (MEW 4, 65) Proudhon ist ein schlechter Philosoph und ein schlechter Ökonom, natürlich; aber das kann nur vom echten Philosophen und Ökonom aufgedeckt werden. Entscheidend für die Entstehung der Kritik ist nun, dass Proudhon Marx zwingt eine „wahre“ Kritik der politischen Ökonomie vorzulegen; der „falsche Bruder“ zwingt ihn auf das eigentümliche Schlachtfeld der (englischen) politischen Ökonomie *und* der (deutschen) Philosophie – und zwar im Kampf um die Hegemonie der sozialen und politischen Bewegungen. Aus der „Vernichtung des Proudhonismus“ entspringt die reine Kritik der politischen Ökonomie![18]

Damit komme ich zurück zum Bray-Exzerpt, zu diesem eigentümlichen Monument mitten im marxschen Text. Würde man noch einmal die Frage stellen, warum Marx Bray überhaupt gelesen hat, so könnte man nun unter Missachtung aller Chronologie – und daher gut genealogisch – antworten: Marx liest Bray um Proudhon, den falschen Bruder zu entlarven, seinen Doppelgänger in philosophischer, ökonomischer und politischer Hinsicht. Und mit dem Bray-Exzerpt kann Marx die Falschheit von Proudhon gleich in dreifacher Weise vorführen.

1. Proudhon der Sykophant: Bei der ersten Falschheit, die Marx Proudhon nachweisen will, handelt es sich im Grunde um den Vorwurf der Denunziation und Beleidigung der Kommunisten. Proudhon behauptet, er habe die „Lösung des Problems des Pro-

[17] In einer Art Nachruf auf Proudhon schreibt Marx später, dass er „ihn [Proudhon] zu seinem großen Schaden mit Hegelianismus [infiziert habe], den er doch bei seiner Unkenntnis der deutschen Sprache nicht ordentlich studieren konnte. Was ich begann, setzte nach meiner Ausweisung aus Paris Herr *Karl Grün* fort. Der hatte als Lehrer der deutschen Philosophie noch den Vorzug vor mir, daß er selbst nichts davon verstand.“ (MEW 16, 27)

[18] So spricht etwa Rancière (2010, 159) davon, dass die „große Errungenschaft“ des *Kapitals*, nicht darin bestünde, „den Mehrwert freigelegt zu haben“, sondern „die Proudhonsche Lösung des Mehrwerts ruiniert zu haben: den freien und gleichen Tausch von Arbeit zwischen Produzenten. [...] Sobald feststeht, dass die Äquivalentform der Ware eine *ausschließende* Form ist, ist die Sache gelaufen. Der Proudhonismus ist unmöglich geworden. In gewisser Weise ist die Beweisführung des Buches in seinem ersten Kapitel vollendet.“

letariats" gefunden und alle Kommunisten vor ihm – alle diese „hartnäckig dummen Menschen" und „paradiesischen Träumer" hätten nicht einmal geahnt, worin das eigentliche Problem besteht und wie es gelöst werden kann. Deshalb lässt Marx ausdrücklich Herrn Bray einen „englischen *Kommunisten*", sprechen, einen, der selbst ein „communistisches System" oder ein „soziales System der Communeauté" entwickelt hat und der Proudhon bei Weitem in den Schatten stellt. Proudhon ist also ein Sykophant und hat überdies keine Ahnung vom Kommunismus.

2. Proudhon der Plagiator: Bei der zweiten Falschheit handelt es sich um den Vorwurf des Plagiats. Proudhon behauptet ja nicht nur, die Formel für die Bestimmung des Wertes gefunden zu haben; hier hat Marx ihn ja schon als Plagiator von Ricardo bloßgestellt. Proudhon aber will seine Originalität auch dort noch vorführen, wo er auf der Grundlage der Arbeitswertlehre, eine Kritik der politischen Ökonomie und die Transformation der Gesellschaft, ihre Verwandlung in eine kommunitäre auf Gleichheit und Individualität basierende Gesellschaft abzuleiten versucht. Aber, sagt nun Marx, das ist nicht originell, sondern ein weiteres Plagiat; Herr Bray geht von derselben Grundlage aus, versucht ebenso „die Ökonomen auf ihrem eigenen Gebiet mit ihren eigenen Waffen anzugreifen" (MEW 4, 99) und kommt zu ähnlichen Schlussfolgerungen: Man müsste die Formel vom gleichen Tausch der Arbeitsmengen zum *normativen Maßstab* einer Kritik der gegenwärtigen und einer Praxis der künftigen Gesellschaft machen. Proudhon ist also weder in der einen noch in der anderen Hinsicht originell. Er ist vielmehr ein Fälscher, ein Plagiator.[19]

Bemerkenswert an diesen beiden Vorwürfen ist, wie sehr Marx im Grunde Proudhon ähnelt. Hatte er selbst nicht den Grüns und Weitlings oft genug gezeigt, wie abgrundtief „dumm" sie seien; und wird er nicht Proudhon und Bray selbst Illusionismus, Träumerei und Albernheit vorwerfen? Vollzieht Marx damit nicht selbst das Geschäft der offenen Denunziation? Und auch im zweiten Punkt lässt sich erkennen, wie nah und gefährlich der Doppelgänger operiert. Proudhon glaubt nämlich, wie Marx, in der ricardianischen Arbeitswertlehre liege der verborgene Kern, liege der Schlüssel für die Wahrheit über das System der ökonomischen Widersprüche.

3. Proudhon und Bray, die falschen Kritiker: Bis hierin lässt sich demnach festhalten: Proudhon denunziert fälschlicherweise den Kommunismus und ist ein doppelter Plagiator. Das Schlimmste aber ist, dass seine Kritik der politischen Ökonomie in der Substanz ein Betrug ist, eine Chimäre – eben eine *falsche Kritik* ist. Worin liegt nun der Betrug? Was ist falsch an der Kritik von Proudhon? Hier nun wechselt Marx zu Bray, weil er die Falschheit dieser Kritik am besseren Original vorführen möchte. Beide, Proudhon wie Bray, sehen letztlich in der kapitalistischen Gesellschaft den zum naturrechtlichen Maßstab erhobenen Äquivalententausch zwischen Arbeiter und Kapitalist verletzt; wenn überhaupt ein Tausch stattfindet, dann ein radikal ungleicher. Bray schreibt dazu und Marx hebt es im Exzerpt hervor: „Bisher haben wir stets dieses im höchsten Grade ungerechte Austauschsystem befolgt: Die *Arbeiter* haben dem *Kapitalisten* die Arbeit eines

---

[19] Man könnte bei Marx eine ganze Geschichte dieses Vorwurfs – des Plagiarismus – schreiben und dabei seinen strengen Wissenschaftsbegriff rekonstruieren, der eifersüchtig darauf achtet, dass nur dort von Wissenschaft die Rede sein darf, wo etwas genuin Neues, Originelles, eine wissenschaftliche Entdeckung vorliegt.

ganzen Jahres im Austausch gegen den Wert eines halben Jahres gegeben – und hieraus und nicht aus einer vermeintlichen Ungleichheit der physischen und intellektuellen Kräfte der Individuen ist die Verschiedenheit von Reichtum und Macht hervorgegangen. [...] Die Vereinbarung zwischen Arbeitern und Kapitalisten ist eine bloße Komödie: Faktisch ist sie in Tausenden Fällen nur ein unverschämter, wenn auch *gesetzlicher Diebstahl*“ (*MEW 4*, 100). Statt gleiche Werte, gleiche Mengen Arbeit bzw. Arbeitszeit zu tauschen – wie es die Formel besagt –, ist im System des ungleichen Tausches der Profit des Unternehmers zugleich der Verlust des Arbeiters und dieses Verhältnis akkumuliert sich in der Zeit zu einer ungeheuren Macht gegen den Arbeiter. Daher kann auch nur eine „totale Veränderung des Systems“ und die „Einführung der Gleichheit der Arbeit und des Tausches“ das gegenwärtige soziale Regime überwinden.

Was macht nun Marx? Er zieht sein eigenes kritisches Register gegen diese vermeintliche Kritik der politischen Ökonomie. Nirgends, sagt er, wird im Tausch der Ware Arbeitskraft gegen Lohn die Formel von der Wertbestimmung verletzt; das Wertgesetz ist nicht der normative, der naturrechtliche Maßstab, nach dem ein angeblich tausendfacher Betrug des Kapitalisten am Arbeiter nachzuweisen wäre. Ganz im Gegenteil: Die ricardianische Formel, nach welcher der Wert einer Ware über die zu ihrer Produktion notwendig verausgabten Arbeitszeit bestimmt wird, ist nichts anderes als die exakte wissenschaftliche Beschreibung der „wirklichen Bewegung der bürgerlichen Produktion“. Die Formel, die das Geheimnis der kapitalistischen Produktionsweise preisgibt, ist nicht der kritische Hebel zur Befreiung des Proletariats, sondern schlicht weg die Formel dafür, *aus Menschen Hüte zu machen*. Wer sie zum Maßstab ernennt, hat nichts in der Hand, um die Gesellschaft zu verändern, sondern lediglich das hoch verdichtete Abbild, das Bewegungsgesetz dieser Gesellschaft. „Herr Bray“, schreibt Marx, „erhebt die *Illusion* des biederen Bürgers zum *Ideal*, das er verwirklichen möchte. Dadurch, daß er den individuellen Austausch reinigt, daß er ihn von allen widersprüchlichen Elementen, die er in ihm findet, befreit, glaubt er, ein ‚*egalitäres*‘ Verhältnis zu finden, dass man in die Gesellschaft einführen müßte. Herr Bray ahnt nicht, daß dieses egalitäre Verhältnis, dieses *Verbesserungsideal* [...] selbst nichts anderes ist als der Reflex der gegenwärtigen Welt und daß es infolgedessen total unmöglich ist, die Gesellschaft auf einer Basis rekonstituieren zu wollen, die selbst nur der verschönert Schatten dieser Gesellschaft ist.“ (*MEW 4*, 105) Bray und Proudhon sind also tatsächlich Idealisten und Biedermänner – wenn auch der eine immerhin ein origineller. Sie sehen nicht, dass schon im individuellen Tausch von Arbeitsmengen, in der Wertbestimmung selbst also, der Klassengegensatz bzw. die gesamte Widersprüchlichkeit der kapitalistischen Produktionsweise eingeschrieben ist. Man kann somit nicht das eine (individueller Tausch von Produkten privater Arbeit) ohne das andere (Klassengegensatz, Geld und kapitalistische Produktionsweise) haben.

6. Schluss: Für eine Kritik der Angst

Hier, in der letzten Falschheit, die Marx über das Bray-Exzerpt Proudhon nachzuweisen versucht, erkennt man, an welchem systematischen Ort die *wahre* Kritik der politischen Ökonomie ihren Ausgang nimmt: in der spezifisch gesellschaftlichen Form der Wertbestimmung, in der Art und Weise, wie sich die gesamte gesellschaftliche Widersprüchlichkeit der kapitalistischen Produktionsweise in die einfachsten Austauschbewegungen von Arbeitsmengen und Produkten hineingefressen hat und dort mit den Menschen ihr ver-rücktes Spiel treibt. Man kann auch schon erkennen, wie diese Analyse der Verrücktheiten wachsen und sich ausdehnen wird: zuerst in der Schrift von 1859 – wo Marx noch einmal den Proudhonismus in der Grundlage vernichtet sah und dann endgültig im *Kapital* selbst, wo man vom Entstehungsherd der Kritik nur noch ein ganz schwaches, fernes Echo wahrnehmen kann. Der falsche Bruder ist jetzt nicht mehr als eine kleine Fußnote wert, eine Fußnote, in der Marx von Proudhons „Philisterutopie“ spricht, von einem unmöglichen Sozialismus der *unmittelbaren Austauschbarkeit der Waren*; in der er aber noch einmal darauf hinweisen muss, dass dieser Proudhonsche Sozialismus „wie ich anderswo gezeigt, nicht einmal das Verdienst der Originalität besitzt, vielmehr lange vor ihm von Gray, Bray und andern weit besser entwickelt wurde.“ (MEW 23, 82)

Aber hat Marx sich auf diese Weise den „falschen Bruder“ wirklich vom Hals geschafft? Oder anders und genealogisch gefragt: Um welchen Preis ist dieses vom Halse schaffen geschehen? Was ist letztlich aus dieser Schlacht gegen den Doppelgänger und „falschen Bruder“ hervorgegangen? In erster Linie geht eine spezifische *Kritik* der politischen Ökonomie daraus hervor. Es ist eine Kritik, die nun durch Bray – den besseren Proudhon – weiß, dass sie nur *auf dem epistemologischen Feld der Wert(form)bestimmung* erfolgreich sein kann; dort kann sie nicht nur die bürgerlichen Ökonomen schlagen, sondern auch die falschen sozialistischen und kommunistischen Brüder entlarven– die Sykophanten, die Plagiatoren und all die vermeintlichen „Feinde der politischen Bewegung“. Die Stellung zum Wertgesetz scheidet die Geister; sie wird zum Maßstab der politischen Feinderklärung. Aus der Schlacht gehen demnach nicht nur eine wissenschaftliche Kritik, sondern zugleich auch eine politische *Angst* hervor, eine Furcht vor den falschen Wahrheiten, den Kleinbürgerillusionen und Philisterutopien.

Denn natürlich weiß Marx was politisch auf dem Spiel steht. Wo führen denn der Proudhonsche Mutualismus oder Brays Arbeitstauschbörsen und seine kooperativen *joint-stock companies* hin? Sie führen in die Illusion der kleinen Übergänge, der molekularen Transformationen, der gewalt- und konfliktarmen Subversion des kapitalistischen Systems. Diese ganzen Arbeitsgeldexperimente, nationalen Tauschbankutopien und die Labour-Exchange-Basare waren ja längst in der Theorie zum Untergang verurteilt, ehe sie dann in Sheffield, Leeds und London in der Praxis zusammenbrachen.[20] Die Kritik weiß, dass und warum all dies vergebens ist, vor allem aber weiß sie, dass diese Versuchungen von der politischen Wahrheit ablenken: die Wahrheit nämlich, dass diese Gesellschaft nur an ihren eigenen inneren Widersprüchen zerbrechen und in einem krisenhaften, gewaltförmigen und revolutionären Moment umgestaltet werden kann. Nicht umsonst beendet Marx seine Kritik an Proudhon mit einem martialischen Zitat von George Sands: „Kampf oder Tod; blutiger Krieg oder das Nichts. So ist die Frage unerbittlich gestellt.“ (MEW 4, 182)

---

[20] Zur Kritik von Marx an den Arbeitsgeldtheorien und Arbeitsgeldexperimenten der 1830er und 40er Jahre in England und in Frankreich, siehe Nishibe (2006, 85–105).

Die genealogische Bilanz fällt also letztlich zwiespältig aus: Auf der einen Seite die große Kritik, auf der anderen Seite der kleine und kleinliche Bruderzwist. Auf der einen Seite der große Sieg und die beispiellose wissenschaftliche Leistung, vergleichbar nur – und so hat es Marx wohl gesehen – mit der Leistung eines Darwin, seinem vielleicht einzig *wahren* Bruder. Auf der anderen Seite die Ängste und Bedrohungen, aus denen die Kritik einst hervorgegangen ist und die man ihr kaum mehr anzusehen vermag. Gleichwohl könnte es sein, dass sie diese Ängste nicht verloren hat, dass sie ihr weiterhin anhaften, und das gerade deshalb die eifrige Suche nach Doppelgängern und Feinden der politischen Bewegung weitergehen kann. Der „falsche Bruder“ bleibt der Kritik erhalten, er sitzt ihr wie die Angst im Nacken!

Literatur

Bray, John Francis (1839): *Labour's Wrongs and Labour's Remedy or, The Age of Might and the Age of Right*, Leeds.

Elbe, Ingo (2010): *Marx im Westen. Die neue Marx-Lektüre in der Bundesrepublik seit 1965*, Berlin.

Foucault, Michel (1999): *In Verteidigung der Gesellschaft. Vorlesungen am Collège de France 1975/76*, Frankfurt am Main.

Heinrich, Michael (1999): *Die Wissenschaft vom Wert. Die marxsche Kritik der politischen Ökonomie zwischen wissenschaftlicher Revolution und klassischer Tradition*, Münster.

Hoff, Jan (2008): *Karl Marx und die „ricardianischen Sozialisten. Ein Beitrag zur Geschichte der politischen Ökonomie, der Sozialphilosophie und des Sozialismus*, Köln.

McNally, David (1993): *Against the Market. Political Economy, Market Socialism and the Marxist Critique*, London.

Menger, Anton (1891): *Das Recht auf den vollen Arbeitsertrag in geschichtlicher Darstellung*, Stuttgart.

Nishibe, Makoto (2006): „The theory of labour money: Implications of Marx's critique for the Local Exchange Trading System (LETS)“, in: Uchida, Hiroshi (Ed.), *Marx for the 21st century*, London.

Nolte, Ernst (1983): *Marxismus und Industrielle Revolution*, Stuttgart.

Proudhon, Pierre-Joseph (1979): P.-J. Proudhon an K. Marx in Brüssel, Lyon 17. Mai 1846. MEGA III/2, S. 205–207, Berlin.

Rancière, Jacques (2010): *Der Philosoph und seine Armen*, Wien.

Thompson, Noel W. (2002): *The People's Science. The popular political economy of exploitation and crisis 1816–34*, Cambridge.

Vester, Michael (1972): *Die Entstehung des Proletariats als Lernprozeß. Zur Soziologie und Geschichte der Arbeiterbewegung*, Frankfurt am Main.

Michael Heinrich

Von den ‚kanonischen' Texten zu Marx' ungeschriebenem *Kapital*

Letzten Endes beugte er sich dem Druck seiner Freunde. Noch am 31. Juli 1865 hatte Marx an Engels geschrieben „Ich kann mich aber nicht entschliessen irgend etwas wegzuschicken, bevor das Ganze vor mir liegt. Whatever shortcomings they may have, das ist der Vorzug meiner Schriften, daß sie ein artistisches Ganzes sind, u. das ist nur erreichbar mit meiner Weise sie nie drucken zu lassen, bevor sie *ganz* vor mir liegen. Mit der Jacob Grimmschen Methode ist dieß unmöglich u. geht überhaupt besser für Schriften, die kein dialektisch Gegliedertes sind." (MEGA III/13, 510) Bereits einige Monate später begann Marx jedoch mit den Vorbereitungen für die Veröffentlichung des ersten Bandes des *Kapital*, der 1867 erschien – *ohne* dass das ganze Werk vor ihm gelegen hätte. Zu Marx' Lebzeiten blieb es bei diesem ersten Band und bis heute dominiert er die Rezeption. Behauptet jemand, er oder sie habe das *Kapital* gelesen, dann ist meistens nur die Lektüre von Band eins gemeint. Selbst ernsthafte wissenschaftliche Rezeptionen nehmen häufig nur den ersten Band zur Kenntnis. Man denke nur an die vielen Abhandlungen über den Fetischismus, die sich auf das erste Kapitel des ersten Bandes konzentrieren und dabei ignorieren, dass sich die Fetischismusanalyse auch im dritten Band mit der Untersuchung des Kapitalfetischs und der „Trinitarischen Formel" fortsetzt, dass sie Bestandteil eines sich über alle drei Bände erstreckenden Dechiffrierungsprozesses der „Religion of every day's life" (MEGA II/4.2, 852; MEW 25, 838)[1] ist.

Nach Marx' Tod gab Friedrich Engels nicht nur den ersten Band neu heraus. In einer gewaltigen Anstrengung gelang es ihm aus den nachgelassenen marxschen Manuskripten 1885 den zweiten und 1894 den dritten Band des *Kapital* zu publizieren. Und nachdem Karl Kautsky 1905–1910 die *Theorien über den Mehrwert* veröffentlicht hatte, die weithin als der von Marx angekündigte vierte, theoriegeschichtliche Band angesehen wurden, schien es so, als liege nun endlich das marxsche *Kapital* vor: in manchen De-

[1] Grundsätzlich zitiere ich nach der (zweiten) Marx-Engels-Gesamtausgabe (MEGA), soweit die entsprechenden Texte dort bereits veröffentlicht sind. Für das *Kapital* gebe ich parallel die entsprechenden Stellen aus Marx Engels Werke (MEW) an, sofern sie dort existieren.

tails zwar unfertig, aber doch als einigermaßen abgeschlossenes Werk. Bis heute bezieht sich die Mehrzahl der Auseinandersetzungen auf den Text dieser ‚kanonisch' gewordenen Editionen, die auch den meisten Übersetzungen zugrunde liegen. In der Regel lesen wir heute die drei Bände des *Kapital* in den von Engels besorgten Ausgaben und die *Theorien über den Mehrwert* in einer gegenüber Kautskys Ausgabe leicht verbesserten Fassung. Den meisten heutigen Lesern und Leserinnen ist die problematische editorische Konstitution dieser Texte aber überhaupt nicht klar: In den gängigen Ausgaben besitzt keiner der drei *Kapital*-Bände, auch nicht der erste, eine Textgestalt, die Marx jemals zu Gesicht bekommen hat; darüber hinaus verdanken sich die für die Edition der einzelnen Bände verwendeten Texte ganz unterschiedlichen Entstehungszeiten, sie repräsentieren einen jeweils unterschiedlichen Stand der Ausarbeitung der Theorie. Auch die kritischsten *Kapital*-Lektüren verhalten sich meistens weitgehend unkritisch gegenüber den benutzten Textfassungen. Dabei sind die inhaltlichen Probleme, die aus der editorischen Zurichtung der Texte resultieren, keineswegs zweitrangig.

Im Folgenden soll es um zwei Problemkomplexe gehen: zum einen um die Differenzen zwischen den ‚kanonischen' Textfassungen der engelsschen Edition und den marxschen *Kapital*-Manuskripten, die inzwischen in der zweiten Abteilung „Kapital und Vorarbeiten" der MEGA vollständig publiziert sind; zum anderen um den marxschen Forschungsprozess der 1870er Jahre, der auf eine weitgehende Umarbeitung, nicht nur der geplanten Bände zwei und drei, sondern auch des ersten, bereits erschienenen Bandes hinauslief. Die Diskussion des ersten Komplexes macht deutlich, dass es für eine wissenschaftliche Diskussion des *Kapital* unumgänglich ist, sich auf die marxschen Originalmanuskripte zu beziehen. Die Untersuchung des zweiten Komplexes zeigt, dass diese Originalmanuskripte eine inhaltliche Entwicklung aufweisen, die jene Struktur des *Kapital*, wie sie von Marx in den 1860er Jahren entwickelt wurde und die sich auch in den ‚kanonischen' Textfassungen widerspiegelt, grundlegend in Frage stellt: In den 1870er Jahren deutet sich bei Marx ein wesentlich verändertes *Kapital* an – das aber ungeschrieben bleibt.

1. Die ‚kanonischen' Textfassungen und ihre Probleme – ein Überblick

Wie aus dem Vorwort des 1867 erschienenen ersten Bandes hervorgeht, sollte das *Kapital* vier Bücher umfassen (vgl. MEGA II/5, 14; MEW 23: 17), *Produktionsprozess des Kapitals* (Buch I), *Zirkulationsprozess des Kapitals* (Buch II), *Gestaltungen des Gesamtprozesses* (Buch III), *Geschichte der Theorie* (Buch IV).[2] Die von mir als ‚kanonisch' bezeichnete Edition dieser vier Bücher liegt auch der weit verbreiteten *Kapital*-Ausgabe

[2] Diese vier Bücher sollten in drei Bänden erscheinen: Band zwei sollte Buch II und Buch III enthalten, Band drei dann Buch IV. Nachdem Engels Buch II und Buch III in separaten Bänden veröffentlichte ist die Unterscheidung zwischen Buch und Band eigentlich hinfällig geworden. Sie ist aber wichtig, um den marxschen Briefwechsel zu verstehen: Wenn in den 1870er Jahren vom „zweiten Band" die Rede ist, dann ist damit nicht nur Buch II gemeint, das Engels als zweiten Band ediert hat, sondern es ist Buch II *und* Buch III angesprochen.

der Marx Engels Werke (MEW) in den Bänden 23 bis 26 zugrunde (vgl. zur Geschichte der *Kapital*-Editionen Hecker 1999, Marxhausen 2008). In der MEGA sind die engelsschen Editionen der Bände zwei und drei ebenfalls enthalten – aber auch die marxschen Originalmanuskripte.

a. Engels' Edition von Buch I

Den ersten Band des *Kapital* veröffentlichte Marx 1867, eine zweite, überarbeitete Auflage folgte 1872/73. Neben einer stärkeren Untergliederung des ganzen Buches und einer Reihe von einzelnen Ergänzungen, unterschied sich insbesondere der Text des ersten Kapitels erheblich von der Erstauflage: dort hatte es zwei Darstellungen der für die Werttheorie zentralen Wertformanalyse gegeben, eine im ersten Kapitel und eine – auf Anraten von Engels und Kugelmann – überarbeitete und vereinfachte in einem Anhang. Diese beiden Darstellungen hatte Marx für die zweite Auflage zu einer einzigen verarbeitet, die sich an der vereinfachten Version des Anhangs orientierte. Das dabei entstandene Überarbeitungsmanuskript wurde erstmals in MEGA II/6 unter dem redaktionellen Titel *Ergänzungen und Veränderungen zum ersten Band des ‚Kapitals'* veröffentlicht, es enthält wichtige methodische Überlegungen zur Darstellung von Wert und Wertform, die sich in dieser Weise weder in der Erst- noch in der Zweitauflage des *Kapital* finden (vgl. dazu Heinrich 2009, 265–272). Somit liegen drei verschiedene Fassungen der Wertformanalyse vor (je eine im ersten Kapitel und im Anhang der Erstauflage und eine in der zweiten Auflage) sowie die Bemerkungen und Varianten im Überarbeitungsmanuskript. Untersucht man diese Texte im Detail, dann wird deutlich, dass keine dieser Fassungen als ‚beste' oder ‚entwickeltste' gelten kann, eine wissenschaftliche Rezeption kommt nicht umhin, alle Fassungen zu berücksichtigen.[3]

Zwischen 1872–75 erschien, zunächst in einzelnen Lieferungen, eine von Marx korrigierte und überarbeitete französische Übersetzung, die eine Reihe von Veränderungen und Erweiterungen gegenüber der zweiten deutschen Auflage beinhaltete. Im „Avis au lecteur" von 1875 stellte Marx die Bedeutung dieser Ausgabe heraus, „elle possède une valeur scientifique indépendante de l'original et doit être consultée même par les lecteurs familiers avec la langue allemande." (MEGA II/7, 690; MEW 23, 32) Dieser

---

[3] Dass es keine beste Fassung gibt, hat wohl auch Marx so gesehen. Über die Darstellung der Wertformanalyse im ersten Kapitel hatte er 1867 im Vorwort zum ersten Band des *Kapital* geschrieben: „Sie ist schwerverständlich, weil die Dialektik viel schärfer ist als in der ersten Darstellung [womit das 1859 erschienene „Erste Heft" der „Kritik der politischen Ökonomie" gemeint ist, M. H.]" (MEGA II/5, 11 f.). Zwar stellte Marx auch der zweiten Auflage dieses Vorwort voran, doch strich er den zitierten Satz, der dann in keiner Ausgabe mehr auftaucht. Offensichtlich war Marx der Meinung, dass in der jetzt präsentierten Überarbeitung der Wertformanalyse die Dialektik nicht mehr so scharf war. In einigen Punkten stellt die Neufassung der Wertformanalyse tatsächlich eine problematische Vereinfachung gegenüber der Erstauflage dar, dafür werden eine Reihe anderer Punkte jedoch präziser gefasst (vgl. dazu Heinrich 2009). Wir haben es weder mit einer beständigen Verbesserung der Darstellung zu tun, noch mit einer die begriffliche Schärfe immer weiter reduzierenden „Popularisierung", wie Backhaus und Reichelt nahe legen (Backhaus 1998, Reichelt 2002, zur Popularisierungsthese vgl. auch Hoff 2004, 21ff.), eine eindeutig beste Fassung lässt sich nicht ausmachen.

eigene wissenschaftliche Wert der Ausgabe dürfte sich vor allem auf die von Marx im Akkumulationsabschnitt vorgenommenen Erweiterungen beziehen. Im Briefwechsel mit Danielson, als es darum ging, welcher Text der russischen Übersetzung zugrunde gelegt werden sollte, bat Marx zwar darum, „daß der Übersetzer stets sorgfältig die zweite deutsche Auflage mit der französischen vergleicht, da die letztere viele wichtige Änderungen und Ergänzungen erhält“. Er setzte jedoch hinzu, „obwohl ich allerdings auch manchmal gezwungen war – besonders im ersten Kapitel –, die Darstellung in der französischen Fassung zu ‚aplatir‘ [vereinfachen, M. H.]“ (Marx an Danielson, 15. November 1878, MEW 34, 358). Im nächsten Brief vom 28. November 1878 hieß es dann: „Die beiden ersten Abschnitte (‚Ware und Geld‘ und ‚Die Verwandlung von Geld in Kapital‘) sind ausschließlich nach dem deutschen Text zu übersetzen.“ (MEW 34, 362). In der Tat hatte Marx in diesen beiden Abschnitten viele Übersetzungsprobleme dadurch gelöst, dass er einzelne Satzteile und auch ganze Sätze wegließ oder stark komprimierte. Die französische Übersetzung ist zwar die letzte von Marx kontrollierte Ausgabe des ersten Bandes, wie seine eigenen Äußerungen deutlich machen, aber keineswegs die durchgehend beste.

Nach Marx’ Tod gab Engels 1883 eine dritte und 1890 eine vierte Auflage des ersten Bandes heraus. Dabei benutzte Engels mit marxschen Anmerkungen versehene Handexemplare der 2. Auflage und der französischen Übersetzung, sowie verschiedene marxsche Änderungsverzeichnisse.[4] Er übersetzte einen Teil der von Marx für die französische Ausgabe nach dem zweiten Abschnitt vorgenommenen Veränderungen und ergänzte damit den deutschen Text, für die vierte Auflage fügte er noch weitere Stellen aus der französischen Übersetzung ein.[5] Allerdings berücksichtigte Engels weder alle Veränderungshinweise noch alle von Marx in der französischen Übersetzung vorgenommenen Veränderungen.[6] Im Ergebnis ist die heute am weitesten verbreitete Ausgabe des ersten *Kapital*-Bandes, die auf dieser vierten Auflage beruht, daher weder mit dem Text der zweiten deutschen Auflage noch mit dem der französischen

[4] Die Einträge in den beiden Handexemplaren sind im Variantenverzeichnis der französischen Übersetzung in MEGA II/7 bzw. im Variantenverzeichnis der 3. Auflage in MEGA II/8 wiedergegeben. Die Verzeichnisse sind in MEGA II/8: 5–36 abgedruckt, vgl. zu den Handexemplaren, den Verzeichnissen und ihrer Benutzung durch Engels auch (Kuczynski 2011).

[5] Wobei es auch zu Übersetzungsfehlern kam. So heißt es in der vierten Auflage im 22. Kapitel bezogen auf den Unterschied von einfacher und erweiterter Reproduktion „Bei jener vermöbelt der Kapitalist den gesammten Mehrwerth, bei dieser beweist er seine Bürgertugend durch Verzehrung nur eines Theils und Verwandlung des Restes in Geld.“ (MEGA II/10, 524; MEW 23, 612). Dass der Kapitalist den nicht verzehrten Teil des Mehrwerts „in Geld“ verwandelt, ergibt keinen Sinn, denn er hat sich den Mehrwert bereits in Geldform angeeignet. Im französischen Text hatte es über den Kapitalisten geheißen, „il fait preuve de civisme en n’en mangeant qu’une partie pour faire argent de l’autre“ (MEGA II/7, 508): „er beweist seinen Bürgersinn indem er nur einen Teil verzehrt, um mit dem anderen Teil Geld zu machen“ – „Geld zu machen“ im Sinne von neues Geld zu verdienen und nicht die Verwandlung in Geld ist hier gemeint.

[6] MEGA II/10 enthält ein „Verzeichnis von Textstellen aus der französischen Ausgabe, die nicht in die 3. und 4. Deutsche Auflage übernommen wurden“ (MEGA II/10, 732–783). Vgl. zur französischen Übersetzung und ihrer Verwendung durch Engels auch Anderson (1998).

Übersetzung identisch, auch wird in den gängigen Ausgaben keine genaue Rechenschaft über die vorgenommenen Veränderungen abgelegt.[7]

b. Engels' Nachlassedition von Buch II und Buch III

In den Vorworten zu den von ihm herausgegebenen Bänden zwei und drei legte Engels Rechenschaft über seine Editionstätigkeit ab. Inwieweit er in den edierten Text eingegriffen hat, wird aus seinen Äußerungen aber nicht wirklich klar. So schreibt er im Vorwort zum zweiten Band einerseits, er habe sich „damit begnügt, die Manuskripte so wörtlich wie möglich wiederzugeben" (MEGA II/13, 5; MEW 24, 7), andererseits erwähnt er „erläuternde Zwischensätze und Uebergänge", sowie „Umarbeitungen und Einschiebungen" (ebd.), die aber gering geblieben seien (und offensichtlich nicht mit seinen Initialen gekennzeichnet sind). Auch im Vorwort zum dritten Band schreibt Engels, er „habe den Charakter des ersten Entwurfs, überall wo es die Deutlichkeit zuließ, möglichst beibehalten" (MEGA II/15, 7; MEW 25, 11), gleichzeitig erwähnt er, dass insbesondere der fünfte Abschnitt erhebliche Eingriffe notwendig gemacht habe (MEGA II/15, 9 f.; MEW 25, 13 f.); und über den siebten Abschnitt schreibt er, dass „dessen endlos verschlungene Perioden erst zerlegt werden mußten, um druckbar zu werden (MEGA II/15, 10; MEW 25, 14). Ein ähnlich widersprüchliches Bild vermittelt auch der von Engels verfasste „Nachtrag": Engels betont, er wolle Marx „in Marx' eignen Worten" (MEGA II/14, 323; MEW 25, 897) sprechen lassen, merkt aber an, dass er sich bemüht habe, die „Schwierigkeiten des Verständnisses zu beseitigen", und „wichtige Gesichtspunkte, deren Bedeutung im Text nicht schlagend genug hervortritt, mehr in den Vordergrund zu rücken" (MEGA II/14, 324; MEW 25, 898) – was auf gewichtige, für den Leser nicht kenntlich gemachte Eingriffe schließen lässt. In einem Brief an Danielson vom 4. Juli 1889 skizziert er seine Probleme wie folgt: „Aber da dieser abschließende Band eine so großartige und völlig unangreifbare Arbeit ist, halte ich es für meine Pflicht, ihn in einer Form herauszubringen, in der die Gesamtlinie der Beweisführung klar und plastisch herauskommt. Bei dem Zustand dieses Ms. – einer ersten, oft unterbrochenen und unvollständigen Skizze – ist das nicht so ganz leicht." (MEW 37, 244).

Die widersprüchliche Charakterisierung seiner redaktionellen Behandlung des marxschen Textes ist offensichtlich Ausdruck einander widersprechender Intentionen. Einerseits wollte Engels den unfertigen Charakter der marxschen Manuskripte nicht kaschieren und einen authentischen Text liefern. Andererseits wollte er aber gerade im Hinblick auf die politische Bedeutung des Buches dessen Verständlichkeit erhöhen und es als weitgehend vollständiges Werk präsentieren. Nicht durch einen Kommentar,

[7] Mittels der MEGA Bände II/8 und II/10 lassen sich zwar die von Engels in der dritten und vierten Auflage vorgenommenen Änderungen nachvollziehen und mittels der Bände II/5, II/6, II/7 die Überarbeitungen, die bereits Marx vorgenommen hat. Es fehlt aber eine Ausgabe, die in übersichtlicher Form alle Veränderungen deutlich macht (und auch das Überarbeitungsmanuskript einbezieht). Eine solche Ausgabe existiert bis jetzt lediglich auf Italienisch, in der von Roberto Fineschi u. a. vorgenommenen Neuübersetzung des ersten *Kapital*-Bandes. Auf Deutsch wurde von Müller (2011) eine Supplement CD zum ersten Band herausgegeben, die eine Reihe von Textvergleichen ermöglicht.

sondern durch die Edition selbst sollte die „Gesamtlinie der Beweisführung", oder das, was Engels darunter verstand, deutlich werden. Diese beiden Ziele schließen sich jedoch aus.

Mit den in der MEGA erstmals erschienenen marxschen Originalmanuskripten ist der direkte Vergleich von Manuskript und Engelsscher Edition möglich – und dabei zeigen sich eine Fülle von Eingriffen in den marxschen Text. Die marxschen Manuskripte sind nur wenig untergliedert. Engels nimmt eine zum Teil sehr detaillierte Untergliederung vor, eine Vielzahl von Überschriften und Unterüberschriften stammen von Engels – bereits dadurch erfährt der Text eine bedeutungstragende Strukturierung. Hinzu kommt eine große Zahl von inhaltlich relevanten Textumstellungen und Streichungen, die von einzelnen Satzfetzen, über ganze Absätze bis hin zu größeren Textpassagen reichen, von Textumwertungen (Einschübe, die als Fußnoten vorgesehen waren, werden in den Haupttext integriert, aus Notizen werden Textbestandteile) und Texterweiterungen (Ergänzungen, die von Engels nicht gekennzeichnet werden). Außerdem gibt es eine Reihe von terminologischen und stilistischen Veränderungen.[8]

Einige der von Engels vorgenommenen Änderungen beruhen auf schlichten Irrtümern, Entzifferungsfehlern[9] oder falschen Textzuordnungen.[10] Die meisten Veränderungen wurden aber von Engels vorgenommen, um das nach seiner Auffassung von Marx Gemeinte deutlicher hervortreten zu lassen; damit wird der marxsche Text vereindeutigt, ohne dass den Lesern aber überhaupt klar wäre, dass es etwas zu vereindeutigen gegeben hat (auf entsprechende Beispiele werde ich in Teil 2 eingehen).[11]

c. Das nicht-existente Buch IV

Im Vorwort zu dem von ihm herausgegebenen zweiten Band des *Kapital* hatte Engels angekündigt, eventuell die *Theorien über den Mehrwert* nach Streichung nicht mehr relevanter Stellen als Buch IV des *Kapital* herauszugeben (MEGA II/13, 6; MEW 24, 8). Damit hatte Engels lange Zeit die Rezeption der *Theorien* als vierten Band des *Kapital* bestimmt. In MEW 26.1–3 erschienen die *Theorien* sogar mit dem Untertitel „Vierter Band des ‚Kapitals'". Zwar ist die MEW-Ausgabe nicht mit der von Karl Kautsky besorgten Erstausgabe der *Theorien* identisch, sie ist an vielen Stellen genauer und „texttreuer" als Kautskys Ausgabe, aber auch hier wird der Text der *Theorien* aus

[8] Selbst der Titel von Buch III wird von Engels geändert: aus den im Vorwort von Buch I angekündigten „Gestaltungen des Gesamtprozeßes" wird „Der Gesamtprozeß der kapitalistischen Produktion".

[9] Aus „Eine Beweisform des Credits" (MEGA II/4.2, 442, es geht um die Herleitung des Kredits aus der Zahlungsmittelfunktion des Geldes) wird bei Engels „Eine besondre Form des Kredits" (MEGA II/15, 360; MEW 25, 382).

[10] So besteht bei Engels das 48. Kapitel „Die Trinitarische Formel" aus drei Fragmenten, die er mit I., II. und III. durchnummerierte. I. und II. sind offensichtlich Ausrisse aus einem fortlaufenden Text, III. weist eine Textlücke auf (MEGA II/15, 797; MEW 25, 831). Miskewitsch/Wygodski (1985) haben als erste darauf hingewiesen, dass I. und II. die beiden Hälften eines gefalteten Blattes sind, das aus dem mit III. bezeichneten Text herausgefallen war und dort die Lücke verursacht hatte.

[11] Ausführliche Analysen der Differenzen zwischen Engelsscher Edition und Originalmanuskript von Buch III finden sich bei Vollgraf/Jungnickel (1995), Heinrich (1996) und Vollgraf (1997).

dem etwa doppelt so umfangreichen Manuskript von 1861–63 (vollständig veröffentlicht in MEGA II/3) herausgebrochen und es wird versucht durch Auslassungen und Umstellungen eine größere Kohärenz zu erreichen.

In den Debatten der 1970er Jahre wurde deutlich, dass die *Theorien über den Mehrwert*, obgleich sie die umfangreichste marxsche Auseinandersetzung mit der Geschichte ökonomischer Theorie darstellen und wichtige theoriegeschichtliche Einsichten enthalten, nicht einmal als Entwurf für jenes vierte Buch des *Kapital* gelten können. Zwei Gründe sind dafür ausschlaggebend. Zum einen entwirft Marx in den *Theorien* die Geschichte lediglich einer einzigen Kategorie wenn auch mit vielen Abschweifungen. Als Buch IV des *Kapital* war jedoch nicht die getrennte Geschichte einzelner Kategorien vorgesehen, sondern die Geschichte der Theorien selbst, so dass methodisch ganz anders vorgegangen werden muss. Zum anderen sollte die in Buch IV dargestellte Theoriegeschichte auf den theoretischen Ergebnissen der Bücher eins bis drei aufbauen, diese Ergebnisse lagen bei der Abfassung der *Theorien über den Mehrwert* aber noch gar nicht vollständig vor. Wie PEM (1975) in einer umfangreichen Studie gezeigt haben, sind die *Theorien* vielmehr ein wichtiger Zwischenschritt in der Gewinnung dieser Ergebnisse, aber noch längst nicht die angestrebte Darstellung auf ihrer Grundlage.[12]

In der MEGA werden die *Theorien über den Mehrwert* nicht mehr selbständig, sondern lediglich im Rahmen des Manuskriptes 1861–63 ediert; es wird kein Versuch gemacht, sie als vierten Band des *Kapital* zu präsentieren. Damit wird deutlich, dass der vierte Band nicht existiert, nicht einmal als Entwurf. Dass dieser vierte Band fehlt und dass auch wichtige theoriegeschichtliche Einsichten der *Theorien* unter der Fülle des Materials verschüttet blieben, hatte durchaus Einfluss auf die Rezeption des *Kapital*. Im letzten Drittel des 19. Jahrhunderts setzte sich in der herrschenden ökonomischen Theorie die subjektive Wertlehre der Grenznutzenschule durch. Die ökonomietheoretische Debatte wurde jetzt vom Gegensatz zwischen ‚objektiver' Arbeitswertlehre und ‚subjektiver' (Grenz-)Nutzenlehre geprägt. In diesem Streit wurde die marxsche Theorie ohne große Umstände der objektiven Wertlehre der klassischen politischen Ökonomie zugerechnet. Für die herrschende ökonomische Theorie dient diese Einordnung bis heute als Rechtfertigung dafür einer theoretischen Auseinandersetzung mit Marx aus dem Weg zu gehen: da die marxsche Theorie einem überholten Paradigma angehöre, sei eine solche Auseinandersetzung überflüssig, so das gängige Argument. Allerdings stimmen auch viele Marxisten mit dieser Zuordnung der marxschen Theorie zur Klassik mehr oder weniger überein, sahen sie es doch als vordringliche Aufgabe an, die marxsche Arbeitswertlehre (die als Präzisierung und Weiterentwicklung der Arbeitswertlehre der klassischen politischen Ökonomie aufgefasst wurde) gegen die Grenznutzenlehre zu verteidigen. Dass die marxsche Werttheorie eine Kritik der Werttheorie der Klassik darstellte, blieb in dieser Auseinandersetzung größtenteils unberücksichtigt. Damit blieb

---

[12] So beschäftigte sich Marx in den *Theorien* mehrfach mit dem „Smithschen Dogma", der Auffassung, man könne den Warenwert komplett in Arbeitslohn, Profit und Grundrente auflösen. Marx tat sich mit der Kritik dieses Dogmas so schwer, weil er das Problem des Gesamtreproduktionsprozesses des Kapitals (Gegenstand des dritten Abschnitts von Buch II des *Kapital*) noch nicht gelöst hatte.

dann auch der Charakter der marxschen Theorie als *Kritik* der politischen Ökonomie, als kategoriale Kritik einer ganzen Wissenschaft, lange Zeit unterbelichtet.

2. Interpretationsvorgaben durch die kanonische Textfassung

Die editorischen Eingriffe von Engels haben durchaus Einfluss auf das Verständnis und die Rezeption des *Kapital*, das gilt insbesondere für Buch III, was an zwei Beispielen demonstriert werden soll.

a. Profitratenfall und Krisentheorie

Bis heute gehört das „Gesetz vom tendenziellen Fall der Profitrate" zu den – auch in marxistischen Debatten – am meisten umstrittenen Aussagen des *Kapital*. Die Argumente gegen die marxsche Begründung dieses Gesetzes sind relativ einfach,[13] trotzdem wird dieses Gesetz nicht selten mit großer Vehemenz verteidigt. Ein Grund für diese Vehemenz liegt darin, dass Engels' Edition des dritten Bandes nahelegt, die marxsche Krisentheorie beruhe auf diesem Gesetz, was dann im Umkehrschluss bedeuten würde, fällt dieses Gesetz, dann fällt auch die Krisentheorie.

Von den *Grundrissen* bis zu den *Kapital*-Manuskripten ist die Krisenhaftigkeit der kapitalistischen Produktionsweise zwar immer wieder Thema, doch gibt es nirgends eine zusammenhängende Krisentheorie. In den *Kapital*-Manuskripten finden sich die ausführlichsten krisentheoretischen Erörterungen im Anschluss an die Diskussion des Profitratengesetzes. Marx hatte das dritte Kapitel seines Manuskriptes von Buch III, welches das „Gesetz vom tendenziellen Fall der Profitrate" behandelt, überhaupt nicht untergliedert. Engels, der aus den marxschen Kapiteln Abschnitte machte, teilte den entsprechenden Abschnitt in drei Kapitel (Kapitel 13–15). Die beiden ersten Kapitel („Das Gesetz als solches" und „Entgegenwirkende Ursachen") folgen dem Gang der marxschen Argumentation und diese ist auch hinreichend weit ausgearbeitet. Danach läuft der marxsche Text in eine Fülle von Bemerkungen, Ergänzungen und nicht weiter ausgeführten Argumentationsansätzen aus. Von einer systematischen Darstellung kann hier nicht mehr die Rede sein. Indem Engels dieses Material zu einem eigenen Kapitel zusammenfasst, weitere Untergliederungen vornimmt, Zwischenüberschriften einfügt und, um die Kohärenz des Textes zu steigern, auch einige Abschnitte streicht sowie Klammern weglässt, wird das im Originalmanuskript vorliegende Material in systematischer Hinsicht erheblich aufgewertet. Die Verbindung zum vorher dargestellten „Gesetz vom tendenziellen Fall der Profitrate" wird besonders durch die von Engels gewählte Kapitelüberschrift betont: „Entfaltung der innren Widersprüche des Gesetzes".

[13] Die Kritik an diesem Gesetz bedeutet nicht, dass die Möglichkeit eines Profitratenfalls bestritten wird; bestritten wird, dass man unter den von Marx angenommenen, ganz allgemeinen Voraussetzungen bereits ableiten kann, dass die Profitrate in jedem Fall langfristig fallen muss. Die Literatur zu diesem Gesetz ist kaum noch zu überschauen. Eine Zusammenstellung verschiedenster Argumente für dessen Gültigkeit findet sich bei Henning (2006), eine Kritik daran bei Heinrich (2007).

Und tatsächlich wurde dieses – von Engels komponierte – 15. Kapitel häufig als weitgehend fertige, auf dem Gesetz vom tendenziellen Fall der Profitrate fußende „marxsche Krisentheorie“ rezipiert. Zwar ist auch in dem von Engels herausgegebenen Text noch immer erkennbar, dass Marx keine fertige Krisentheorie hinterlassen hat, doch wird der Anschein erweckt, als gäbe es ein weitgehend fertiges Gerüst, das nur noch ausgefüllt werden müsste.

Dabei ist nicht einmal klar, ob das von Engels verarbeitete Material überhaupt einen eigenen krisentheoretischen Abschnitt konstituieren sollte. Für eine spätere Ausarbeitung wären mehrere Varianten denkbar gewesen: Marx hätte versuchen können, dieses Material in ein eigenes Kapitel zu verwandeln, das in unmittelbarem Zusammenhang mit der Darstellung des Gesetzes vom tendenziellen Fall der Profitrate gestanden hätte (das ist die Variante, die Engels gewählt hat), Marx hätte auch versuchen können, an einer anderen Stelle einen eigenständigen Abschnitt über kapitalistische Krisen zu konzipieren, der weiteres Material etwa aus dem Bereich des Kreditwesens integriert hätte, oder er hätte die Darstellung der einzelnen Krisenphänomene auch auf entsprechende Kapitel verteilen und eine selbständige Krisentheorie vermeiden können. Für jede dieser Varianten lassen sich Gründe anführen. Den Lesern der engelsschen Edition wird aber überhaupt nicht deutlich, dass mehrere Varianten möglich sind: Engels präsentierte seine Variante als die marxsche. Dazu griff er auch massiv in den marxschen Text ein, sobald dieser der von ihm favorisierten Interpretation widersprach. So hieß es bei Marx bezüglich der „Überproduktion von Kapital“ (an dieser Stelle von Engels mit „Überakkumulation von Kapital“ wiedergegeben): „die nähere Untersuchung darüber gehört in die Betrachtung der *erscheinenden Bewegung des Capitals*, wo Zinscapital etc Credit etc entwickelt“ (MEGA II/4.2, 325), und es ist den Bearbeitern des MEGA-Bandes zuzustimmen, die in den Erläuterungen vertreten, dass die „erscheinende Bewegung des Capitals“ nicht mehr zu den im *Kapital* zu behandelnden Gegenständen gehört (MEGA II/4.2, 1255). Engels verwandelt den marxschen Hinweis ins Gegenteil. Er streicht ihn und formuliert stattdessen: „ihre nähere Untersuchung folgt unten“ (MEGA II/15, 247 f.; MEW 25, 261). Tatsächlich folgen im marxschen Manuskript auch noch Bemerkungen zur Überproduktion bzw. Überakkumulation von Kapital. Dass ihnen von Marx an dieser Stelle aber offensichtlich keine systematische Bedeutung zugebilligt wird,[14] wurde durch die engelssche Redaktion ins Gegenteil verkehrt.

b. Kredittheorie

Eine ähnliche Situation liegt auch beim fünften Kapitel des marxschen Originalmanuskriptes vor. Auch in diesem Kapitel war Marx’ Versuch einer systematischen Darstellung in das Protokoll eines unabgeschlossenen Forschungsprozesses übergegangen.

[14] Bei der im Text folgenden Darstellung der Überproduktion von Kapital geht Marx u. a. auf Veränderungen des Ausbeutungsgrades im Zyklus ein. Von solchen zyklischen Bewegungen wollte Marx aber bei der Darstellung der kapitalistischen Produktionsweise in ihrem „idealen Durchschnitt" abstrahieren (MEGA II/4.2, 853; MEW 25, 839). Lässt sich die angesprochene Überproduktion von Kapital nur mittels zyklischer Phänomene begründen, dann gehört sie nicht zu jenem „idealen Durchschnitt“, der im *Kapital* dargestellt werden sollte.

Engels' Redaktion dieses Materials lässt aber den Eindruck entstehen, als ob die theoretischen Grundprobleme im Wesentlichen gelöst seien und lediglich die Darstellung noch eine Reihe von Mängeln aufweisen würde.

Während bei Engels' Redaktion des dritten Kapitels dessen ursprüngliche Struktur wenigstens noch erkennbar blieb, ist dies beim fünften Kapitel des Manuskripts nur noch sehr eingeschränkt der Fall. Wie aus dem von Marx gewählten Titel hervorgeht, sollte der Gegenstand dieses Kapitels das zinstragende Kapital sein. Marx untergliederte dieses Kapitel in 6 Punkte. Die ersten vier Punkte entsprechen den ersten vier Kapiteln des V. Abschnitts in der engelsschen Ausgabe (Kapitel 21–24). Punkt fünf ist bei Marx überschrieben mit „Credit. Fictives Capital" (MEGA II/4.2, 469). Aus dem hier befindlichen Material stellte Engels die Kapitel 25 bis 35 zusammen. Dabei nahm er erhebliche Textumstellungen vor, holte Fußnoten in den laufenden Text, verteilte ein ganzes Kapitel („Die Konfusion") über die übrigen, fügte eine Menge überleitender Bemerkungen ein und verwischte so die Stellen, an denen der marxsche Text längst nicht mehr ausgereifte Darstellung, sondern Forschungsprozess oder zuweilen auch nur Exzerpt war. Punkt sechs bei Marx („Vorbürgerliches") entspricht dann wieder dem letzten Kapitel des V. Abschnitts bei Engels (Kapitel 36).

Auf die Vielzahl der Bedeutungsverschiebungen, die mit diesen Textveränderungen einhergeht, kann hier nicht eingegangen werden. Lediglich ein allgemeiner, die Gliederung betreffender Gesichtspunkt, soll diskutiert werden. Die Gliederung, die bei Marx immer auch den systematischen Stellenwert des behandelten Stoffes deutlich macht, weist Kredit als letzten (systematischen) Unterpunkt bei der Darstellung des zinstragenden Kapitals aus. Engels machte aus diesem fünften Punkt insgesamt 11 Kapitel; die vier Kapitel über zinstragendes Kapital erscheinen jetzt nur noch als Einleitung zur Behandlung des Kredits. Dies hat sich auch weitgehend im Sprachgebrauch durchgesetzt, vom V. Abschnitt wird häufig als dem „Kreditabschnitt" gesprochen, obwohl Kredit im Titel dieses Abschnitts überhaupt nicht auftaucht. Diese Aufwertung des Kreditabschnitts unterstützte Engels auch durch inhaltliche Textveränderungen. Den Punkt „5) Credit. Fictives Capital" leitete Marx mit dem Satz ein: „Die Analyse des Creditwesens und der Instrumente, die es sich schafft, wie des Creditgeldes u. s. w., liegt ausserhalb unsres Plans." (MEGA II/4.2, 469) Engels fügte hier das Wort „eingehend" ein, so dass es jetzt heißt: „Die eingehende Analyse des Kreditwesens… liegt außerhalb unsers Plans." (MEGA II/15, 389; MEW 25, 413).

Eine ähnliche Veränderung hatte Engels auch schon an einer früheren Stelle vorgenommen. Im ersten Kapitel des marxschen Manuskripts findet sich nach der Zwischenüberschrift „Freisetzung und Bindung, Depreciation und Appreciation\Werthsteigerung und Entwerthung von Capital" die Bemerkung: „Die Phänomene, die wir in diesem § untersuchen, bedürfen zu ihrer vollen Entwicklung des Creditwesens und der Concurrenz auf dem Weltmarkt... Diese – concreteren Formen der capitalistischen Production können aber 1) nur dargestellt werden, nachdem die allgemeine Natur des Capitals begriffen ist, und 2) liegt dieß ausser dem Plan unsres Werks und gehört seiner etwaigen Fortsetzung an." (MEGA II/4.2, 178) Engels fügte in den zweiten Satz das Wort „umfassend" ein: „Diese konkreteren Formen der kapitalistischen Produktion können aber nur umfassend dargestellt werden ..." (MEGA II/15, 114; MEW 25, 120).

Während Marx deutlich erklärte, dass die Darstellung des Kreditwesens außerhalb seines Plans liege, wird diese Aussage an den angeführten Stellen[15] von Engels entscheidend relativiert. Die *qualitative* Abgrenzung dessen, was auf der erreichten Darstellungsstufe behandelt werden kann und was nicht, wird verwischt und auf ein bloß *quantitatives* Problem reduziert: einer „umfassenden", „eingehenden" Darstellung, die außerhalb des Plans liegt, wird eine weniger umfassende Darstellung gegenübergestellt, die vorliegt. Damit kann Engels eine Vielzahl der von Marx angesprochenen Punkte, die auf der erreichten Abstraktionsstufe noch gar keiner *systematischen* Darstellung fähig sind, in den Corpus des *Kapital* einschließen, was ihm selbst anscheinend als eine unproblematische Vervollständigung erschienen ist. Die von Marx anvisierte „dialektisch gegliederte" Darstellung (vgl. MEGA III/13, 510), in der die richtige Abfolge der Begriffe und Kategorien wesentlich für das Verständnis ihres Bedeutungsgehaltes ist, wird in Richtung auf eine bloß enzyklopädische Sammlung verschoben.

Engels wurde wahrscheinlich nicht nur durch die im Manuskript vorliegende Materialfülle zu dieser Aufwertung der Darstellung des Kredits veranlasst, sondern auch durch verschiedene Briefe von Marx, in denen er selbst vom „Kreditabschnitt" spricht und eine Ausdehnung der Darstellung ankündigt (ich werde in Teil 4 auf die marxschen Pläne eingehen). Allerdings bezog sich Marx auf einen *noch zu schreibenden* Abschnitt, für den er in den späten 1860er und den 1870er Jahren umfangreiche Forschungsarbeiten unternahm. Engels behandelt das vorliegende Material aber schon so, als sei es für die angezielte Darstellung ausreichend und nicht erst ein Zwischenstand des Forschungsprozesses, von dem noch gar nicht genau gesagt werden kann, wo er hinführen wird: die Frage, welche Teile der Kredittheorie auf der Ebene des allgemeinen Kapitalbegriffs dargestellt werden können und welche nicht, war im Manuskript von 1864/65 noch gar nicht gelöst.

Friedrich Engels kommt das große Verdienst zu aus den nachgelassenen marxschen Manuskripten einen lesbaren Text gemacht und damit gewissermaßen Buch II und III des *Kapital* für die Nachwelt gerettet zu haben. Angesichts der ihm zur Verfügung stehenden begrenzten Möglichkeiten war diese eine enorme Leistung. Doch sind die Mängel seiner Edition unübersehbar. Für eine erste Lektüre mag diese Edition hinreichen, eine eingehende wissenschaftliche Auseinandersetzung mit dem *Kapital* kommt heute aber nicht mehr umhin, sich auf die in der MEGA publizierten marxschen Originalmanuskripte zu beziehen.

Die Kritik an Engels' Edition des dritten *Kapital*-Bandes führte in den Debatten der 1990er Jahren zu einigen Versuchen, Engels als dem kongenialen Mitautor des *Kapital*, als der er im traditionellen Marxismus gesehen wird, zu retten. Dabei wurde auch das Argument benutzt, Marx und Engels hätten sich doch stets über alles ausgetauscht, so dass kein anderer die marxschen Intensionen so gut gekannt habe wie Engels. Wie aus dem Briefwechsel mit Dritten hervorgeht, wusste Engels nach Marx' Tod aber nicht einmal, wie weit dieser mit dem *Kapital* überhaupt gekommen war. Den Text des ersten Bandes hatte Engels zum ersten Mal kennen gelernt, als ihm Marx 1867 die Druckfahnen

[15] Eine weitere Stelle, an der Marx die Behandlung der Konjunkturen von Industrie und Kredit als außerhalb seines Plans liegend bezeichnet (MEGA II/4.2, 852 f.), wurde von Engels inhaltlich korrekt wiedergegeben (MEGA II/15, 805; MEW 25, 839).

schickte. Manuskripte der weiteren Bände hat Engels vor Marx' Tod niemals zu Gesicht bekommen.

Die Ehrenrettungen von Engels sind jedoch völlig überflüssig. Abgesehen davon, dass Engels selbst es kaum geschätzt hätte als Säulenheiliger auf ein Podest gestellt zu werden, verfügte er über ein außerordentliches Maß an Selbstkritik. Nach Marx' Tod schrieb er am 15. Oktober 1884 in einem Brief an Johann Philipp Becker: „Ich habe mein Leben lang das getan, wozu ich gemacht war, nämlich zweite Violine spielen, und glaube auch meine Sache ganz passabel gemacht zu haben. Und ich war froh, so eine famose erste Violine zu haben wie Marx. Wenn ich nun aber in Sachen der Theorie Marx' Stelle vertreten und erste Violine spielen soll, so kann das nicht ohne Böcke abgehn, und niemand spürt das mehr als ich" (MEW 36, 218).[16]

3. Die Struktur der II. Abteilung der MEGA und die Entwicklung der marxschen Ökonomiekritik

Frühere Editionen marxscher Manuskripte versuchten dem nicht existierenden, aber von Marx mutmaßlich intendierten Text nahe zu kommen. Im Unterschied dazu ist die MEGA historisch-kritischen Editionsgrundsätzen verpflichtet: es wird nicht ediert, was ein Autor mutmaßlich wollte oder was als „Fassung letzter Hand" angenommen wird, sondern es wird ediert, was vorhanden ist (Vollständigkeitsprinzip) und in der Form, in der es vorhanden ist (Originaltreue), so dass insbesondere die Textentwicklung, die verschiedenen Phasen der Textentstehung und Textüberarbeitung deutlich werden. Die Edition soll nicht bereits darüber entscheiden, was als eine bessere oder schlechtere Fassung oder was als ein überholter Entwurf gilt; sie soll vielmehr das Textmaterial zur Verfügung stellen, um solche Fragen diskutieren zu können. In der MEGA sind die von editorischen Eingriffen weitgehend freie Präsentation der Texte, die Dokumentierung der Textvarianten und der Entstehungskontexte der einzelnen Manuskripte, die Erläuterungen und die Register hervorragend gelungen. Dass es in einzelnen Bänden hin und wieder zu kleineren Fehlern in den Erläuterungen oder zu zweitrangigen Mängeln in den Registern gekommen ist, wie von einigen Rezensenten festgestellt wurde, ist bei einer Ausgabe dieser Größenordnung und Bearbeitungsdauer kaum zu vermeiden. Auf die Arbeit mit den einzelnen Texten wirken sich derartige Defizite in aller Regel kaum aus.

Problematisch ist allerdings die Art und Weise wie die II. Abteilung der MEGA konzipiert und die Bände angeordnet wurden. Die Anordnung zu kritisieren mag sich im ersten Moment allzu pedantisch anhören, allerdings materialisiert sich darin eine bestimmte Auffassung der Manuskriptentwicklung, die auch explizit in den Einleitungen einzelner Bände vertreten wurde und die inzwischen von vielen Seiten akzeptiert wird. Mit Hilfe des in der MEGA präsentierten Materials kann diese Auffassung aber mit guten Gründen kritisiert werden.[17]

---

[16] Angesichts der ganzen Debatten der 1990er Jahre war es etwas erstaunlich, dass Michael Krätke (2007) den Versuch unternahm, die Differenzen zwischen engelsscher Edition und dem marxschen Manuskript von Buch III wieder zu bagatellisieren (Krätke 2007, kritisch dazu Elbe 2008).

[17] In der Konzeption der II. Abteilung manifestierte sich einerseits der Kenntnisstand der frühen 1970er Jahre, andererseits die im Marxismus-Leninismus vorherrschende Vorstellung der nicht

Problematisch an der II. Abteilung ist bereits ihre Existenz als selbständiger Abteilung. Dass in umfangreichen Gesamtausgaben nach Textgattungen (Werke, Briefe, Exzerpte) unterschieden wird, ist üblich und sinnvoll. Ein einzelnes Werk und dessen Vorarbeiten aus dem Werkzusammenhang herauszunehmen und in einer eigenen Abteilung zu präsentieren, leistet jedoch einer Rezeption Vorschub, die den Zusammenhang mit den übrigen Werken vernachlässigt. Auch wenn man die Ausgliederung der *Kapital*-Manuskripte angesichts der riesigen Textmengen aus pragmatischen Gründen akzeptiert, bleiben Titel und Aufbau der II. Abteilung ein Problem. Unter der Überschrift „Kapital und Vorarbeiten" werden die seit 1857 entstandenen ökonomiekritischen Manuskripte publiziert. Damit wird zweierlei suggeriert: (1) dass das *Kapital* bereits seit 1857 als Ziel angesteuert wurde und (2) dass die zwischen 1857 und 1867 entstandenen Manuskripte allesamt als „Vorarbeiten" einzustufen sind. Diese Suggestion wird noch dadurch verstärkt, dass die drei großen ökonomischen Manuskripte, die zwischen 1857 und 1865 entstanden sind (die *Grundrisse* 1857/58, das *Manuskript 1861–63* und das *Manuskript 1863–65*), in den Erläuterungen und Einführungen der MEGA-Bände als die „drei Entwürfe des ‚Kapitals'" bezeichnet werden. Dass es sich bei ihnen um etwas anderes als um Schritte zum *Kapital* handeln könne, wird damit von vornherein ausgeschlossen: 1857 beginnt anscheinend ein bruchloses Kontinuum Richtung *Kapital*. Schließlich wird mit der Rede von den „drei" Entwürfen bis 1865 auch unterstellt, dass die Ausarbeitung des *Kapital* ab 1866 in ein *finales* Stadium eingetreten sei und diese letzte Unterstellung schlägt sich in der Anordnung der einzelnen Bände nieder: Wurden die „drei Entwürfe" noch chronologisch präsentiert (in den MEGA-Bänden II/1 bis II/4), so wird für die ab 1866 entstandenen Texte die streng chronologische Präsentation aufgegeben. Die Chronologie gilt jetzt nur noch für die Manuskripte, die sich auf *denselben Kapital*-Band beziehen, so dass nun drei, jeweils in sich chronologisch geordnete Reihen entstehen. In den MEGA Bänden II/5 bis II/10 werden in chronologischer Folge die vier deutschen Ausgaben des ersten Bandes sowie die französische und die von Engels korrigierte englische Übersetzung präsentiert. Die Bände II/11 bis II/13 enthalten Manuskripte zum zweiten Buch, die seit 1867 entstanden sind, sowie die von Engels edierte Fassung des zweiten Bandes; die Bände II/14 und II/15 enthalten nach 1867 entstandene Manuskripte zum dritten Buch sowie die von Engels herausgegebene Druckfassung (wobei das Manuskript, das Engels der Druckfassung des dritten Buches zugrunde legte, gar nicht in der Serie dieser finalen *Kapital*-Manuskripte enthalten ist). Im Ergebnis wird so nicht nur ein finales *Kapital* den drei „Entwürfen" gegenüber gestellt, die letzte Fassung des jeweiligen *Kapital*-Bandes – ist wiederum jene ‚kanonische' von Engels edierte Ausgabe.

Überblickt man jedoch die Gesamtheit der in der II. Abteilung veröffentlichten marxschen Manuskripte getrennt von den engelsschen Bearbeitungen, dann lässt sich die

---

nur politischen sondern auch intellektuellen Einheit von Marx und Engels, die dazu führte, die kanonische Textfassung als die „Fassung letzter Hand" zu betrachten, die notwendigerweise am Ende der Textentwicklung stehen müsse. Heute kritisieren auch frühere Mitarbeiter der MEGA deren Konzeption (vgl. Hundt 2011), doch können die damals getroffenen Grundsatzentscheidungen zum Aufbau der MEGA heute nicht mehr revidiert werden, wenn man nicht noch einmal völlig neu beginnen will.

Vorstellung von „drei Entwürfen" und einem ihm gegenüber stehenden finalen *Kapital* nicht mehr aufrechterhalten. Ausführlicher wird dies in Heinrich (2011b) begründet, hier kann ich nur eine kurze Zusammenfassung geben.

Zwar hatte Marx schon seit den 1840er Jahren den Plan, eine umfassende Ökonomiekritik zu verfassen, doch von einem *Kapital* in vier Büchern ist erst ab 1863 die Rede. Marx hatte, nachdem er 1849 nach London emigrieren musste, dort mit seinen ökonomischen Studien wieder „ganz von vorn" (MEGA II/2, 102; MEW 13, 10 f.) begonnen. Erst jetzt gelingt ihm eine Ricardo-Kritik, die nicht nur auf dessen ahistorische Auffassung des Kapitalismus abzielt, sondern auch auf den wert- und geldtheoretischen Kategorienapparat. Neben umfangreichen Exzerpten, den *Londoner Heften*, entstehen erste zusammenfassende Ausarbeitungen, so 1851 das kurze Manuskript *Reflection* (MEGA IV/8, 227–234), das vor allem Fragen der Zirkulation behandelt und die *Bemerkungen zur Ökonomie*, auf die Marx in den *Grundrissen* (MEGA II/1, 91; MEW 42, 92) verweist, die aber verloren gegangen sind. Konkreter wird das anvisierte Werk dann in der „Einleitung" vom August 1857. Inhaltlich ist dieser Text die Zusammenfassung und methodologische Reflexion der vorangegangenen Studien. Als methodologischer Leitfaden für die 8 bis 10 Jahre später geschriebenen *Kapital*-Manuskripte ist sie entgegen einer weit verbreiteten Interpretationspraxis[18] nur eingeschränkt brauchbar, da Marx seine methodologischen Überlegungen im konkreten Umgang mit dem Stoff weiterentwickelt. In sämtlichen Ausgaben wird diese „Einleitung" den *Grundrissen* vorangestellt, doch handelt es sich keineswegs um eine Einleitung in die *Grundrisse*, sondern in das geplante Gesamtwerk. Die *Grundrisse* sind überhaupt kein Werk mit einem klaren Anfang, sie beginnen als Exzerpt aus einer Schrift des Proudhon-Anhängers Darimon. Die Auseinandersetzung mit dessen Geldreformkonzepten geht aber recht schnell in eine grundsätzliche Untersuchung des Zusammenhangs von Wert und Geld über, die dann mit Analysen zum Kapitalverhältnis fortgesetzt wird.

Resultat der *Grundrisse* war der 1859 im Vorwort von *Zur Kritik der politischen Ökonomie. Erstes Heft* angekündigte 6-Bücher Plan (Kapital, Grundeigentum, Lohnarbeit, Staat, auswärtiger Handel, Weltmarkt, vgl. MEGA II/2, 99; MEW 13, 7). Grundlegend für das erste Buch ist die Unterscheidung zwischen dem „Kapital im Allgemeinen" und der „Konkurrenz der vielen Kapitalien". Dabei stellte Marx an den Abschnitt vom „Kapital im Allgemeinen" eine doppelte Anforderung: zum einen sollte dort alles das entwickelt werden, was in der „Konkurrenz" nur erscheint, zum anderen sollte dieser Inhalt in Abstraktion von jeder Betrachtung der einzelnen Kapitale oder eines besonderen Kapitals behandelt werden (vgl. dazu MEGA II/1, 229, 326, 625; MEW 42, 231, 327, 624).

Diese Konzeption versuchte Marx in seinem umfangreichsten ökonomischen Text, dem *Manuskript 1861–63* systematisch umzusetzen. Allerdings muss er während seiner Arbeit an diesem Manuskript zwei einschneidende Ergebnisse akzeptieren:

(1) Der 6-Bücher Plan ist zu umfangreich, er wird ihn nicht vollständig ausführen können. Marx kündigt an, sich auf das Buch vom *Kapital* zu beschränken, eventuell will er irgendwann das geplante Buch zum Staat schreiben, aber den Rest des 6-Bücher Plans

[18] So auch jüngst wieder bei David Harvey (2012).

müssten andere auf der von ihm gelieferten Grundlage ausführen (vgl. seinen Brief an Kugelmann vom 28. Dezember 1862, MEGA III/12, 296).

(2) Bald nach diese Brief wird Marx klar, dass sich die strikte Trennung von „Kapital im Allgemeinen" und „Konkurrenz" nicht mehr aufrecht erhalten lässt.[19]

Für das nun geplante *Kapital* spielt der Begriff des „Kapital im Allgemeinen" keine Rolle mehr. Während 1857 bis 1863 sowohl in den Manuskripten als auch in Marx' Briefen häufig vom „Kapital im Allgemeinen" die Rede war, wenn es um die Struktur des geplanten Werkes ging, taucht dieser Begriff nach dem Sommer 1863 nie mehr irgendwo auf. Genauswenig ist noch vom 6-Bücher Plan die Rede: mit dem *Kapital* ist ein neues Projekt in Sicht.

Wir haben es bei den drei großen ökonomischen Manuskripten, die zwischen 1857 und 1865 entstehen, nicht mit drei Entwürfen für das endgültige *Kapital* zu tun, sondern mit Entwürfen für *zwei unterschiedlichen Projekte*: dem zwischen 1857 und 1863 verfolgten Plan einer *Kritik der politischen Ökonomie* in 6 Büchern und ab 1863 dem auf 4 Bücher angelegten *Kapital*. Die *Grundrisse* und das *Manuskript 1861–63* sind die beiden ersten Entwürfe für das Kapital-Buch aus dem 6-Bücher Plan der „Kritik der politischen Ökonomie", dagegen ist das Manuskript von 1863–65 der erste Entwurf für die drei theoretischen Bücher des *Kapital*. Betrachten wir dieses Manuskript, dann wird deutlich, dass der Begriff des „Kapital im Allgemeinen" nicht einfach nur weggelassen wurde, auch die Darstellungsstruktur lässt sich nicht mehr entsprechend der Entgegensetzung von Kapital im Allgemeinen und Konkurrenz auffassen: Eine zentrale Rolle spielt jetzt das Verhältnis von individuellem Kapital und gesellschaftlichem Gesamtkapital, das auf den unterschiedlichen Abstraktionsebenen von Produktionsprozess, Zirkulationsprozess und Gesamtprozess des Kapitals behandelt wird. Auch die im 6-Bücher Plan vorgesehene strikte Trennung der Darstellung von Kapital, Lohnarbeit und Grundeigentum lässt sich nicht mehr aufrechterhalten: Im neu konzipierten *Kapital* finden sich theoretisch grundlegende Teile der früher geplanten Bücher über Grundeigentum und Lohnarbeit. Was von diesen Büchern übrig bleibt, sind nur noch die im Text erwähnten Spezialstudien (MEGA II/5, 440; MEW 23, 565, MEGA II/4.2, 668; MEW 25, 628). Inhaltlich deckt das *Kapital* also den *Stoff* der ersten drei Bücher des früheren 6-Bücher Plans ab, allerdings mit einem veränderten theoretischen Rahmen. Verändert hat sich auch die geplante Darstellung der Geschichte der Theorie: an die Stelle der im alten Kapitalbuch vorgesehenen separaten Geschichten der einzelnen Kategorien soll jetzt eine einheit-

[19] Die doppelte Anforderung, die Marx an das „Kapital im Allgemeinen" stellt, einen bestimmten Inhalt (alles, was in der Konkurrenz erscheint) auf einem bestimmten Abstraktionsniveau darzustellen (in Abstraktion von den einzelnen Kapitalien und den Besonderheiten des Kapital) erweist sich als undurchführbar. Die Darstellung des kapitalistischen Gesamtreproduktionsprozesses und der Bildung der gesellschaftlichen Durchschnittsprofitrate ist auf diesem Abstraktionsniveau nicht möglich, es wird die Unterscheidung besonderer Abteilungen der gesellschaftlichen Produktion bzw. die Konkurrenz der Einzelkapitalien benötigt. Gesamtreproduktionsprozess und Durchschnittsprofitrate müssen aber entwickelt sein, bevor das zinstragende Kapital dargestellt werden kann und dieses muss dargestellt werden, bevor jene wirkliche Bewegung der Konkurrenz behandelt werden kann (ausführlicher dazu Heinrich 2011a, 179 ff., kritisch zu meiner Position Moseley 2007).

liche Geschichte der gesamten Theorie treten, die ursprünglich vorgesehene Trennung lässt sich nicht aufrechterhalten.

Der *erste Entwurf* für dieses neue *Kapital*-Projekt ist das *Manuskript von 1863–65*. Die 1866/67 entstandene Druckfassung des ersten *Kapital*-Buches, das 1868–70 entstandene Manuskript II für Buch II des *Kapital* sowie die gleichzeitig entstandenen kleineren Manuskripte zu Buch II und Buch III bilden einen *zweiten Entwurf* (1866–71). Die zwischen Ende 1871 und 1881 entstandenen Manuskripte einschließlich der (veränderten) zweiten deutschen Auflage des ersten Bandes und der (weiter veränderten) französischen Übersetzung bilden einen dritten Entwurf des *Kapital*. Statt – wie in der Struktur der II. Abteilung der MEGA unterstellt – mit drei Entwürfen und dem finalen *Kapital*, haben wir es mit zwei unterschiedliche Projekten und insgesamt fünf Entwürfen zu tun – ohne dass dabei etwas Finales herausgekommen wäre:

Chronologie der marxschen Manuskripte der II. Abteilung der MEGA

	Zur Kritik der politischen Ökonomie in 6 Büchern (1857–58)	
Erster Entwurf:	Grundrisse (1857/58)	[MEGA II/1]
Zweiter Entwurf:	Zur Kritik der politischen Ökonomie. Erstes Heft (1859)	[MEGA II/2]
	Manuskript 1861–63	[MEGA II/3]
	Kapital in vier Büchern (1863–81)	
Erster Entwurf:	Manuskript 1863–65	[MEGA II/4.1 – 4.2]
Zweiter Entwurf:	Kapital Bd.1, Erstauflage (1867)	[MEGA II/5]
	Manuskript II für Buch II (1868–70)	[MEGA II/11]
	Manuskripte zu Buch II und III (1867–71)	[MEGA II/11, II/4.3]
Dritter Entwurf:	Kapital Bd.1, zweite Auflage (1872/73)	[MEGA II/6]
	Kapital Bd.1 französische Übersetzung (1872–75)	[MEGA II/7]
	Manuskripte für Buch III (1871–82)	[MEGA II/14]
	Manuskripte für Buch II (1877–81)	[MEGA II/11]

Von den marxschen Manuskripten für diese beiden Projekte sind die von Engels edierten Fassungen zu unterscheiden:

Kapital-Editionen von Engels (1883–1895)

Kapital Bd. 1, dritte (erweiterte) Auflage (1883)	[MEGA II/8]
Kapital Bd. 2, aus dem Nachlass ediert (1885)	[MEGA II/13]
Kapital Bd. 1, englische Übersetzung (1887)	[MEGA II/9]
Kapital Bd. 1, vierte (nochmals erweiterte) Auflage (1890)	[MEGA II/10]
Kapital Bd. 3, aus dem Nachlass ediert (1894)	[MEGA II/15]

Die Texte, auf denen die kanonische Fassung des *Kapital* beruhen, stammen für den ersten Band aus der ersten Hälfte der 1870er Jahre und für den zweiten Band aus der

Zeit zwischen 1868 und 1881, also aus den nach meiner Zählung zweiten und dritten Entwürfen des *Kapital*. Der dritte Band beruht jedoch auf dem Manuskript von 1864/65, das nach meiner Zählung zum ersten Entwurf des *Kapital* gehört. Wenn heute der dritte Band des *Kapital* diskutiert wird, dann geschieht dies auf der Grundlage eines Textes, der die Weiterentwicklung der marxschen Analyse seit den späten 1860er Jahren nicht reflektiert.

4. Konzeptionelle Umbrüche in den 1870er Jahren

Bereits unmittelbar im Anschluss an die Veröffentlichung des ersten *Kapital*-Bandes 1867 macht sich Marx an die Überarbeitung des 1864 entstandenen Manuskripts von Buch II. Zwischen 1868 und 1871 entsteht das umfangreiche Manuskript II für Buch II (MEGA II/11, 1–522, vgl. zu diesem Manuskript Fiehler 2008 und 2011). Gleichzeitig arbeitet Marx auch an Themen von Buch III (vgl. zu den nach 1867 entstandenen Manuskripten von Buch II und III die ausführliche Analyse von Vollgraf 2011). Dabei deutet sich bereits eine erhebliche Überarbeitung der Darstellung des Kreditsystems an. In einem Brief an Engels vom 30. April 1868, in dem Marx den Aufbau von Buch III erläutert, steht die Behandlung des Kreditwesens bereits gleichrangig neben dem zinstragenden Kapital (MEW 32, 74) und am 14. November 1868 schreibt Marx, er werde „das chapter über Kredit benutzen zu actual denunciation des Schwindels und der commercial moral“ (MEW 32, 204). Damit ist zunächst nur eine umfangreichere Illustration angesprochen, doch scheint Marx auch schon von einer vertieften theoretischen Analyse auszugehen: 1868 und 1869 entstehen umfangreiche Exzerpte zu Kredit, Geldmarkt und Krisen (sie werden in MEGA IV/19 veröffentlicht werden). Diese intensive Auseinandersetzung mit Themen aus Buch II und III wird 1871 jedoch aus zwei Gründen unterbrochen. Zum einen muss Marx den ersten Band für die bevorstehende zweite Auflage überarbeiten, zum anderen verfasst er im Namen des Generalrats der Internationale den *Bürgerkrieg in Frankreich*, jene Analyse der Pariser Kommune, durch die er damals in Europa bekannter wurde als durch das *Kapital*.

Die wichtigsten Umbrüche ereignen sich, während Marx an Texten arbeitet, die ich als dritten Entwurf des *Kapital* bezeichnet habe (1871–81). Sie können hier nur sehr kurz skizziert werden.

a. Das Ende des „Gesetzes vom tendenziellen Fall der Profitrate“

Man kann vermuten, dass Marx bezüglich dieses „Gesetzes“ von erheblichen Zweifeln geplagt wurde. Schon im Manuskript von 1864/65 war er von seiner eigenen Begründung des Gesetzes nicht restlos überzeugt, was die immer erneuten Versuche eine solche Begründung zu formulieren, deutlich machen. Diese Zweifel dürften sich im Laufe der 1870er Jahre noch verstärkt haben. 1875 entsteht ein umfangreiches Manuskript, das unter dem redaktionellen Titel *Mehrwertrate und Profitrate mathematisch behandelt* erstmals in MEGA II/14 veröffentlicht wurde. In diesem Manuskript versucht Marx mit vielen Zahlenbeispielen und unter unterschiedlichen Voraussetzungen das Verhältnis von Mehrwertrate und Profitrate mathematisch zu fixieren. Dabei geht es nicht um bloße Zahlenspielereien, Marx formuliert den Anspruch die „Gesetze" der Profitratenbewegung (MEGA II/14, 128 f.) zu erfassen. Dabei wird schnell klar, dass auch unter der Annahme einer steigenden Wertzusammensetzung des Kapitals für die Profitrate alle Arten von Bewegung möglich sind. In seinen Rechenbeispielen findet Marx mehrfach ein Steigen der Profitrate, obwohl er von Bedingungen ausgeht, unter denen er im Manuskript von 1864/65 glaubte, den Profitratenfall bewiesen zu haben. Bei einer Überarbeitung des Manuskripts von Buch III hätten diese Überlegungen dazu führen müssen, das Profitratengesetz aufzugeben.

Zwar findet sich keine explizite Äußerung dazu, doch verabschiedet sich Marx de facto von diesem Gesetz. In einer Notiz in seinem Handexemplar der zweiten Auflage des ersten *Kapital*-Bandes, die von Engels als Fußnote in die dritte und vierte Auflage aufgenommen wurde, schreibt Marx: „Hier für Späteres zu bemerken: ist d. Erweiterung *nur quantitativ*, so also bei grösserem u. kleinerem Kapital in demselben Geschäft d. Profitmassen verhalten sich wie d. Grössen d. vorgeschossenen Kapitalien. Wirkt d. quantit. Erweit. *qualitativ*, so steigt zugleich *d. Rate des Profits* f. d. grössere Kapital" (MEGA II/8, 906, Hervorhebungen von Marx; der von Engels redigierte Text ohne Hervorhebungen in: MEGA II/8, 591; MEW 23, 657). Wie aus dem Zusammenhang hervorgeht, ist mit der „qualitativen" Wirkung der quantitativen Erweiterung eine steigende Wertzusammensetzung des Kapitals gemeint. Demnach geht Marx hier von einer mit steigender Wertzusammensetzung *steigenden* Profitrate aus – dem Gegenteil des Gesetzes vom tendenziellen Fall der Profitrate.[20]

b. Krisenempirie und Krisentheorie

Im Nachwort zur 2. Auflage des ersten *Kapital*-Bandes hatte Marx festgehalten: „Die Forschung hat den Stoff sich im Detail anzueignen, seine verschiednen Entwicklungsformen zu analysiren und deren inneres Band aufzuspüren. Erst nachdem diese Arbeit vollbracht, kann die wirkliche Bewegung entsprechend dargestellt werden." (MEGA II/6, 700; MEW 23, 27) Bezüglich der Krisentheorie kommt Marx in den 1870er Jahren mehr und mehr zur Einsicht, dass sein Forschungsprozess noch gar nicht so weit fortgeschritten ist, dass er zur Darstellung der „wirklichen Bewegung" übergehen kann. So überlegt Marx in einem Brief an Engels vom 31. Mai 1873, ob es möglich sei, „die Hauptgesetze der Krise mathematisch zu bestimmen" (MEW 33, 82). Eine solche Möglichkeit würde unterstellen, dass Krisenprozesse mit einer enormen Regularität ablaufen. Indem Marx die Frage nach einer mathematischen Bestimmung aufwirft, wird sichtbar, dass er sich über das Ausmaß dieser Regularität noch längst nicht im Klaren ist.

In einem Brief an Danielson vom 10. April 1879 schreibt Marx, er könne den zweiten Band (der Buch II und III umfassen sollte) nicht fertig machen, „ehe die augenblickliche industrielle Krise in England ihren Höhepunkt erreicht hat. Die Phänomene sind diesmal ganz eigenartig, sie unterscheiden sich in vieler Beziehung von früheren …

[20] Aufgrund dieser Bemerkung vermuteten schon Groll/Orzech (1987, 604 f.), dass Marx an seinem Profitratengesetz zweifelte. Vor dem Hintergrund der nunmehr veröffentlichten Manuskripte aus den 1870er Jahren hat diese Vermutung erheblich an Plausibilität gewonnen.

Man muß also den gegenwärtigen Verlauf beobachten, bis die Dinge ausgereift sind, dann erst kann man sie ‚produktiv konsumieren', das heißt ‚*theoretisch*'." (MEW 34, 370 f.) Offensichtlich geht es Marx nicht nur darum, die Daten der jüngsten Krise als Illustration aufzunehmen; es geht ihm vielmehr um die *theoretische* Durchdringung der ablaufenden Krisenprozesse. In der Tat war Marx Ende der 1870er Jahre mit einem ganz neuen Krisentypus konfrontiert: einer sich über Jahre hinziehenden Stagnation, die sich deutlich von dem schnellen konjunkturellen Auf und Ab unterscheidet, das er bis dahin kennengelernt hatte. Daher ist die Folgerung von Marx völlig gerechtfertigt, dass er mit seinem Forschungsprozess noch gar nicht so weit ist, um die Darstellung der Krisentheorie abschließen zu können. Damit werden die krisentheoretischen Einsichten aus dem Manuskript von 1864/65 keineswegs hinfällig, aber es wird deutlich, dass es sich nicht – wie die Engelssche Edition suggeriert – um eine fast fertige Krisentheorie handelt, sondern lediglich um disparate Ansätze zu einer solchen Theorie, die auf einer noch unzureichenden empirischen Grundlage beruhen.

c. Abgrenzungsprobleme: Krise, Kredit, Staat

Der gerade zitierte Brief an Danielson zeigt auch, dass Marx die zunehmende internationale Rolle der Nationalbanken und ihren Einfluss auf den Verlauf der Krise klar erkennt (MEW 34, 371, vgl. auch den Brief an Danielson vom 12.9.1880, MEW 34, 463 f.). Dabei machen die von Marx referierten Beobachtungen zweierlei sehr deutlich. Zum einen ist die systematische Behandlung der Krisentheorie nicht schon – wie Engels mit seiner Edition des dritten Bandes nahelegt – im Anschluss an das „Gesetz vom tendenziellen Fall der Profitrate" möglich (kategorial gesprochen: auf der Ebene der industriellen Durchschnittsprofitrate), sondern erst *nach* einer Darstellung von zinstragendem Kapital und Kredit. Zum andern: Spielen die Nationalbanken für das Kreditsystem eine derart wichtige Rolle, dann lässt sich zwar das zinstragende Kapital, aber nicht mehr das Kreditsystem in Abstraktion vom Staat behandeln. Damit ist die noch vom 6-Bücher Plan herrührende Trennung der Darstellung der kapitalistischen Produktionsweise von der systematischen Untersuchung des Staates in Frage gestellt.

d. Russland und USA

Schon lange ist bekannt, dass sich Marx in den 1870er Jahren intensiv mit russischen Grundeigentumsverhältnisse beschäftigte und sogar russisch lernte, um russische ökonomische Literatur studieren zu können. Der ursprüngliche Grund für dieses große Interesse war höchstwahrscheinlich die Erwartung einer baldigen revolutionären Umwälzung in Russland, die zunächst durch Flerowskis Buch über die *Arbeiterklasse in Rußland* geweckt wurde (vgl. die Briefe an Engels vom 12. Februar 1870 und an Laura und Paul Lafargue vom 5. März 1870, MEW 32, 443 f., 659) und die dann noch durch Marx' Kontakte zu russischen Sozialrevolutionären wie z. B. Vera Sassulitsch verstärkt wurden. Noch im Vorwort zur russischen Ausgabe des *Kommunistischen Manifest* aus dem Jahre 1882 ist von Russland als der „Vorhut der revolutionären Aktion in Europa" (MEW 19, 296) die Rede. Aufgrund seiner Untersuchungen zu Russland und seinen ebenfalls in den 1870er Jahren betriebenen ethnologischen Studien, überwindet Marx auch endgültig den Eurozentrismus, den man in den 1850er Jahren in seinen Artikeln zu Indien finden konnte (vgl. dazu Anderson 2010 und vor allem Lindner 2011).

Ein stark zunehmendes Interesse hatte Marx auch an den USA, die sich in den 1860er und 1870er Jahren mit ungeheurem Tempo ökonomisch entwickelten. Das Zeitalter, in dem Marx von England als dem „Demiurg des bürgerlichen Kosmos“ (MEGA I/10, 466) sprechen konnte, neigte sich dem Ende zu. Wie aus dem 1878 von John Swinton geführten Interview hervorgeht, plante Marx das Kreditsystem anhand der Verhältnisse in den USA darzustellen (vgl. MEGA I/25, 442 f.), was auf eine völlige Neubearbeitung hinauslief. England war jetzt nicht mehr oder zumindest nicht mehr allein die „klassische Stätte“ der kapitalistischen Produktionsweise, von der im Vorwort zum ersten Band noch die Rede war (MEGA II/5, 12; MEW 23, 12).

Gerade die unterschiedliche Entwicklung von England, Russland und den USA machte deutlich, dass auch jener bekannte Satz aus dem Vorwort von 1867 nicht mehr aufrecht zu erhalten war: „Das industriell entwickeltere Land zeigt dem minder entwickelten nur das Bild der eignen Zukunft!“ (ebd.).[21] Von einem mehr oder weniger einheitlichen kapitalistischen Entwicklungsweg konnte jetzt nicht mehr ausgegangen werden, was Marx Ende der 1870er Marx auch explizit betonte (vgl. seinen Brief an die Redaktion der *Otetschestwennyje Sapiski* von 1877, MEW 19, 107 ff.). Entfällt aber der einheitliche Entwicklungsweg, dann war noch einmal kritisch zu überdenken, wie weit eine Darstellung der „innere[n] Organisation der capitalistischen Productionsweise, so zu sagen in ihre idealen Durchschnitt“ (MEGA II/4.2, 853; MEW 25, 839), jener Anspruch, den Marx im Manuskript von 1864/65 formulierte, überhaupt reichen kann.

e. Konsequenzen

Angesichts dieser recht grundsätzlichen Probleme – kategoriale Stellung und Inhalt der Krisentheorie, Bedeutung der Nationalbanken für das Kreditsystem, Verhältnis von ökonomischer Analyse und Untersuchung des Staates, Reichweite der kategorialen Darstellung auf der Ebene des „idealen Durchschnitts“[22] – konnte es nicht mehr bloß darum gehen, die vorhandenen Manuskripte lediglich für den Druck fertig zu machen. Dies war aber die Arbeit, die Engels nach Marx' Tod notgedrungen unternahm und die dann zur ‚kanonischen Textfassung‘ führte. Dass eine Überarbeitung ganz anderen Ausmaßes anstand, im Grunde genommen ein „vierter Entwurf“ des *Kapitals*, deutet sich in Marx' späten Briefen an. An Ferdinand Domela Nieuwenhuis schreibt er am 27. Juni 1880 über

---

[21] Bereits in der französischen Übersetzung des Vorworts hatte Marx diese Aussage auf jene Länder eingeschränkt, die dem entwickelteren Land auf seinem Pfad folgen: „Le pays le plus développé industriellement ne fait que montrer à ceux *qui le suivent sur l'échelle industrielle* de leur propre avenir.“ (MEGA II/7, 12, Hervorhebung M. H.)

[22] Es können auch noch eine ganze Reihe weiterer Probleme angeführt werden, mit denen sich Marx in den 1870er Jahren auseinandergesetzt hat: von der Behandlung der Geldzirkulation im zweiten Buch über die Auswirkungen neuer Produktivkräfte für die Produktion bis hin zu den ökologischen Konsequenzen kapitalistischer Produktion. Es würde jedoch den Umfang dieses Textes sprengen auch darauf einzugehen.

den zweiten Teil des *Kapitals* (Buch II und III), dass „gewisse ökonomische Phänomene in ein neues Stadium der Entwicklung getreten sind, also neue Bearbeitung erheischen" (MEW 34, 447). Die Notwendigkeit einer grundsätzlichen Überarbeitung beschränkte sich aber nicht auf die Bücher II und III. Am 13. Dezember 1881 schreibt Marx an Danielson über die bevorstehende dritte Auflage des ersten Bandes, er werde mit dem Verleger vereinbaren, nur eine kleine Stückzahl mit wenigen Veränderungen zu drucken und wenn diese Exemplare verkauft sind, „werde ich vielleicht das Buch so umarbeiten, wie ich es jetzt unter anderen Umständen[23] getan hätte" (MEW 35, 246).

Was Engels mit den besten Absichten in den ‚kanonischen' Fassungen der drei *Kapital*-Bände zu präsentieren versuchte, das *Kapital* als zwar nicht ganz fertiges aber einigermaßen *vollständiges und abgeschlossenes Werk* hat sich angesichts der konzeptionellen Umbrüche in den 1870er Jahren „aufgelöst" (Heinrich 2011b). Damit werden die in den verschiedenen *Kapital*-Entwürfen vorhandenen Einsichten nicht hinfällig. Was sich in den Manuskripten der 1870er Jahre, in den Exzerpten und den Überlegungen der verschiedenen Briefe andeutet, ist ein weitgehend neues *Kapital*, das jedoch ungeschrieben blieb. Das dabei skizzierte Forschungsprogramm zu Akkumulation, Krise, Kredit und Staat ist angesichts des von Finanzkrisen geschüttelten gegenwärtigen Kapitalismus mit seinen permanenten staatlichen „Rettungsaktionen" aktueller denn je.

Literatur

Anderson, Kevin B. (1998): „On the MEGA and the French Edition of *Capital*, Vol. I. An Appreciation and a Critique", in: *Beiträge zur Marx-Engels-Forschung* Neue Folge 1997, Hamburg.

Anderson, Kevin B. (2010): *Marx at the Margins. On Nationalism, Ethnicity, and Non-Western Societies*, Chicago.

Backhaus, Hansgeorg (1998): „Über die Notwendigkeit einer Ent-Popularisierung des marxschen *Kapital*", in: Görg, Christoph u. a. (Hg.), *Kein Staat zu machen. Zur Kritik der Sozialwissenschaften*, Münster.

Elbe, Ingo (2008): „Die Beharrlichkeit des ‚Engelsismus'. Bemerkungen zum ‚Marx-Engels Problem'", in: *Marx-Engels-Jahrbuch* 2007, Berlin.

Fiehler, Fritz (2008): „Wie schafft sich das Kapital seine Voraussetzungen? Über die Manuskripte zum ‚Zweiten Buch des Kapitals'", in: *Sozialismus* 10/2008.

Fiehler, Fritz (2011): „Die Selbstgestaltung des Kapitals. Der Umschlag des Kapitals in den marxschen Manuskripten", in: *Beiträge zur Marx-Engels Forschung* Neue Folge 2010, Hamburg.

Groll, Shalom und Ze'ev B. Orzech (1987): „Technical progress and values in Marx's theory of the decline in the rate of profit: an exegetical approach", in: *History of Political Economy* 19:4.

Harvey, David (2012): „History versus Theory: A Commentary on Marx's Method in ‚Capital'", in: *Historical Materialism*, 20.2.

Hecker, Rolf (1999): „Die Entstehungs-, Überlieferungs- und Editionsgeschichte der ökonomischen Manuskripte und des *Kapital*", in: Altvater, Elmar u. a. (Hg.), *Kapital.doc*, Münster.

Heinrich, Michael (1996/97): „Engels' Edition of the Third Volume of ‚Capital' and Marx' Original Manuscript", in: *Science & Society* 60:4.

Heinrich; Michael (2007): „Begründungsprobleme. Zur Debatte über das marxsche ‚Gesetz vom tendenziellen Fall der Profitrate'", in: *Marx-Engels-Jahrbuch* 2006, Berlin.

[23] Als Marx dies schrieb, war nicht nur sein Gesundheitszustand sehr schlecht, auch seine Frau Jenny war nur wenige Tage vorher verstorben.

Heinrich, Michael (2009): Wie das marxsche Kapital lesen? Hinweise zur Lektüre und Kommentar zum Anfang von „Das Kapital“, 2. Aufl., Stuttgart.

Heinrich, Michael (2011a): *Die Wissenschaft vom Wert. Die marxsche Kritik der politischen Ökonomie zwischen wissenschaftlicher Revolution und klassischer Tradition*, 5. Aufl., Münster.

Heinrich, Michael (2011b): „Entstehungs- und Auflösungsgeschichte des marxschen Kapitals“, in: Bonefeld, Werner; Heinrich, Michael (Hg.), *Kapital & Kritik. Nach der neuen Marx-Lektüre*, Hamburg.

Henning, Christoph (2006): „Übersetzungsprobleme. Eine wissenschaftstheoretische Plausibilisierung des marxschen Gesetzes vom tendenziellen Fall der Profitrate“, in: *Marx-Engels-Jahrbuch* 2005, Berlin.

Hoff, Jan (2004): *Kritik der klassischen politischen Ökonomie*, Köln.

Hundt, Martin (2011): „Der Fortgang der MEGA und einige aktuelle Debatten um Marx' Werk“, in: *Z. Zeitschrift marxistische Erneuerung* Nr. 85, März.

Karl Marx (2011): *Das Kapital, Erster Band. Supplement CD*, herausgegeben von Manfred Müller im Auftrag der Rosa-Luxemburg-Stiftung, Berlin.

Krätke, Michael (2007): „Das Marx-Engels Problem: Warum Engels das Marxsche *Kapital* nicht verfälscht hat“, in: *Marx-Engels-Jahrbuch* 2006, Berlin.

Lindner, Kolja (2011): „Eurozentrismus bei Marx. Marx-Debatte und postcolonial studies im Dialog“, in: Bonefeld, Werner; Heinrich, Michael (Hg.), *Kapital & Kritik. Nach der neuen Marx-Lektüre*, Hamburg.

Marxhausen, Thomas (2008): „*Kapital*-Editionen“ in: *Historisch-kritisches Wörterbuch des Marxismus* Bd. 7/I, Hamburg.

Miskewitsch, Larissa und Wygodski (1985): „Über die Arbeit von Marx am II. und III. Buch des ‚Kapitals‘ in den Jahren 1866 und 1867“, in: *Marx-Engels-Jahrbuch* 8, Berlin.

Moseley, Fred (2007): „Kapital im Allgemeinen und Konkurrenz der vielen Kapitalien in der Theorie von Marx. Die quantitative Dimension“, in: *Marx-Engels-Jahrbuch* 2006, Berlin.

Müller, Manfred (Hg.) (2011): *Karl Marx, Das Kapital Erster Band. Supplement CD.* Herausgegeben im Auftrag der Rosa-Luxemburg-Stiftung, Berlin.

PEM (Projektgruppe Entwicklung des marxschen Systems) (1975): *Der 4. Band des „Kapitals“? Kommentar zu den Theorien über den Mehrwert*, Westberlin.

Reichelt, Helmut (2002): „Die Marx'sche Kritik ökonomischer Kategorien“, in: Fetscher, Iring; Schmidt, Alfred (Hg.), *Emanzipation und Versöhnung. Zu Adornos Kritik der „Warentausch“-Gesellschaft und Perspektiven der Transformation*, Frankfurt am Main.

Vollgraf, Carl-Erich (1997): „Kontroversen zum dritten Buch des ‚Kapital‘: Folgen von und Herausforderungen für die Edition“, in: *MEGA-Studien* 1996/2.

Vollgraf, Carl-Erich (2011): „Marx erstmals veröffentlichte Manuskripte zum 2. und 3. Buch des ‚Kapitals‘ von 1867/68 im MEGA-Band II/4.3. Zu neuralgischen Punkten in der Ausarbeitung des ‚Kapitals‘“, in: *Beiträge zur Marx-Engels Forschung* Neue Folge 2010, Berlin.

Vollgraf, Carl-Erich und Jürgen Jungnickel (1995): „Marx in Marx' Worten? Zu Engels Edition des Hauptmanuskripts zum dritten Buch des ‚Kapitals‘“, in: *MEGA-Studien* 1994/2.

Tim Henning

Entfremdung und ökonomische Rationalität

In seinen frühen Aufzeichnungen zur Ökonomie schreibt Marx, dass „die Nationalökonomie die *entfremdete* Form des gesellschaftlichen Verkehrs als die *wesentliche* und *ursprüngliche* und der Menschlichen Bestimmung entsprechende *fixirt*."[1] Dieses Urteil beinhaltet (schon in den frühen Aufzeichnungen) mehr als nur eine kritische Zurückweisung. Zwar „fixirt" die Nationalökonomie eine entfremdete Form des gesellschaftlichen Verkehrs. Sie behandelt also die kontingenten Gesetzmäßigkeiten, die einen entfremdeten Zustand charakterisieren, als invariante Gesetze allen menschlichen Lebens. Aber zugleich erfasst sie diesen entfremdeten Zustand eben auch und Marx findet in ihr das begriffliche Instrumentarium, das diesen Zustand zu beschreiben und, reflektiert und konsequent angewendet, zu kritisieren erlaubt.

Autorinnen und Autoren, die heute kritische Gesellschaftstheorie betreiben, scheinen oft eine weniger differenzierte Sicht auf das aktuell dominante Paradigma der Wirtschaftswissenschaften, die so genannte neoklassische Theorie, einzunehmen. Schon Marx hatte gegen dieses Paradigma eingewandt, dass der Markt mit Angebot und Nachfrage nur Schwankungen im Preis erklären könne, nicht aber die Entstehung und die Natur des Werts erfasse (vgl. MEW 23, 560). Nur wenige kritische Theoretikerinnen und Theoretiker teilen heute noch Marxens uneingeschränkte Befürwortung der Arbeitswerttheorie. Ihre Ablehnung der neoklassischen Ökonomie beruht nicht auf diesem speziellen sachlichen Einwand sondern auf allgemeineren Diagnosen, die heutige Wirtschaftswissenschaft sei unkritisch, ‚affirmativ', ‚atomistisch', ‚subjektivistisch', ‚ahistorisch', ‚undialektisch', und was dergleichen Schmähworte mehr sein mögen.

Ich möchte hier für einen produktiveren kritischen Umgang mit den Begriffen, Annahmen und Theoremen der zeitgenössischen Wirtschaftswissenschaften plädieren. Eine Neulektüre der Neoklassik zum Zweck der kritischen Reflexion wäre, so scheint mir, durchaus im Geiste von Marx. Noch mehr Spott als für klassische Ökonomen hatte Marx für die (deutschen) Theoretiker übrig, die die ökonomische Wissenschaft seiner

[1] In den Mill-Exzerpten, nun neu herausgegeben unter dem Titel „Das Konzept der Anerkennung" von M. Quante, in: Marx 2009, 196.

Zeit entweder ignorieren oder aber dogmatisch nachbeten, in beiden Fällen ohne in ihr ein fruchtbares Feld zum kritischen Weiterdenken zu finden (MEW 23, 19 ff.). Beide Haltungen, so scheint mir, sind auch im Umgang mit der Neoklassik Fehler. Mir scheint, dass die Neoklassik uns in einigen Punkten das liefert, was Marx auch in der klassischen Nationalökonomie vorgefunden hat: Eine aufschlussreiche Selbstbeschreibung einer entfremdeten Praxis. Um diesen Vorschlag zu stützen, werde ich einige Ideen und Modelle der zeitgenössischen Ökonomie – speziell das neoklassische Verständnis des Arbeitsmarktes, die Theorie der Effizienzlöhne und die sogenannte Transaktionskostenökonomik – im Hinblick darauf untersuchen, ob sich in ihnen nicht ebenfalls Formen von Entfremdung „fixirt" finden. Und in der Tat, so möchte ich darlegen, zeichnen sich in diese Konzeptionen Formen der Entfremdung von der eigenen Arbeit und von den eigenen Zielen sowie der Entfremdung von der sozialen Gemeinschaft ab.

Wieso diese Form der Auseinandersetzung? Die einfache Sicht der ‚unkritischen' Neoklassik hat Nachteile für das Projekt einer kritischen Theorie. Wer darauf beharrt, dass nur die marxsche Konzeption der Ökonomie sich wirklich zur Analyse von Spannungen und Pathologien des Kapitalismus eignet, der macht seine Kritik *nolens volens* von einigen extrem kontroversen ökonomischen Prämissen abhängig. So muss der kritische Theoretiker sich die berechtigte Frage gefallen lassen, ob Diagnosen, die sich nur in *seiner* umstrittenen Theorie artikulieren lassen, nicht vielleicht nur *Artefakte* der Theorie sind. Diese Schwäche lässt sich leicht auch politisch instrumentalisieren. Wann immer von Ausbeutung oder Entfremdung die Rede ist, kann ein Apologet des Kapitalismus abwinken und durch die Zurückweisung der marxschen Ökonomie den Eindruck erwecken, Ausbeutung und Entfremdung existierten nur einer verfehlten Theorie zufolge. Aber auch abgesehen davon ist es politisch hilfreich, bestimmte kritische Diagnosen auch in einem theoretischen Rahmen artikulieren und begründen zu können, *den auch Vertreter gegnerischer Positionen akzeptieren.*

Angesichts dessen versuche ich mich hier an ein paar ersten, einfachen Schritten zur Prüfung der Frage, ob die aktuelle ökonomische Theorie für systematische Diagnosen sozial bedingter Pathologien nicht vielleicht doch einige fruchtbare Ansatzpunkte bietet. Speziell für die Theorie der *Entfremdung* möchte ich folgendes plausibel machen: Die Neoklassik erfasst eine Form von Entfremdung. Diese ist, wie bei Marx, weniger ein subjektives, psychisches Phänomen als ein soziales. Die Regeln des Marktes verlangen eine Abstraktion von bestimmten – intuitiv relevanten – Aspekten unseres Tuns. Als Teilnehmer am Markt haben wir daher Grund, einander eine entsprechende abstrahierende Haltung zuzuschreiben. Dieser Prozess der „Realabstraktion", so kann man neoklassisch zeigen, führt zu handfesten Konsequenzen – etwa zu unfreiwilliger Arbeitslosigkeit und zur Erosion von Solidarität.

1. Der Arbeitsmarkt und die Realabstraktion vom Wert der Arbeit

Dem neoklassischen Entscheidungsmodell zufolge sieht sich ein Anbieter von Arbeitskraft – wie jedes rationale Subjekt – vor der Aufgabe, seinen Nutzen zu maximieren.[2] Er kennt, so die zentrale Annahme, *nur zwei Quellen von Nutzen*: Freizeit und Konsum (gemessen als Einkommen). Verschiedene *Arbeiten* interessieren nur insofern, als sie durch den Marktlohn verschiedene Bündel von Freizeit und Konsum erreichbar machen. Das für ihn rationale Angebot ist das, an dem der Grenznutzen der Freizeit dem des Einkommens gleich ist.

Schon dies genügt, um zu zeigen, dass das neoklassische Rationalitätsmodell ein entfremdetes Verhältnis zur Arbeit beschreibt. Die für unsere Zwecke zentrale Beobachtung ist, *dass die Art und der Zweck der Arbeit im beschriebenen Entscheidungsmodell keine Rolle spielt*. Ein Arbeiter entscheidet sich nicht *für* eine Art von Arbeit, sondern für eine Kombination von Freizeit und Konsum, die der Lohn ermöglicht, der für diese Arbeit gezahlt wird. *Womit* man also den Großteil seiner Zeit beschäftigt sein wird, ist ausschließlich insofern Gegenstand vernünftigen Entscheidens, als verschiedene *Abstriche bei der Freizeit* und *Gewinne im Konsum* (Einkommen) resultieren. Man kann sagen: Es zählt der Tauschwert der Arbeit. Eine Pointe ist, dass es hier der Anbieter von Arbeit ist, für den nur dies zählt.

Es erscheint uns intuitiv klar, dass damit ein wichtiger Faktor außen vor bleibt. Wir entscheiden uns sehr wohl *für* eine bestimmte Art von Tätigkeit – z. B., weil wir sie erfüllend finden, weil wir ihre Resultate wertschätzen oder weil wir die Anerkennung genießen, die mit ihr einhergeht. Tätigkeiten und was sie bewirken sind *selbst* etwas, dem wir Wert beimessen. Kaum jemand wird Krankenschwester wegen des tollen Lohns und der vielen Freizeit. Und doch erscheint es *prima facie* nicht als irrational, solche Berufe zu wählen.

Ist das Modell also nur eine weitere Variante des *homo oeconomicus* – Zerrbildes? Nein. Bei näherer Betrachtung ergibt sich, dass die Neoklassik diese Abstraktion vom Was der Tätigkeit als einen Vorgang der *Realabstraktion* erklärbar macht. Sie macht deutlich, dass das Was der Tätigkeit *gemäß den objektiven Spielregeln des Marktes* langfristig keine Rolle in rationalem Handeln spielen kann. Es ist nicht die Theorie, die abstrahiert. *Die Verhältnisse* machen die qualitative Dimension obsolet. Anders gesagt: Das Modell zeichnet nicht ein verzerrtes Bild der Rationalität, sondern ein Bild einer objektiv verzerrten Rationalität.

Der einfache Grund für die objektive Tendenz zur Abstraktion vom qualitativen Was ist, dass eine Bindung an einen Beruf – an das, was man tut und für welche Zwecke – extrem *kostspielig* ist. Sie führt erstens zu einer bestimmten Eigenschaft unseres Angebotsverhaltens für diese Tätigkeit, nämlich zu einer sogenannten Inelastizität relativ zur Lohnhöhe. Einfach gesagt – für eine ausführlichere Darstellung vgl. Henning (2012) – gilt: Wer in seiner Tätigkeit selbst eine Form der Erfüllung findet, der wird auf sinkende Löhne nicht gleich mit einer Verringerung des Angebots reagieren. Auch wenn man dadurch auf Lohn verzichtet – ein Verzicht auf die Tätigkeit selbst kann dennoch die

[2] Einige der Passagen des folgenden Abschnittes sind Henning (2012) entlehnt. Dort werden einige der Argumente und Analysen genauer ausgeführt.

schlechtere Alternative sein. Wer also auf intrinsisch motivierte Angestellte zählen kann, für den ist es unter Umständen rational, einen geringeren Lohn zu zahlen. Denn das Angebot ändert sich dadurch womöglich nicht. (Wir können in der Tat beobachten, dass in Bereichen, in denen viele Anbieterinnen und Anbieter von Arbeitskraft intrinsisch motiviert sind, eine hohe Bereitschaft besteht unter Bedingungen zu arbeiten, die schlechter sind als die, die sie in anderen Branchen antreffen könnten – man denke an Volontariate im Medienbereich, Hochdeputatsstellen im akademischen Bereich, etc.). Der Effekt ist aufschlussreich: Eine inelastische Angebotskurve liegt auch bei Anbieterinnen und Anbietern von Arbeitskraft vor, die keine Alternative haben und bei einem Arbeitgeber arbeiten müssen. Wer seine Tätigkeit schätzt und daraus einen beträchtlichen Teil seiner Motivation für das Angebotsverhalten bezieht, ist in einer ähnlichen Abhängigkeitssituation wie so eine Anbieter.

Zweitens, und damit verknüpft, gibt es für Anbieterinnen und Anbieter von Arbeitskraft höhere Schwellenlöhne für den Wechsel in andere Bereiche. Kurz gesagt: Wenn ich schon auf die Tätigkeit verzichte, die mir etwas bedeutet, und stattdessen etwas tue, das mich eher langweilt – dann werde ich dafür eine höhere Entlohnung erwarten. Die Folge ist, dass ich mich tendenziell auf eine Sparte beschränke. Daraus ergeben sich Marktunvollkommenheiten – zu meinen Ungunsten. Ich bin in meinem Angebot inflexibel und tendenziell weniger in der Lage, Nachfrage-Überhänge in anderen Branchen zu nutzen. Und vor allem sehe ich mich in meinem Sektor nur noch einer beschränkten Zahl von Nachfragesubjekten gegenüber. Effektiv ist der Markt für mich also ein Oligopson oder Monopson. Wenige potenzielle Arbeitgeber können den Preis – meinen Lohn – stark bestimmen, zumindest in dem Rahmen, den meine Präferenz für die fragliche Tätigkeit und die resultierenden Schwellen für den Wechsel zulassen. Je stärker meine Bindung, desto mächtiger das Lohndiktat der Nachfrage.

Es lässt sich vorhersagen, dass eine Bindung an eine konkrete Tätigkeit schlechtere Arbeitsbedingungen und geringere Löhne bedeutet – gerade, wenn wir es mit einer Branche zu tun haben, in der relativ viele Subjekte die Tätigkeit selbst wertschätzen. In Branchen, in denen die Subjekte ohnehin wenig ‚Idealismus' mitbringen, fällt dieser Druck geringer aus.

Kurz, wer seine Berufswahl stark vom Was der Handlung abhängig macht, ist auf dem Markt schlecht aufgehoben. Es ist abzusehen, dass nur Wenige sich ‚Idealismus' leisten. Man bedenke nun, dass die Bindung an eine konkrete Tätigkeit nichts ist, was sich gegen die quantifizierbaren Größen der Freizeit und des Lohns abwägen lässt. Wenn wir großen Nutzen aus einer Tätigkeit beziehen, dann heißt das nicht, dass uns eine Tätigkeit, die *qualitativ ähnlich* ist, uns *quantitativ ähnlich viel Nutzen* bringt. (Der Beruf des Werbetexters ist der Philosophie ähnlicher als der des Schlossers. Aber ich wäre lieber Letzteres, wenn es mit der Philosophie nicht klappt.) Daher kann man oft nicht *gewisse* Abstriche bei der Art der Tätigkeit machen, um *etwas* besseren Lohn zu bekommen. Statt eines solchen Kompromisses braucht es eine Umorientierung, in deren Folge die Bindung an eine Tätigkeit letztlich weniger Relevanz für das eigene Entscheiden hat. Diese neue Haltung führt dann tendenziell zu mehr Flexibilität und weniger Abhängigkeit. Die Marktbedingungen verbessern sich. Es folgt nachgerade eine „Idealismus-Falle": Je weniger Wert wir in unserem Angebotsverhalten auf eine bestimmte Tätigkeit legen, desto eher haben wir vielleicht sogar die Chance, eben diese eigentlich präferierte Arbeit selbst auszuüben – aber zu zumutbaren Bedingungen.

Angesichts all dessen sind adaptive Präferenzen zu erwarten. Und in der Tat scheint mir, dass uns psychologische Auswirkungen vertraut sind. Die deutlichste ist diese: Es erscheint uns als ein *Glücksfall*, wenn wir nicht nur einen gutbezahlten Job haben, sondern auch einen, der uns sinnvoll erscheint und etwas bedeutet. Wir gewöhnen uns immer mehr daran, dass Lohn und Freizeit für viele Menschen die Hauptkriterien der Berufswahl sind und eine Bindung zur eigenen Tätigkeit ein erfreulicher Nebeneffekt. Ein ähnliches Symptom ist die Bewunderung, die Menschen ernten, die ihren Beruf nach dem Wert wählen, die sie ihm beimessen. (Mitunter findet man hier auch Ressentiment gegenüber blauäugigen Idealisten; ebenso findet man Misstrauen oder überlegenes Abwinken in der Form: „Was du zu erwähnen vergessen hast, ist, dass du bestimmt auch ganz gut dabei verdienst – stimmts?")

Eine solche Pervertierung unserer Kriterien ist sicherlich eine Folge der erwähnten Mechanismen des Arbeitsmarktes. Menschen sind nicht „von Natur aus so". Sie werden so unter dem Druck der Bedingungen des Marktes und der Lohnarbeit. Sie *werden* dabei *die Subjekte, als die die heutige Ökonomie sie darstellt*. Wie gesagt: Die Neoklassik gibt uns hier kein verzerrtes Bild der Rationalität, sondern ein Bild einer verzerrten Rationalität.

In jedem Falle gilt: Je weniger wir der eigenen Bindung an eine Tätigkeit deliberatives Gewicht geben, desto weniger eignet sie sich als Quelle und Konstituens unserer praktischen Identität. Es geschieht immer seltener, dass Menschen sich über das definieren können, *was* sie tun. Vielmehr definieren sie sich über die Konditionen, zu denen sie es tun: Einkommen.

Damit ist in der Tat eine Form von Entfremdung erfasst, die auch Marx – speziell in seinen frühen Schriften – kritisiert. Wenn die Orientierung am gesellschaftlichen Bedarf nach einer Tätigkeit über den Preismechanismus vermittelt wird, dann verlieren diese Tätigkeiten leicht den Charakter einer bewussten Form der Verwirklichung menschlicher Interessen und der intendierten Erfüllung menschlicher Bedürfnisse als solcher. Selbst wenn man eine allgemein nützliche und für einen selbst erfüllende Tätigkeit ausüben kann, so geschieht dies unter Umständen vor allem deswegen, weil dies die klügste Tauschentscheidung auf dem Arbeitsmarkt ist. Eine Tätigkeit, die geeignet ist, dein Bedürfnis zu befriedigen und meinen Interessen nachzugehen, erscheint mir und dir in verkehrter Form. Ich wähle sie nach Maßgabe meiner Aussichten für Lohn und Freizeit auf dem Arbeitsmarkt und du verstehst mich als jemanden, der diese Tätigkeit deswegen ausübt. Was wir faktisch *tun*, entspricht dabei durchaus einem Tätigsein um der eigenen Interessen und der Bedürfnisse der anderen willen. Aber dieses gesellschaftliche Verhältnis kommt nur in entfremdeter Form zustande.

Natürlich ist diese Analyse, anders als in Marxens Fall, keine strenge *Folgerung* aus der Theorie. Marx zufolge lässt sich zeigen, dass dem Warentausch *notwendig* eine Abstraktion von konkreter menschlicher Arbeit und ihren normativen Bezugspunkten zugrunde liegt. Nichts dergleichen geben die obigen Überlegungen her. Aber darin kann auch ein Vorteil der Analyse liegen, die soeben skizziert wurde. Es scheint mir durchaus Grade der Entfremdung zu geben. Es *gibt* ja durchaus immer noch viele Anbieterinnen und Anbieter von Arbeitskraft, die schlechte Konditionen auf sich nehmen, weil ihnen etwas an einer bestimmten Tätigkeit liegt – die Volontariatsplätze annehmen, lange unbezahlte Praktika machen, halbe befristete Stellen annehmen usw. Wie ich im nächsten Abschnitt darlegen werde, betreffen die manifesten Konsequenzen der Entfremdung gar nicht immer den Anbieter selbst, sondern die Motive, *die andere ihm zuzuschreiben Grund haben*. Sie ist, mit Marx gesagt, Teil seiner Charaktermaske.

Gleichwohl mag es sein, dass die Form der Entfremdung, die ich skizziert habe, einfach auf einer grundsätzlich anderen Ebene liegt als das, was Marx unter Entfremdung verstanden hat. Ihm zufolge *ist* man von seiner Arbeit entfremdet, indem man sie als Lohnarbeit verkauft, punktum. Dabei handelt es sich um ein soziales Faktum, das als solches keinen Widerhall im psychischen Leben des Anbieters finden muss. Aber wie ich eben angedeutet habe, ist auch die Form von Entfremdung, die ich analysiere, nicht primär ein individualpsychologisches Phänomen und auch sie hat sozial-strukturelle Ursachen. Und selbst wenn mein obiges Modell eine etwas andere Art von Entfremdung erfasst, macht es das nicht minder interessant.

2. Effizienzlöhne, die „Reservearmee" und die Ausbeutung unfreiwilliger Nichtarbeit

Wie bereits gesagt wurde, begegnen uns durchaus immer noch Leute, die an ihrer Tätigkeit hängen und ihr Wert beimessen und die dies durchaus zur Richtschnur ihres Handelns machen. Außerdem – und gerade akademische Philosophen wissen darum – resultiert aus einer solchen Bindung an einen Beruf beileibe nicht immer ein ökonomischer Nachteil.

Die obigen Überlegungen dienen jedoch auch nicht zur Vorhersage wirtschaftlicher Entwicklungen. Mir scheint, dass sie weniger solche Entwicklungen als unsere Erwartungen und Interaktionen prägen. Unabhängig davon, ob es *wirklich* zu manifesten wirtschaftlichen Abhängigkeiten führt, wenn man sich zunächst für einen „Traumberuf" entscheidet und die Frage, welche Berufe gerade nachgefragt sind, als nachrangig behandelt – es teilt sich uns allen mit, dass dies tendenziell eine wirtschaftlich riskante Haltung ist. Das bezeugen Reaktionen wie die oben genannten allemal. Ebenso bin ich mir nicht sicher, wie stark der adaptive psychologische Prozess der Entfremdung von unserer Tätigkeit sich tatsächlich bemerkbar macht – hauptsächlich ist die Entfremdung, die ich beschreibe, kein individualpsychologisches Merkmal. Sie ist *eine soziale Charakteristik*, keine individuelle. Sie kommt uns kraft der Rolle zu, die wir in kapitalistischen Prozessen haben. Sie ist etwas, womit man rechnen muss – etwas, das wir von einander als rationalen Teilnehmern am Markt zu erwarten haben und einander zuschreiben müssen, und zugleich etwas, worin sich grundlegende ökonomische Bedingungen abzeichnen. Die Auswirkungen beleuchte ich nun.

Ich muss ein wenig ausholen: Für die zeitgenössische Ökonomie ist es ein Problem zu erklären, warum sich auch in einer Marktwirtschaft beharrlich eine Arbeitslosigkeitsquote hält, die über eine sogenannte friktionelle Arbeitslosigkeit hinausgeht, also ein klarer *Angebotsüberhang* auf dem Arbeitsmarkt. Dem neoklassischen Modell eines Arbeitsmarktes entsprechend wäre zu erwarten, dass ein hohes Angebot an Arbeit dazu führt, dass Löhne sinken bis ein Gleichgewicht erreicht ist, bei dem jede Anbieterin und jeder Anbieter *entweder* eine Nachfrage findet *oder* wegen des niedrigeren Lohnes weniger anbietet. Diese Entwicklung bleibt aber oft aus. Beliebte Erklärungen lauten, dass es Beschränkungen des Marktes seien, derentwegen der Gleichgewichtspunkt nicht erreicht wird, etwa Tarifverträge oder Gewerkschaften. Viele Ökonomen erkennen jedoch, dass diese Erklärungsansätze nicht ausreichend sind.

Ich möchte hier eine ökonomische Hypothese vorstellen, die mir als interessant erscheint. Wie deutlich werden wird, hat diese Hypothese deutliche Bezüge zu Marx, speziell zu Marxens Rede von einer „Reservearmee". Ebenso hängt diese Hypothese unmittelbar mit der oben skizzierten Analyse der Entfremdung zusammen. Der Kern dieser Hypothese lautet, dass eine hohe Arbeitslosenrate eine produktive Funktion hat. Drohende langfristige Arbeitslosigkeit hat eine disziplinierende Funktion für Arbeiterinnen und Arbeiter und erhöht ihre Produktivität.

Dies ist der Kern der *efficiency wage*-Theorie, die Carl Shapiro und Joseph Stiglitz (neben anderen) in einem Aufsatz mit dem provokanten Titel: „Equilibrium Unemployment as a Worker Discipline Device" (1984) entwickeln.[3] Ihre Idee ist diese: In vielen Berufssparten gilt, dass Arbeitgeber nur über eingeschränkte Informationen darüber verfügen, ob ihre Angestellten während ihrer Arbeitszeit auch optimal produktiv arbeiten. Unternehmen müssen sogar, wie die Autoren hervorheben, *annehmen, dass* die Angestellten dergleichen nicht tun. Sie *müssen* mit *Drückebergerei* (*shirking*) rechnen. Die Autoren konstruieren ein Modell, in dem die Angestellten vor einer *effort-decision* stehen, in der ihr Nutzen sich arithmetisch aus dem Einkommen *minus* der Anstrengung zusammensetzt.

Wie reagieren Unternehmen auf dieses Problem? Es ist einfach: Sie sorgen dafür, dass der Verlust des Arbeitsplatzes in dem Fall, in dem die Drückebergerei entdeckt wird, für einen größeren Nachteil sorgt. Man beginnt damit, dass man *mehr* Löhne zahlt als die Konkurrenz. Das führt dazu, dass der Verlust des Arbeitsplatzes nicht ohne Verlust durch eine Stelle anderswo kompensiert werden kann. Dies macht Drückebergerei riskanter. Der höhere Lohn führt also zu effizienterem Arbeitsverhalten; daher der Terminus *efficiency wage*. Freilich ist dies nur der erste Schritt. Die Konkurrenz schläft nicht. Erstens hat die Konkurrenz ähnlichen Grund, Drückebergerei durch höhere Löhne riskanter zu machen. Zweitens wird sie sich nicht damit abfinden wollen, dass das erste Unternehmen mit den höheren Löhnen die besten Kräfte heuern kann. Folge: das Lohnniveau steigt.

Ist die Übung damit witzlos geworden? Im Gegenteil. Der Anstieg des Lohnniveaus führt, wie ein Blick auf eine typische Nachfragekurve zeigt, dazu, dass die Nachfrage zurückgeht. Die Unternehmen leisten sich weniger Angestellte und/oder weniger Arbeitsstunden derselben. Damit ergibt sich, wie dieses Mal ein Blick auf die Angebotskurve zeigt, eine unfreiwillige Arbeitslosigkeit – das heißt, es gibt Leute, die zu den gegenwärtigen höheren Löhnen, aber sogar auch zu dem ursprünglichen Gleichgewichtslohn Arbeit anbieten, jedoch keine Nachfrage finden. Es ist nun langfristig dieser Angebotsüberhang, der die Funktion übernimmt, *shirking* für die Angestellten unattraktiv zu machen. Im Falle einer Entdeckung droht nun nicht etwa eine schlechter bezahlte Stelle

[3] Shapiro und Stiglitz haben nur *eine* Variante einer *efficiency wage theory* formuliert. Für eine hilfreiche Textsammlung vgl. Akerlof und Yellen (1986). Für eine etwas umfassendere Darstellung der Theorie und Repliken auf verbreitete Kritikpunkte vgl. Henning 2012.

anderswo – sondern *gar keine* Stelle. (Diese Entwicklung macht es langfristig natürlich auch möglich, die Löhne wieder zu senken. Sobald die höhere Arbeitslosigkeit das ist, was dafür sorgt, dass Arbeiterinnen und Arbeiter optimal produktiv arbeiten, kann das Unternehmen optimal produktive Arbeit auch zu den ursprünglichen Löhnen bekommen, sofern dafür nicht wiederum neue Arbeiterinnen und Arbeiter eingestellt werden. Es stellt sich die Frage, ob sich der Umweg über den höheren Lohn einsparen lässt. Mir scheint aber, dass dem nicht so ist. Für ein einzelnes Unternehmen ist die Strategie der höheren Löhne zunächst sinnvoller. Beginnt ein Unternehmen, einfach Arbeiterinnen und Arbeiter zu entlassen, so muss es damit rechnen, dass gerade auch die besten Kräfte gehen und woanders neue Stellen finden.)

Es zahlt sich also aus, (zunächst) höhere Löhne zu zahlen, *weil* dies zu Arbeitslosigkeit führt, die ihrerseits eine disziplinierende Wirkung hat und die Produktivität der Arbeit erhöht. Das Mehr an Produktivität gleicht dabei den geringeren Umfang der geleisteten Arbeit aus.

Aus Sicht der Unternehmen ist dies eine effiziente Lösung. Die Sicht der Arbeiterinnen und Arbeiter ist eine andere. Wie Shapiro und Stiglitz sagen: „From the worker's point of view, unemployment is involuntary: those without jobs would be happy to work at [the efficiency wage] w* or lower , but cannot make a credible promise not to shirk at such wages“ (1984, 438). Die perfekte Interessenkoordination, die der Markt leisten soll, gibt es also nicht.

Es liegt hier, das möchte ich betonen, eine gegenüber Marx *neue Form der Ausbeutung* vor – ausgebeutet wird die *unfreiwillige Nichtarbeit*. Anders als bei Marx erweist sich die „Reservearmee“ als ein unmittelbarer produktiver Faktor. Ich komme darauf zurück.

Was hat das aber mit Entfremdung zu tun? Die eben skizzierte Diagnose beruht auf der Annahme, dass Arbeiterinnen und Arbeiter suboptimale Informationsflüsse nutzen, um in ihrer Produktivität nachzulassen. Warum sollte man diese Art von Drückebergerei unterstellen? Liegt der Theorie hier ein fragwürdiges Menschenbild zu Grunde, oder bourgeoises Misstrauen gegenüber Arbeiterinnen und Arbeitern? Ganz im Gegenteil. Es ist eine Konsequenz der Grundannahmen der Theorie, dass es für Arbeiterinnen und Arbeiter rational ist, die besagte *effort decision* zu treffen. Wie gesagt, unterstellt die Neoklassik Arbeiterinnen und Arbeiter, für die es rational ist, das nutzenmaximierende Bündel von Freizeit und Einkommen anzustreben. Und wenn es bei einem gegebenen Einkommen die Chance gibt, durch *shirking* die Freizeit auszudehnen, so ist dies einfach rational. Deswegen ist *shirking* ein prinzipielles Problem. Es wäre anders, wenn Arbeitgeber ihren Angestellten einen hohen Grad an Identifikation mit ihrer Tätigkeit und also große Motivation unterstellen können. Für ‚Idealisten‘ wäre *shirking* irrational. Aber, wie gesagt, der Markt *selbst* sorgt auf lange Sicht dafür, dass diese Bindung wegfällt. Mehr noch sorgt er aber aber dafür, dass Unternehmen *damit rechnen müssen, dass sie wegfällt*. Die fehlende Bindung – oder Entfremdung – wird eben Teil der sozialen Identität, eben der Charaktermaske, der Arbeiter.

Für Anbieterinnen und Anbieter von Arbeit bedeutet dies Druck und gegebenenfalls Arbeitslosigkeit. Für Unternehmerinnen und Unternehmer ergibt sich zwar ein Gleichgewichtspunkt. Unter gegebenen Bedingungen sind *efficiency wages* für sie die beste Strategie. Gleichwohl wäre für sie etwas anderes natürlich noch vorteilhafter: Könnte man mit intrinsisch motivierten Anbieterinnen und Anbietern rechnen, dann würde die alte Angebotskurve den besseren Punkt bezeichnen. Man hätte dann für die ursprünglich niedrigeren Löhne direkt mehr Leuten Arbeit geboten, die dennoch – da ihnen ihre Tätigkeit etwas bedeutet – vollen Einsatz zeigen.

Wir finden hier eine *generelle Spannung*: Einerseits macht der Markt eine Bindung an eine Tätigkeit kostspielig. Anbieterinnen und Anbieter verabschieden sich von ihrer intrinsischen Präferenz für bestimmte Berufe und Nachfrager rechnen mit Anbieterinnen und Anbietern, bei denen es so ist. Zugleich ist diese Motivation natürlich eine entscheidende Produktivkraft. Wo sie fehlt, gibt es stattdessen disziplinierende Mittel und Existenzbedrohung für Arbeiterinnen und Arbeiter und Einbußen für Unternehmerinnen und Unternehmer.

Hier findet das Phänomen der Entfremdung eine Rolle in der spannungsreichen Verfassung der kapitalistischen Produktion. Bei Shapiro und Stiglitz ist es, anders als bei Marx, nicht die Steigerung der Produktivkraft der Arbeit durch Maschinen, die Wechsel in der organischen Zusammensetzung des Kapitals bedingen und so zu einer Reservearmee führen. In dem eben beschriebenen Zusammenhang liegt das Perfide gerade darin, *dass es eine Reduktion des Anteils des variablen Kapitals, also der angeheuerten Arbeitskraft, selbst ist, die die Produktivität derselben steigert, eben weil sie zu einer Reservearmee führt.* Es ist die entfremdete Haltung des Arbeiters zu seiner Arbeit, die diese paradox erscheinende Entwicklung möglich macht. Mir scheint, dass diese Diagnose Marx gefallen hätte, da sie *die Spannung im Verhältnis des Kapitalismus zur Arbeit* auf die Spitze treibt. Einerseits wird in Phänomenen des *shirking* deutlich, dass die intrinsische Motivation eines Angestellten eine wichtige Produktivkraft ist. Andererseits führen die Bedingungen eines Arbeitsmarktes und die Interessen der Arbeitgeber dazu, dass genau dieser produktive Faktor in die Produktion nicht mehr eingeht. Dieser Verlust muss dann kostspielig durch Kontrolle, Druck und die Erzeugung einer Reservearmee ausgeglichen werden.

3. Intersubjektive Entfremdung

In Marxens frühen Manuskripten ist die Entfremdung von der eigenen Tätigkeit und vom eigenen Produkt nur ein Aspekt eines umfassenden Phänomens, das auch Entfremdung von sich und von der eigenen Gattung einschließt. Diese letzteren Aspekte sind in meinem Modell bislang nicht eigens beleuchtet worden – was nicht heißen soll, dass es nichts über sie zu sagen gäbe. Zumindest zur Frage der Selbstentfremdung habe ich auf Folgen für das eigene Selbstverständnis hingewiesen. Nun möchte ich jedoch auf einen anderen Aspekt eingehen. Die Koordination unserer Tätigkeiten über einen Markt hat Effekte für unser intersubjektives Verhältnis. Auch dies wird von Marx schon in den eingangs zitierten Mill-Exzerpten klar thematisiert: Unsere Bedürfnisse kommen für andere nur insofern zur Geltung, als sie Auswirkungen auf den Tausch und den Preis haben – sofern sie also für ihre Bedürfnisse zählen. Das führt, wie Marx treffend beobachtet, dazu, dass das, was eigentlich als ein exzellenter Grund gelten sollte, in dem sich die Würde des Menschen bestätigt, als der Gipfel der Entwürdigung erscheint: Eine *Bitte* um ein Gut, mit Hinweis auf die eigenen Bedürfnisse, widerspricht so sehr der Einstellung eines Marktteilnehmers, dass sie *entwürdigend* anmutet.[4]

Lassen sich im Rahmen der Neoklassik Formen der sozialen Entfremdung beschreiben? Auf einer allgemeinen Ebene ist dies offenkundig: Wenn wir es dem Preismechanismus als einer „unsichtbaren Hand" überlassen, die wechselseitige Erfüllung unserer Bedürfnisse zu koordinieren, dann schließt das gerade ein, dass diese Bedürfnisse selbst *nicht* die Funktion von Handlungsgründen übernehmen. Aber das allein ist sicher noch nicht genug, um eine Form der Entfremdung zu diagnostizieren. Man könnte ja nach allem, was bisher gesagt wurde, am Markt teilnehmen *in dem Bewusstsein*, dass es der effizienten Erfüllung menschlicher Bedürfnisse zuträglich ist, wenn man nicht an sie, sondern an den Preis denkt.

Aber wir können mit den Mitteln der zeitgenössischen Ökonomie anhand einiger spezifischer Punkte beschreiben und erklären, inwiefern es zu echten, pathologischen Formen der Entfremdung voneinander kommen wird. Ein naheliegendes Beispiel ergibt sich unmittelbar aus den obigen Ausführungen. Durch Effizienzlöhne kommt es zu einer Situation, in der es für die einen hohe Löhne gibt und für andere lange Arbeitslosigkeit. Dies ist eine Situation, in der auch solidarisches Handeln tendenziell ökonomisch irrational ist.

Die Anbieterinnen und Anbieter von Arbeit hätten *qua Kollektiv* zunächst durchaus Interesse daran, dass die Löhne sinken und die Nachfrage nach Arbeit steigt. Laut Voraussetzung würden die Beschäftigten auch für den niedrigen Lohn arbeiten (er ist eben der Gleichgewichtslohn), und die unfreiwillig Erwerbslosen würden Arbeit bekommen. Es läge also nahe, sich zusammenzuschließen und eine andere Regelung zu fordern. Doch die tatsächliche Situation ist eine, in der die Chancen auf einen Zusammenschluss denkbar schlecht stehen. Nicht nur, dass die Beschäftigten kaum freiwillig auf Lohn verzichten werden und die Unbeschäftigten kaum in der Position sind, Druck auszuüben. Eine stark asymmetrische Verteilung von hohen Löhnen einerseits und unfreiwilliger Erwerbslosigkeit andererseits erzeugt ein Klima, in dem man selbst dann, wenn man zu Zugeständnissen bereit wäre, nicht davon ausgehen kann, dass es die anderen auch sind. Wenn ich mich als Angestellter mit Arbeitslosen solidarisiere, weiß ich, dass es für diejenigen, mit denen ich mich solidarisiere, vorteilhaft wäre, zu *gegebenen* Bedingungen *meinen Job zu übernehmen*. Kann ich also auf ihre Solidarität zählen? Muss ich nicht fürchten, dass mein Arbeitgeber mich durch jemanden ersetzen kann, der dann in den Genuss meines hohen Lohns kommt? Angesichts dessen sind die Nichtbeschäftigten nicht in der Position, Versicherungen abzugeben, deren Glaubwürdigkeit über Zweifel erhaben ist. Und auch als Nichtbeschäftigter habe ich nur solange Grund, auf die Solidaritätsbekundungen der anderen zu vertrauen, bis dieselben durch ein Jobangebot auf die Probe gestellt werden.

---

[4] So auch Marx in den Mill-Exzerpten: „Eine menschliche Sprache verständen wir nicht und sie wäre effektlos; sie würde von der einen Seite als Bitte, als Flehn und darum als eine *Demüthigung* gewußt, empfunden und daher mit Schaam, mit dem Gefühl der Wegwerfung vorgebracht, von der anderen Seite als *Unverschämtheit* oder *Wahnwitz* aufgenommen und zurückgewiesen werden." (Marx 1844/2009, S. 205)

Dieser Konflikt zwischen Gesamtnutzen und individuellem Nutzen macht es für alle irrational, füreinander viel zu riskieren. Unabhängig davon, ob die Individuen dennoch faktisch dazu bereit sind, ist vor allem *damit zu rechnen*, dass sie es nicht sind. Selbst wenn ihr *Charakter* nicht korrumpiert wird – ihre *Charaktermaske* erhält eine unsolidarische Facette. Es entsteht ein Klima, in dem es wie eine Trivialität daherkommt, wenn man sagt, der Mensch sei ‚nun einmal' zu egoistisch für eine andere Form des gesellschaftlichen Verkehrs.

Es gibt weitere Beispiele dafür, dass die zeitgenössischen Wirtschaftswissenschaften – oftmals ohne es eigens zu reflektieren – erfassen, inwiefern der Markt unser Verhältnis zu einander affiziert. Ein besonders eindrückliches Beispiel, das abschließend diskutiert werden soll, findet sich in einem Teil der so genannten Neuen Institutionenökonomie, der so genannten Transaktionskostenökonomik. Innerhalb der neoklassischen Theorie ist es ja zunächst einmal überraschend, warum nicht *alle* Formen wirtschaftlichen Handelns über einen Markt koordiniert werden. Wie Ronald Coase (1937) in einem wegweisenden Artikel betont hat, ist es innerhalb dieses Paradigmas überraschender Weise eine nicht-triviale Frage, warum es überhaupt so etwas wie *Firmen* gibt. Warum nicht die Produktion jedes Faktors, der in ein Endprodukt eingeht, durch verschiedene Individuen vornehmen und von einem Markt koordinieren lassen? Müsste dies nicht, den Theoremen der Neoklassik zufolge, effizienter sein als die Koordination verschiedener Tätigkeiten innerhalb eines Unternehmens durch Planung, Anweisung, etc.? Die Antwort der Transaktionskostentheorie (vgl. v. a. Williamson 1990) lautet, dass die Nutzung des Preismechanismus oft *selbst* mit Kosten verbunden ist. Das Angebot muss sondiert werden, Verträge ausgehandelt und nachverhandelt werden, etc. Solche – und andere, s.u. – Transaktionen verursachen Kosten, die gespart werden können, wenn man die Produktion des gesuchten Faktors in sein eigenes Unternehmen integriert.

Warum gibt es dann umgekehrt nicht nur eine einzige riesige Firma? Weil auch die Koordination innerhalb eines Unternehmens mit eigenen Kosten verbunden ist. Diese steigen, wie Transaktionskostentheoretiker argumentieren, bis zu einem Punkt an, an dem die marginalen Kosten unternehmensinterner Transaktionen denen marktkoordinierter Transaktionen gleich sind. Von diesem Punkt an wird Produktion ausgelagert und über einen Markt koordiniert. Kurz: Innerhalb des Marktes entstehen „Inseln" – nämlich Institutionen wie Firmen, innerhalb derer nicht-marktgesteuerte Formen der Koordination herrschen. Der Markt hört dort auf zu koordinieren, wo es kostengünstiger wird, sich zusammenzuschließen.

Diese Sichtweise fügt sich natürlich, wie oft genug bemerkt worden ist, sehr natürlich in die Annahmen der Neoklassik ein. Weniger oft wird bemerkt, dass das Bild, das dabei entsteht, frappierend ist. Es ist nicht etwa der Markt, der andere Formen sozialen Verkehrs ersetzt, wo es günstig ist, sondern umgekehrt sind es *andere* Formen gemeinsamen Handelns, die erklärungsbedürftig sind. Wiederum ist dies aber keine künstliche theoretische Setzung. Es lässt sich vielmehr durchaus beobachten, dass Entscheidungen über „make or buy", über „insourcing" und „outsourcing", nach *genau diesen* Kostengesichtspunkten gewählt werden. Das bedeutet, dass die *Form* des gemeinsamen Produzierens bestimmt wird von genau den Optimierungserwägungen, die auch den Markt bestimmen. Sogar dort, wo der Markt aufhört, bestimmen seine Regeln die institutionelle Form unseres gemeinsamen Produzierens.

Dass damit eine Form der Entfremdung verbunden ist, zeigt sich, wenn man sich die Analysen der Transaktionskostentheorie genauer ansieht. Ein überaus wichtiger Faktor, der marktgesteuerte Transaktionen kostspielig macht (vgl. Williamson 1990), liegt in der Faktorspezifität. Ein Unternehmen fragt oft Faktoren nach, die spezifisch auf das von ihm produzierte Gut zugeschnitten sind und abgesehen davon wenig sinnvoll eingesetzt werden können. Beispielsweise mag ein Unternehmen darauf angewiesen sein, dass sein Produkt (oder ein bestimmter Rohstoff) mit Spezialfahrzeugen transportiert wird, die eigens dafür hergestellt werden müssten. Nun kann man erwägen, ein Speditionsunternehmen zu beauftragen, das sich die passenden Fahrzeuge erst einmal zulegen müsste. Aber das ist nicht ganz reibungslos möglich. In der Tat kommt es absehbar zu dem, was Williamson die „fundamentale Transformation" nennt. Beide Partner sind, wenn eine Einigung erfolgt, aneinander gebunden. Aus einem Wettbewerb mit ursprünglich vielen Beteiligten auf Angebots- und Nachfrageseite wird fortan sozusagen ein „bilaterales Monopol" mit eigenen Problemen.

Wenn der Spediteur die speziellen Fahrzeuge anschafft, dann ist er im Besitz von Fahrzeugen, die er nur für dieses eine Unternehmen wirklich sinnvoll verwenden kann. Sie für Dienstleistungen für andere Unternehmen zu verwenden, würde weniger Profit bringen. Das heißt, in ökonomischen Termini, dass seine Opportunitätskosten fortan gering sind und ein großer Teil dessen, was er von dem Unternehmen erhält, eine sogenannte Quasi-Rente ist. Ähnliches kann jedoch auch für das Unternehmen gelten: Hat der Spediteur erst einmal die speziellen Fahrzeuge, ist er gegenüber anderen Anbieterinnen und Anbietern, die neu investieren müssten, in einer besseren Position. Auch für den Unternehmer fallen also effektiv Alternativen fort.

Nun haben zwar beide Parteien ein Interesse am Weiterbestehen ihres Verhältnisses. Aber zu den Verhaltensannahmen der Theorie gehört ein egoistischer Opportunismus: Wenn der Spediteur die Investition getätigt hat, wird es für den Auftraggeber attraktiv, einen Teil der Quasi-Rente „abzuschöpfen". Da der Spediteur seine Fahrzeuge anderweitig nur mit sehr viel weniger Gewinn verwenden kann, kann das Unternehmen den Preis fortan *drücken*. Ähnlich wird der Spediteur versucht sein, davon zu profitieren, dass andere Anbieterinnen und Anbieter deutlich mehr verlangen müssten als er, dessen Investitionen sich zum Teil vielleicht bereits rentiert haben. Daher gilt:

> „Joined as they are in a condition of bilateral monopoly, both buyer and seller are strategically situated to bargain over the disposition of any incremental gain whenever a proposal to adapt is made by the other party. Although both have a long-term interest in effecting adaptations of a joint profit-maximizing kind, each also has an interest in appropriating as much of the gain as he can on each occasion to adapt. Efficient adaptations that would otherwise be made thus result in costly haggling [...]" (Williamson 1990, 63).

In so einem Falle kann es in der Tat billiger sein, wenn der Unternehmer sich entschließt, einen eigenen Fuhrpark anzulegen und sein eigenes Unternehmen zu erweitern. In solchen Fällen kommt es zur „vertikalen Integration" in einem gemeinsamen Unternehmen.

In dieser Analyse verbirgt sich das, was mir als eine wichtige *Entfremdungsdiagnose* erscheint. Ein Grundgedanke ist ja dieser: Je genauer dein Produkt auf meine Bedürfnisse zugeschnitten ist, desto leichter wird es für jeden von uns, dies auszunutzen und bei weiterer Kooperation Druck auszuüben. Gerade das Produzieren, das sich an den spezifischen Bedürfnissen des jeweils anderen orientiert, ist auf das engste mit der Gefahr einer Übervorteilung – oder, wie Marx es bereits in seinen frühen Versuchen formuliert – einer Form der „Plünderung" (1844/2009, 204) verbunden. Der Zusammenschluss zum gemeinsamen und planmäßigen Produzieren findet dem Modell zufolge gerade dort statt, wo diese Gefahr der Übervorteilung so groß ist, dass ihre Vermeidung für alle zu hohe Kosten verursacht. Jeglicher „gesellschaftliche Verkehr" wird also hier mithilfe des Modells des Marktteilnehmers erklärt. Mir scheint, dass auch dies keine theoretische Verzerrung ist, sondern eine triftige Beschreibung einer entfremdeten Form des gesellschaftlichen Verkehrs.

Dies sind nur einige kursorische Bemerkungen zur kritischen Aneignung und Interpretation der Ideen der zeitgenössischen Ökonomie. Es scheint mir aber Anlass zu der Hoffnung zu geben, dass eine systematischere Erkundung viele weitere Zusammenhänge zutage fördern wird, die für kritische Theoretikerinnen und Theoretiker in der Tradition von Marx relevant sind.

Literatur

Akerlof, George und Janet Yellen (Hg.) (1986): *Efficiency Wage Models of the Labor Market*, Cambridge.

Coase, Ronald (1937): „The nature of the firm", in: *Economica N.S.* 4.

Henning, Tim (2012): „Strukturelle Entfremdung als Kategorie der Wirtschaftsethik", in: *Deutsche Zeitschrift für Philosophie* 60.

Marx, Karl (2009): *Ökonomisch-philosophische Manuskripte*, hrsg. v. M. Quante, Frankfurt am Main.

Shapiro, Carl und Joseph E. Stiglitz (1984): „Equilibrium Unemployment as a Worker Discipline Device", in: *American Economic Review* 74.

Williamson, Oliver (1990): *Die ökonomischen Institutionen des Kapitalismus. Unternehmen, Märkte, Kooperation*, Tübingen.

Christoph Henning

Reicht Anerkennung?

Über Mucken der marxschen Marktkritik

Sich in der Gegenwart mit Marx auseinanderzusetzen bedeutet zweierlei: Erstens sich mit seinen Theorien zu beschäftigen und sie gegen anderes zu wenden, zweitens sich an der Überlieferungsgeschichte abzuarbeiten, die in seinem Namen das kritische Geschäft weitergeführt hat. Ich möchte hier in aller Kürze beides am Beispiel eines jüngeren Kandidaten andeuten, nämlich der Theorie der Anerkennung als Modell kritischer Theorie der Gegenwart.[1] In jüngster Zeit häufen sich Bemühungen, eine Kontinuität dieser Theorie zur älteren Kritischen Theorie, vor allem aber zu Karl Marx herzustellen, von dem sich ja schon die ältere Theorie verabschiedet hatte. Axel Honneth tut dies, indem er seine Theorie neuerdings z. B. zur Arbeit hin öffnet – und indem er sich selbst in diese Richtung hin äußert (Honneth 2010, 78 ff.; 2011a, 410 ff. sowie zu Marx 2009 und 2012). Mehr noch tun dies aber andere, die *über* Honneth reden und dabei eine unterstellte Nachfolge gegenüber Einwänden zu verteidigen suchen.[2] Dieses Narrativ, das an eine lückenlose Sukzession erinnert – der Geist des inzwischen wieder zu Rang und Namen gekommenen Karl Marx aus den Händen von Horkheimer und Habermas –, möchte ich hinterfragen, indem ich die Theorie, die beerbt werden soll („Erbe" ist ein Wort, das Honneth selbst benutzt), ihrem Nachlassverwalter gegenüberstelle; mit dem vielleicht für einige Leser wenig überraschenden Schluss, dass das Original anderes folgert und auf seinem Gebiet noch immer mehr erklärt. Bisherige Kritiken an der Anerkennungstheorie, etwa von Nancy Fraser, Christopher Zurn oder David Borman, teile ich weitgehend, halte sie jedoch soweit für zu zurückhaltend, wie sie sich auf die Frage der distributiven Gerechtigkeit beschränken – ein Thema, das Marx recht unwichtig war.

---

[1] An dieser Stelle wurde aus die – lockere – Vortragsform gewahrt. Ausführlichere Auseinandersetzungen finden sich z. B. in Henning 2012.

[2] In einem Sammelband von 2009 (Schmidt am Busch/Zurn 2009) versuchen sich gleich 4 Aufsätze daran (von Daniel Brudney, Emmanuel Renault, Schmidt am Busch und Jean-Philippe Deranty). Schmidt am Busch (2011) versucht umgekehrt, Marx in das Prokrustesbett der hegelianischen Anerkennungstheorie zurückzudrängen, gestützt auf eine Stelle in den Frühschriften zur „menschlichen Produktion" (MEW 40, 465 f.).

Die Pointe meiner Gegenüberstellung möchte ich zu Beginn mit einer Analogie verdeutlichen – ohne Marx mit religiösen Weihen ausstatten zu wollen: Eine Nachfolge kann nur dann erfolgen, wenn der zu Beerbende wirklich tot ist. Eine Gegenüberstellung von Altem und Neuem setzt hingegen eine Weiterleben des Alten voraus. Für den Erben können solche Begegnungen unangenehm ausfallen – es gibt daher, wie Sigmund Freud am rituellen Vatermord zu verdeutlichen versucht hat, gerade auf Seiten der Erben die Doppelintuition einerseits der Verehrung des (wenn auch nur symbolischen) „Vaters", andererseits des Begehrens, ihn auch wirklich tot zu wissen. Ein schönes Bild dafür, Dostojewskis Großinquisitor, verdeutlicht das Artifizielle, das eine solche Nachfolge bekommen kann: Zwar tritt der Großinquisitor nach außen hin als Erbe auf, doch im Interesse dieser institutionellen Nachfolge hat er den *Geist* des Auferstandenen gerade ausgeschlagen. Die Kontinuität ist also nur durch eine Ablösung herzustellen. Von einer solchen Ambivalenz ist auch das Verhältnis der Anerkennungstheorie zu Marx geprägt. Die Frage, ob es sich um Nachfolge oder schlichte Konkurrenz handelt, hängt auch von der Antwort auf die vorangehende Frage ab, ob die marxsche Theorie wirklich tot ist. Ich bezweifle dies; und das hat unangenehme Folgen für eine Theorie, die schon mit dem Erbe wirtschaften möchte.

Eine theoretische Nachfolge wird für gewöhnlich konstruiert, indem ähnliche Themen besetzt werden; doch lässt sich dies nur als Nachfolge ausgeben, wenn auch gezeigt wird, dass die ältere Theorie diese Stelle nicht selbst einnehmen kann. Den Anfang machte daher schon bei Jürgen Habermas und nun bei Axel Honneth eine Marxkritik. Auf die Marxkritik von Habermas möchte ich hier nicht eingehen, da es sich eher um Marx*vermeidung* handelt – seine Reinigung des Arbeitsbegriffs von aller Interaktion und des „Wirtschaftssystems" vom Konfliktpotential ist inzwischen vielfach kritisiert worden.[3] Die Position von Honneth war dagegen von Anfang an zweideutig: Einerseits hat sich Axel Honneth schon in frühen Sammelbänden zu *Theorien des Historischen Materialismus* (Honneth 1977 und 1980) um ein produktives philosophisches Anknüpfen an Karl Marx bemüht. Auf der anderen Seite war und ist er ebenso entschieden wie Habermas der Auffassung, dass die marxsche Theorie selbst „heute nicht mehr" viel zu sagen habe. Ein Aufsatz in diesem Sinne aus dem Jahr der weltgeschichtlichen Wasserscheide[4] vereint bereits zentrale Punkte, auf die Honneth später wieder verweisen wird. Marx vertrete, so Honneth, in seiner Reduktion aller gesellschaftlichen Entwicklung auf Produktion als einem „ökonomischen Funktionalismus" (Honneth 1989, 88) – oder gar „technologischen Determinismus" (ebd., 96); in seiner Reduktion des Handelns gesellschaftlicher Akteure auf die Exekution ökonomischer Systemimperative einen klassentheoretischen „Objektivismus" (ebd., 90), in der Reduktion gelingender Selbstverhältnisse auf das Handwerksmodell ganzheitlicher Arbeit eine handlungstheo-

[3] Ingo Elbe hat dies 2012 auf einer Wuppertaler Konferenz unternommen. Siehe bereits Henning 2005, 414 ff.

[4] „Das Anregungspotential der marxistischen Theorie ist [...] offenbar endgültig erschöpft; in ihrem wissenschaftlichen Gehalt falsifiziert, ihren politischen Ansprüchen historisch relativiert und in ihren philosophischen Grundlagen kritisiert, ist sie zum Gegenstand theoriengeschichtlicher Erinnerungen geworden" (Honneth 1989, 86 f.).

retische Engführung (ebd., 100), und schließlich sei das Ganze in eine „spekulative Geschichtsphilosophie“ (ebd., 94) eingebettet.

Wäre diese Zuschreibung berechtigt, könnte man sich die Zeit sparen, eine solche Theorie noch zu verteidigen oder zu überdenken („rethinking“). Das Urteil scheint damit gesprochen, denn wer wollte schon Determinist, Objektivist, Reduktionist und Historizist zugleich sein? Diese Wahrnehmung von Marx erscheint mir allerdings seltsam *philosophisierend*. Was ist damit gemeint? Ich möchte damit sagen, dass die Brille, durch die Marx hier betrachtet wird, möglicherweise nicht recht dazu passt, wie Marx selbst seine Theorien verstanden wissen wollte. Diese hermeneutische Intuition lässt sich auf folgende zwei Punkte bringen: Erstens geht es dieser Kritik nicht um Theorien, sondern um „Begriffe“. Keine der marxschen *Theorien* wird entkräftet; unterstellt wird lediglich ein Konsens der akademischen Marxverachtung – den es so aber gar nicht mehr gibt; und der auch sonst noch kein Ausweis der Wahrheit oder Falschheit wäre. De facto lassen sich alle vier Vorwürfe zurückweisen.[5] Zweitens spielt sich das, was für Marx eine Sache der Praxis war, in Honneths Wahrnehmung bereits in der philosophisierten Theorie ab. Statt engagierten Subjekten Argumente in die Hand zu geben, die ihre Lage in der praktischen Auseinandersetzung verbessern könnten, geht es nun darum, alles vorab auf den philosophischen Begriff zu bringen (von der Konstitution dieser Subjekte bis hin zum Ausgang des Kampfes – im Grund müsste ich daher sagen: Im Nachhinein, in der Hegelschen „Dämmerung“). Fehlt auch nur ein Glied dieses Systems, erscheint die Theorie bereits als gescheitert. Der zur Empirie hin offene Theorietyp von Marx wird damit m. E. verfehlt. Eine derart geschlossene Theorie war von ihm nie beabsichtigt worden.

Nehmen wir aber an, wir ließen uns durch diese massive Kritik einschüchtern. Wenn demnach Marx „heute nicht mehr“ zu gebrauchen ist, warum sollte man dann eigentlich an ihn anknüpfen wollen? Honneths Antwort war und ist, so kommt mir vor, nicht eigentlich inhaltlich begründet, sondern eher theorieästhetisch: vorbildlich an Marx sei vor allem sein *System*: Er habe nämlich eine Theorie entwickelt, in der Gesellschaftsanalyse und „Emanzipationstheorie“ (Honneth 1989, 94) aus einem Guss seien. (Kein Wunder, dass daher später Hegel zum Vorbild wird. Der „Begriff“ Arbeit, der das bei Marx leiste, wird zwar zurückgewiesen, aber an seine Stelle tritt wieder ein Begriff, die Anerkennung, die nun ähnliches leisten soll. Die Einzelheiten dieses Theoriesystems sind bekannt: unterstellt wird eine „Ausdifferenzierung“ dreier verschiedener Anerkennungsnormen, als deren „Institutionalisierung“ die Sphären der Familie, des Staates und des Marktes gelten, die den Subjekten Selbstvertrauen, Selbstachtung und Selbstschätzung ermöglichen. Die jeweiligen Formen von Anerkennung – aufgrund von Liebe, Recht oder Leistung – stellen zugleich Gerechtigkeitsnormen dar.

Alles soll also in einem Durchgang erledigt werden: Die Anerkennungstheorie will *zugleich* Theorie der Handlung, der Gerechtigkeit, der Gesellschaft, des Selbstverhältnisses und der Geschichte sein, und bei alledem das, was sie einerseits beschreibt, zugleich

[5] Ohne dass ich das an dieser Stelle dezidiert nachweisen möchte, scheint es mir plausibler, Marx als einen Denker zu verstehen, für den sich das politische Geschehen durch entschiedenes Engagement und entsprechendes sozialtheoretisches Wissen beeinflussen ließ. Darin muss man weder einen Objektivismus noch einen Determinismus (etc.) sehen.

auch kritisieren, indem sie den beschriebenen Prinzipien einen „Geltungsüberhang“ unterstellt (Honneth 2010, 224), der den „moralischen Fortschritt“ antreiben soll. Wenn sich all das sachlich stützen ließe, hätte Honneth Moral- und Geschichtsphilosophie, Gerechtigkeits-, Subjekt- und Gesellschaftstheorie in einem Wurf miteinander verbunden. Ein beindruckender Systementwurf! Doch dies ist mehr, als eine philosophische Theorie beim besten Willen leisten könnte. Der haltende Bogen des Systems bröckelt denn auch beim zweiten Blick. Da ist z. B. die Frage der Empirie: die Hegelianische Anlage bringt es mit sich, dass sich die normativen Prinzipien nur teilweise empirisch nachweisen lassen, da die Normen ja zugleich die jeweiligen Sphären der Gesellschaft konstituieren (nach Honneth kristallisieren sich die Institutionen um die Normen herum) *und* über sie hinausgehen sollen (sonst wäre kein „moralischer Fortschritt“ möglich). Wie soll beides zugleich möglich sein? Kann eine Norm, die noch nicht realisiert ist, eine Gesellschaft begründen und anleiten? Und wie soll man, umgekehrt, eine nichterfüllte Norm „empirisch“ nachweisen?

Sicher, man kennt dieses Modell aus einer progressivistischen Lesart von Hegels Rechtsphilosophie: Was wirklich ist, ist deswegen vernünftig, weil noch wirklich werden *könne*, was „im Begriff“ schon vernünftig sei. Aber kann man diesen harmonisierenden universalgeschichtlichen Teleskopblick einfach übernehmen? Ein an Marx orientierter Einwand an dieser für mein Dafürhalten überstrapazierten Begriffssynthese besagt: Entweder ist eine Norm tatsächlich die „Grundlage“ für eine Institution. Dann ist diese Institution die Wirklichkeit der Norm; oder kurz gesagt: dann gilt die Norm. So verhält sich z. B. das Justizsystem zur Idee der Gerechtigkeit. Man mag eine andere Wirklichkeit fordern, aber dann ändert sich auch die Norm.[6] Sie nochmals zu fordern geht gerade nicht über den Status quo hinaus, sofern die Norm in diesem bereits gilt. Eine solch affirmative Tendenz schlägt bei Honneth mitunter tatsächlich durch.[7] Eine weitere Verwirklichung der geltenden Norm zu fordern wäre müßig, da dieselbe Institution *noch einmal* entstehen würde. (Individuell mag das gleichwohl Sinn machen, wenn jemandem seine Rechte vorenthalten werden.) Oder aber die Norm gilt noch nicht, dann ist sie „extern“ und man sollte für ihr Inkrafttreten starke Argumente haben. Als externe Norm fällt sie aber aus der Anerkennungstheorie als „irreführend“ heraus.[8]

---

[6] So ist beispielsweise die neue Art, Familie zu leben (gleichberechtigte Partner, die ihre Kinder als eigenständige Wesen behandeln), keine bloße Auswicklung früherer Normen (paternalistischer Strukturen, in denen Kinder als zu maßregelnde Noch-nicht-Menschen galten), sondern ein *neues* Verständnis von Familie.

[7] „Mit der Einsicht in die Tatsache, dass die moderne Lebenswelt bereits ein ganzes Spektrum an freiheitsverbürgenden Interaktionsmustern enthält, [...] ist mithin in einem präzisen Sinn eine therapeutische Funktion verknüpft: Die Leser und Leserinnen sollen sich in dem Augenblick, in dem sie die angebotene Deutung eines sittlichen Gehalts ihrer eigenen Lebenswelt akzeptieren, zugleich von den irreführenden Einstellungen befreien, die sie bislang an der Verwirklichung ihrer Freiheit gehindert haben“ (Honneth 2001, 74 f.).

[8] Extern wäre bereits eine *tatsächliche* Artikulation politischer Ansprüche, die noch nicht von dieser Theorie rekonstruiert wurde (solche seien „bloß äußerlich“, Honneth 2010, 83, cf. 86, 95, 101; 2003, 280 f.). Immanent bedeutet also weniger „in der Gesellschaft“ als in ihrer anerkennungstheoretischen Rekonstruktion. Für den Marx der *Deutschen Ideologie* hieße das: im Denken der kritischen Kritiker.

Für eine Kritik an den bestehenden Institutionen, die „normativ“ argumentiert (und das ist keineswegs der einzige Weg der Kritik), müsste daher, zumindest aus meiner Wahrnehmung, Bezug auf Normen genommen werden, die *noch nicht* verwirklicht sind und daher mit der verwirklichten Norm nicht identisch sein können. So ist etwa das Ideal der sozialen Gleichheit, dem die von Nancy Fraser geforderte Umverteilung folgt, keineswegs ein bloßer „Geltungsüberhang“ der Rechtsgleichheit. Ebensowenig geht sie aus dem Leistungsprinzip hervor, welches ja vielmehr Ungleichheiten rechtfertigt. Sie müsste also entweder „extern“ begründet werden, was Honneth aber ablehnen würde, da die Normen der Gesellschaft immanent sein sollen (und diese soziale Gleichheit noch nicht enthält), oder sie entfiele. In der Tat *kritisiert* Honneth ja egalisierende Eingriffe des Rechts in die Eigenlogik von Familie und Markt.[9]

Fragen wir daher, welche Gesellschaft eigentlich herauskommen würde, wenn der unterstellte Geltungsüberhang realisiert wäre. Dies wäre eine Art Hochglanzprospekt der bestehenden Gesellschaft – gemalt wird das ideale Subjekt im idealen Kapitalismus. Honneth rekonstruiert damit im Grunde das bürgerlich-kapitalistische Selbstverständnis, wie es sich vor „der Vernunft“, was immer das sein mag, *rechtfertigen* ließe – wenn es so wäre, wie die Idealtheorie es malt: Subjekte werden in eine bürgerliche Kleinfamilie geboren, von ihr umsorgt und marktfertig gemacht; sie werden in eine Nation akkulturiert, der sie dienen und die sie als Rechtsträger anerkennt, und sie finden ihre Selbstbestätigung, indem sie sich vierzig Jahre lang auf dem Arbeitsmarkt für andere aufopfern – und dabei zum Dank signalisiert bekommen, wo ihr Ort in dieser Wirtschaft ist, weil sie das für die Ausbildung eines stabilen Selbstverhältnisses brauchen.[10] Das alles sollen sie dann als ihre „Selbstverwirklichung“ begreifen. Diese Theorie *will* also gar nicht so viel kritisieren, sie will eher „idealisierend“ (Honneth 2011a, 441) rechtfertigen und bewahren, was (in der Wirklichkeit des Begriffs) *ist* – oder vielmehr war.

Das ist ein überaus legitimes und, wie ich finde, sympathisches philosophisches Vorhaben. Bereits in der Münsteraner Ritter-Schule hat es diese Tendenz gegeben, und ihre Schriften sind noch heute lesenswert. Es fällt mir jedoch schwer zu sehen, was dies mit einer Nachfolge von Karl Marx zu tun haben soll. Auch ist hiermit noch keineswegs gesagt, was ein idealer Kapitalismus genauer und tatsächlich wäre. Ideal für die Philosophie heißt ja noch lange nicht, dass dies auch für die realen Menschen gut wäre. Über den Kapitalismus lässt sich trefflich streiten – doch in diesem Streit ist es nur ein schwacher Zug, sich auf Normen zu verlassen, die aus kontingenten Gründen bereits institutionell verankert worden sind bzw. waren. Dieses Fehlen der eigenständig normativen Dimension in einer Theorie, die doch eigentlich alles in die Form normativer Argumente zu gießen versucht, möchte ich als Merkwürdigkeit hervorheben. Sie macht sich abhängig von der Faktizität des Normativen und steht daher dem Wandel zum Schlechteren etwas hilflos gegenüber (vgl. Honneth 2011b).

Die selbstgestellte Forderung, alles in dieser Theorie müsse der untersuchten Gesellschaft bereits als Vernunftanspruch immanent sein, führt also dazu, dass nur diejenigen

---

[9] „Weder in die Familien- noch in die gesellschaftlichen Arbeitsbeziehungen kann der Rechtsstaat direkt zugunsten einer Verbesserung der Anerkennungsbedingungen eingreifen, wenn er nicht deren eigensinnige Bestandsvoraussetzungen verletzen will“ (Honneth 2010, 66).

[10] Erinnert sei in diesem Zusammenhang an den Film *Orden für die Wunderkinder* (Erler 1963).

Normen rekonstruiert werden können, die dem Kapitalismus bereits *abgetrotzt* worden sind; u. a. durch die von Marx angeleitete Arbeiterbewegung.[11] Ein jüngerer Aufsatz über Arbeit unterstellt z. B., der Arbeitswelt seien einige normative Forderungen bereits „immanent". Genauer möchte Honneth, dass die Arbeit den Arbeitenden eine Subsistenz sichern sowie ein Bewusstsein davon ermöglichen solle, zur gesellschaftlichen Reproduktion wertvolles beizutragen (Honneth 2010, 94). Der Markt als solcher garantiert von Haus aus allerdings nichts „normatives". Gibt es dergleichen tatsächlich, so sind dies bereits Ergebnisse eines *Eingriffes* in den Markt. Es bedarf gesetzlicher Mindestlöhne oder Lohnergänzungsleistungen, um das erstere, und nationaler Erziehungsprogramme, um das letztere zu gewährleisten. Was Marx im *Kapital* über „Pausen der Arbeit" sagt, lässt sich verallgemeinern auf andere Arbeitsnormen: „Ihre Formulierung, offizielle Anerkennung und staatliche Proklamation waren Ergebnis langwieriger Klassenkämpfe" (MEW 23, 299). Wenn es dafür überhaupt der Normen bedurfte, dann gerade nicht solcher, die bereits in den Strukturen angelegt waren. Oder sollen wir wirklich sagen, dass allein schon das Vorhandensein eines Vertrages (Honneth 2011a, 420) die normative Keimzelle für alles das war, was in den folgenden Jahrzehnten erkämpft wurde (und von Honneth eindrücklich beschrieben wird)? Hieße das nicht den liberalen Kontraktualismus zu stärken, der normativ gerade sehr dünn ist, da alles konkret Inhaltliche bewusst ausgeschieden wird und nur die idealisierten Grundinteressen idealisierter Teilnehmer *ex ante* zählen sollen?

Der Gedanke lässt sich weiterspinnen: Wenn bereits für das, was als immanent gelten soll, eingegriffen werden muss – so auch das Ziel von Durkheim, der als Gewährsmann an die Stelle von Marx tritt –, sollte dann ein „moralischer Fortschritt" nicht wesentlich *mehr* verlangen als dieses ideologieanfällige Minimalprogramm, das es so oder ähnlich schon einmal gegeben hat? Eine Subsistenzsicherung und das Bewusstsein eines Beitrags zur gesellschaftlichen Reproduktion könnte im Grunde schon mit Hartz IV abgegolten sein. Doch wo ist hier der Geltungsüberhang? Die Immanenzforderung erscheint mir damit erstens als latent affirmativ und zweitens als parasitär gegenüber *früheren* Kämpfen, denen sie zugleich die Spitze nimmt. Frühere Kämpfe konnten sich auf keine Geltungsüberhänge oder nur noch auszuwickelnde teilrealisierte Vernunftansprüche berufen. Sie mussten neuartige und eigene inhaltliche Argumente bemühen. Solche bräuchte es auch heute, in der entgrenzten Welt wieder, doch gerade solche sehe ich in der Anerkennungstheorie kaum. Spätestens wenn der sozialdemokratische Konsens untergraben wird, fragt sich, welche sachlichen Argumenten eigentlich noch Paroli bieten sollen. Wird hier nicht nur gegen den schlechten neuen Kapitalismus der gute alte gestellt?[12]

Für Marx war schon das Ideal problematisch. Nehmen wir kontrafaktisch an, der unterschobene Geltungsüberhang sei bereits verwirklicht: jeder *ist* in Familie, Staat und Markt auf die gewünschte Weise anerkannt und damit ein voll integriertes Vollmitglied der Gesellschaft. Der Clou des Vergleichs ist, dass Marx selbst dann noch einiges auszusetzen hätte – im gewissen Sinn beginnt die Kritische Theorie von Marx erst *nach*

[11] Nicht verstanden habe ich, warum für Honneth die „Flügel der Arbeiterbewegung" nur insoweit daran mitgewirkt haben, „soweit sie nicht streng marxistisch geprägt waren" (Honneth 2011a, 422).

[12] Zur Kritik an dieser Kritikstrategie siehe Lessenich 2009.

diesen Minimalprogrammen, während Honneths Theorie an dieser Stelle bereits ‚fertig' ist. Betrachten wir dafür die klassischen Themen Entfremdung, Verdinglichung und Herrschaft: Wenn Individuen sich mithilfe von Familie, Staat und Markt als „bedürftige, vernünftige und wertvolle Personen" begreifen, was das Ziel der Anerkennungstheorie darstellt (Honneth 2011, 40), so ist das, wodurch sie definiert werden und sich selbst definieren, das Bedürfnis der *Familie*, die Vernunft des *Staates* (Honneth 2001, 99) und der Wert des *Marktes*. Sie können also noch immer dominiert, entfremdet und verdinglicht sein. Mit hoher Wahrscheinlichkeit jedenfalls, da qua Definition, sind sie zu einem guten Teil fremdbestimmt.

Wie Nancy Fraser richtig bemerkte, müssen die Bestimmungen bei Honneth formal sein, wenn sie für historischen Wandel offen sein wollen. Das bedeutet allerdings, dass damit über das Fungieren der Systeme *selbst* erst wenig gesagt ist. Gerade weil Anerkennung eine formale Kategorie ist, die „stets schon gegeben" ist (Honneth 2010, 71), schließt dies nicht aus, dass in Anerkennungsbeziehungen Prozesse von Macht, Ausbeutung oder Unterdrückung am Werk bleiben – selbst dann, wenn ihr Geltungsüberhang voll ausgeschöpft ist. Bildlich gesprochen hängt hier nichts Goldenes als Ideal über der grauen Wirklichkeit, die bereits von kleinen Goldadern durchtränkt ist. Die Wirklichkeit der Norm *ist* bereits ihr Fungieren in der Wirklichkeit – ihr Gelten.[13] Von diesem Gelten auf ein kommendes goldenes Zeitalter zu schließen, welches sich vorerst noch im „Begriff" versteckt, mutet mir bleibend seltsam an. Es ist ein liberaler Utopismus.

Der Sinn der marxschen Kritik war gerade der Nachweis, dass normativ gerahmte Verhältnisse lediglich die Form bereitstellen, in denen sich der Klassenkampf im Kapitalismus vollzieht. Warum sollte ich etwa jemanden, den ich als Tauschpartner anerkenne, nicht *zugleich* über den Tisch zu ziehen versuchen, wenn doch der Sinn eines Tausches die Maximierung von Gewinn ist?[14] Warum sollte eine emotionale Anerkennung, sagen wir: als Tochter, ausschließen, dass ich meine Tochter zu steuern und zu manipulieren versuche? Die Annahme, eine vollzogene Anerkennung habe „normativ" schon alles gelöst, ist entweder voreilig, oder sie vergisst zu zeigen, was erst zu zeigen wäre, dass nämlich nur *bestimmte* Formen der Anerkennung diese Funktion zu erfüllen vermögen. Wenn aber z. B. eine Anerkennung als Gleiche gemeint ist, als eigenständige Personen oder als nicht-auszubeutende Kooperationspartner, dann müsste allererst für diese Gleichheit, Eigenständigkeit und Nichtausbeutung argumentiert werden. Anerkennung allein genügt noch nicht. Genau dies geschieht aber, soweit ich es überblicke, nicht mehr in der nötigen Ausführlichkeit.

Anerkennung benennt also, kurz gesagt, den *Zugang* zu diesen Sphären (der als solcher schon erstrebenswert sein kann, solange man nicht dazugehört), nicht aber die Art

---

[13] Man könnte auf diese Weise nicht einmal sagen, woher eigentlich die Goldadern kommen, da das Gold (das Ideal) von den Adern (von der teilweisen Realisierung des Ideals) hergeleitet werden, statt die Adern (die Realisierung) vom Gold (vom Ideal).

[14] „Die Freiheit des egoistischen Menschen und die Anerkennung dieser Freiheit ist aber vielmehr die Anerkennung der zügellosen Bewegung der geistigen und materiellen Elemente, welche seinen Lebensinhalt bilden" (MEW 1, 369). „Man zeigte nach, wie die Anerkennung der Menschenrechte durch den modernen Staat keinen andern Sinn hat als die Anerkennung der Sklaverei durch den antiken Staat" (MEW 2, 119 f.).

und Weise, wie ich in diesen Systemen behandelt werde. Und genau an dieser Stelle lässt sich die marxsche Theorie m. E. noch immer als Kritik der modernen westlichen Gesellschaft ansetzen. Ich möchte nur die wichtigsten Punkte in Erinnerung rufen: In demokratischen Rechtsstaaten gelten die Rechte zwar formal für alle gleich (ohne Standesunterschiede, den Überresten der feudalen Gesellschaft). Innerhalb des Rechtes jedoch setzt sich soziale Ungleichheit oft ungehemmt fort: der Große kann den Kleinen auch mit legalen Mitteln fressen. „Das Recht ist nur die offizielle Anerkennung der Tatsache" (MEW 4, 112). Als Familienmitglied „anerkannt" zu werden kann auch bedeuten, dem Zugriff von Vätern, Onkeln, fragwürdigen Traditionen und Erziehungsvorstellungen ausgesetzt zu sein. Eine fürsorgliche und liebevolle Nahbeziehung ist keineswegs bereits im *Begriff* der familialen Anerkennung enthalten, nicht einmal als einklagbarer Geltungsüberschuss. Hier muss das Recht im Zweifelsfall eingreifen, womit die angepeilte Ausdifferenzierung allerdings auf der Strecke bleibt. Die frühen Studien zu Autorität und Familie wollten gerade zeigen, dass die Familie *keinen* Rückzugsraum vor sozialen Kämpfen bietet, sondern dass sich soziale Gegensätze selbst noch in Familien reproduzieren.[15] Und als Marktteilnehmer schließlich bin ich frei, ausgebeutet zu werden, ohne dass das gegen irgendeine geltende Norm verstößt. Dagegen hilft weder Leistung noch Recht noch Liebe.

Das Nichtseinsollende trotz geltender Normen war das eigentliche marxsche Thema. Ich will daher abschließend umreißen, was an *Markt, Krise, Klasse, Ausbeutung* (dem Titel des Panels, in dem dieser Vortrag gehalten wurde) aus marxscher Sicht trotz Anerkennung noch zu kritisieren bleibt. *Märkte* sind für Marx die schillernde Oberfläche der bürgerlichen Gesellschaft und stellen den angestammten Ort liberaler Normen dar: Die Freiheit und Gleichheit als Tauschpartner sind hier in der Tat „immanent" – bis hierhin kommt eine Forderung nach Anerkennung als Tauschpartner. Sofern ich etwas anzubieten habe oder über eine effektive Nachfrage, sprich Geld, verfüge, kann ich Markteintrittsschranken bis zu einem gewissen Grad überwinden. Die Frage ist nur, ob das in jedem Fall erstrebenswert ist: Erstens gibt es das Phänomen der Kommodifizierung – welche in Honneths Rekonstruktion der Verdinglichung seltsam blass ausfällt, obwohl sie (etwa bei Arlie Hochschild) durchaus mit modernen Mitteln diskutiert wird. Soziale Beziehungen können durch ihre Vermarktlichung gerade diejenige Qualität einbüßen, die sie so wertvoll macht. Dagegen hilft ebenfalls keine der drei Anerkennungsnormen, weder Leistung noch Recht oder Liebe.

Zweitens wird gerade unter der Rubrik der „Leistung", die durch die Marktlöhne angezeigt wird (und damit eine Form der Anerkennung und Wertschätzung zum Ausdruck bringen soll), das Phänomen der Ausbeutung verdeckt. Diese nämlich findet nach Marx im Bereich der Produktion oder des Arbeitsprozesses statt, welcher – wie Slavoj Žižek an Filmen wie *Lord of the Rings* oder James *Bond* schön zeigen kann – für den Markt und den Verbraucher unsichtbar bleibt. Da es ein verbreitetes Phänomen ist, dass Produktivitätszuwächse in weit höherem Maße in die Gewinne gehen als in die Löhne, ist die *Ausbeutungstheorie* ebenfalls keineswegs erledigt. Folglich lassen sich die (gar nicht so feinen) *Klassenunterschiede* auch durch Leistung nicht aufholen; im Gegenteil, sie

[15] Ein frühere Aufsatz über „Moralbewusstsein und soziale Klassenherrschaft" macht diesen Punkt eigentlich gut klar (jetzt in Honneth 2000, 110–132).

nehmen sogar deutlich zu. Gegen diese soziale Ungleichheit sehe ich in der Anerkennungstheorie keine guten Argumente. Es ist noch keine alternative Theorie, auf einen „tatsächlichen Wert der Arbeitsbeiträge für die Reproduktion der Gesellschaft" zu verweisen (Honneth 2010, 225), solange keine Theorie dieses Arbeitswertes mitgeliefert wird. Diese Geste erinnert sogar im Wortlaut an den „unverkürzten Arbeitsertrag", den Marx schon am Gothaer Programmentwurf kritisiert hat (MEW 19, 16 f.).

Die *Krisen* schließlich, ob hausgemacht oder finanzmarktgetrieben, sind ebenfalls ein Anlass, sich nicht auf Märkte zu verlassen. Sie werden zurzeit zu Lasten der (auf dem Markt) Schwächsten abgetragen – steuerzahlende Arbeitnehmer nehmen den Banken, die vorher von ihnen profitiert haben, die Risiken ab. Auch eine robuste Krisentheorie würde für einen „moralischen Fortschritt" ein gutes argumentatives Mittel sein, aber eine der marxschen vergleichbare Krisentheorie sehe ich in der Anerkennungstheorie nicht.

Ich möchte daher mit dem Vorschlag schließen, das Verhältnis zwischen diesen beiden Theorie weder als Nachfolge zu bestimmen (denn Honneth hat im Grunde nichts an die Stelle dessen zu setzen, was Marx einmal theoretisch geleistet hat, sondern bearbeitet andere Themen), noch es als Konkurrenz zu lesen (denn in der Tat gibt es hinsichtlich moralischer Fragen, die gar nicht sein Thema waren, bei Marx einige Lücken). In einem interdisziplinären Forschungsprojekt zur Transformation der Arbeitswelt in St. Gallen diskutieren wir derzeit anhand empirischer Befragungen auch die Rolle, die die tatsächlich erfahrene soziale Anerkennung für die Arbeitenden spielt. Wir stellen dort fest, dass dies in der Tat ein wichtiges Thema ist (das allerdings weitertreibt auf Fragen der gerechten Bezahlung, der Mitbestimmung, des Kündigungsschutzes etc. und damit eher eine Art „umbrella-term" des Unbehagens ist). Zukünftige Bestrebungen sollten daher vielleicht besser versuchen, beide Theorieansätze, wo dies Sinn macht, auf fruchtbringende Weise miteinander zu *verkoppeln*. Eine Ersetzung des einen durch den anderen, oder selbst ihr Ineinanderblenden, ist dagegen ein unnötiger Verlust an sozialtheoretischer Differenzierung.

Literatur

Bormann, David A. (2009): „Labour, Exchange and Recognition: Marx contra Honneth", in: *Philosophy and Social Criticism* 35.8 (2009).

Henning, Christoph (2005): *Philosophie nach Marx. 100 Jahre Marxrezeption und die normative Sozialphilosophie der Gegenwart in der Kritik*, Bielefeld.

Henning, Christoph (2012): „Von der Kritik der Warenform zur Apotheose der Marktgesellschaft. Verdinglichung in der Anerkennungstheorie und im Marxismus", in: Christian Lotz u. a. (Hg.): *Ding und Verdinglichung. Technik- und Sozialphilosophie nach Heidegger und der kritischen Theorie*, München.

Honneth, Axel und Urs Jaeggi (Hg.) (1977): *Theorien des Historischen Materialismus*, Frankfurt am Main.

Honneth, Axel (1980): „Arbeit und instrumentales Handeln. Kategoriale Probleme einer kritischen Gesellschaftstheorie", in ders./Urs Jaeggi (Hg.): *Arbeit, Handlung, Normativität. Theorien des Historischen Materialismus*, Frankfurt am Main.

Honneth, Axel (1989): „Logik der Emanzipation. Zum philosophischen Erbe des Marxismus", in: Hans Leo Krämer/Claus Leggewie (Hg.): *Wege ins Reich der Freiheit. André Gorz zum 65. Geburtstag*, Berlin.

Honneth, Axel (2000): *Das Andere der Gerechtigkeit. Aufsätze zur praktischen Philosophie*, Frankfurt am Main.

Honneth, Axel (2001): *Leiden an Unbestimmtheit. Eine Reaktualisierung der hegelschen Rechtsphilosophie*, Stuttgart.
Honneth, Axel (2005): *Verdinglichung. Eine anerkennungstheoretische Studie*, Frankfurt am Main.
Honneth, Axel (2009): „Sublimierungen des marxschen Erbes. Eine Richtigstellung aus gegebenem Anlass", in: *Theorie und Praxis. Jürgen Habermas zum 80. Blätter für deutsche und internationale Politik* 6/2009.
Honneth, Axel (2010): *Das Ich im Wir. Studien zur Anerkennungstheorie*, Frankfurt am Main.
Honneth, Axel (2011a): *Das Recht der Freiheit. Grundriß einer demokratischen Sittlichkeit*, Frankfurt am Main
Honneth, Axel (2011b): „Verwilderungen. Kampf um Anerkennung im 21. Jahrhundert", in: *Aus Politik und Zeitgeschichte* 1–2/2011
Honneth, Axel (2012): „Autorendossier Karl Marx", in: *Magazin Philosophie* 5/2012 (Beilage)
Lessenich, Stephan (2009): *Die Neuerfindung des Sozialen. Der Sozialstaat im flexiblen Kapitalismus*, Bielefeld.
Schmidt am Busch, Hans-Christoph und Christopher F. Zurn (Hg.) (2009): *Anerkennung*, Berlin.
Schmidt am Busch, Hans-Christoph (2011): *‚Anerkennung" als Prinzip der Kritischen Theorie*, Berlin.
Zurn, Christopher F. (2005): „Recognition, Redistribution, and Democracy. Dilemmas of Honneth's Critical Social Theory", in: *European Journal of Philosophy* 13.1.

Russell Keat

Die ethische Kritik ökonomischer Institutionen[1]

1. Einleitung

Vor ungefähr fünfzig Jahren begannen zahlreiche Gelehrte und Kommentatoren ihre Aufmerksamkeit auf bis dato unzugängliche oder unbemerkte Texte von Marx zu richten, die dieser in den frühen 1840er Jahren geschrieben hatte. Aus dieser Beschäftigung entstand eine Fülle von Veröffentlichungen, die einen distinkt *ethischen* Marx zutage förderten, der theoretisch gänzlich anders figuriert war als der Marx, den man bis dahin gekannt hatte.[2] Diese frühen Texte, die in der philosophischen Sprache der *Entfremdung* gehalten waren, verurteilten den Kapitalismus aufgrund seiner destruktiven Wirkung auf die Entwicklung und Ausübung menschlicher Potenziale und Fähigkeiten, welche die Möglichkeit genuin sozialer Beziehungen und sinnerfüllter Arbeit untergrabe. Das Bild eines „humanistischen Marxismus", das in diesen Texten und Kommentaren zutage trat, wirkte auf viele Leser ausgesprochen attraktiv. Nun konnte man das marxsche Denken als Beitrag zu einer breiteren Tradition eines ‚ethischen Sozialismus' deuten, der bis dahin als ein angemessener Gegenstand marxistischer Kritik gegolten hatte.

Natürlich wurde von einigen dagegen gehalten, dass Marx selbst diese frühe ethische Kritik bald aufgegeben hatte, und dass es daher geboten sei, ihm hierin zu folgen und seinen später entwickelten, strikt *wissenschaftlichen* Ansatz zu übernehmen. In hermeneutischer Hinsicht musste diese Periodisierung dann aber ihrerseits bald mit der Entdeckung eines weiteren „zuvor nicht erhältlichen" Textes, den *Grundrissen*, als überholt gelten. (Die erste englische Übersetzung wurde 1972 veröffentlicht.) Noch wichtiger

---

[1] Dieser Aufsatz ist eine überarbeitete Fassung eines Vortrags, der im Rahmen der Konferenz *Re-Thinking Marx: Philosophy, Critique, Practice* an der Humboldt-Universität Berlin, 20.–22. Mai 2011, gehalten wurde. Ich möchte mich insbesondere bei Lynn Dobson und anderen Mitgliedern der Forschungsgruppe zu politischer Theorie in Edinburgh für ihre Kommentare zur früheren Fassung bedanken.

[2] Diese Texte sind so zahlreich, dass ich sie hier nicht alle aufzählen kann. Meine „persönlichen Favoriten" sind u. a. Kamenka (1972) und Petrovic (1967), wobei letzterer im Zusammenhang mit der „Praxis"-Gruppe im (ehemaligen) Jugoslawien von Interesse ist.

aber war, so meine These, dass diese Antwort auf einem irreführenden Verständnis von Ethik und Wissenschaft als sich gegenseitig ausschließende Pole beruhte, anstatt sie als distinkte, aber sich gegenseitig ergänzende Elemente von Kritik zu begreifen.

Allerdings möchte ich mich an dieser Stelle nicht in erster Linie mit diesen internen Debatten der marxistischen Tradition beschäftigen. Stattdessen geht es mir um die bemerkenswerte (und meiner Meinung nach bedauerliche) Wirkungslosigkeit dieser ethischen Kritik des Kapitalismus im Kontext der verschiedenen *nicht*-marxistischen Schulen der Sozialkritik, die die intellektuelle Szene seit den 70er Jahren dominiert haben. Diese Wirkungslosigkeit, so möchte ich behaupten, war nicht den vermeintlich substanziellen Mängeln der Kritik geschuldet, sondern der Tatsache, dass sie eine *Art und Weise* der Kritik darstellte, die von verschiedenen philosophischen oder metatheoretischen Standpunkten aus illegitim erschien.

Dies lag mitunter daran, dass *jede* Form der *normativen* Kritik als illegitim zurückgewiesen wurde. Manchmal beruhte dies schlicht auf einem Skeptizismus bezüglich des kognitiven Gehalts von jedwedem „Werturteil“. In anderen Fällen, einschließlich der verschiedenen Formen des Postmodernismus, galten solche Urteile selbst als besonders verdächtig und wurden aufgrund der mit ihnen verbundenen unechten Spielarten kultureller Autorität oder unerkannter Machtformen ihrerseits zum Gegenstand der „Kritik“ gemacht. Doch für mein gegenwärtiges Anliegen sind jene Schulen der Sozialkritik von größerem Interesse, die, obwohl sie sich voll und ganz dem Projekt *irgendeiner* Form der normativen Kritik verschreiben (und sich insofern häufig gegen postmoderne Positionen wenden), dennoch einer spezifisch *ethischen* Kritik eine Absage erteilt haben.

Am augenfälligsten trifft dies sowohl auf den *neutralistischen Liberalismus* zu, der, beginnend in den 1970er Jahren, einen bedeutenden Einfluss auf die angloamerikanische politische Philosophie ausübte, als auch auf die *kritische Sozialtheorie* Jürgen Habermas'. In beiden Fällen wird unterschieden zwischen *Ethik* und *Moralität,* dem „Guten“ und dem „Rechten“. Im Bereich der Ethik beschäftigen wir uns mit (normativen) Fragen nach der Natur und den Quellen menschlichen Gedeihens, nach dem „für Menschen guten Leben“; im Bereich der Moralität dagegen beschäftigen wir uns mit (normativen) Fragen der Gerechtigkeit wie der gerechten Verteilung von Ressourcen und anderen Angelegenheiten von Recht oder „Rechten“. In diesen beiden einflussreichen Schulen der Sozialkritik werden *ethische* Urteile als legitime Basis der Sozialkritik zurückgewiesen, und die kritische Beurteilung ökonomischer Institutionen wird auf Fragen der Gerechtigkeit oder der Rechte beschränkt.[3]

In dieser Hinsicht grenzen sie sich radikal (und häufig ausdrücklich) von der theoretischen und politischen Tradition des *Sozialismus* ab, der seine Kritik des Kapitalismus (und seine Darstellung der sozialistischen Zukunft) *sowohl* in moralischen *als auch* in

---

[3] Diese Beschränkung der Sozialkritik auf Fragen der Gerechtigkeit wird von Honneth (2005) konstatiert und kritisiert, obwohl seine Konzeption der Ethik in Begriffen der „sozialen Pathologien“ sich von der eher aristotelischen Kritik, die ich hier verteidigen will, unterscheidet. Dabei gilt es zu beachten, dass, obwohl Habermas schon seit geraumer Zeit diese Unterscheidung *benutzte*, er sie als solche erst vor kurzem *benannte* und konzeptualisierte. So stellt er im Vorwort zu Habermas (1991) fest, dass das, was er bis dato eine „Diskurstheorie der *Ethik*“ nannte, er jetzt als Theorie der *Moral* bezeichnen würde.

ethischen Begriffen artikulierte, beispielsweise *sowohl* mit dem Begriff der Ausbeutung *als auch* dem der Entfremdung. Dem könnte man noch eine dritte Dimension des normativen Repertoires des Sozialismus hinzufügen: eine Beschäftigung mit Fragen der *Herrschaft* und insofern auch mit Grundsätzen der richtigen Ausübung von Macht.[4]

Ich denke, dass diese breitere sozialistische Tradition Recht hat, wenn sie Ethik als legitimes und bedeutendes Element in die normative Kritik ökonomischer Institutionen miteinschließt. Marx' ethische Kritik des Kapitalismus sollte daher Ernst genommen und nicht „aus Prinzip“ ausgeschlossen werden. Stattdessen sollten wir seine möglichen Vorzüge und Defizite mit Blick auf ihre Substanz erörtern. Allgemeiner noch geht es mir darum, etwas, das man als *kritische ethische Ökonomie* bezeichnen könnte, zu verteidigen oder wenigstens die wesentlichen Züge einer solchen zu artikulieren. Es geht hier um eine kritische Evaluation ökonomischer Institutionen in ethischer Hinsicht – also mit Blick auf die Formen des Lebens, die sie ermöglichen (oder verunmöglichen) und auf das, was sie an Gutem oder Schlechtem verfügbar (oder eben nicht verfügbar) machen.

Die ethische Kapitalismuskritik in Marx' frühen Schriften sollte daher als Beitrag zu diesem umfassender definierten kritischen Unternehmen betrachtet werden. Eine Verteidigung und Entwicklung dieses allgemeineren Projektes ist die beste Art, unseren Respekt für diese Schriften zu demonstrieren, selbst wenn dies dazu führt, viele ihrer spezifischen Behauptungen aufzugeben. Wir sollten Marx' ethische Kapitalismuskritik weder aus einem philosophischen Prinzip heraus zurückweisen, noch seine Substanz sklavisch reproduzieren.

***

Im nun folgenden Abschnitt werde ich mich mit den Versuchen liberaler politischer Philosophen, Ethik mit Hilfe des Prinzips der Neutralität aus der Politik auszuschließen, kritisch auseinandersetzen. In den Abschnitten 3 und 4 erörtere ich Marx' ethische Kritik des Kapitalismus. Dabei betone ich die Bedeutung institutioneller Alternativen für jegliche überzeugende normative Kritik und beziehe mich auf den Fall des Marktsozialismus, um diesen Anspruch zu erhellen. In den Teilen 5 und 6 schlage ich vor, dass man Alasdair MacIntyres neo-aristotelisches Konzept sozialer *Praktiken* gegenüber Marx' Ideal der nichtentfremdeten Arbeit den Vorzug geben könnte und berufe mich auf jüngere Arbeiten der vergleichenden politischen Ökonomie um zu argumentieren, dass seine (und Marx') pessimistische Haltung gegenüber Institutionen des Marktes fehlgeleitet sein könnte. Im letzten Teil werde ich etwas zu den Implikationen sagen, die mein Argument für den epistemologischen Charakter einer kritischen ethischen Ökonomie hat.

[4] Es sollte festgehalten werden, dass Marx in seinen Frühschriften den „Standpunkt des Rechts/der Moralität“ zurückwies und diesen einer ethischen Kritik unterzog (siehe Lukes 1985). Ich glaube, dass dies ein schwerer Fehler war, der die „humanistischen Ansprüche“ seines früheren (und auch späteren) Werks untergräbt.

2. Liberalismus und die Exklusion der Ethik

Der Ausschluss der Ethik aus der Sozialkritik und die damit korrespondierende Beschränkung auf Fragen der Rechte oder der Gerechtigkeit (ergänzen könnte man noch Fragen der Demokratie) wurden innerhalb zweier Großtraditionen der Sozialkritik seit den 1970ern umfangreich theoretisch begründet: die im weiteren Sinne analytische Schule der „angloamerikanischen" politischen Philosophie, für die Rawls' *Theorie der Gerechtigkeit* ein beispielhafter Text ist, der diese Schule vielleicht überhaupt erst begründet hat, und die „deutsche" Schule der kritischen Sozialtheorie, in der Habermas' *Theorie des kommunikativen Handelns* einen vergleichbaren Status genießt.[5] Ich werde an dieser Stelle nur die erste Tradition diskutieren.[6]

Die angloamerikanische politische Philosophie hat Fragen bezüglich des Ortes der Ethik in der Sozialkritik in erster Linie in Hinblick auf den richtigen Umfang und die richtigen Gründe staatlichen Handelns diskutiert, worin sich ihr vornehmlich liberaler Charakter widerspiegelt. Das Prinzip der staatlichen *Neutralität*, demzufolge die Zwangsgewalt des Staates nicht eingesetzt werden darf, um irgendeine spezifische *Konzeption des Guten* zu fördern oder zu verwirklichen, hat dabei den meisten (jedoch keinen universellen) Zuspruch erfahren; substanzielle ethische Urteile über das Gute werden hier aus einem grundsätzlichen philosophischen Prinzip heraus als Grundlage politischen Handelns exkludiert. Was dadurch im Fall der ökonomischen Institutionen aus der Betrachtung ausgeschlossen wird, ist eine kritische Evaluation der Frage, welche Lebensformen sie ermöglichen oder verhindern – eine Frage, die sich unterscheidet von der nach der Gerechtigkeit oder Ungerechtigkeit der ungleich verteilten Chancen ein solches Leben zu führen, welche im Gegensatz zu jener als ein legitimes Anliegen sowohl des Staates als auch der politischen Philosophie betrachtet wird.

In seinem (erstmals 1978 veröffentlichten) enorm einflussreichen Aufsatz über das Wesen des Liberalismus hat Ronald Dworkin argumentiert, dass man den Liberalismus am besten mit Blick auf seine Verpflichtung zur Neutralität versteht: „[...] die Regierung muss sich gegenüber Fragen bezüglich des so genannten guten Lebens neutral verhalten" und „politische Entscheidungen müssen, so weit möglich, unabhängig sein von irgendeiner spezifischen Konzeption des guten Lebens oder dessen, was das Leben wertvoll macht". Individuen unterscheiden sich hinsichtlich ihrer Auffassung des Guten und „[...] die Regierung behandelt sie nicht als Gleiche, wenn sie eine Auffassung einer anderen vorzieht [...]" (Dworkin 1985, 191). Es ist dieses Prinzip, so Dworkin, das den Liberalismus von anderen *nicht*-liberalen Theorien unterscheidet, denen zufolge

> „[...] die Behandlung, die eine Regierung ihren Bürgern schuldet, zumindest teilweise durch eine Konzeption des guten Lebens ermittelt [werden sollte].

[5] Siehe Honneth (1994); er kontrastiert hier die verschiedenen Konzeptionen der Sozialphilosophie, die mit diesen Traditionen assoziiert werden. Honneth würde meine Einordnung von Habermas' Theorie als ein „Ethikexklusionsprinzip" mit Sicherheit hinterfragen, doch dies liegt teilweise daran, dass er sowohl „substanzielle" als auch „prozedurale" Evaluationen in die Ethik miteinschließt, während ich den Fokus auf die Exklusion substanzieller ethischer Urteile lege.

[6] Ich habe den (komplexeren) Fall Habermas' in Keat (2008a) diskutiert. Die nun folgende Erörterung des neutralistischen Liberalismus stützt sich auf den ersten Teil des Aufsatzes.

> Diese These wird von vielen politischen Theoretikern geteilt; dazu gehören so unterschiedliche Theorien wie z. B. amerikanischer Konservatismus und verschiedene Spielarten des Sozialismus oder Marxismus, obwohl diese sich hinsichtlich ihrer Konzeption des guten Lebens unterscheiden und sich insofern auch für jeweils unterschiedliche politische Institutionen und Entscheidungen aussprechen. In dieser Hinsicht ist der Liberalismus dezidiert kein Kompromiss und kein Übergangsstadium zwischen schlagkräftigeren Positionen, sondern befindet sich auf einer Seite einer Linie, die ihn von allen Konkurrenten als Gruppe trennt“ (ebd., S. 192).

So definiert sind, vom Standpunkt des Liberalismus aus betrachtet, sämtliche *nicht*-liberale Positionen in Wirklichkeit gleichermaßen irrig: Trotz der gewichtigen Uneinigkeiten zwischen ihnen bezüglich dessen, was das gute Leben für Menschen ausmacht, ist ihr wichtigstes gemeinsames Merkmal das, was sie alle teilen, nämlich ihre Auffassung, dass Regierungen in ihren Handlungen eine bestimmte Konzeption des Guten verfolgen sollten, anstatt auf eine solche zu verzichten. Für den Liberalen, so Dworkin, sind diese Uneinigkeiten schlicht nicht relevant. Debatten über das gute Leben für Menschen können politische Philosophen getrost ignorieren, zumindest insoweit sie sich dafür interessieren – und das sollten sie – wie die Ziele und Maßnahmen bestimmt werden, die Regierungen verfolgen sollten.[7]

Das Prinzip der Neutralität also engt auch das Feld des Diskurses ein, indem es ethische Debatten als irrelevant ausschließt. Und die Ausschlussoperation geht noch weiter: Die „traditionellen“ ethischen Anliegen sozialistischer, konservativer und liberaler Theoretiker gingen Hand in Hand mit einem Interesse an im weiteren Sinne empirischen Fragen nach den Bedingungen, unter denen ihre präferierten Konzeptionen des Guten realisiert bzw. nicht realisiert werden können, und insofern auch an den Thesen klassischer Sozialtheoretiker (und klassischer politischer Ökonomen), deren Werke sich häufig, zumindest teilweise, an bestimmten ethischen Positionen orientierten. Der neutralistische politische Philosoph nun kann diese „klassische Tradition“ ebenfalls für irrelevant halten (außer dort, wo sie Auswirkungen auf Fragen der *Gerechtigkeit* hat).

Natürlich ist der neutralistische Liberalismus kritisiert worden. Sogenannte „perfektionistische“ Liberale haben argumentiert, dass der Liberalismus am besten als eine Position zu verstehen sei, der auf dem *ethischen Wert* der individuellen Autonomie basiert, und dass der Staat legitimerweise handeln darf, um diesen zu fördern oder zu sichern. Doch sie bestehen darauf, dass der Wert der Autonomie distinkt ist von dem der spezifischen „Konzeptionen“ des Guten, die autonome Individuen sich als Ziel setzen können und denen gegenüber der Staat (und die politische Philosophie) neutral bleiben sollte. „Kommunitaristen“ dagegen haben Neutralität radikaler zurückgewiesen und darauf bestanden, dass ethische Überlegungen notwendige und legitime Grundlagen politischen Handelns darstellen. Doch ihre Konzeption von Ethik ist weitgehend einem auf

---

[7] Dworkin behauptet auch, dass *Markt*wirtschaften dieser Neutralitätsforderung gerecht werden. Diese These vertritt auch Arneson (1987), der argumentiert, dass Sozialisten nicht das Ziel verfolgen sollten, für sinnerfüllte Arbeit zu sorgen. Arnesons Argumente kritisiere ich in Keat (2009a). Eine Kritik der Ansätze liberaler Theoretiker, die sich gegen sinnerfüllte Arbeit als ein legitimes politisches Ziel wenden, findet sich auch bei Rössler (2012).

die geteilte Identität einer politischen Gemeinde ausgerichteten Verständnis von Werten verhaftet geblieben und hat somit jegliche Berufung auf Konzeptionen menschlichen Gedeihens ausgeschlossen – mit potenziell bedenklichen Folgen für diese Werte.[8]

Dagegen sind, was die kritische Antwort auf den neutralistischen Liberalismus betrifft, die Arbeiten von Joseph Raz (1986, 1994) und Martha Nussbaum (2002, 1992, 2000) von sehr viel größerem Wert. Sie haben sowohl die Gründe, aus denen heraus das Prinzip der staatlichen Neutralität typischerweise befürwortet wurde, in Frage gestellt, als auch gezeigt, dass der Liberalismus eine solche Neutralität tatsächlich gar nicht erforderlich macht: Ethische Ziele können in der Politik verfolgt werden, ohne dass dies notwendigerweise zentralen liberalen Prinzipien widerspricht.

Eines der Hauptargumente für die Neutralität besagt, dass jeglicher Versuch, die Macht des Staates auf Ziele zu verwenden, die in ethischen Begriffen gerechtfertigt werden, einen Angriff auf die individuelle Autonomie darstellt (und/oder auf die verschiedenen damit verbundenen liberalen Rechte). In Antwort darauf hat Raz argumentiert, dass individuelle Autonomie selbst *sowohl* die Fähigkeit des unabhängigen Urteilens *als auch* die Verfügbarkeit einer „adäquaten Reihe wertvoller Optionen“ voraussetzt, wenn es darum geht, welche Individuen diese Fähigkeit ausüben dürfen. Der Staat (und somit auch die politische Gemeinschaft) ist verpflichtet, so sein Argument, sicherzustellen, dass beide Bedingungen für Autonomie erfüllt sind (Raz 1994). Außerdem muss er, wenn er dafür sorgt, dass solche Optionen zur Verfügung stehen, davon ausgehen, dass diese Optionen – die möglichen Arten des Guten, die einzelne Individuen sich selbst als Ziel setzen mögen – typischerweise von der Existenz spezifischer „sozialer Formen“ abhängen, die selbst auf geeignete Institutionen angewiesen sein mögen (Raz 1986, 308–313). Aber das heißt natürlich nicht, dass es deswegen so etwas wie „liberaler Beschränkungen“ der Art und Weise, in der der Staat diese Institutionen unterstützen kann, nicht mehr bedarf. Ich glaube jedoch, dass man zeigen kann, dass solche Beschränkungen aufrecht erhalten werden können, ohne dass damit kollektive ethische Urteile als Grundlage staatlichen Handelns ausgeschlossen werden müssen.[9]

Doch was sind die spezifischen Grundlagen für diese Urteile über den *Wert* der verschiedenen Optionen? Hier schlage ich vor, dass Nussbaums Entwicklung eines im Großen und Ganzen aristotelischen Begriffs von wesentlichen menschlichen „Funktionen“ eine attraktive und philosophisch plausible Antwort darstellen kann.[10] Außerdem ist ihr Begriff so konstruiert, dass er einem weiteren wichtigen Argument

---

[8] Zum Kommunitarismus und perfektionistischen Liberalismus siehe Mulhall und Swift (1996). Man könnte argumentieren, dass Habermas’ Konzeption der „Ethik“ viele Gemeinsamkeiten mit dem Kommunitarismus aufweist, im Gegensatz zu seiner kantianischen Konzeption von Moralität. Für eine Kritik seiner Auffassung von Ethik, siehe Keat (2009b, 2009c).

[9] In Keat (2012a, 2012b) versuche ich, diese Behauptung zu begründen. Ich verteidige dort eine Position, die ich als „liberalen Perfektionismus“ bezeichne oder als einen Perfektionismus, der liberalen Beschränkungen unterliegt. Sie wird kurz in Keat (2008c) im Zusammenhang mit einer Kritik an MacIntyre und an seiner Nichtberücksichtigung der Relevanz liberaler Prinzipien erörtert.

[10] Ich möchte aber nicht suggerieren, dass Raz diese Überlegung unterschreiben würde. Man könnte in der Tat behaupten, dass er, wenn er von „wertvollen“ Optionen spricht, im Wesentlichen auf ihre moralische Annehmbarkeit zielt und weniger auf ihren ethischen Wert. Hier und auch sonst

gerecht wird, das in der Diskussion um das Prinzip der Neutralität zu dessen Gunsten angeführt worden ist. Es geht hier um die vermeintliche Unverträglichkeit eines jeden substanziellen Begriffs menschlichen Gedeihens (basierend auf Ideen wie beispielsweise denen von Aristoteles und Marx) mit einer wirklich pluralistischen Anerkennung der *Diversität* der verschiedenen Vorstellungen, die Menschen sich vom Guten machen.

Nussbaum begegnet diesem Anliegen, indem sie einen Begriff menschlichen Gedeihens entwickelt, der, wie sie sagt, „dicht aber vage" ist (Nussbaum 2002). Er ist eher „dicht" als „dünn", insofern er, statt sich auf „Mehrzweckgüter" wie Chancen oder Wohlstand zu beschränken, eine Anzahl spezifischer menschlicher Bedürfnisse und Dimensionen des Gedeihens auf der Grundlage geteilter Merkmale der menschlichen Existenz identifiziert. Er ist aber eher „vage" als präzise, insoweit er diese auf einer Ebene der Allgemeinheit charakterisiert, die sich mit unendlich vielen verschiedenen Modi ihrer Realisierung verträgt und so Raum für kulturelle und individuelle Differenzen lässt (Nussbaum 2002; 2000).[11]

In dieser Hinsicht kann man Nussbaums Position, wie die von Raz, als *pluralistisch* bezeichnen, denn sie akzeptiert, dass es viele Weisen gibt (zumindest wenn man sie „präzise" spezifiziert), in denen Menschen ein gutes Leben führen können, dass es „viele Arten des guten Lebens" für Menschen gibt. Aber dies heißt *nicht,* dass jede Form des Lebens, für die Menschen sich entscheiden können, ipso facto gut ist; es handelt sich um einen objektiven, nicht um einen subjektiven Pluralismus. Außerdem vertreten sowohl Nussbaum als auch Raz die Ansicht, dass jede vertretbare Konzeption des guten Lebens so beschaffen sein muss, dass sie mehrere verschiedene Bestandteile beinhaltet, die qualitativ distinkt oder (in den Worten von Raz) in ihrem Wesen „inkommensurabel" sind (Raz 1986, 345–357): Es gibt nicht nur einen Maßstab oder eine Skala menschlichen Wohlergehens; und ebenso kann kein einzelnes Element einfach so durch ein anderes ersetzt werden.

Weder bei Raz noch Nussbaum werden die Implikationen ihrer Positionen für die kritische Beurteilung ökonomischer Positionen direkt erörtert; die Tatsache aber, dass sie den Platz ethischer Urteile in politischen Entscheidungen verteidigen, eröffnet die Möglichkeit solche zu bilden, ohne dabei notwendig grundlegende liberale Prinzipien in Frage zu stellen.[12]

---

in diesem Abschnitt geht es mir also darum, Raz (und Nussbaum) auf eine bestimmte Art „zu benutzen", und nicht darum, eine hermeneutisch zuverlässige Interpretation ihres Werkes anzubieten.

[11] Nussbaum (1992) antwortet auf verschiedene Kritiker des „Essenzialismus" und setzt sich dabei mit allgemeineren Zweifeln hinsichtlich der Möglichkeit rationaler Rechtfertigung ethischer Behauptungen auseinander; diese Fragen werde ich hier aber nicht erörtern.

[12] In Nussbaums Arbeiten beruht die Kompatibilität von Liberalismus und einer „Politik des Guten" teilweise auf ihrer Ansicht, dass staatliches Handeln sich darauf beschränken sollte, die Bedingungen sicherzustellen, die wertvolle menschliche Funktionen ermöglichen, ohne gleichzeitig die Realisierung dieser Möglichkeiten einzufordern.

3. Normative Kritik und institutionelle Alternativen

Die kritische Bewertung ökonomischer Institutionen in spezifisch ethischen Begriffen ist aus den Gründen, die ich oben schon teilweise ausgeführt habe, kein philosophisch illegitimes oder politisch unangemessenes Projekt. Anstatt also die Relevanz von Marx' ethischer Kritik des Kapitalismus aus „grundsätzlichen Gründen" zurückzuweisen, sollten wir seine substanziellen Vorzüge und Mängel erörtern. Im späteren Verlauf dieses Aufsatzes werde ich auf gewisse Probleme dieser Kritik aufmerksam machen, die dafür verantwortlich sind, dass diese nicht vollständig überzeugen kann. Doch bevor ich dies tue, werde ich nun bestimmte Anforderungen formulieren, die *jede* normative Kapitalismuskritik erfüllen muss, unabhängig davon, ob es sich bei ihr um eine spezifisch *ethische* Kritik handelt.

Die wichtigste Anforderung lautet, dass jede Kritik nicht nur zeigen muss, dass (i) die ökonomischen Institutionen des Kapitalismus Merkmale aufweisen, die normativ fragwürdig sind, sondern auch (ii) dass es ein mögliches alternatives Set an ökonomischen Institutionen gibt, die normativ vorzuziehen wären. Wenn (i) aber nicht (ii) – die bessere Alternative – gewährleistet ist, so haben wir damit Gründe, aus denen heraus wir den Kapitalismus kritisieren können, wir können ihn aber damit nicht zurückweisen (weder in der Theorie noch in der Praxis). Wenn wir keine institutionelle Alternative angeben können, die seine normativen Defekte nicht aufweist (und gleichzeitig keine neuen produziert), dann könnte der Kapitalismus trotz dieser Defekte *immer noch* besser sein als jedes alternative System.

Sowohl Bedingung (i) *als auch* Bedingung (ii) zu erfüllen ist daher für das Projekt des Sozialismus sowohl intellektuell als auch politisch von wesentlicher Relevanz. Wir müssen wissen, ob das, was normativ vorzuziehen ist, auch institutionell möglich ist, und daher müssen wir – zumindest in groben Zügen – wissen, wie diese Institutionen aussehen würden und warum man vernünftigerweise damit rechnen kann, dass sie besser sind. Bedauerlicherweise hat Marx selbst dies häufig anscheinend nicht akzeptiert. Beispielsweise hat er die „utopischen Sozialisten" ob ihrer „Blaupausen" ridikülisiert, und seine eigene Vorstellung einer zukünftigen kommunistischen Gesellschaft weitgehend auf ihren *normativen* statt auf ihren *institutionellen* Charakter beschränkt. Doch darin sollten wir ihm nicht folgen.[13] In der Vergangenheit hat der gescheiterte Versuch, plausible Modelle für normativ vorzuziehende ökonomische Institutionen zu schaffen, den Verfechtern des Sozialismus ernsthaft geschadet und auch heute noch liegt hier *die* zentrale Herausforderung für den Sozialismus.

Ein wichtiges Merkmal normativer Kritik, wie ich sie hier vorgestellt habe, besteht darin, dass sie einer Kombination *normativer* und *philosophischer* Urteile und *empirischer* oder *wissenschaftlicher* Urteile bedarf (wobei diese Urteile jeweils ihre eigenen „Validitätskriterien" oder Modi der Rechtfertigung haben). Um ein Beispiel für (i) zu geben: Um den Kapitalismus auf der Basis seiner Ungerechtigkeit zu kritisieren, muss man sowohl ein spezifisches Prinzip der Gerechtigkeit definieren und begründen, als auch

[13] Man könnte Marx' Position vielleicht begründen, wenn man von einer Konzeption historischen Wandels ausgeht, in der es keinen Platz gibt für Appelle zum Handeln auf der Grundlage normativer Überlegungen; aber das ist ein anderes Thema.

zeigen, dass der Kapitalismus gemessen an diesem Kriterium ungerecht ist. Dementsprechend kann diese Kritik zurückgewiesen werden, indem man entweder aus normativen oder philosophischen Gründen das Prinzip der Gerechtigkeit, auf das der sozialistische Kritiker sich beruft, zurückweist, oder indem man argumentiert, dass kapitalistische Gesellschaften gemessen an diesem Kriterium eigentlich nicht ungerecht sind. Letztere Uneinigkeit ist empirischer oder wissenschaftlicher Natur und kann unabhängig von der ersteren beigelegt werden.[14] (Dieselben grundsätzlichen Fragen würden auf einen spezifisch ethischen Einwand ebenso zutreffen, so beispielsweise auf das entfremdete Wesen der Arbeit im Kapitalismus).

Ähnlich verhält es sich mit (ii): Jede Rechtfertigung alternativer ökonomischer Institutionen muss nicht nur zeigen, dass man begründeterweise erwarten kann, dass sie die spezifizierten unerwünschten Eigenschaften des Kapitalismus vermeiden, sondern auch, dass diese alternativen Institutionen keine eigenen Defekte generieren oder aufweisen werden, die, normativ gesprochen, schwerwiegender sind als die, die vermieden werden. Neben den empirischen Behauptungen, die hier also im Spiel sind, müssen auch distinkt normative Urteile darüber gefällt werden, welche dieser Defekte bedeutender sind. (Die allgemeinere Problematik, die hier angesprochen wird, ist, dass nicht alles, was wir mit guten Gründen für wertvoll halten, gleichzeitig realisierbar ist, so dass man häufig zu einem Urteil über normative Priorität kommen muss).

Ferner reichen die von mir so bezeichneten „empirischen" oder „wissenschaftlichen" Fragen sehr viel tiefer, als bisher deutlich geworden ist. Man muss nicht nur wissen, ob reale kapitalistische Gesellschaften bestimmte normative Defekte aufweisen, sondern auch, ob dies an Merkmalen liegt, die dem Kapitalismus inhärent sind, oder ob dies vielmehr kontingenten Gründen geschuldet ist. Und im ersteren Fall müsste man dann verstehen, *was genau* am Kapitalismus für diese normativen Defekte verantwortlich ist. Dies ist besonders wichtig, wenn man versucht, eine normativ überlegene institutionelle Alternative zu bestimmen.

Von besonderer Bedeutung ist hier, dass das, was ich bis hierhin schlicht „Kapitalismus" genannt habe, besser als etwas zu verstehen ist, das aus wenigstens zwei wesentlichen, distinkten Gruppen von Institutionen besteht: einmal jene, die sich auf die Form von Eigentum beziehen, die für die Produktionsmittel relevant sind, das heißt *Privat*besitz (also Klassenunterschiede, Lohnarbeit usw.); und dann jene, die sich auf den Modus der wirtschaftlichen Koordination und Ressourcenverteilung beziehen, das heißt *Markt*institutionen (also Produktion zum Zwecke des Tauschs, Wettbewerb usw.). Das heißt: kapitalistische Ökonomien (der Art, mit denen Marx sich beschäftigte) sind besser und klarer als *kapitalistische Markt*ökonomien zu bezeichnen. Deswegen muss man wissen, ob ihre normativen Defekte auf ihre kapitalistischen oder auf ihre Marktelemente zurückzuführen sind.

Diese Unterscheidung zwischen kapitalistischen und Marktelementen des Kapitalismus ist für Verfechter des *Marktsozialismus* (wie Selucky 1979, Nove 1983, Miller 1990), d. h. einer *sozialistischen Markt*ökonomie als eine dem Kapitalismus vorzuziehende Alternative, von zentraler Bedeutung gewesen. Wenn ich „sozialistische Marktökonomie" sage, meine ich damit eine, in der kapitalistische Unternehmen durch

---

[14] Diese Position wird in Keat (1981, Kapitel 2) ausführlicher entwickelt und verteidigt.

Genossenschaften oder selbstverwaltete Unternehmen ersetzt werden, die entweder ihr eigenes Kapital besitzen oder dies von einer externen Investment-Agentur mieten, die aber im Rahmen von Institutionen des Marktes profitorientiert miteinander konkurrieren. So haben Marktsozialisten letztlich argumentiert, dass man in einem derartigen System die fragwürdigen Elemente des Kapitalismus eliminieren und gleichzeitig die Vorzüge von Märkten beibehalten kann.[15]

Ihr Argument lautet, dass das Scheitern des *staatlichen Sozialismus*, der Verbindung von Staatseigentum und Planwirtschaft, der – zumindest in der Praxis – die sozialistische Hauptalternative zum Kapitalismus gewesen ist, die Vorzüge des Marktes hinreichend demonstriert habe. Der Staatssozialismus sei sowohl in ökonomischer als auch in politischer Hinsicht gescheitert: Es habe ihm an wirtschaftlicher Effizienz und Dynamik gemangelt und er habe es nicht geschafft gewisse individuelle Grundrechte, wie die für eine Demokratie essenziellen politischen Freiheiten, zu etablieren und zu bewahren. In beiden Fällen, behaupten sie, lag dies an den nichtvorhandenen Marktinstitutionen, die notwendig (wenn auch nicht hinreichend) seien für wirtschaftliche Effizienz und politische Freiheit.[16]

Aber stimmt es überhaupt, dass das, was an kapitalistischen Marktwirtschaften primär verwerflich ist, ihrem kapitalistischen und nicht ihrem Marktcharakter geschuldet ist?[17] Wenn wir spezifisch ethische Überlegungen einklammern und unsere normative Bewertung nur mit Blick auf das Problem von Ungerechtigkeit und Herrschaft vornehmen, dann ist dies, so behaupte ich, im Großen und Ganzen tatsächlich der Fall.[18] Denn man verurteilt den Kapitalismus aufgrund der Ungerechtigkeit der in ihm obwaltenden Produktionsverhältnisse, der fehlenden genuinen Freiheit und Gleichheit in den vertraglich geregelten Tauschbeziehungen zwischen Arbeitern und Eigentümern, der hierarchischen Organisation kapitalistischer Unternehmen, der ungleichen Verteilung von Reichtum und politischer Macht, die sich aus den Klassenunterschieden herleitet, und so weiter. Diese normativen Defekte kapitalistischer Marktwirtschaften werden in sozialistischen Marktwirtschaften beseitigt, indem die Lohnarbeit abgeschafft und die Entscheidungsprozesse innerhalb genossenschaftlicher Unternehmen demokratisiert werden.

Wenn die normative Bewertung des Kapitalismus aber (auch) in spezifisch ethischen Begriffen erfolgt, stellt sich die Lage gleich viel komplizierter dar. Es scheint klar zu

---

[15] Es gibt wichtige Debatten über die dem Marktsozialismus angemessenen Besitzformen, von denen viele z. B. in Estrin (1989) erörtert werden; diese sind für die folgenden Argumente aber nicht direkt relevant.

[16] Siehe beispielsweise Selucky (1979, Kapitel 5). Selucky argumentiert auch (9–34), dass die „persönliche Unabhängigkeit", die Marx in den *Grundrissen* (1857) zu Recht als eine Leistung des Kapitalismus lobte, unweigerlich durch das sozialistische Modell einer „einzigen Fabrik" untergraben wird, welches Marx dort implizit voraussetzt, wenn er die *Organisation* der Arbeit als eine Alternative zu Marktinstitutionen befürwortet.

[17] Diese Frage ist besonders bedeutsam, wenn man, wie ich es tue, den Marktsozialismus für den ernsthaftesten Bewerber für eine sozialistische Alternative zu kapitalistischen ökonomischen Institutionen hält. Doch an dieser Stelle geht es mir hauptsächlich darum aufzuzeigen, was zu einer spezifisch ethischen Kritik kapitalistischer Marktökonomien gehört.

[18] Hier umgehe ich einige schwierige Probleme der distributiven Gerechtigkeit, halte diese aber auch nicht für unlösbar.

sein, dass Marx' ethische Kapitalismuskritik in seinen frühen Schriften – einschließlich der *Judenfrage* (1843), der Notizen zu James Mill (1844) und der *Ökonomisch-philosophischen Manuskripte* (1844) – primär auf seinen *Markt*charakter zielt und somit auf jede Art der Marktwirtschaft, sei diese nun kapitalistisch oder sozialistisch. Wenn Marx' ethische Einwände gegen den Markt zutreffen, kann eine sozialistische Marktökonomie sozialistische Bestrebungen nur zum Teil erfüllen; um diese vollständig zu verwirklichen, bedarf es einiger Alternativen zu Marktinstitutionen. Doch wenn, wie Marktsozialisten behaupten, Märkte notwendig sind, um wirtschaftliche Effizienz und politische Freiheit zu realisieren, kann die ethische Überlegenheit einer solchen Alternative nur zu einem sehr hohen Preis erreicht werden und man müsste schwierige ethische Urteile fällen, um zu bestimmen, welche dieser institutionell inkompatiblen Prinzipien und Werte Priorität haben sollen.[19]

Doch dieser Urteile bedarf es nur dann, wenn Marx' ethische Kritik des Marktes begründet ist (und nur dann müsste man Institutionen entwerfen, die keinen Marktcharakter haben). Ich werde nun vorschlagen – ohne dabei eine systematische Darstellung anzustreben –, dass es hinreichende Gründe gibt, die Überzeugungskraft seiner Argumente in Zweifel zu ziehen, um weiterhin die Möglichkeit offenzuhalten, dass Marktinstitutionen einen legitimen Ort in der sozialistischen Ökonomie haben.

4. Marx' ethische Kritik des Marktes

Es lassen sich mindestens drei spezifische Gegenstände von Marx' ethischer Marktkritik ausmachen: das amoralische Wesen der sozialen Beziehungen, die in der Produktion zum Zwecke des Tausches implizit enthalten sind; die Unterwerfung der politischen Gemeinschaft unter den Atomismus der bürgerlichen Gesellschaft; und die nichtvorhandenen Möglichkeiten des sinnhaften Arbeitens. Die Entwicklung und Ausübung wertvoller und distinkt menschlicher Fähigkeiten wie der der gegenseitigen Sorge, der kollektiven Autonomie und der individuellen Selbstverwirklichung werden so untergraben. Ich werde die ersten beiden dieser zwei Kritikpunkte kurz an dieser Stelle kommentieren und den letzten in einem späteren Abschnitt dieses Aufsatzes detaillierter erörtern.

In seinen Notizen zu James Mill behandelt Marx die Produktion zum Zwecke des Tausches und zeichnet ein vernichtendes Bild der dieser innewohnenden moralischen Natur der Beziehungen zwischen Produzenten und Konsumenten. Marx vertritt hier die These – und bezieht sich dabei auf Abschnitte aus James Mills *Politischer Ökonomie* –, dass bei solchen Tauschgeschäften jede Partei ausschließlich ihre eigenen Interessen im Sinn hat, die Bedürfnisse und Wünsche von anderen nur als Mittel zur Befriedigung der eigenen Bedürfnisse und Wünsche betrachtet und keine Skrupel hätte, sich die Produkte oder das Geld der anderen mittels Diebstahl oder Plünderung anzueignen, so lange ein

[19] Selbst wenn politische Freiheiten (und andere wertvolle liberale Rechte) vom Staatssozialismus unterminiert werden, folgt daraus natürlich nicht, dass *allein* Marktinstitutionen mit ihnen kompatibel wären. Daher sprechen sich „Assoziationssozialisten" wie O'Neill (1998) für wirtschaftliche Institutionen aus, die „weder Staat noch Markt" sind, aber dennoch die Rechte, die historisch betrachtet eine Errungenschaft des Marktes sind, bewahren.

solches Verhalten nicht wirkungsvoll sanktioniert ist. In dieser und in anderen Hinsichten ist ihre Beziehung keine wahrhaft menschliche oder soziale.

Man kann jedoch einwenden, dass Marx sich hier die Darstellung des Markttausches (und der Motivation der Marktteilnehmer), wie sie bei Mill und anderen politischen Ökonomen seiner Zeit zu finden ist, zu unkritisch zu eigen macht. Besonders Emile Durkheims *soziologische* Darstellung des normativ verfassten Charakters des vertragsbasierten Tausches (Durkheim 1984), so meine These, stellt dazu ein wichtiges Korrektiv dar, indem sie zeigt, dass die Parteien bei solch einem Tausch durch verschiedene Obligationen und Anforderungen gebunden sind, die spezifisch sozialen Normen der Gerechtigkeit oder Fairness Ausdruck verleihen.[20] Natürlich ist es selbst in dieser durkheimschen Beschreibung so, dass die limitierten moralischen Verpflichtungen und Zwänge des (unpersönlichen) Markttausches deutlich zurückbleiben hinter den Idealen des gegenseitigen Wohlwollens und der bedingungslosen Aufgeschlossenheit, die in der marxschen Kritik offenkundig implizit enthalten sind. Aber man könnte argumentieren, dass Marx hier einen normativ unangemessenen Maßstab anlegt, der nur für bestimmte persönliche (und partikularistische) Beziehungen angemessen ist.

Insbesondere sollten wir, dieser Ansicht zufolge, den Bedarf nach und den Wert von vielen verschiedenen Formen von sozialen Tätigkeiten und Beziehungen akzeptieren, die jeweils mit besonderen moralischen Normen und institutionellen Formen einhergehen: Der marktbasierte Tausch wäre eine solche Form, andere Formen wären Freundschaft, Verwandtschaft, Bürgerschaft usw. Wir sollten daher der Idee widerstehen, dass es ein einziges Modell der „wahren Sozialität" gibt, der alle Formen von sozialen Beziehungen entsprechen müssen. Um die ethische Annehmbarkeit des Tausches zu verteidigen, müssen wir ihn daher weder als Modell für alle sozialen Beziehungen befürworten, noch müssen wir ihn im Gegenzug kritisieren, weil er nicht den Beziehungen zwischen Freundinnen und Freunden, in der Familie oder unter Bürgerinnen und Bürgern entspricht.[21]

Nun würden Marx (oder seine Verteidiger) vielleicht antworten, dass dieses Bild der ethischen und institutionellen Differenzierung, in dem der Markt nur ein institutioneller Bereich unter vielen ist, unter empirischen Gesichtspunkten naiv ist, da er keinen Blick dafür hat, wie der Markt aufgrund seiner inhärent expansiven Natur andere Bereiche ständig erobert oder „kolonisiert" und dabei jede Beziehung in eine Tauschbeziehung verwandelt, jede Form von Wert auf etwas Preisförmiges reduziert, alles in eine käufliche Ware verwandelt und alle qualitativ distinkten und inkommensurablen Werte auf einen einzigen Maßstab reduziert.

Ohne die kolonisierenden Tendenzen des Marktes leugnen zu wollen, ist es aber doch auch wichtig anzuerkennen, dass das, was wir nun als Kolonisation beschreiben, über-

[20] In dieselbe Richtung weist auch die These, dass Marx' Darstellung eher auf die „klassische" Form des Vertrags, wie er für den angloamerikanischen Kapitalismus typisch ist, als für die in Japan zu findende „relationale" Form zutrifft (siehe Dore 1983). Zur liberalen Beschreibung des normativen Charakters des marktbasierten Tauschs siehe auch Booth (1994) und die Erörterung dieser Frage in Keat (2012b).

[21] Tatsächlich gibt es gute Gründe, wirtschaftliche Transaktionen *nicht* am Vorbild beispielsweise der Freundschaft auszurichten und dementsprechend gerade ihre hochgradig *un*persönliche Natur stark zu machen, wie Selucky argumentiert (1979, 170–173).

haupt nur möglich ist aufgrund der Form institutioneller Differenzierung, die geschichtlich mit der Entstehung von Marktwirtschaften einherging; diese Differenzierung ist es, was die Marktwirtschaft von ihren Vorgängern unterscheidet, in denen, so könnte man argumentieren, der tatsächliche und potenzielle Geltungsbereich des Geldes in vieler Hinsicht *weniger* limitiert oder beschränkt war als in Marktgesellschaften.[22] Die richtige Antwort auf die kolonisierenden Tendenzen des Marktes bestünde demnach nicht darin, ihn durch etwas anderes zu ersetzen, sondern ihn effektiv einzuhegen, indem man sich der staatlichen Gewalten bedient, um den Kauf und Verkauf von verschiedenen Gütern zu verbieten, um Mittel zu finden, andere Güter unter Umgehung des Marktes verfügbar zu machen usw. (Anderson 1990; Keat 1993 und 2000; Satz 2010).

Sowohl Walzer (1983) als auch Habermas (1987; 1996) haben argumentiert, dass die Etablierung und Beibehaltung solcher Grenzen zu den zentralen Pflichten der Bürgerinnen und Bürger eines demokratischen Gemeinwesens gehört. Außerdem könnte man argumentieren, dass dies am besten als ein Bestandteil einer viel umfangreicheren Reihe von politischen Pflichten zu betrachten ist, die – was entscheidend ist – auch das umfassen, was man als die Institutionalisierung der Märkte selbst bezeichnen könnte: den Gebrauch der Gewalten des Staates, um die verschiedenen die Marktwirtschaften als solche konstituierenden Rechte und Pflichten zu definieren und durchzusetzen, wozu auch das Wesen und der Umfang von Besitzrechten und des vertraglichen Tausches gehören (und somit auch die Regeln, die festlegen, wer welche Güter unter welchen Bedingungen kaufen und verkaufen darf usw.).

Damit ist ein möglicher Weg aufgezeigt, die Beziehung zwischen Politik und Märkten begrifflich zu fassen und umzusetzen, und somit auch eine mögliche Antwort zu formulieren auf Marx' Darstellung dieser Beziehung in seiner Kritik der „politischen Entfremdung“ in *Zur Judenfrage*. Dort kritisiert er das, was er den „Widerspruch“ oder „Gegensatz“ zwischen der bürgerlichen Gesellschaft und dem Staat nennt, zwischen dem Egoismus der Marktakteure und der Gemeinschaftlichkeit der Bürgerinnen und Bürger. Doch was genau macht diesen „Gegensatz“ so fragwürdig? Es gibt, wie ich bereits sagte, keinen guten Grund, warum man den Unterschied zwischen diesen Modi gesellschaftlicher Aktivität als wesentlich problematisch begreifen sollte, wie Marx es anscheinend tut. Auch sollten wir nicht annehmen, dass es motivational unmöglich ist, in verschiedenen institutionellen Orten auf der Grundlage von unterschiedlichen Normen zu handeln: Es gibt, im Sinne einer psychologischen Unmöglichkeit, keinen Widerspruch zwischen einem am Gemeingut ausgerichteten Denken eines Bürgers und dem Verfolgen eigener Interessen als Wirtschaftsakteur.

Marx stellt in *Zur Judenfrage* außerdem die These auf, dass in Marktgesellschaften die politische Sphäre in Bezug auf die ökonomische Sphäre eine untergeordnete Rolle spielt: dass die „*Bürger*rechte“ ausschließlich oder hauptsächlich ausgeübt werden um die „*Menschen*rechte“, die Rechte von Marktteilnehmern (auf Sicherheit und auf Eigentum), zu schützen. Das Ideal wird so dem Nichtideal untergeordnet, wird dazu verurteilt, dessen Zwecke anstelle der eigenen zu verfolgen. Doch das, was ich oben gesagt habe, deutet auf die Möglichkeit eines anderen Verständnisses (und einer anderen

---

[22] Vgl. Marx' Bemerkungen in den *Grundrissen* zur Differenzierung von Politik und Wirtschaft in kapitalistischen (im Gegensatz zu feudalen) Gesellschaften.

Praxis) dieser Beziehung hin: In diesem Verständnis wird anerkannt, dass die „Rechte des Menschen“ – oder zumindest die für Marktinstitutionen wesentlichen Rechte – das Geschöpf einer politischen Gemeinschaft sind, die die Gewalten des Staates benutzt, um ökonomische Institutionen zu etablieren und zu erhalten, die sie als den Bedürfnissen und Interessen ihrer Mitglieder förderlich erachtet; diese Mitglieder teilen so die kollektive Verantwortung für Marktinstitutionen und kontrollieren diese.[23] Doch diese Kontrolle beinhaltet keine „direkte Politisierung“ der Wirtschaft; und sie beinhaltet auch kein „Überwinden der Trennung der politischen von der ökonomischen Sphäre“, indem sie letztere nach dem Modell der ersteren neu formt.

Doch warum sollte man Märkte als etwas betrachten, das den Bedürfnissen und Interessen der Mitglieder einer politischen Gemeinschaft dient? Was auch immer die Vorzüge sind, die Märkte in puncto Effizienz und Freiheit aufweisen mögen, so kommt doch niemand, der sie verteidigen möchte, darum herum, sich mit dem auseinanderzusetzen, was Marx zufolge wohl ihr ethischer Hauptdefekt ist: die Hervorbringung von Arbeit, die, weil sie überhaupt keine Gelegenheit bietet, distinkt menschliche Fähigkeiten auszubilden, nur aus rein instrumentellen Gründen ausgeübt wird – ausschließlich um das zum Leben Notwendige zu erwerben und nicht um den eigenen kreativen und produktiven Kräften Ausdruck zu verleihen. Dennoch werde ich, obwohl Marx' ethische Kritik der entfremdeten Arbeit in den *Ökonomisch-philosophischen Manuskripten* so reich und vieldeutig ist, diese hier nicht direkt kommentieren. Stattdessen werde ich die theoretische Perspektive des ethischen Ideals sozialer *Praktiken*, wie es vom neo-aristotelischen Sozialphilosophen Alasdair MacIntyre definiert und entwickelt wurde, einnehmen und überlegen, welche Bedeutung Marktinstitutionen für das Wesen und den Wert menschlicher Arbeit haben.

Ich werde behaupten, dass MacIntyres Begriff der Arbeit als Praxis zwar im weiteren Sinne derselben ethischen Tradition wie Marx' Begriff der nichtentfremdeten Arbeit angehört, ihr in bestimmten Punkten aber überlegen ist.[24] Ich werde allerdings auch argumentieren, dass MacIntyre und Marx eine unangemessen pessimistische Sicht auf die Auswirkungen von Marktinstitutionen auf diese Sorte Arbeit teilen.

5. MacIntyre und Praktiken[25]

In *Der Verlust der Tugend* argumentiert MacIntyre, dass der institutionelle Charakter von modernen Marktwirtschaften es aufgrund ihm inhärenter Merkmale unmöglich macht, ökonomische Produktion als eine *Praxis* zu betreiben. Eine Praxis, sagt er, sei eine

---

[23] Diese Möglichkeit wird bei Miller (1990) eruiert und befürwortet. Dieser Auffassung zufolge führen Marktwirtschaften weder notwendigerweise zur Subordinierung des Gemeinwesens unter die Ökonomie, noch erfordern sie diese.

[24] Kamenka (1972) interpretiert Marx' Kritik der Produktion mit dem schottisch-australischen Philosophen John Anderson neu; in dieser Lesart ähnelt sie der Konzeption von Praktiken, wie sie später von MacIntyre entwickelt wurde.

[25] Dieser Abschnitt stützt sich auf „Consumer sovereignty and the integrity of practices“, und „Markets, firms and practices“, in Keat (2000, 19–32 und 111–132).

„komplexe Form sozial begründeter, kooperativer menschlicher Tätigkeit", in der Güter, die dieser Form der Aktivität inhärent sind, „im Verlauf des Versuchs verwirklicht werden, die Maßstäbe der Vortrefflichkeit [*excellence*] zu erreichen, die dieser Form von Tätigkeit angemessen [sind] und zum Teil durch sie definiert" werden (MacIntyre 1995, S. 215). Es gibt eine große Bandbreite sozialer Aktivitäten, die potenziell Praktiken sein können. Hierzu gehören verschiedene Künste und Wissenschaften, die Führung eines Haushalts und das Betreiben von Politik, Sport und Spielen, sowie „produktive" Aktivitäten wie Fischen, Ackerbau und das Herstellen von Objekten, die menschliche Bedürfnisse erfüllen.

Zwei Elemente in MacIntyres Definition der Praxis bedürfen der Erläuterung. Erstens die *Maßstäbe der Vortrefflichkeit*. Jede Praxis beinhaltet eine Reihe von Maßstäben, mit denen sich identifizieren lässt, was als gute und was als schlechte Instanz (genuin oder unecht, beispielhaft oder wertlos etc.) der betreffenden Aktivität gelten kann. Indem man sich auf diese Maßstäbe bezieht, beurteilt man den Erfolg, mit dem Menschen diese Aktivität ausüben, ebenso wie den Wert ihrer jeweiligen Beiträge zu dieser Praxis. Wenn Individuen eine Praxis ausüben, müssen sie, zumindest zu Beginn, willens sein, ihre eigenen Einstellungen, Entscheidungen und Geschmäcker der Autorität dieser Maßstäbe zu unterwerfen.

Zweitens die *inhärenten Güter*, und das, was sie von den so genannten *externen Gütern*, nämlich Geld, Macht und Prestige bzw. Status, unterscheidet. Die einer Praxis inhärenten Güter können nur identifiziert werden, indem man sich auf die spezifische Natur der betreffenden Praxis und auf ihre je besonderen Maßstäbe bezieht: zum Beispiel die Eleganz oder Erklärungskraft einer wissenschaftlichen Theorie, oder die Wahrhaftigkeit oder affektive Kraft einer Theateraufführung (die Beispiele stammen von mir, nicht von MacIntyre). Man ist nur dann imstande, solche Güter zu würdigen und zu genießen, wenn man an der jeweiligen Praxis mitwirkt oder mit ihr vertraut ist. Dagegen ist die Natur externer Güter nicht abhängig von der Natur der Aktivitäten, durch die sie erworben werden. Wenn Menschen sich an solchen Aktivitäten beteiligen, um externe Güter zu erwerben, hat das, was den der Praxis innewohnenden Maßstäben zufolge als Erfolg gelten würde, nur instrumentellen Wert, als Mittel zum Erreichen bestimmter Güter, die auch anderweitig erworben werden könnten; er hätte keinen intrinsischen Wert, wie ihn inhärente Güter haben, die erlangt werden, indem der Teilnehmer seine primären Ziele erfolgreich verfolgt, also die jeweilige Aktivität gut ausübt und zur Praxis selbst einen Beitrag leistet.

Inhärente und externe Güter unterscheiden sich auch hinsichtlich der „Exklusivität" der Vorteile, die sie produzieren. Diejenigen, die externe Güter besitzen, tun dies unter Ausschluss derjenigen, die keine besitzen, und im Wettbewerb um externe Güter gibt es notwendigerweise sowohl Gewinner als auch Verlierer. Im Gegensatz dazu mag es beim Erwerb inhärenter Güter zwar auch Konkurrenz geben, doch diese funktioniert selbst wieder nach den Regeln der geteilten Maßstäbe und Zwecken der jeweiligen Praxis, und das, was sich daraus ergibt, „ist ein Gut für die ganze Gemeinschaft, die an der Praxis partizipiert" (MacIntyre 1981, 178).

Allerdings besteht MacIntyre darauf, dass Praktiken auf externe Güter angewiesen sind, da Praktiken nicht lange überleben oder gedeihen können, wenn sie nicht von *Insti-*

tutionen gestützt werden, und die Nutzung externer Güter ist ein essenzielles Merkmal von Institutionen. Daher gilt:

> „Praktiken dürfen nicht mit Institutionen verwechselt werden. Schach, Physik und Medizin sind Praktiken; Schachvereine, Labore, Universitäten und Krankenhäuser sind Institutionen. Institutionen sind typischerweise und notwendig mit dem befasst, was ich externe Güter genannt habe. Sie sind damit beschäftigt, Gelder und andere materielle Güter einzuwerben; sie werden durch Macht und Status strukturiert, und sie verteilen Geld, Macht und Status als Belohnungen." (MacInytre 1981, 181)

Idealerweise sollten Institutionen externe Güter so nutzen, dass sie die Fähigkeit der Praxis befördern, ihre eigenen Güter zu verfolgen und spezifische Ziele auszubilden, in Übereinstimmung mit ihren Maßstäben zu operieren, und für ihre Teilnehmer eine geteilte Wertschätzung und einen geteilten Genuss ihrer inhärenten Güter zu generieren. Aber MacInytre ist der Ansicht, dass es schwierig ist, diese positive Rolle der Institutionen sicherzustellen, da externe Güter das Potenzial und vielleicht auch eine inhärente Tendenz haben, die Integrität der Praktiken zu untergraben: Die „Ideale und die Kreativität der Praxis werden durch den Erwerbssinn der Institution permanent bedroht" und „die gemeinschaftliche Sorge um die gemeinsamen Güter der Praxis werden permanent durch den Konkurrenzgeist der Institution bedroht" (ebd.). Nicht zuletzt aus diesem Grund betont er die Rolle der moralischen *Tugenden*, insbesondere von Mut, Ehrlichkeit und Gerechtigkeit, wenn es darum geht, den Praktizierenden zu helfen, den Gefahren der externen Güter zu widerstehen.

Mit seiner Konzeption von Praktiken legt MacInytre, so möchte ich behaupten, ein ethisch attraktives und philosophisch erhellendes Bild der menschlichen Arbeit oder Produktion vor, wie sie „im besten Falle" sein könnten. Wie Marx' Konzeption der nichtentfremdeten Arbeit unterstreicht diese Konzeption ihr aristotelisches Erbe, wenn sie den Fokus auf den Wert der auf intrinsisch wertvolle Ziele gerichteten menschlichen Eigenaktivität legt, während sie gleichzeitig (zu Recht) Aristoteles' Ansicht zurückweist, dass menschliche Arbeit keine genuine Form der *Praxis* sein kann.[26] Sie ist aber auch, so meine ich, der marxschen Position in vielerlei wichtiger Hinsicht überlegen.

Erstens, indem sie die Rolle der intersubjektiven Maßstäbe beim Ausüben von Praktiken und den Zusammenhang zwischen den inhärenten Gütern einer Praxis und dem moralischen Charakter der Beziehungen der Teilnehmer untereinander betont, umgeht sie die bei Marx wohl vorhandene Tendenz zu einem übermäßig individualistischen und „expressivistischen" Ideal menschlicher Kreativität. Zweitens, indem sie darauf besteht, dass Arbeit nur eine unter vielen Formen sozialer Aktivität, die im Prinzip Praktiken sein können, darstellt, vermeidet sie Marx' Privilegierung von ökonomischer Produktion gegenüber anderen sozialen Bereichen als dem „Ort" menschlichen Gedeihens und der Verwirklichung dessen, was distinkt menschlich ist. In dieser Hinsicht (wenn auch vielleicht nicht in anderer), kann der Begriff der Praktiken wichtigen feministischen Einwänden gegen Marx' Privilegierung der Produktion gegenüber der Reproduktion aus

---

[26] Eine zustimmende Würdigung von MacIntyres Konzeption der Praxis in Bezug auf Arbeit findet sich bei Brenn (2007) und Knight (2007, 144–167).

dem Weg gehen. Drittens kann dieser Begriff, indem er auf der Notwendigkeit von Institutionen und damit auch auf der Rolle von Geld, Macht und Status beharrt, uns dazu bringen, dass wir diese externen Güter nicht mehr als *inhärent* antithetisch zu den durch Praktiken (einschließlich denen der Produktion) bereitgestellten Möglichkeiten menschlichen Gedeihens betrachten; stattdessen richtet er unsere Aufmerksamkeit auf Fragen der *institutionellen Gestalt*, einschließlich der Gestalt u. a. von Institutionen, die das Betreiben wirtschaftlicher Produktion als Praxis befördern.[27]

An dieser Stelle müssen wir jedoch, so meine ich, zwischen zwei verschiedenen „Ebenen" unterscheiden, auf denen Fragen der institutionellen Gestaltung angesprochen werden müssen. Wenn MacIntyre von „Institutionen" spricht, scheint er dabei hauptsächlich an etwas zu denken, was man „einzelne Organisationen" nennen kann, wie beispielsweise Krankenhäuser und Labore. Vermutlich gehören auch *Firmen* oder betriebswirtschaftliche Organisationen in diese Kategorie.[28] Doch auch auf der „Makro"-Ebene der allgemeinen institutionellen Organisation ökonomischer Systeme stellen sich Fragen der institutionellen Gestaltung. Die zentrale Frage ist hier, welche Form der institutionellen Organisation auf dieser Makro-Ebene kompatibel ist mit einer als Praxis betriebenen Produktion auf der Mikro-Ebene von einzelnen Firmen oder betriebswirtschaftlichen Organisationen (und diese vielleicht sogar befördert).

Wie ich bereits sagte, vertritt MacIntyre selbst die Meinung (wie Marx auch in Bezug auf nichtentfremdete Arbeit), dass moderne Marktwirtschaften sich zu einer als Praxis betriebenen wirtschaftlichen Produktion inhärent gegensätzlich verhalten.[29] Doch (wie Marx) irrt er sich hier vielleicht. Ich glaube, man kann zeigen, dass es hier Grund zu mehr Optimismus gibt, wenn man sich die umfangreiche Literatur in vergleichender politischer Ökonomie vergegenwärtigt, die das Wesen und die Implikationen verschiedener *Arten* kapitalistischer Marktwirtschaft untersucht. Diese „Spielarten des Kapitalismus" *(varieties of capitalism)*, so nun mein Vorschlag, unterscheiden sich stark hinsichtlich ihrer Verträglichkeit mit dem Betreiben wirtschaftlicher Produktion als Praxis. Außerdem können uns diese Differenzen einiges lehren über die institutionellen Möglichkeiten und

---

[27] Dennoch ist MacIntyres Konzeption von Praktiken nicht unproblematisch (siehe Keat 2008c): So hätte zum Beispiel die Rolle von Praktiken der *Fürsorge* und *Bindung* mehr Aufmerksamkeit verdient. Auch ist das Beharren auf Maßstäben der *Vortrefflichkeit* in manchen Bereichen unangemessen, und schließlich lässt sich *Anerkennung*, die für Praktiken wohl essenziell ist, nicht ohne weiteres in die Kategorie der inhärenten oder externen Güter einordnen.

[28] MacIntyres eigene Erörterung von ‚Institutionen' auf diesem Mikrolevel müsste noch ausführlicher entwickelt werden. Dabei kann man sich beispielsweise auf jüngere Analysen des „Verdrängens" intrinsischer Motivationen durch extrinsische Belohnungen stützen (Frey 1997) oder auch auf den Einsatz von „Wertschätzung" bei der Gestaltung von Belohnungssystemen (Brennan und Pettit 2004). Für einen MacIntyreschen Ansatz in Bezug auf betriebswirtschaftliche Organisationen siehe auch Moore (2005).

[29] Da er auch vorschlägt, auf den modernen Staatsapparat zu verzichten, spricht sich MacInytre stattdessen für eine Reintegration der ökonomischen Aktivität in das geteilte Leben der lokalen Gemeinden aus (MacIntyre 1999; Knight 2007, 167–189). Hier, wie auch andernorts in seinem Werk, wird der Einfluss von Karl Polanyis Analyse der historischen Entwicklung des Markts als eines Prozesses der „Herauslösung" von ökonomischer Aktivität aus sozialen und politischen Institutionen und Beziehungen sichtbar (Polanyi 1944/1957). Für eine kritische Auseinandersetzung mit Polanyi in diesen Fragen siehe Keat (2012b).

Erfordernisse einer Produktion als Praxis in *nicht*kapitalistischen, *sozialistischen* Marktökonomien.

6. Märkte, Unternehmen und Assoziationen

Peter Hall und David Soskice haben es in ihrem einflussreichen Buch *Varieties of Capitalism* unternommen, die institutionellen Differenzen zwischen dem, was sie „liberale“ und „koordinierte“ Marktökonomien nennen, zu unterscheiden (LMÖ und KMÖ).[30] Großbritannien und die USA gelten hier als Beispiele einer LMÖ, während Deutschland als Beispiel einer KMÖ angeführt wird. Die Autoren argumentieren, dass die unterschiedlichen Institutionen von LMÖs und KMÖs bedeutende Auswirkungen haben auf die Organisation und das Verhalten von Firmen.

Zu diesen institutionellen Differenzen zählen unterschiedliche Formen des Eigentums und der Ausstattung mit Kapital, der internen Steuerung von Unternehmen; und der Art der Beziehungen zwischen verschiedenen Firmen. Die erste Differenz hat zur Folge, dass die Unternehmen einer LMÖ stärker dem Druck kurzfristiger Profitabilität ausgesetzt sind als die einer KMÖ; die zweite Differenz reduziert den Umfang des „Manager-Prärogativs“ in KMÖs im Vergleich zu LMÖs; und die dritte Differenz ermöglicht verschiedene Formen von Kooperation zwischen Firmen in KMÖs durch industrieweite Zusammenschlüsse, die eine wichtige Rolle in Forschung und Entwicklung, beim Technologietransfer und bei der Aus- und Weiterbildung spielen.

Hall und Soskice argumentieren, dass aufgrund dieser Differenzen Unternehmen in einer KMÖ im Vergleich mit denen einer LMÖ eher in Bezug auf Qualität denn auf Preise kooperieren, größeren Gebrauch von Facharbeitern machen, die über ein hohes Maß an technischen Fertigkeiten verfügen, weniger intensives Monitoring über sich ergehen lassen müssen, und mehr Gelegenheit haben, selbst die Initiative zu ergreifen. Derartige Unterschiede sind natürlich für jegliche ethische Bewertung der zwei Varianten des Kapitalismus relevant. Bei MacIntyre'schen Praktiken geht es aber nicht nur um die Entwicklung und Ausübung von komplexen Fähigkeiten und Urteilsvermögen, sondern auch darum, sich an einer gemeinsamen Aktivität zu beteiligen, die ihre eigenen Maßstäbe von Vortrefflichkeit aufweist, und nach Möglichkeit die von diesen abhängigen inhärenten Güter zu genießen. Und in diesem Bereich, so meine These, sind die industrieweiten Zusammenschlüsse von KMÖs und ihre Rolle in der (u. a.) Aus- und Weiterbildung besonders relevant.

Wie Hall und Soskice betonen, sind die Fertigkeiten, die durch diese Art der Aus- und Weiterbildung erworben werden, *industriespezifisch*, d. h. sie sind in sämtlichen Unternehmen eines bestimmten Industriezweigs anwendbar.[31] Verbindet man dies mit der

---

30 Hall und Soskice 2001. Ähnliche Kontrastlinien (aber mit anderer Terminologie) werden in Crouch und Streeck (1997) und Whitley (1999) gezogen. In Keat (2008b) wird das folgende Argument ausführlich dargelegt, welches, wie hier betont werden muss, die Analyse von Hall und Soskice ganz anders verwendet, als sie selbst es tun, und auch ganz andere theoretische Interessen widerspiegelt.

31 Zur Unterscheidung zwischen *industrie*spezifischen, *firmen*spezifischen und *generischen* Fertigkeiten siehe Estevez-Abe et al. (2001).

Betonung des Lehrverhältnisses und anderen Merkmalen einer handwerklich orientierten Konzeption von Ausbildung, könnte dies, so meine ich, als eine angemessene Form der Einführung in eine geteilte Aktivität gelten, die über die Grenzen einzelner Unternehmen hinausgeht und es Arbeitern zumindest potenziell ermöglicht, an so etwas wie einer Praxis im Sinne MacIntyres zu partizipieren, zu ihr beizutragen und von ihr zu profitieren. Dagegen muss man davon ausgehen, dass diese Möglichkeiten in LMÖs nur relativ schwach ausgebildet sind.

Ich möchte nicht behaupten, dass KMÖs einer als Praxis betriebenen Produktion gänzlich förderlich sind. Aber wenn das Argument, das ich hier vorgestellt habe, einen gewissen Grad an Plausibilität aufweist, dann ergeben sich daraus einige wichtige Schlussfolgerungen für die Gestaltung ökonomischer Institutionen, die der Verwirklichung dieses Ideals näherkommen könnten und insbesondere für die Aussichten, dies innerhalb einer sozialistischen *Markt*ökonomie zu erreichen. Erstens scheint es, als würden Marktökonomien die Möglichkeit einer als Praxis betriebenen Produktion nicht ausschließen, als gäbe es keine direkte Unverträglichkeit zwischen beiden. Zweitens aber sollten Marktsozialisten den Fehler vermeiden zu glauben, dass Produktion als Praxis in einer sozialistischen Marktökonomie schon dadurch erreicht werden kann, dass man kapitalistische Unternehmen durch selbstverwaltete ersetzt (oder kapitalistische Produktionsbeziehungen durch sozialistische).

Es mag durchaus stimmen, dass, wie Mason (1997) meint, dieses Merkmal des Marktsozialismus als Praxis betriebene Produktion wahrscheinlicher macht. Doch wenn mein obiges Argument stimmt, dann besteht der wesentliche institutionelle Vorteil von KMÖs in dieser Hinsicht in der Existenz und der Rolle von industrieweiten *Assoziationen*.[32] Daher müsste man Institutionen dieser Art – weder die des Marktes noch die des Unternehmens – in die Gestaltung sozialistischer Marktökonomien miteinbeziehen, wenn die Möglichkeit einer Produktion als Praxis vollständiger realisiert werden soll.[33] Tatsächlich scheint es, dass es, ebenso wie es „Spielarten einer kapitalistischen Marktökonomie“ gibt, eben auch „Spielarten einer sozialistischen Marktökonomie“ gibt. Und indem man sich die ethisch relevanten Merkmale der *ersteren* vergegenwärtigt, kann man einiges darüber lernen, welche Variante der *letzteren* unter ethischen Gesichtspunkten vorzuziehen wäre.[34]

---

[32] Dies ist aber nicht der einzige relevante Unterschied. Ein anderer ist das „geduldige Kapital“ der KMÖs und allgemeiner auch die stärkere Unterordnung des Finanzwesens unter die Produktion im Vergleich zu LMÖs. Eine weitere wichtige Frage ist, ob auf Industrien oder auf Berufen beruhende Assoziationen besser geeignet wären. Dänemark ist ein interessantes Beispiel für letzteres, im Gegensatz zu Deutschland, siehe Whitely (1999).

[33] Doch diese Assoziationen ersetzen nicht den Markt als das vorrangige Mittel der wirtschaftlichen Koordination und Allokation, im Gegensatz zur ihrer Rolle im „Assoziatiossozialismus“, in dem Assoziationen eine Alternative sowohl zum Markt als auch zum Staat in dieser Hinsicht sein sollen, siehe Anmerkung 19 oben.

[34] Ein anderer Bereich, in dem man dieses Verfahren ebenfalls anwenden kann, betrifft die Beziehungen zwischen verschiedenen Formen der Produktion und sozialstaatlicher Systeme, vgl. Estevez-Abe et al. (2001).

7. Kritische ethische Ökonomie

Ob meine Behauptungen über Praktiken und Märkte in den obigen Abschnitten nun zutreffen oder nicht – sie können zumindest das allgemeinere theoretische Vorhaben illustrieren, das ich verteidigen und voranbringen möchte. Dieses Vorhaben möchte ich als *kritische ethische Ökonomie* bezeichnen und meine damit die kritische Bewertung von ökonomischen Institutionen in Hinblick auf den ethischen Wert der Lebensformen, die Institutionen ermöglichen oder verhindern, und, genauer, in Hinblick auf die Sorte Güter und Missstände, die die Institutionen (nicht) verfügbar machen bzw. (nicht) herstellen. Ähnliches gilt auch für meine Erörterung des Marktsozialismus: obwohl ich ihn in der Tat für das plausibelste Modell einer sozialistischen Alternative zum Kapitalismus halte, ging es mir hier nicht in erster Linie darum, den Marktsozialismus zu verteidigen, sondern aufzuzeigen, mit welchen Themen und Argumenten eine kritische ethische Ökonomie sich auseinandersetzen muss.

Die Frage, die ich als Beispiel einer „kritischen ethischen Ökonomie" oben erörtert habe, konzentrierte sich auf den Bereich der Produktion. Doch die ethische Bewertung von kapitalistischen Marktökonomien erfordert es, die Aufmerksamkeit auch auf die Natur des *Tauschs* und des *Konsums* zu lenken (Keat 2012a). Sie muss ebenfalls die Auswirkung von ökonomischen auf *nicht*ökonomische Institutionen untersuchen (und damit auch auf die Güter, die diese wiederum verfügbar machen). An dieser Stelle stellen sich Fragen nach der Möglichkeit der Kolonisierung und damit verbunden nach dem Verlust von qualitativ distinkten und inkommensurablen Gütern, deren Existenz von gleichermaßen distinkten institutionellen Arrangements abhängt.

Doch obwohl die kritische ethische Ökonomie ein weites Feld abdeckt, können nicht alle Fragen, die zu einer allgemeineren *normativen* Bewertung ökonomischer Institutionen gehören, innerhalb ihres Rahmens erschöpfend behandelt werden; dazu gehören Fragen von Recht oder Gerechtigkeit wie auch Fragen von Macht und Autorität. Der spezifisch *ethischen* Dimension normativer Kritik sollte gegenüber diesen anderen Fragen keinen Vorrang eingeräumt werden. Darüber hinaus gibt es einen Punkt, auf den sich alle einigen können (oder sollten): die Unterscheidung zwischen normativen und wissenschaftlichen Fragen, ihre jeweiligen Modi der Rechtfertigung, und die Notwendigkeit, diese (epistemologisch distinkten) Arten von Urteil in einer kritischen Bewertung von ökonomischen Institutionen zusammenzuführen.

Daher müssen wir uns nicht entscheiden zwischen einem „frühen ethischen Marx" und einem „späteren wissenschaftlichen", oder zwischen ethischer Kritik und wissenschaftlicher Kritik. Denn eine kritische ethische Ökonomie bedarf *sowohl* der Ethik *als auch* der Wissenschaft. Auch ist es nicht notwendig, die Unterscheidung zwischen normativen und wissenschaftlichen Urteilen in Frage zu stellen, um diesen „Gegensatz" zu „überwinden". Insbesondere müssen wir keine irgendwie besondere Art von Sozialwissenschaft entwerfen, die *selbst* „wesentlich kritisch" ist: eine epistemologisch distinkte Form von sozialer Untersuchung, die ihre eigenen Validitätskriterien hat, so dass die Wahrheit oder Falschheit ihrer deskriptiven und explanativen Behauptungen logisch abhängt von der Validität der ethischen Werte, die der Sozialkritiker vertritt.

Was die ethische Sozialkritik braucht, ist nicht eine kritische Sozialwissenschaft (in diesem engen Sinne), sondern einerseits eine rigoros theoretisierte und empirisch begründete soziale Untersuchung, die bei den Fragen, die sie stellt und den Konzepten, die sie benutzt, von spezifisch ethischen Überlegungen geleitet ist, und andererseits eine philosophische Reflektion der Natur (und Vielfalt) menschlicher Güter und menschlichen Gedeihens, der eine dichte Beschreibung des tatsächlichen und vorgestellten Lebens der Menschen zugrunde liegt. Die Unterscheidung zwischen Sozialwissenschaft und Ethik heißt nicht, dass man sie nicht konstruktiv miteinander verbinden kann: Hier wie auch sonst sind separate Identitäten kein Hindernis für konstruktive Beziehungen, sondern sind diesen im Gegenteil förderlich (Keat 2008a).

Was eine solche konstruktive, komplementäre Beziehung in der hier vorgestellten spezifischen Konzeption von kritischer ethischer Ökonomie ermöglicht, ist das Konzept von *Institutionen.* Jede adäquate *ethische* Theorie, so meine ich, sollte die institutionelle Bedingtheit von (zumindest vielen) menschlichen Gütern anerkennen; wie MacIntyre gezeigt hat, liegt dies daran, dass die für Güter konstitutiven komplexen sozialen Beziehungen und Aktivitäten auf Institutionen angewiesen sind. In gleicher Weise muss jede adäquate ökonomische Theorie „institutionell" sein und den methodologischen Individualismus der neo-klassischen Ökonomie wie auch ihr spezifisches Modell individuellen Handelns zurückweisen.[35]

Wenn Ethik und Ökonomie in dieser Weise zusammengebracht werden, nimmt der institutionelle *Vergleich* eine zentrale Stelle ein: Vergleiche zwischen verschiedenen Arten tatsächlich bestehender ökonomischer Institutionen sowie Vergleiche zwischen diesen und theoretisch denkbaren Institutionen. In beiden Fällen liegt der Fokus auf ihren ethischen Implikationen, auf den Gütern und Missständen, die sie ermöglichen. Nur mit Hilfe solcher Vergleiche können politische Urteile und Entscheidungen über ökonomische Systeme getroffen werden. Dabei müssen wir immer unterscheiden zwischen dem, was ethisch erwünscht ist, und dem, was institutionell möglich ist, nicht nur, um Wunschdenken zu vermeiden, sondern auch, um uns zu motivieren, neue Versuche zu unternehmen, Institutionen zu kreieren, die kollektiv beschlossene ethische Ziele realisieren können.

Aus dem Englischen von Catherine Davies

Literatur

Anderson, Elisabeth (1990): „The Ethical Limitations of the Market", in: *Economics and Philosophy*, 6.

Arneson, Richard (1987): „Meaningful Work and Market Socialism", in: *Ethics*, 97.

Booth, William J. (1994): „On the Idea of the Moral Economy", in: *American Political Science Review*, 88.

Breen, Keith (2007): „Work and Emancipatory Practice: Towards a Recovery of Human Beings' Productive Capacities", in: *Res Publica*, 13.

Brennan, Geoffrey und Philip Pettit (2004): *The Economy of Esteem*, Oxford.

Crouch, Colin und Wolfgang Streeck (1993): *Political Economy of Modern Capitalism: Mapping Convergence and Diversity*, London.

[35] Geoffrey Hodgson hat die angemessene Form des Institutionalismus als „neuen" (im Gegensatz zum „alten") bezeichnet (Hodgson 2000). Zu den Beziehungen zwischen Ethik und institutioneller Ökonomie siehe Keat (2012a und 2012b).

Dore, Ronald (1983): „Goodwill and the Spirit of Market Capitalism“, in: *British Journal of Sociology*, 34 (4).

Dworkin, Ronald (1985): „Liberalism“, in: *A Matter of Principle*, Oxford.

Durkheim, Emile (1977): *Über die Teilung der sozialen Arbeit*, Frankfurt am Main.

Estevez-Abe, Margarita, Torben Iversen und David Soskice (2001): „Social Protection and the Formation of Skills: A Reinterpretation of the Welfare State“, in: P. Hall und F. Soskice (Hg.), *Varieties of Capitalism: The Institutional Foundations of Comparative Advantage*, Oxford.

Estrin, Saul (1989): „Workers' Cooperatives: Their Merits and Their Limitations“, in: J. Le Grand und S. Estrin (Hg.), *Market Socialism*, Oxford.

Frey, Bruno (1997): *Not Just for the Money*, Cheltenham.

Habermas, Jürgen (1981): *Theorie des kommunikativen Handelns*, Band 2, Frankfurt am Main.

Habermas, Jürgen (1990): „Nachholende Revolution und linker Revisionsbedarf. Was heißt Sozialismus heute?“, in: ders., *Die nachholende Revolution*, Frankfurt am Main.

Habermas, Jürgen (1991): „Vom pragmatischen, ethischen und moralischen Gebrauch der praktischen Vernunft“, in: ders.: *Erläuterungen zur Diskursethik*, Frankfurt am Main.

Habermas, Jürgen (1992): *Faktizität und Geltung*, Frankfurt am Main.

Hall, Peter und Soskice, David (2001): „An Introduction to Varieties of Capitalism“, in: dies. (Hg.), *Varieties of Capitalism: The Institutional Foundations of Comparative Advantage*, Oxford.

Hodgson, Geoffrey M. (2000): „What Is the Essence of Institutional Economics?“, in: *Journal of Economic Issues* XXXIV.

Honneth, Axel (1994): „Pathologien des Sozialen. Tradition und Aktualität der Sozialphilosophie“, in: ders. (Hg.), *Pathologien des Sozialen. Die Aufgaben der Sozialphilosophie*, Frankfurt am Main.

Honneth, Axel (2005): *Reification: A Recognition-Theoretical View, Tanner Lectures on Human Values*, Berkeley.

Kamenka, Eugene (1972): *The Ethical Foundations of Marxism*, London.

Keat, Russell (1981): *The Politics of Social Theory: Habermas, Freud and the Critique of Positivism*, Oxford.

Keat, Russell (1993): „The Moral Boundaries of the Market“, in: C. Crouch and D. Marquand (Hg.), *Ethics and Markets*, Oxford.

Keat, Russell (2000): *Cultural Goods and the Limits of the Market*, London.

Keat, Russell (2008a): „Social Criticism and the Exclusion of Ethics“, in: *Analyse und Kritik*, 30 (2).

Keat, Russell (2008b): „Practices, Firms and Varieties of Capitalism“, in: *Philosophy of Management*, 7 (1).

Keat, Russell (2008c): „Ethics, Markets and MacIntyre“, in: *Analyse und Kritik*, 30 (1).

Keat, Russell (2009a): „Anti-Perfectionism, Market Economies and the Right to Meaningful Work“, in: *Analyse und Kritik*, 31 (1).

Keat, Russell (2009b): „Habermas on Ethics, Morality and European Identity“, in: *Critical Review of International Social and Political Philosophy*, 12 (4).

Keat, Russell (2009c): „Choosing Between Capitalisms: Habermas, Ethics and Politics“, in: *Res Publica*, 15.

Keat, Russell (2012a): „Liberalism, Neutrality and Varieties of Capitalism“, in: N. Smith und J.-P. Deranty (Hg.), *New Philosophies of Labour: Work and the Social Bond*, Leiden.

Keat, Russell (2012b): „Marktökonomien als moralische Ökonomien“, in: *Deutsche Zeitschrift für Philosophie*, 60 (4).

Keat, Russell und John Urry (1982): *Social Theory as Science*, London.

Knight, Kelvin (2007): *Aristotelian Philosophy: Ethics and Politics from Aristotle to MacIntyre*, Cambridge.

Lukes, Steven (1985): *Marxism and Morality*, Oxford.

MacIntyre, Alasdair (1995): *Der Verlust der Tugend*, Frankfurt am Main.

MacIntyre, Alasdair (1994): „A Partial Response to My Critics“, in: J. Horton and S. Mendus (Hg.), *After MacIntyre*, Cambridge.

MacIntyre, Alasdair (1999): *Dependent Rational Animals*, London.
Mason, Andrew (1996): „MacIntyre on Modernity and How It Has Marginalized the Virtues“, in: R. Crisp (Hg.), *How Should One Live?*, Oxford.
Miller, David (1990): *Market, State and Community*, Oxford.
Moore, Geoff (2005): „Humanizing Business: A Modern Virtue Ethics Approach“, in: *Business Ethics Quarterly*, 15 (2).
Mulhall, Steven und Adam Swift (1996): *Liberals and Communitarians*, Oxford.
Nove, Alec (1983): *The Economics of Feasible Socialism*, London.
Nussbaum, Martha (1992): „Human Functioning and Social Justice: In Defense of Aristotelian Essentialism“, in: *Political Theory*, 20 (2).
Nussbaum, Martha (2000): *Women and Human Development: The Capabilities Approach*, Cambridge.
Nussbaum, Martha: (2002): „Für eine aristotelische Sozialdemokratie“, in: *Philosophie und Politik*, Bd. 9 der Reihe *Kultur in der Diskussion*, Essen.
O'Neill, John (1998): *The Market: Ethics, Knowledge and Politics*, London.
Petrovic, Gajo (1967): *Marx in the Mid-Twentieth Century*, New York.
Polanyi, Karl (1944/1977): *The Great Transformation. Politische und ökonomische Ursprünge von Gesellschaften und Wirtschaftssystemen*, Wien.
Rawls, John (1971/1975): *Eine Theorie der Gerechtigkeit*, Frankfurt am Main.
Raz, Joseph (1986): *The Morality of Freedom*, Oxford.
Raz, Joseph (1994): „Duties of Well-Being“, in: *Ethics in the Public Domain*, Oxford.
Rössler, Beate (2012): „Sinnvolle Arbeit und Autonomie“, in *Deutsche Zeitschrift für Philosophie*, 2012 (4).
Satz, Debra (2010): *Why Some Things Should Not Be For Sale: the Moral Limits of Markets*, Oxford.
Selucky, Radoslav (1979): *Marxism, Socialism, Freedom*, London.
Walzer, Michael (1983): *Spheres of Justice*, Oxford
Whitely, Richard (1999): *Divergent Capitalisms: The Social Structuring and Change of Business Systems*, Oxford.

Terrell Carver

Marx and Gender[1]

1. Decentring Marx

At present Marx's record on the issues of sex and gender looks much the same as that of any other (dead, white, male) social theorist. Neither sex nor gender is an especially important analytical category in his scheme of things, whether in his theoretical works or political activities. Nor is there any really extended discussion – however marginal or ancillary – of the topics that usually point to interests akin to the ones that are today grouped together under headings such as: family life, childhood, dependency, reproduction, sensual pleasure, ‚the body,' sexualities, etc. This is not to say that Marx never mentioned these things, or that he failed to remark on various ‚fundamentals' which generally include these ideas and practices. Indeed, as will become evident below, he did have things to say. Nonetheless with the best will in the world, and whether reading ‚with the grain' or ‚against the grain,' there are considerable difficulties in either adjudicating on Marx as an authority worth reading in, say, feminist theory and gender studies, or in simply finding material to cite that would constitute any very impressive contribution, one way or another, to contemporary debates.

This ‚lack' is in itself grounds for considerable criticism. These criticisms range from fairly generous excuses for Marx's evident ‚gender-blindness' on grounds that few, if any of his (male) contemporaries did any better, to harsh rejections of virtually all of his work on grounds that it is predicated on a ‚masculinist point of view' that is always (or at least currently) unacceptable to women, and perhaps now (or eventually) also unacceptable to men (or at least to some of them). From the broader perspective of sexuality studies, it is further evident that a gay, or at least non-binary and non-heterosexist recovery of Marx would be even more difficult and problematic. Nonetheless there are moments in feminist and gay literatures when Marx surfaces, and not necessarily as so-

[1] This chapter draws on work previously published as Chapter 10, ‚Women and Gender: Marx's Narratives,' in Terrell Carver, *The Postmodern Marx* (Manchester: Manchester University Press, 1998), 206–33.

meone who ‚got it wrong' or did not ‚get it' at all with respect to sex, sexuality and gender. In so far as writers in those literatures concern themselves with commodification as a general phenomenon, and with the commodification of human beings as ‚wage-labour' in particular, then Marx has a role to play in their discussions of the ‚sex and gender' issues listed above (For two classics of the genre, see Evans 1993 and Grant 1993). But it is, however, rather a walk-on role, and I doubt very much that Marx will ever figure as a star in this particular show.

Given these difficulties, is there anything further to say? I think that there is, and I also think that considering Marx in relation to sex and gender can usefully function as an instance highlighting more general interpretive projects and difficulties. These projects can be highly productive, as interpretive issues show up best when they arise out of controversy, provided that the controversy is very coolly handled. Moreover, the phenomena under consideration here – caught in the shorthand ‚women and gender' – will also appear more clearly when considered against Marx's work as an ‚other' to current terms of debate

I emphasise that the following discussion of the concepts ‚sex' and ‚gender' makes no concession to what might be construed as an historical context appropriate to interpreting Marx. Rather my account is wholeheartedly related to issues that I believe are current and familiar to present readers. Historical contexts, as constructed for Marx in any commentator's ‚now,' need to be clear about that commentator's understandings of the analytical concepts employed and of the commentator's ambitions for the discussion. Contexts for Marx, or for any writer similarly situated as a commentator's object, are not ‚found' by viewing ‚history.' What the commentator ‚sees' in history, as contextual construction occurs, is always highly coloured by what the commentator understands about concepts and issues very generally. Concepts and issues as seen and understood by Marx, for example, cannot be encountered by anyone's ‚open mind' today. Thus I discuss ‚sex' and ‚gender' in ways that are avowedly anachronistic in relation to Marx; history will then be addressed in a suitably respectful manner further as the discussion moves along.

2. Sex and Gender

In the last hundred years or so sex has become established as a biological category, supposedly derived from observation of the body. Gender is often (though not exclusively) regarded as a sociological category referring to the ways that sexual behaviour (as masculine or feminine) is manifested by individuals in social circumstances. Once it was noticed that, e. g. masculine behaviour is not always manifested by males, and can indeed by manifested by females (and that the same is true of feminine behaviour), then two strategies emerged: one was to create categories of deviancy (e. g. effeminate and/ or homosexual men – based on various assumptions), and the other was to slide the unit of analysis away from sex as a binary aspect of the body towards sexuality as a manifold realm of ‚behaviours,' or at least of ‚orientations' (Connell 1987).

In about the last sixty years feminist analysis and politics have raised the issue of gender in the context of the ways that women are oppressed or at the very least disadvantaged by men individually and collectively, and the ways that overarching presumptions about men and women, masculinity and femininity, work to structure and reproduce this behaviour. Thus in many contexts today a reference to gender is a reference to women, as if men, males, and masculinities were still unproblematic in that regard, or indeed perhaps simply had nothing to do with gender at all, though there are of course circumstances where gender is used to indicate both sides of a binary (Carver 1996, 4–5). A usage of gender to designate women, whilst putting men to the side, can very readily become a way of making women problematic once again, in a way that marginalises them as ‚a problem.' This leaves men where they have always been, doing pretty much what they like, or more accurately, what some of them like. On the whole there have only been minimal concessions in power-relations from men to women, and none at all in the basic construction of gendered, i. e. power-ridden identities derived rather incoherently from presumptions about sex and sexuality. These identities, or perhaps rather identity-claims, are the real stuff of the asymmetrical social relationships that are culturally and politically transmitted across the generations. Few people, if any, really ‚have' these identities with utter consistency and conviction. Rather they claim them as they are performed, and in doing this they establish the symbolic codes from which disciplinary and (re)productive practices emerge (Butler 1990).

In the common parlance of recent times, gender has also become a euphemism for sex, i. e. male or female, M or F, man or woman, as biologically, socially, and legally defined. These definitions, though, are hardly unambiguous. In doctrines of family, parenthood, and personal dignity (cited, for instance, with regard to trans-sexuality and trans-gender), considerations of individual preference and social functionality begin to cross-cut the commonplace stereotyping on which our elaborations of the two supposedly opposite yet seemingly co-requisite sexes are based. This synonymy of gender for sex seems to me to be a step backward, or at least it marks a kind of inertia. It constantly reinscribes the allegedly obvious and supposedly well-understood categories male and female, men and women, back into political ideas, just when these ideas are starting to be really problematic, politically interesting, and interestingly complex. Why map gender onto sex as one-to-one, just when the term was helping to make visible the ambiguities of sexuality, orientation, choice, and change that have been undercover for centuries? Indeed modern technologies of the body, and modern methods of political mobilisation, have rendered these questions not just visible but very pressing within the media, the institutional apparatuses of courts and legislatures, and all the professions in society.

My ‚working definition' of gender is ‚ways that sex and sexuality become political.' This is not supposed to legislate what gender is (always and already, as the phrase goes), but is rather intended to alert readers to the ways that the term is used. In my view using gender to mean M/F is an attempt to erase/silence the complexities of sexuality into some essentialist or reductionist idea of what is supposed to be right, culturally validated, natural, desirable, or the like. This is not only a matter of the complexity that marginalised sexualities add to ‚the heterosexual matrix' – rather, as Judith Butler says, heterosexuality denies its own variability as well. Heterosexuality is under-theorised and under-investigated, and so are men generally, and ‚straight' ones in particular (Connell 2005). Unsurprisingly this is all very true of Marx. However, my strategy is not to reveal the obvious but rather to engage the silences, hints, and ambiguities of his texts in what

I hope are illuminating ways, in as much as his own perspective – involving production, technology, and class – must necessarily play a part in any contemporary understanding of sexual politics.

3. Men and Women in *The German Ideology*

The reader will note that my conceptualisation of gender does not leave men on the side, and it most particularly does not consider gender a synonym for women, or a synonym for topics thought to be women's issues exclusively (Carver 1996, 32–4). I take gender to involve the binaries of male/female sex and hetero/homo orientation, and not even there to be exhausted as a concept, though in this context I will not be pushing it any further. Thus my investigation of Marx's narratives will involve a narrative, or rather implied narrative about men, as well as about women.

There is certainly no space here to pretend to a comprehensive survey of Marx's record on gender issues, conceptualised in the way I have elaborated above. Nor is there probably much need. Rather I shall take a number of illustrative examples from Marx, and read them in what I hope is an interpretively imaginative and useful way.

Probably the best place to start is in *The German Ideology*, jointly written with Engels. While there are authorial and contextual issues of significance here (Carver 2010), I am going to leave them to one side, taking the published passages to be ones that Marx wrote, or at least generally agreed with. They certainly seem to me to chime well with, rather than to grate against, both his earlier and later writings in so far as he alludes to such ‚basics' as sexual reproduction in the life of the human species. Given the scattered character of Marx's and Engels's thoughts as they appear physically on the manuscript sheets of *The German Ideology* – giving rise, I realise, to insoluble interpretive difficulties – I have constructed the following excerpt with free use of ellipses:

> „Since we are dealing with the Germans ... we must begin by stating the first premise of all human existence and therefore, of all history ... namely, that men must be in a position to live in order to be able to ‚make history.' But life involves before everything else eating and drinking, a habitation, clothing and many other things ... The second point is that the satisfaction of the first need ... leads to new needs; and this production of new needs is the first historical act ... The third circumstance which, from the very outset, enters into historical development, is that men, who daily remake their own life, begin to make other men, to propagate their kind: the relation between man and woman, parents and children, the family. The family, which to begin with is the only social relationship, becomes later, when increased needs create new social relations and the increased population new needs, a subordinate one ... and must then be treated and analysed according to the existing empirical data ... These three aspects of social activity are not of course to be taken as three different stages, but just as three aspects or ... three ‚moments', which have existed simultaneously since the dawn of history and the first men, and which still assert themselves in history today" (Marx and Engels 1973, 31–2).

The first interpretive (and contextually constructive) point to make here is that *The German Ideology* was intended to be a satire on the ‚German ideologists' Bruno Bauer and Max Stirner and various others – whom Marx characterised sarcastically as a philosophical school. To that extent, much of his discussion is structured by views on what these would-be socialist philosophers had got wrong. Hence the whole business of developing ‚premises' for history is manifestly suspect for Marx in terms of the discussion that survives, though whether this kind of overarching narrative – ‚premises for history' – is wholly or merely partly suspect is unclear. I pursue this point below.

Although responding to others, but undaunted by their mistakes, Marx elaborates conceptual premises, not so much for the explication of historical stages as for an understanding – in aid, assuredly, to contemporary political campaigns – of human society, of any society perhaps, but most pertinently of industrialising European society and its recent history. The narrative outcome of *The German Ideology*, such as we have it, is a theory and demonstration of class struggle in modern history and modern society. While it may seem odd that reproduction of the species only emerges as number three in the list that Marx constructs – albeit a list of historically and empirically simultaneous ‚moments' or ‚aspects' in an analytical structure – nonetheless there is some overall sense in this. Given that Marx was arguing against philosophical idealists whose account of history and society depended crucially on ‚ideas' or ‚concepts' (which had a supposed logic and attributed ‚development'), it follows that he would think first of production for subsistence, secondly of further needs, and only then of social relationships, of which he considered the family – a presumed sexual and reproductive unit – the evident origin.

There are certainly similar ways of making a narrative out of what we know, or presume to know, about human history, pre-history, and supposed ‚basic requirements.' One famous example occurs in Rousseau's *Discourse on the Origin of Inequality* (1755). There are certainly other very different ways of doing this, such as Sigmund Freud's or Max Weber's, depending on what contrary positions are being addressed in debate. My point is that taking *The German Ideology* to express presumptions about human life that were effectively immovable for Marx is a dubious strategy for readers and commentators to follow. A good deal of Marx's narrative (which I have mostly omitted in the ellipses but have recounted above) pursues a serious debate on the nature of society, albeit in tandem with intense ridicule of political rivals who can do no right philosophically or politically.

Elsewhere in *The German Ideology,* Marx's discussion of these matters takes on a form more akin to that of claim and evidence in the most general sense, in that relations between ‚different nations' (presumably in recent history, or possibly including classical history) are said to „depend upon the extent to which each has developed its productive forces, the division of labour and internal intercourse (i. e. socio-economic relationships and activities)." Moreover „the whole internal structure of the nation itself depends on the stage of development reached by its production ..." (Marx and Engels 1973, 19–20). Presumably the alternative, against which Marx argues at length, was a view that cultural or racial differences, placed on a hierarchical and developmental scale, accounted for the differential development of individual nations compared with others, and indeed for the propensity of some to triumph over others as history ‚developed' or ‚ascended.' In persuading readers of his thesis – that inter-state and intra-state relations depend crucially on the level of development of productive forces – Marx delineates three forms of ownership (of productive resources and of resulting products), leading up to the development of modern private property and of industrialised production in a money-economy.

The first of these is said to be ‚tribal ownership,' when „a people lives by hunting and fishing, by the rearing of cattle or, in the highest stage, agriculture." Following the analytical priority given to production, as previously claimed, Marx comments:

> „The division of labour is at this stage still very elementary and is confined to a further extension of the natural division of labour existing in the family. The social structure is, therefore, limited to an extension of the family: patriarchal family chieftains, below them the members of the tribe, finally slaves. The slavery latent in the family only develops gradually with the increase of population, the growth of wants, and with the extension of external relations, both of war and of barter" (Marx and Engels 1973, 20).

This slavery inherent in the family is explained elsewhere in the text. In that discussion Marx's analytical purpose is evidently to draw out the notion of a division of labour and to explain that historically there has been an „*unequal* distribution, both quantitative and qualitative, of labour and its products, hence property." The first instance of this ubiquitous social form and historical fact – slavery – is then located by Marx in „the natural division of labour in the family and the separation of society into individual families opposed to one another." However, this raises certain questions which he does not deal with, in *The German Ideology* or elsewhere. The first is the force of the term ‚natural' in this kind of discussion, and the second is the depiction of women and children as victims of men.

While Marx describes this early form of slavery as ‚crude,' he does not hasten to ascribe this epithet to his own analysis. Marx was evidently anxious to develop a social theory of human life that was developmental almost wholly in terms of human ambition and intellect, and hardly indebted at all to ‚natural' limitations or barriers that were presumed to be immovable. Thus his forays into naturalising discourse are notably rare. On the one hand he would probably have been offending very few people at the time by naturalising the family in this way and drawing it out of the realm of changing social relationships and variable cultural constructs. But on the other hand he (again with Engels) took care to promise, in the *Manifesto of the Communist Party*, that there would be a new relation between the sexes when communists had broken through the exploitation inherent in the ‚bourgeois' economic system. Marx, however, simply did not say anything about what this new relationship was going to be like.

This narrative strategy is highly risk-averse and characteristic of what could be characterised today as masculinist attitudes. As attitudes today descend from those of the past, I do not encounter that much difficulty in assigning them in some minimally meaningful way to Marx, even if the context of contemporary sexual politics would be largely (though not, I think wholly) foreign to his thoughts. My point is that, read politically as the work of a conventionally gendered heterosexual male, the passage makes sense: a genuflection to the eternal character of reproduction, conveniently and restfully conceptualised as a ‚family' relationship, combined with a nod to the sexist oppression of women, and exploitative practices towards children, as manifested by male heads of household (of whatever class). Indeed this was extensively documented in Marx's time, whether in factual reports or crusading novels. Given that sexual politics – or childcare concerns – were not Marx's specific analytical focus, it is perhaps surprising that these topics rate a mention at all. These things certainly were not a primary focus for the ‚German ideologists' either, whose strategy in these matters was not all that different, no doubt for similar reasons.

Marx's main complaint about the ‚German ideologists' was that they organised a bogus history of humanity, purportedly derived from ‚concepts.' These ‚concepts,' so Marx argued, merely tracked their conventional and confused predilections and thus fogged any possibility of a truly radical understanding of contemporary society. In pursuing this critique Marx necessarily had to offer alternative principles (contemporary, historical, and general inferences concerning ‚production') and alternative factual illustrations (which in this text are really just sketches). Ultimately in *The German Ideology* he got down to sexual and reproductive basics in arguing that the „production of life, both of one's own in labour and of fresh life in procreation ... appears as a double relationship: on the one hand as a natural, on the other as a social relationship" (Marx and Engels 1973, 33). While the text develops a notion of the ‚social' as a ‚mode of cooperation,' which necessarily varies with the specific stage of the ‚mode of production,' today's reader might reasonably wonder, once again, what exactly is intended when he uses the concept ‚natural'? Marx concludes, *contra* the ‚German ideologists,' that the „‚history of humanity' must always be studied ... in relation to the history of industry and exchange," and that in Germany „it is impossible to write this sort of history, because the Germans lack ‚evidence of their senses'" owing to their preoccupation with what they deem ‚consciousness' (Marx and Engels 1973, 33).

Presumably the quotes that Marx placed around ‚history of humanity' indicate a certain distance from that kind of conceptualisation, and indeed that sort of activity in the first place, and the ones around ‚evidence of their senses' suggest that the ‚German ideologists' are so muddled by idealism that they do not see what is actually happening in their own and in neighbouring societies. Nonetheless just as Marx needs to offer an alternative account of history in what he deems to be empirical terms, focusing on productive activities and relationships, so he also needs to offer an alternative account of ‚consciousness' and its development – however little he was actually interested in this, and however ironic and distanced his delivery. This he does in an abbreviated recapitulation of his pre-historical sketch, and in doing so he digs a little deeper into sexuality and reproduction, conceived as ‚natural' in some unspecified sense, and into consciousness and culture, conceived as specifically human and potentially developmental, though only when linked with production.

Here we learn that „the division of labour ... was originally nothing but the division of labour in the sexual act," followed by „the division of labour which develops spontaneously or ‚naturally' by virtue of natural predisposition (e. g., physical strength), needs, accidents, etc., etc." (Marx and Engels 1973, 34–5). While Marx may have thought quite correctly that this type of empirical reference to reproduction, and his supposedly plausible supposition about pre-historic ‚tribal' relationships, would anchor their account in a factuality that no one could reasonably question, this is no bar to re-opening these issues today, or indeed to conceptualising them as issues for debate rather than evidence for some proposition. What could possibly count as a basis for any inference about activities and relationships in pre-history has certainly been the subject of controversy for some time (Shanks and Tilley 1987), and what relevance such accounts have for any arguments or conclusions concerning contemporary social relationships is a further matter of debate. One wonders whether Marx would have dabbled in this area at all, had he not constructed his remarks in answer to a kind of history, and a pattern of historical enquiry, of which he clearly disapproved. *Capital*, for instance, is notably free of this type of speculation; in that text – not written in answer to the ‚German ideologists‘ – at points where there are presumed eternal verities in question, such as the specifically human (rather than animal) character of labour-power, Marx tends to offer ahistorical generalisations, rather than what are very nearly ‚just so‘ stories. In *The German Ideology* these stories are then propped up with allusions to tribal societies as an imputed guide to the past (now a very suspect notion too).

The presumed level of ‚biological basics‘ as ‚first historical acts‘ does not figure in *Capital*, either. While I have attributed much of the substantive discussion of *The German Ideology* to Marx's necessary interaction with the German ideologists‘ agenda and views – as the genre of critique would dictate – I nonetheless conclude that in that text Marx interrogates himself on the general themes of nature and culture, men and women, reproduction and the family, and that his views and values, and most importantly his silences and evasions, become manifest.

One huge silence is on the subject of men as male sex and masculine gendered; Marx deployed the German noun and pronoun equivalents for ‚human being‘ in a characteristically (but now suspect) generic manner, presuming an application to people of both sexes. As with other (male) authorities, this apparent gender-neutrality, or more properly sex-blindness or androgyny, dissolves when ‚woman‘ and ‚wife‘ appear and when family-centred narratives of reproduction state or assume a child-rearing (rather than strictly child-bearing) role for women as ‚mother.‘ Typically in these accounts, little if anything is noted about or prescribed to ‚fathers‘ other than duties as head of household and economic provider which, by apparent implication, ‚wife‘ and ‚mother‘ do not or cannot fulfil, at least ‚normally‘ or ‚generally.‘ The ‚division of labour‘ ascribed by Marx to ‚the sexual act,‘ from which by implication the class struggle – and indeed all important historical development and change – eventually proceeds, might rest ambiguously on a conspiracy of silence between authors (male) and readers (presumed male). It might be left there, were it not for the worrying (for men) discussion of the origin of inequality, placed not directly in the sexual act, but rather located in the ‚family,‘ in which „wife and children are the slaves of the husband.“ What male characteristics – eternal? malleable? – account for the motivation to create this slavery and for the – general? inevitable? – ‚success‘ of the institution, as *The German Ideology* tells it?

Attributing this (im)balance of power to naturalised attributes of ‚physical strength‘ is today unthinkingly careless but unsurprisingly near-universal; it is of course likely that further presumptions about maleness as opposed to femaleness, and about a fixed or changing boundary between immovable nature and malleable culture, are lurking behind the rather hasty gallop through prehistory that Marx has left us. This is to say that on the one hand Marx is not that much better at posing issues of sexual politics than most male social theorists are even today. But on the other hand, his drift away from naturalising limitations on human development and change – whether these limitations come from supposed biological and physical ‚bases' such as ‚race,' or from supposed rationalities inherent in eternal or self-developing ‚concepts' – and his espousal of an increasingly self-conscious developmental trajectory for important activities in human social life are at least possible points of departure for social-constructionist and political-activist theorisations of gender.

4. Men and Women in *Capital*

As indicated above, *Capital* is a rather different kind of text from *The German Ideology*. It is basically the work of Marx, rather than something closer to a kind of collaboration with Engels, and while it is a critique, the object of attack was not the ‚German ideologists' but the ‚political economists,' most particularly Adam Smith, David Ricardo, and numerous authorities of the British and French schools. More importantly it was a published text, seen through three German editions (and a French translation) by the author himself, and while not perfectly free of loose ends in textual terms, it is certainly a work that has been substantially polished. Again, as indicated above, the text has a rather different take on what might be termed ‚bedrock' arguments, tending towards plausible but ahistorical generalisations, rather than the perhaps less plausible but more vivid ‚just so' story about prehistory that figures in *The German Ideology*. The following passage gives the flavour of the ahistorical generalisation; insofar as this narrative does not issue in an account of ‚family' life, or of indeed the sexual act, as the originary moment in conceptualising human labour, the signifier ‚man' could perhaps be genuinely androgynous for author and reader:

> „Labour is, first of all, a process between man and nature, a process by which man, through his own actions, mediates, regulates and controls the metabolism between himself and nature. He confronts the materials of nature as a force of nature. He sets in motion the natural forces which belong to his own body, his arms, legs, head and hands, in order to appropriate the materials of nature in a form adapted to his own needs. Through this movement he acts upon external nature and changes it, and in this way he simultaneously changes his own nature. He develops the potentialities slumbering within nature, and subjects the play of its forces to his own sovereign power. We are not dealing here with those first instinctive forms of labour which remain on the animal level" (Marx 1986, 285).

Worryingly, and typically, we are not told what ‚forms of labour' are ‚on the animal level.' It might be tempting to ascribe reproductive and birth labour to this level, as consonant with the naturalising presumptions and discourse of *The German Ideology* detailed above, but then it is not at all clear in the discussion in *Capital* whether Marx is keeping to the ‚dual-systems' view that *The German Ideology* makes explicit: labour is both labour outside the body on nature, and labour inside the body (as it were) in sexual and reproductive activities. On the one hand, this omission might save Marx from a charge that he unthinkingly focuses on a masculinist concept of labour, whilst leaving reproduction and childcare (and further ‚family' dependencies) in a feminised realm; on the other hand, the fact that any significant discussion of procreation and inter-generational social life is omitted lends credence to the complaint that he really does see the world in masculinised terms.

While *Capital* develops a number of themes currently conceptualised under gender studies and sexual politics, and in particular considers these in industrialised societies dominated by commodified exchange-relations (otherwise known as ‚the capitalist mode of production'), it also contains passages in which Marx notably revisits the narratives of prehistory, as developed in *The German Ideology*. The treatment in *Capital* is much briefer: „Within a family and, after further development, within a tribe, there springs up naturally a division of labour caused by differences of sex and age, and therefore based on a purely physiological foundation" (Marx 1986, 471). Again, and typically, there is no discussion to tell us exactly what this ‚purely physiological foundation' is, and what differences of ‚sex and age' there (necessarily? generally?) are. And just as briefly, readers are catapulted out of a realm of naturalisation and stasis into a realm of mutability and development when Marx considers a transition from capitalist exploitation to a ‚higher form' of social relations, conceptualised without attributing much significance at all to a public/private boundary:

> „It was not however the misuse of parental power that created the direct or indirect exploitation of immature labour-powers by capital, but rather the opposite, i. e. the capitalist mode of exploitation, by sweeping away the economic foundation which corresponded to parental power, made the use of parental power into its misuse. However terrible and disgusting the dissolution of the old family ties within the capitalist system may appear, large-scale industry, by assigning an important part in socially organized processes of production, outside the sphere of the domestic economy, to women, young persons and children of both sexes, does nevertheless create a new economic foundation for a higher form of the family and of relations between the sexes" (Marx 1986, 620–1).

While slavery within the family is attributed in the above passage to the exploitation that is foundational to the capitalist economic system, it is not clear how this relates to any primordial division of labour such that slavery was inherent in the ‚first' family form. Nor is it clear what power-relations are going to be attributed to the ‚higher form of the family,' other than some parental power over children. What is clear is that the discourse has moved away from ‚the father,' who figured in *The German Ideology* (against a significantly unmentioned mother). ‚Husband' and ‚wife' from *The German Ideology* seem also to have dropped away in the proposed new ‚relations between the sexes.'

Once again, my point is not to hold Marx to a theoretical agenda that has been generated largely (though not wholly) since his time, but rather to note that his terminological swings and rather exceptional lack of curiosity are symptomatic of a strategy. The strategy was to gain support and not create enemies, and to have the argument both ways: an unspecified realm of naturalisation, and an open realm of possibility. The extent to which this strategy was fully conscious in Marx's mind is not really the issue; the issue for us today is reading Marx in dialogue with both an imputed audience, one whose presumptions may not have changed all that much since the publication of *Capital* in 1867, and also with a present-day theoretical and political agenda, one concerning sex and gender, which is certainly different.

In that light it is quite interesting to examine some of Marx's bolder passages in *Capital* concerning women. These are quite difficult to read nowadays for a rather different reason, namely that – as is almost a cliché – there are many feminisms. Read against one kind of mid- to late twentieth-century feminism, Marx's comments and presumptions are patronisingly sexist; but read against another feminism of our day, Marx's views actually emerge in some (limited) sense as feminist for his time. The latter is a difficult argument to make, and not one that could be pushed very far. In the biographical record, as indeed in the texts examined above, Marx does not link his work overtly to any feminism of his day, whether of a theoretical or a practical character, beyond his support for, and participation in, the workers' movement. In some senses, as we know from mid- to late twentieth-century feminist history, a link to feminism would have been possible; indeed by Marx's later years, and certainly in Engels's, this kind of move was virtually required within the socialist movement (Lopes and Roth 2000). However, it is also known that Marx had many suspicions of campaigns and individuals supportive of women and of issues they espoused in that framework.

Marx's immediate objections to feminism were the class character of the activists (largely middle and upper class) and the class analysis of their proposals, judged against his ever-ready conceptualisation of proletarian interests as the unified interests of a single class. Where the participants and proposals were acceptably proletarian, however, Marx could evidently see little gain for the movement (in his conceptualisation, obviously) in separate agendas or organisations. These issues surfaced in conjunction with the International Working Men's Association, and later with August Bebel's *Woman under Socialism* (1883) and Engels's work in *The Origin of the Family, Private Property and the State* (1884). In sum, it is quite difficult to make Marx out to be a feminist in an activist sense. My argument here is that reading what he says specifically about women in *Capital* is a fruitful exercise only when done in conjunction with a generously nuanced view of the nineteenth-century feminist scene. Here are a few examples:

> „Before the labour of women and children under 10 years old was forbidden in mines, the capitalists considered the employment of naked women and girls, often in company with men, so far sanctioned by their moral code, and especially by their ledgers, that it was only after the passing of the Act that they had recourse to machinery ... In England women are still occasionally used instead of horses for hauling barges, because the labour required to produce horses and machines is an accurately known quantity, while that required to maintain the women of the surplus population is beneath all calculation" (Marx 1986, 517).

The above passage illustrates one of Marx's themes in *Capital*, which is the way that an increasingly mechanised factory system absorbed and exploited the labour of women and children. He treats them together as persons of „slight muscular strength, or whose bodily development is incomplete, but whose limbs are all the more supple," and concludes that the „labour of women and children was therefore the first result of the capitalist application of machinery!“ (Marx 1986, 517). This counters an argument which Marx thought current: that machinery ‚saves‘ labour and promotes ‚civilisation.‘ By quoting official sources extensively, he was concerned to portray the horrors of the factory-system as intrinsic to the capitalist mode of production, as bound to get worse, and as egregiously uncivilised by ‚bourgeois‘ standards of gentility. Women were conceptualised here in Marx's work in physiological terms as generally less strong but more supple; this is controversial now but at least has a kindly, caring air about it of protecting the vulnerable, albeit from the economic system, not from ‚men‘ as such.

That theme surfaces later in Marx's discussion where he quotes, with evident approval, a public health report concerning the introduction of an industrial system into agriculture and its effects again on women and children.

> „‚Married women, who work in gangs along with boys and girls, are, for a stipulated sum of money, placed at the disposal of the farmer by a man called the ‚undertaker‘, who contracts for the whole gang. These gangs will sometimes travel many miles from their own village; they are to be met morning and evening on the roads, dressed in short petticoats, with suitable coats and boots, and sometimes trousers, looking wonderfully strong and healthy, but tainted with a customary immorality and heedless of the fatal results which their love of this busy and independent life is bringing on their unfortunate offspring who are pining at home.‘ All the phenomena of the factory districts are reproduced here [Marx comments], including a yet higher degree of disguised infanticide and stupefaction of children with opiates“ (Marx 1986, p 522).

In a footnote to this passage Marx adds: „Infants that received opiates ‚shrank up into little old men‘, or ‚wizened like little monkeys‘. We see here how India and China have taken their revenge on England“ (Marx 1986, 522 n. 51).

Interestingly these passages capture both female independence in the labour-market as an upside, and female vulnerability (or is it moral weakness?) as a downside. Childcare in relation to adult employment also surfaces, but without much suggestion, other than the catch-all ‚family‘ in Marx's texts. Or rather it surfaces in Dr. Hunter's words in his public health report, which Marx quotes: „happy indeed will it be for the manufacturing districts of England, when every married woman having a family is prohibited from working in any textile works at all.“ Marx seems to quote this approvingly, but says nothing further on the subject (Marx 1986, 522). Men are intriguingly missing from this discussion, though Marx does give a general reference to Engels's *The Condition of the Working Class in England* (1844); Engels does not solve childcare issues in any very startling way either, though he does portray the distress felt by out-of-work males when their female partner is employed outside the home, and they (males) are left with the children (Engels 1987, 168).

It cannot be claimed that the interrelation between women, mothers, men, fathers, children, and employment/unemployment in industrialised societies has been resolved to all that much satisfaction anywhere in the world, either theoretically or practically, though there are certainly notable gradations in benefits, attitudes, opportunities, and perceptions far too complex to go into here. My point in this discussion is that it is untrue to say that Marx never noticed these things, or that his approach and conclusions can be captured in any very simple way. Moreover the silences of his texts (not unusual in this respect) do theorise men implicitly. In the above discussions men are, by implication, physically strong, sexually aggressive, and absent (or at least distant) fathers on the bread-winner-outside-the-home model. As a general conceptualisation this is hardly surprising and it reflects a contemporary image which was, no doubt, in an ambiguous relation to varied ways that individuals behaved; what is perhaps at least slightly surprising is the lack of curiosity in conceptualising this problem, which evidently grated on Marx quite considerably, especially considering his own anguish as a father, of which we know from his correspondence, and his own jovial role as *pater familias*, at least as this appears in surviving memoirs (see McLellan 1973, 274–5, 330).

Family slavery resurfaces in *Capital*, though in an economically-determined context, not in one determined by ‚nature' and the beginnings of culture, as in *The German Ideology*. Marx comments:

> „Machinery also revolutionizes ... the agency through which the capital-relation is formally mediated ... our first assumption was the capitalist and the worker confronted each other as free persons ... But now the capitalist buys children and young persons. Previously the worker sold his own labour-power ... Now he sells wife and child. He has become a slave-dealer. Notices of demand for children's labour often resemble in form the inquiries for Negro slaves ..." (Marx 1986, 519).

This, of course, portrays men as victims of the economic system, but also once again as slave-masters within the family, both as husband and as father. Male sexuality is never raised as a topic of discussion, in this (pre-capitalist or capitalist) world (as it were) or the next (socialist) one; Marx's strategy in *Capital* in considering both the primordial world of reproductive instincts and the socialist world of social rationality and absence-of-struggle is to portray reproductive sexuality as egalitarian in ‚the act,' and early childcare as women's work. Unsurprising as this is, re-reading Marx can help to re-raise issues like these in the contemporary context rather than to close them down in familiar ways. Perhaps unexpectedly, for instance, he ventures a developmental sketch of female sexuality. Though a quotation, again from a public health report, the context is explicitly approving:

> „Each moulder [of bricks] ... supplies his subordinates with board and lodging in his cottage. Whether members of his family or not, the men, boys and girls all sleep in the cottage ... all on the ground floor, and badly ventilated. These people are so exhausted after the day's hard work, that neither the rules of health, of cleanliness, nor of decency are in the least observed ... The greatest evil of the system that employs young girls on this sort of work, consists in this, that, as a rule, it chains them fast from childhood for the whole of their after-life to the most abandoned rabble. They become rough, foulmouthed boys, before Nature has taught them that they are women. Clothed in a few dirty rags, the legs naked far above the knees, hair and face besmeared with dirt, they learn to treat all feelings of decency and shame with contempt. During

> mealtimes they lie at full length in the fields, or watch the boys bathing in a neighbouring canal (Marx 1986, 593–4).

And similarly:

> „In some branches of industry, the girls and women work through the night together with the male personnel ... ‚young girls and women are employed on the pit banks and on the coke heaps, not only by day but also by night ... These females employed with the men, hardly distinguished from them in their dress ... are exposed to the deterioration of character, arising from their loss of self-respect, which can hardly fail to follow from their unfeminine occupation'" (Marx 1986, 368 and 368 n. 61).

These passages raise questions about childhood/adulthood and heterosexuality, and particularly sexual difference, that are again unresolved in Marx, and still unresolved in contemporary society (see Waites 1998). While it might seem that Marx's comments merely evoke Victorian values of fragile femininity and female purity, it is also a reasonable supposition that there were differing views on these matters in Marx's time, even though the overall framework for discussion – when there was discussion – was not that of present-day sexual politics. Giving some consideration to just this openness and variability of context is essential to a rich and productive reading of Marx.

5. Conclusions

Marxism and feminism have famously been described as an ‚unhappy marriage' (Hartmann 1979). What got the odd couple together in the first place was a common interest in undoing economic exploitation and causing political change for the better. In both instances a ‚class' was the driving force, the working class in one case, and women as a class in the other (Carver 2009). Since the classic days of this particular romance in the 1970s and early 1980s, both parties have moved on and thus do not fully recognise the initial terms of their encounter (in many cases, anyway). The Marxists got Ernesto Laclau and Chantal Mouffe's (1985) post-Marxist broadside against class-reductionism (and full-on recognition of ‚identity politics'), and the feminists got Judith Butler's (1990) trouble-making ‚queer theory' (among other disruptions too numerous to list, particularly from women of colour). Yet the attraction lingers, because – post-Marxism and post-feminism notwithstanding – the exploited classes remain, and many political activists find it compelling to re-read Marx. Obviously this is rather one-sided – not that many male and/or Marxist activists read the classics of feminist activism at all (see Hawkesworth 2006).

It is always worthwhile picking up authors and texts and asking the feminist question ‚where are the women?' and then working through the issues – of women and men, femininities and masculinities – that this curiosity exposes (Enloe 2004). Dismissing Marx's work as simply another ‚male' text and bemoaning misogyny as hopelessly endemic is obviously a dead-end. Re-reading Marx, even and especially ‚against the grain,' gives us a ‚take' not so much on ‚what's wrong with him' as on dilemmas and aporias that he notices and has left for us to consider, possibly for not very good reasons. Whether we are any further along with resolving these contentions is then our problem. But he's a help, not a hindrance.

References

Butler, Judith (1990): *Gender Trouble: Feminism and the Subversion of Identity*, London.
Carver, Terrell (1996): *Gender is Not a Synonym for Women*, Boulder.
Carver, Terrell (2009): „Marxism and Feminism: Living with your ‚Ex',“ in: Andrew Chitty and Martin McIvor (eds.), *Karl Marx and Contemporary Philosophy*, Basingstoke.
Carver, Terrell (2010): „The *German Ideology* Never Took Place,“ in: *History of Political Thought* 31:1.
Connell, R. W. (1987): *Gender and Power: Society, the Person and Sexual Politics*, Cambridge.
Connell, R. W. (2005): *Masculinities*, 2nd edn, Cambridge.
Engels, Frederick (1987): *The Condition of the Working Class in England*, Harmondsworth.
Enloe, Cynthia (2004): *The Curious Feminist: Searching for Women in a new Age of Empire*, Berkeley.
Evans, David T. (1993): *Sexual Citizenship*, London.
Grant, Judith (1993): *Fundamental Feminism*, London.
Hartmann, Heidi I. (1979): „The Unhappy Marriage of Marxism and Feminism: Towards a more Progressive Union,“ in: *Capital & Class* 3:2 (summer).
Hawkesworth, Mary E. (2006): *Globalization and Feminist Activism*, Lanham.
Laclau, Ernesto, and Mouffe, Chantal (2001): *Hegemony and Socialist Strategy: Towards a Radical Democratic Politics*, London.
Lopes, Anne, and Roth, Gary (2000): *Men's Feminism: August Bebel and the German Socialist Movement*, Amherst.
Marx, Karl, and Engels, Frederick (1973): *Feuerbach: Opposition of the Materialist and Idealist Outlooks [The First Part of ‚The German Ideology']*, London.
Marx, Karl (1986): *Capital*, vol. 1., Harmondsworth.
Shanks, Michael, and Tilley, Christopher (1987): *Social Theory and Archaeology*, Cambridge.
Waites, Matthew (1998): „Sexual Citizens: Legislating the Age of Consent in Britain,“ in: Terrell Carver and Véronique Mottier (eds.), *The Politics of Sexuality: Identity, Gender, Citizenship*, London.

Manuela Boatcă

The Many Non-Wests

Marx's Global Modernity and the Coloniality of Labor

1. Postcolonialism and the Search for the True Marx

When dealing with Marx in the context of postcolonial theory, the common expectation is to address the Eurocentrism in Marx's work and show how it should be indicted. This, however, has been done a number of times, and is as such an „old hat" of Marxist exegesis. My goal in this paper is to argue that neither finding fault with Marx's lack of engagement with the (post)colonial world nor exonerating Marx from charges of Eurocentrism are valid options. Rather, as I will show in the following, the story is much more complicated.

The global dimension of inequality under capitalism was present in the work of Marx and Engels from the very beginning, while its emergence was explicitly and repeatedly linked to the discovery of the New World. Thus, as early as the *Communist Manifesto*, the European colonial expansion, the development of the bourgeoisie, the Industrial Revolution, the rise of the world market, and the international division of labor on which capitalist accumulation is based are articulated as parts of a coherent chain of events in Marx's writings:

> „The discovery of America, the rounding of the Cape, opened up fresh ground for the rising bourgeoisie. The East Indian and Chinese markets, the colonization of America, trade with the colonies […] gave to commerce, to navigation, to industry, an impulse never before known" (Marx/Engels 1977a, 222).

In fact, Europe's colonial expansion in the sixteenth century is given considerable explanatory power for the emergence of global capitalism:

> „Modern industry has established the world-market, to which the discovery of America paved the way […] The bourgeoisie has through its exploitation of the world-market given a cosmopolitan character to production and consumption in every country […] In place of the old local and national seclusion and self-sufficiency, we have intercourse in every direction, universal interdependence

> of nations [...] The bourgeoisie, by the rapid improvement of all instruments of production, by the immensely facilitated means of communication, draws all, even the most barbarian, nations into civilization [...] Just as it has made the country dependent on the towns, so it has made barbarian and semi-barbarian countries dependent on the civilized ones, nations of peasants on nations of bourgeois, the East on the West" (Marx/Engels 1977a, 224 f.).

Far from constituting the object of disparate remarks, the hierarchy of labor forms established under capitalism is consistently explained in relation to Europe's colonial enterprise. Thus, in *Capital*, the „dawn of the era of capitalist production" and, with it, the process of primitive accumulation of capital are once again traced back to

> „the discovery of gold and silver in America, the expatriation, enslavement and entombment in mines of the aboriginal population, the beginning of the conquest and looting of the East Indies, the turning of Africa into a warren for the commercial hunting of blackskins" (Marx 1978, 435),

thereby reinforcing the view that the development of modern capitalism was closely tied to European colonialism (Mintz 1978, 84, Jani 2002, 95 and below).

Hence, it was not a lack of treatment of global developments or disregard for the importance of colonization processes that brought Marx charges of Eurocentrism from various sides of the theoretical spectrum, but, rather, the centrality he awarded to European experiences in the development of capitalism and the interpretation he gave of extra-European events and social processes. While taking into account capitalist accumulation through overseas expansion and colonial exploitation, Marxist class theory rested on the fact that capitalism had developed in Western Europe, that the proletariat had emerged there, and that socialist revolutions would be occurring there first (Wallerstein 2001, 152). In turn, Marx's writings on the British rule in India, on China, Oriental despotism, and the Asiatic mode of production in general consistently relegated non-Western regions to pre-capitalist stages of development or, at best, to the status of passive receivers of capitalism, modernity, or development from the West. As such, they were subsequently taken as proof of Marx's linear evolutionism, Eurocentrism, and, ultimately, Orientalism. The most widely quoted – and most heavily indicted – statements include the view that Indian society has no history but that of the successive intruders in its territory (Marx 1978, 659), that the „fanaticism of Islam" makes the presence of Turks in Europe an obstacle to development (Marx 1968, 4 f.), and that China is, by virtue of the immutability of its social structure, a „living fossil" (Marx 1862, in: Avineri 1969, 442). On more than one occasion, the logical consequence they prompted was Marx's support of the European colonial endeavor and his exculpation of the destructive effects of capitalist incursion into native industries and local social structures in the name of social progress:

> „England, it is true, in causing a social revolution in Hindustan, was actuated only by the vilest interests, and was stupid in her manner of enforcing them. But that is not the question. The question is, can mankind fulfill its destiny without a fundamental revolution in the social state of Asia? If not, what-

> ever might have been the crimes of England, she was the unconscious tool of history in bringing about that revolution" (Marx/Engels 1979, 132).

Famously, for Edward Said, Marx's economic analyses therefore fall under the rubric of „standard Orientalist undertaking" (Said 1979, 154) and are as such instances of a *manifest* (as opposed to a *latent*) Orientalism, the kind that

> „kept intact the separateness of the Orient, its eccentricity, its backwardness, its silent indifference, its feminine penetrability, its supine malleability; this is why every writer on the Orient, from Renan to Marx (ideologically speaking) [...], saw the Orient as a locale requiring Western attention, reconstruction, even redemption" (Said 1979, 206).

Most of the time, however, both critics and Marxist scholars agree that Marx and Engels did not have a full-blown theory of „the Orient" – references to which are restricted to Turkey, Persia, China, and Mughal India (Curtis 1997, 346) – let alone one of the entire non-European world. At the same time, their views on colonialism are seen as inseparable from their theory of capitalism as a world-historic necessity destined to override and transform modes of production and social organization lacking internal revolutionary dynamics, such as the Asiatic one (Tucker 2002, 104). Drawing both on Said and on the work of the Indian Subaltern Studies group, Dipesh Chakrabarty takes postcolonial criticism of Marx one step further, by arguing that the very indebtedness to European Enlightenment thought that informed Marxism's abstract categories made Marxist narratives of capitalist modernity insensitive to issues of historical difference. While Marx himself had at times offered fleeting glimpses of the coexistence of capitalist relations with elements that presumably did not belong to its logic, such as pre-capitalist labor relations or forms of unproductive labor, the universal history of capital he advanced could only accommodate them as external, dialectical Others of the necessary logic of capital (Chakrabarty 2008, 67), not as integral parts that might amend and qualify this logic. For Chakrabarty, Marxism therefore remains an instance of European thought and as such „both indispensable and inadequate in helping us to think through the experiences of political modernity in non-Western nations" (Chakrabarty 2008, 16) – an assessment on which he subsequently grounds his plea for provincializing Europe. At the opposite end of the opinion scale are recent collective works (Bartolovich/Lazarus 2002) that view postcolonial theory itself as being grounded in Marxism and insist that it is the critique of colonialism as inextricable from the critique of capitalism, rather than the lapse into Eurocentrism, which is specifically Marxist (Bartolovich 2002, 6, Larsen 2002, 214 f.). The wide variance of readings and the ensuing discussion about the correct interpretation of Marx's political and epistemic stance on the Western European colonial policies of his time led to a search for the „true Marx" that often entailed choosing artificially constructed sides, or one Marx over another[1].

---

[1] Tellingly, analyses that conclude that what we are dealing with in the case of Marx's work is rather the issue of alternating emphases between abstract theory and concrete historical facts have to explicitly spell out the less-than-obvious: „There is no true Marx" (Wallerstein 2001, 160).

In his own position-taking on the issue of Eurocentrism and evolutionism in Marx's work, Stephen Katz (1990, 675 ff.) distinguished four approaches with respect to Marx's writings on colonialism: first, a *non-Marxist* one that depicts the Eurocentrism of Marx's and Engels's articles on India as representative of Marxism as a whole, and therefore is used to justify discarding Marxist critique entirely; second, the *neo-Marxist* treatment of dependency and underdevelopment as a reformulation of classical Marxism; third, an *apologetic* approach exonerating Marx from charges of Eurocentrism and racism on several grounds – among which are the lack of empirical evidence regarding colonized areas, the intrinsic theoretical value of Marx's most problematic comments, and his ultimately humanist position in condemning the effects of the colonialism that he deemed necessary; and, lastly, the *alternative* attempt to derive Marx's theory of colonialism from sources other than his writings on Asia. Katz himself joins structuralists, revisionist Marxists, and latter-day postcolonial theorists in the search for the „true Marx." In so doing, he subscribes to the fourth and last approach, which conceives of Marx's and Engels's writings on Russia and Ireland as the „actual" analyses of underdevelopment, on the basis of which Marxism can rightly be viewed as a precursor of contemporary studies of the Third World. In sharp contrast to the writings on India and China, which substantiate the historical materialist claim that the capitalist stage is inevitable and that social struggles in non-Western areas have to be Western-type class struggles, Marx's and Engels's analyses of Russia and Ireland are singled out as explicitly non-evolutionist, anti-colonial (in the case of Ireland), and tellingly concerned with class struggles commonly not awarded revolutionary potential within historical materialism, such as the peasantry in the case of Russia (Nimtz 2002, 77).

Marx's famous four drafts of the letter to the Russian socialist Vera Zasulich, arguing that a peasant economy such as the Russian commune could represent agrarian countries' path to socialism, and thus making a capitalist stage unnecessary there, corroborated the understanding that historical context did matter to Marxian theory (Boatcă 2003, Katz 1990, Curtis 1997, 345, San Juan 2002, 228). In turn, Engels's view of Ireland as Britain's „first colony" and Marx's shift of political stance from advocating a socialist revolution in England to viewing Irish liberation as a precondition for the emancipation of the English working class (Marx 1969) further reinforced the claim that Ireland and Russia, rather than India and China, had been Marx's and Engels's non-Western case studies, and had provided the conceptual toolkit and the analytical groundwork for what would later be called the analysis of underdevelopment in colonial contexts (Nimtz 2002, 73, Jani 2002, 95, Cleary 2002, 120). For some, the case for these specific analyses making up the true essence of Marxism is additionally strengthened by the fact that, although such writings were concerned with countries that did not fit the standard definition of the Third World, they were explicitly linked to Marxist revolutionary politics through their focus on the transformation of non-capitalist structures dominated by the capitalist mode of production, which is „the pivotal point for any Marxist analysis of the third world" (Katz 1990, 678). In contrast, the „non-theoretical" and „strictly mercenary" (Katz 1990, 673) articles on the British rule in India, commissioned by the New York Daily Tribune, are not deemed an adequate starting-point for theories of imperialism.

The alternative stance, which looks for „the real Marx and Engels" (Nimtz 2002, 77) outside of their problematic articles on China and India, is easily conflated with the apologetic one, which aims at dismissing the Eurocentrism charge. As in the case of Marx's theory of social change, now overwhelmingly considered simplistic and historically flawed, professing a Marxist approach in the twenty-first century only seems possible by declaring Marx's and Engels's Eurocentric comments and Orientalist analyses irrelevant or at least secondary to their overall theory of capitalism.

To this end, instead of choosing between the Eurocentric and the non-Eurocentric Marx, considering his epistemic stance as rooted in the very contradictory nature of the modernity he was criticizing proves a more viable option. According to Göran Therborn (1996), as the only tradition of thought to both hail modernity and attack it, Marxism was the theory of the dialectics of modernity as well as its practice:

> „It simultaneously affirmed the positive, progressive features of capitalism, industrialization, urbanization, mass literacy [...] and, on the other hand, denouncing the exploitation, the human alienation, the commodification and the instrumentalization of the social, the false ideology, and the imperialism inherent in the modernization process (Therborn 1996, 60).

Although Marx and Engels never explicitly used the term „modernity", their recurrent references to „modern (bourgeois) society", „modern relations of production", „modern productive forces", or „modern state power" do point to an underlying notion of capitalist modernity with both emancipatory and exploitative dimensions. The dialectics of balancing out the two as the reverse and the obverse sides of the same phenomenon has arguably been characteristic for both Marx's own writing and the later Marxist tradition (Therborn 1996: 61).

Drawing on Immanuel Wallerstein's analysis of the modern world-system and on Aníbal Quijano's notion of „coloniality of power," Walter Mignolo (2000, 22) has referred to the coexistence and intersections of modern colonialisms and the colonial modernities that emerged in their wake as a „double edge," best captured by the term „modernity/coloniality," where coloniality represents precisely the reverse, dark side of modernity: colonialism and its aftermath. Thus, the historical juncture marking the expulsion of the Jews and the Moors from the Iberian Peninsula and the „discovery" of the New World in 1492 represent the emergence of what, modifying Wallerstein's notion of the „modern world-system" to include its colonial counterpart both as a constitutive element and as a vantage point, Walter Mignolo (2000) has called the „modern/colonial world-system".

Seen from this perspective, Marxian writings on colonialism and imperialism provide a framework within which to comprehend the relationship between Europe and its Other(s) as a dialectical one and to help situate capitalist modernity globally as the product of unequal and dialectical relations between colonizer and colonized (San Juan 2002, 229; Jani 2002, 90). As such, the articles and letters on Asia, the Middle East, Russia, or Ireland are equally relevant to Marx's and Engels's overarching theory of capitalism. On the one hand, the much-debated Marxian notion of England's historic „double mission" in India, directed both towards „the annihilation of Asiatic society and the laying of the material foundations of Western society in Asia" (Marx 1968, 126), and therefore seen as „destructive" and „regenerative" at the same time, mirrors the dual role of the bourgeoisie Marx and Engels describe in the *Communist Manifesto*: „revolutionary" in putting „an end to all feudal, patriarchal, idyllic relations" and „destroying the idiocy of rural life," yet also the agent of „destructive crises" in „dislodging old-established national industries" and „destroying a mass of productive forces" (Marx/Engels 1977, 224 f.) through the conquest of new markets and the more thorough exploitation of old ones. On the other hand, the contradictions that all Marxian analyses of non-Western contexts serve to illustrate – the regressive role of colonial rule in Ireland, the agency of Indian colonial subjects in overthrowing the British bourgeoisie, the „survival" of traditional economic sectors and pre-capitalist classes – are the direct result of exploitation and (colonial/imperial) domination as shared conditions and social relations characteristic of such contexts. The texts therefore contain an implicit or explicit theory of global social change, in which the European and non-European worlds, although clearly evincing dissimilar and contrasting patterns of class struggle and development, are nevertheless viewed as causally connected by exploitation and by the domination of the former over the latter.

This is nowhere more explicit than in Marx's letter to Paul Annenkov from 1847, in which Marx clearly spells out how slavery in the colonies is the basis for the industrialization of the European metropoles. It is therefore worthwhile to quote from it at length:

> „Freedom and slavery constitute an antagonism. I do not mean indirect slavery, the slavery of proletariat; I mean direct slavery, the slavery of the Blacks in Surinam, in Brazil, in the southern regions of North America. Direct slavery is as much the pivot upon which our present-day industrialism turns as are machinery, credit, etc. Without slavery there would be no cotton, without cotton there would be no modern industry. It is slavery which has given value to the colonies, it is the colonies which have created world trade, and world trade is the necessary condition for large-scale machine industry. Consequently, prior to the slave trade, the colonies sent very few products to the Old World, and did not noticeably change the face of the world. Slavery is therefore an economic category of paramount importance. Without slavery, North America, the most progressive nation, would be transformed into a patriarchal country. Only wipe North America off the map and you will get anarchy, the complete decay of trade and modern civilisation. But to do away with slavery would be to wipe America off the map. Being an economic category, slavery has existed in all nations since the beginning of the world. All that modern nations have achieved is to disguise slavery at home and import it openly into the New World" (Marx 1847).

We have here the same dialectic that regards freedom and slavery, and in particular industrial labour and slave labour, as opposites, while at the same time conceiving of them as indispensable to each other, and as both the obverse and reverse of capitalist forms of production. The map from which North America would be „wiped off" without slavery, in Marx's words, is a world map, and the capitalist world-economy constitutes the unit of analysis within which he places his conceptualization of slavery and industrial labor. Yet neither was Marx himself consistent in his use of this angle, nor had the world-economic focus gained currency in his time.

2. Coloniality of Labor

Instead, the teleology inherent in the call for the abolition of slavery, serfdom, and other forms of unfree labor that appear on a country's way to industrial capitalism was part of the wider discourse of the civilizing mission in the eighteenth and nineteenth centuries. At the time, Enlightenment ideas such as faith in reason and science, the commitment to the idea of progress, and the concurrent demotion of tradition served to postulate civilization as the equivalent of modernity and the French revolutionary ideals of freedom and equality as the highest civilizational goods.

Against this background, slavery started to be constructed as the very opposite: not only the obverse of freedom as a principle, but also the quintessence of the various forms of political, economic, and moral non-freedom against which civilization had prevailed. If, during the seventeenth and the early eighteenth centuries, the enslavement of Europeans had repeatedly been advocated by political philosophers – including liberals such as Thomas Hobbes and John Locke – as a means of imposing discipline on the pauperized masses and thus of maintaining social order, by mid-eighteenth century, the institution of slavery was being vehemently denounced as a prime example of tyranny. Tellingly, references to slavery as a concrete historical institution were regularly drawn from European antiquity, not from contemporary New World reality[2]. Paradoxically – at first sight – this shift in discourse occurred at the same time that the slave trade and the exploitation of slave labor in the colonies, triggered by the increasing demand for sugar, coffee, and cotton in Western Europe, reached unprecedented heights, while in Eastern Europe serfdom was being reintroduced in order to satisfy the growing Western European demand for cereals.

Towards the end of the century, the discursive overlap between dark skin and the slave status was underpinned by legal regulations – thereby reasserting the irreconcilability between the freedom of the self-proclaimed civilized world and the non-freedom of its colonies[3]. The existing racial rhetoric not only shifted thereby from questioning the humanity of *religious* Others to assigning different „degrees of humanity“ to the *colonized* (the lowest of which corresponded to black Africans); it also set the stage for an Oc-

---

[2] As Michel-Rolph Trouillot (1995) and Susan Buck-Morss (2000, 2009) have amply documented, Enlightenment thinkers from Locke to Montesquieu, Voltaire, David Hume or Jean-Jacques Rousseau condemned slavery philosophically, yet, when it came to the enslavement of black Africans, often upheld it practically or justified it on racial grounds.

[3] In France, which had declared slavery illegal on its territory in 1716, leading to the freeing of slaves upon arrival, African blacks were increasingly singled out as exceptions to the rule and „Negro“ and „mulatto“ immigration was finally prohibited in 1777 altogether; in England in 1772, a court ruled that slavery was „un-British“, i. e., incompatible with the liberties guaranteed in England, and that the influx of „Negroes“ should therefore be prevented; similarly, in 1773, Portugal forbade the entry of blacks and Brazilian slaves, on account of their being unfair competition to domestic labor (Davis, in: Buck-Morss 2009, 90 ff.).

cidentalist perspective which defined colonized and other non-Western populations in terms of a past that Europe had overcome. The systematic exercise of this hierarchization has been described as „the denial of coevalness"– „a discourse that consistently places those who are talked about in a time other than that of the one who talks" (Fabian 2006, 143). As the temporal dimension of othering took precedence over the spatial one, blacks, indigenous, and colonized people went from being non-humans or subhumans to primitive humans, while slavery, serfdom, and other forms of unfree labor with which non-white labor was associated increasingly appeared not only as non-Western, but also as archaic and backward (Mignolo 2000, Tomich 2004).

Especially for political economists, both slavery and serfdom, however, provided the standard against which free wage labor and capitalism were defined, rather than being seen as contemporaneous and compatible with them. For Adam Smith, a free market economy based on individual competition, free trade, and a high degree of division of labor was the most efficient economic system. By contrast, slavery was seen as creating an inefficient market with little to no incentive for competitiveness. Under this definition, Smith tellingly subsumed both plantation slavery in Europe's West Indian colonies and the „milder kind"– i. e., coerced labor found in Russia, Poland, and eastern Germany, in which „slaves [...] were supposed to belong more directly to the land than to their master" (Smith 2009, 228), a labor regime which Engels would later label the „second slavery" (Engels 1882, 1892).

In turn, for Marx, the abolition of both serfdom and slavery was the first prerequisite for the emergence of a capitalist economy. In examining the conditions that had historically enabled money to become capital and labor to become wage-labor, Marx had stressed that the capital-labor relationship had to take the form of a *free* exchange of objectified labor for living labor. In order to fulfill this condition, both the dissolution of „lower forms of living labor," among which Marx counted slavery and serfdom, as well as that of „happier forms of the same," such as communal labor, were necessary:

> „The conditions under which the relation appears at the origin, or which appear as the historic presuppositions of its becoming, reveal at first glance a two-sided character – on one side, dissolution of lower forms of living labour; on the other, dissolution of happier forms of the same. The first presupposition, to begin with, is that the relation of slavery or serfdom has been suspended. Living labour capacity belongs to itself, and has disposition over the expenditure of its forces, through exchange. Both sides confront each other as persons" (Marx 1857/58).

Although not explicit, Marx's map here is of a much smaller scale than in his letter to Paul Annenkov: it refers to „modern Western nations," where the industrial labor force was „doubly free" from the means of production as well as from being bound to the land. Given that the world-economy in its entirety was capitalist, forms of unfree labor would eventually disappear, and, with them, the „denial of coevalness" to those performing the work: Unlike slaves or serfs, free workers enter the capital-labor relationship *as persons*. Accordingly, the occurrence of slavery at individual points within the capitalist mode of production was possible „only because it does not exist at other points; and appears as *an anomaly opposite the bourgeois system* itself" (Marx 1978, 255, emphasis added).

Specifically, for Marx, plantation owners in the Americas were capitalists only in virtue of their being „anomalies within a world market based on free labor" (Marx 1857/58).

Since Marx had lumped slavery and serfdom together as relations of production to be superseded in the transition to capitalism, their existence in peripheral countries was conceptualized in terms of „feudal remnants" in subsequent debates among Marxists. The attribute „feudal" soon became an umbrella term for traditional, precapitalist, or non-modern structures. In Latin America in particular, this became the conventional Marxist reading of economic underdevelopment in the 1950s and 60s, as a region where, despite capitalist penetration, the persistence of such „lower" forms of labor was viewed as producing „dual economies": feudal (i. e., backward) on the one hand, capitalist (i. e., modern) on the other (Frank 1969). In Eastern Europe, which, unlike Latin America, had actually experienced feudalism, economic structures following the freeing of the serfs in the nineteenth century were likewise diagnosed as „dual," yet in this case on account of the coexistence of two distinct systems: *Grundherrschaft*, the feudal estate system involving peasants' obligations in cash or in kind to the estate's owner, and *Gutsherrschaft*, a primarily land-tenure system of small and medium-sized holdings on which dependent serfs performed forced labor (Makkai 1975). While in Latin America the debate over „feudal remnants" was triggered by what were considered to be inconsistencies within the capitalist mode of production, in Eastern Europe perceived inconsistencies within the feudal mode of production itself were at stake. Since both discussions involved equating feudalism with agricultural production, the consensus in both cases remained in place: however many types of feudal system may have existed or still be lingering, they all predated capitalism, in turn defined as modern, industrial, and Western.

Most prominently, Latin American dependency theorists denounced the notion of a „dual economy" combining remnants of the feudal mode of production with capitalist economic sectors in one state, and discarded the equation of underdevelopment with feudalism as a „myth" (Frank 1967). Instead, they viewed underdevelopment as the result of the long history of colonial domination in Latin America and described the economic situation of post-independence in the region as „neoimperialism and neodependence," i. e. a continuation of colonial policies in the absence of formal political rule (Frank 1972). Aníbal Quijano would later expand on this line of argument by referring to the continuities between colonial and postcolonial structures of domination as „coloniality of power" (Quijano 2000). As mentioned above, the notion of coloniality, as different from and more pervasive than colonialism, refers to a situation of cultural, political, and economic domination that can be enforced in the absence of colonial administrations, which it has historically tended to outlive. Thus, the coloniality of power represents the carry-over into post-independence times of both racial/ethnic hierarchies and the international division of labor produced during the time of direct or indirect colonial rule. As a result, today's basic economic and cultural structures still largely mirror the power relations exerted before the administrative decolonization of the world after World War II, such that yesterday's colonies have largely tended to become today's peripheries.

That there should be clear limits to the comparability of chattel slavery and serf labor, however, does not mean that one should disregard obvious parallels. I therefore want to suggest that, especially with respect to the social and economic consequences of the abolition of slavery and serfdom in both regions, it could therefore be helpful to consider them as instances of the coloniality of labor under global capitalism. I use this term drawing on both world-systems analysis and the coloniality-of-power perspective.[4]

As early as the 1970s, dependency theorists and world-systems analysts rejected the idea that there exist different capitalist systems, the boundaries of which correspond to specific nation-states, and instead advanced the notion of a single capitalist world system with international, national, and local levels (Frank 1969, 99 f.). The system's main feature was considered to be the appropriation/expropriation of surplus value by means of a vast array of production processes, of which wage labor was just one (Frank 1967, 256 ff.). The mixture of wage and non-wage labor, areas of commodified and non-commodified goods, and areas of alienable and non-alienable forms of property and capital was accordingly reinterpreted as the defining feature of a capitalist *world-economy* of which individual states were functional parts, not autonomous economic units (Wallerstein 2000, 78 ff.). This methodological shift in the unit of analysis of the capitalist mode of production from the nation-state to the world-system came with a significant theoretical implication: if wage labor does not represent the statistical norm in the modern world, states cannot be classified on a degree-of-capitalism scale by the amount of it they display. Instead, the uneven development of capitalism in different countries – in Wallerstein's view, one of the major problems Marxism could not solve – becomes the very characteristic of capitalism as an historical world-system. By equating industrial economies with capitalism, Marxists – unlike Marx himself, at least in a number of instances – failed to recognize that what essentially characterizes capitalism is that it is „production for profit in a market" (Wallerstein 2000, 84), but not necessarily *industrial* production. This mode of production's essential characteristic had been present in Europe for more than two centuries at the time when England experienced its Industrial Revolution:

> „What was happening in Europe from the sixteenth to the eighteenth centuries is that over a large geographical area going from Poland in the northeast westwards and southwards throughout Europe and including large parts of the Western Hemisphere as well, there grew up a world-economy with a single division of labor within which there was a world market, for which men produced largely agricultural products for sale and profit. I would think the simplest thing to do would be to call this ‚agricultural capitalism'" (Wallerstein 2000, 85).

Not only does this focus on production render Marx's own distinction between merchant (involving only exchange of commodities) and industrial capital (focusing on production) unnecessary, but it also resolves the issue of seeing the predominance of wage labor as essential to capitalism:

> „[…] in the era of agricultural capitalism, wage-labor is only one of the modes in which labor is recruited and recompensed in the labor market. Slavery,

[4] For an analysis of the coloniality of labor relations in the context of migration and domestic work, see Gutiérrez-Rodríguez 2010.

> coerced cash-crop production (my name for the so-called second feudalism), share-cropping, and tenancy are all alternative modes" (Wallerstein 2000, 85).

Consequently, „second serfdom," slavery, and all other forms of non-wage labor „are not to be regarded as anomalies in a capitalist system" (idem), because they all involve a relationship between employer and laborer in which labor-power can be bought and sold. This is quite unlike the situation between serf and lord during the Middle Ages, where neither was the economy oriented toward a world-market, nor was labor-power a commodity. Quijano (2000, 553) will later call this the „historical structural heterogeneity of capitalism," i. e. the spatial and temporal concurrence of the construction of ethnic and racial hierarchies on the one hand, and the setting up of the international division of labor on the other. From this particular perspective, one therefore could not speak of the economic structure of peripheral or ex-colonial countries as being dominated by „feudal elements," because there was no feudalism in Europe after the sixteenth century (although there was a „second serfdom," as Engels had noted) and no genuine feudal system outside of Europe at any point in time. There were instead forms of labor control historically subordinated to the wage-labor form and, together with the labor force performing them, racialized as inferior to it (Wallerstein 1974, Quijano 2000). Hence, there is no „stage" to be reached in an alleged transition to capitalism, because capitalism has been the mode of production of the entire world-economy for the past five hundred years and the race/labor nexus has been the logic enabling the „denial of co-evalness," i. e. the naturalization of non-white and non-wage labor as inferior and backward.

The articulation of labor forms around the interests of European wage-labor production was therefore the condition of possibility for the maintenance of the coloniality of power in the capitalist world-economy, an arrangement that Quijano has once referred to as „coloniality of labor control." Accordingly,

> „capital, as a social formation for the control of wage labor, was the axis around which all remaining forms of labor control, resources, and products were articulated ... This articulation was constitutively colonial, based on first the assignment of all forms of unpaid labor to colonial races (originally American Indians, blacks, and, in a more complex way, mestizos) in America and, later on, to the remaining colonized races in the rest of the world, olives and yellows. Second, labor was controlled through the assignment of salaried labor to the colonizing whites" (Quijano 2000, 539).

Analyses of local labor regimes throughout the global periphery have tended to lend empirical substance to Wallerstein's and Quijano's macrostructural conceptualizations of systems of labor control in the capitalist world-economy, yet they have mostly remained unrelated to each other. A closer look at forms of unfree labor in the Caribbean and in parts of Eastern Europe in light of the world-systems and „coloniality of power" perspectives as a possible common framework of analysis might therefore prove rewarding.

3. Abolition of Slavery in the Americas

Sidney Mintz's discussion of chattel slavery in the Caribbean was among the first texts to use the theoretical framework of Wallerstein's world-systems analysis in order to explain the persistence of non-wage forms of labor control in the capitalist world-economy. According to Mintz, the contrast Marx had drawn between slaves in the Americas and proletarians in Europe was less about the substance of the labor forms as such, which Marx himself had considered to be different only in degree – „the veiled slavery of the wage-workers in Europe needed, for its pedestal, slavery pure and simple in the new world" (Marx, in: Mintz 1978, 86). Rather, the distinction was meant to clarify what such labor forms revealed about the nature of the capitalist system. In order to shed light on the relation between the two categories of workers, Mintz therefore focused on the nature of slavery.

Taking into account Marx's caveat that only those free workers who sold their labor power as a commodity in a capitalist market had historically also been members of the proletariat (as opposed to occasional free workers in pre-bourgeois economies), the essential elements of the definition of the proletarian became:

> „That a free laborer has nothing to sell but his effort, that he sees and offers to sell that effort as a commodity to its prospective buyer, and that he has nothing but his labor-power to sell" (Mintz 1978, 83).

In turn, the plantation slaves that Mintz examined against the background of this definition were chattel slaves, „persons purchased or inherited and owned as property, who were used as laborers on large agricultural estates producing commodities for (mainly) European markets" (Mintz 1978, 82). As such, however, they were neither slaves in the sense of a slave mode of production, nor anomalous proletarians in a capitalist system. Instead, as Mintz showed for the entire Caribbean region from the sixteenth to the late nineteenth centuries, they were one of the several categories of (predominantly) unfree laborers employed on cotton, tobacco, sugar, and coffee plantations according to the extent to which they met the labor needs, climatic conditions, and topography of each particular case, alongside the successive demands of the capitalist world-economy for tropical commodities (Mintz 1977, 256 ff.). Thus, while the first Hispanic sugar-cane plantations in the Antilles employed enslaved indigenous people and Africans between 1500 and 1580, the mass destruction of the native population and the abundance of land made the mixture of European indentured laborers and African as well as Indian slaves a more lucrative labor arrangement on British and French plantations a century later. It was only at the end of the seventeenth century that slavery represented the preferred form of labor extraction, soon to be replaced by a mix of enslaved, indentured, and coerced labor in the eighteenth century. While Mintz explicitly limited his periodization to sugar plantations in the Caribbean while at the same time allowing for a certain degree of generalization to Brazil, parts of Mexico, and the U.S. South, his findings have more recently been corroborated for both sugar and coffee plantations in Brazil and Colombia. According to the data, not only was (plantation) slavery *not* the norm in Europe's New World colonies, or exclusively based on imported African labor – except for a very limited period in the seventeenth century; it was not homogeneous, either. It instead encompassed several „slavery regimes“ (Schwartz 1992, Cardoso 2008, 75) involving different degrees of coercion of workers in different regions – less coercion in poorer areas such as the Brazilian Northeast, and more in richer ones and on large plantations – as well as the concomitant use of slave and free labor at the same location.

The alleged transition to free labor after the abolition of slavery further complicated this already complex pattern, on the one hand, by forcing planter classes in Cuba and Brazil to employ peasants, indentured servants, and wage workers in order to compensate for the shortage of slave labor (Tomich 2004, 70 f.), and, on the other, by creating the possibility of simultaneous, multiple sources of income from such diverse employment regimes as share-cropping, tenancy, wage work, and private ownership for one individual (Frank 1967, 271 f.). This diversity of labor patterns both before and after abolition serves to demonstrate that slavery was neither an anomaly nor an anachronism nor a homogeneous phenomenon (as a „lower form“ of labor), but rather a highly flexible and sophisticated institution capable of accommodating the fast-changing demands of the expanding world-economy throughout the centuries. Apprenticeship schemes such as the wage/rent system across the British West Indies or the *patronato* and the *colono* systems in Cuba, officially presented as intermediary stages between slavery and freedom, evolved instead into various strategies of binding former slaves, indigenous populations, and indentured workers to the slaveholder's estate through novel forms of coerced labor (Baronov 2000, 94 ff.). This sequence of different labor patterns in the Caribbean continued until after the formal end of slavery with the emergence of a rural proletariat and the eventual elimination of manual labor from sugar-cane plantations. Meanwhile, policies of labor migration contributed to preserving the link between tropical colonial labor and non-white labor well into the twentieth century by ensuring that the workers necessary in order to „ease“ the transition from enslaved to free labor were recruited from other European colonies such as India and Java or from states with weak labor regulations, such as China (Mintz 1977, 264, Mintz 1998, 122, Tomich 1991, 304, Baronov 2000, 99).

4. Abolition of Serfdom throughout Eastern Europe

Population growth throughout Europe in the fifteenth and sixteenth centuries had created an expanding market for agricultural products, leading to an increased demand for cereals (in addition to timber and, later, wool) imported from the primarily agrarian East to the rapidly industrializing West. As „the goal of agricultural production ceased being consumer goods for a subsistence economy and became merchandise with a price on the world market“ (Stahl 1980, 3 f.) for ever more regions in the East, the renewed serfdom of peasants as forced labor on estates and the curtailment of their rights to property and free movement became widespread throughout East-Central Europe. The new pattern of serfdom through corvée labor first occurred in East Elbia and in German-dominated territories along the Baltic coast up to Estonia in the mid-fifteenth century, followed by Poland, the Czech lands of Bohemia and Moravia, and Hungary in the sixteenth; a few Austrian provinces joined in this pattern to a limited extent in the seventeenth century. Finally, Tsarist Russia and the Romanian principalities of Wallachia and Moldavia experienced the commodification of coerced peasant labor as of the eighteenth and nineteenth centuries, respectively, and are generally treated separately as a result (Engels 1882, Wallerstein 1974, Makkai 1975, Stahl 1980). Although never formally colonized as a region, Eastern Europe thus gradually entered into a quasi-colonial relationship vis-à-vis Western Europe, providing raw materials by using labor-intensive technology and state-enforced, labor-exploitative social systems that involved the mass of the local agricultural population (Wallerstein 1974, 100). In stressing the capitalist, rather than the feudal character of „the rise of the second serfdom," scholars of Eastern Europe have consequently spoken of the „colonial pattern" (Malowist 1958, 32), the „neocolonial system" (Chirot 1976), and the „primitive accumulation of capital" (Stahl 1980, 4) toward which the new peasant economies were now geared.

Despite the markedly different geopolitical contexts of the various Eastern European states as well as the large temporal span in the incorporation of their economies into the capitalist world market, the systems of coerced cash-crop labor implemented as a result exhibited many similarities (see Boatcă, forthcoming).

Paradoxically, it wasn't until the legal abolition of serfdom in the face of increasing peasant protest over working conditions that landlords throughout the European East managed to obtain the full advantages of the corvée system. In Romania, the end of corvée obligations was linked to a cash payment which the peasants owed the landlord and which in the majority of cases exceeded the peasants' financial possibilities, soon causing them to lose the newly gained land. This loosening of formally „feudal" ties in favor of a capitalist system based on private property faithfully followed the course of events leading to the emergence of a true landowning aristocracy and was in fact indicative of the increasing neocolonial status Romania had acquired as a consequence of its incorporation into the capitalist world-economy.

Agrarian reforms across Central and Eastern Europe – which followed up on earlier attempts at the abolition of serfdom by decree, such as 1781 in Bohemia, 1809 in Prussia, and 1862 in Russia, produced similar results in the region up to the end of the nineteenth century. The cash obligations of the newly freed peasants toward the landlords, whether in the form of rent payments or as redemption from servitude, caused peasant debt to accumulate and created the need for credit institutions, whose consequent emergence throughout the region linked the local economies with the world market. Since the new arrangements engaged most of the peasants' work and their cattle on the lords' lands, the credit institutions, however, largely benefited the owners of large estates, not small peasant property (Madgearu 1936, 24). Overall, the landlords had everything to gain from the abolition of serfdom: they lost all obligations toward the former serfs, no longer faced any restrictions on incorporating peasant holdings into their demesne, and had a ready supply of labor from which to choose (Baronov 2000, 84). Tellingly, it was this post-abolition labor arrangement, rather than any previous type of formal serfdom, which was labeled „neoserfdom" by the Romanian socialist Constantin Dobrogeanu-Gherea in 1910.[5]

[5] The term „neoserfdom" has been used by scholars of Eastern Europe in the latter part of the twentieth century to refer to the servitude-like labor obligations of the peasantry in Central and Eastern Europe before the formal abolition of serfdom. Despite their similarity, the term used in

In both cases, the abolition of unfree labor, seen as a necessary step in the transition to capitalism and the separation of the producer from the means of production corresponding to it, had not resulted in proletarianization, as Marx had predicted. Rather, in the case of Eastern Europe, it had brought about the pauperization of the peasantry, intensified latifundization, and an apparent land scarcity due to peasants' forced neglect of their own plots. Much like in the case of the Americas after the end of slavery, the abolition of serfdom in the European East amounted to „the replacement of one apparatus of coercion for another – the subjugation of labor based on traditional rights was replaced by subjugation of labor based on a monopoly of land and means of production" (Baronov 2000, 89). The wage labor form associated with proletarianization did not become prevalent in any part of Central and Eastern Europe, while the region's highly heterogeneous agrarian working classes ended up covering a wide range of labor forms, of which wage-labor forms remained a minority (Baronov 2000, 80 ff.).

As a framework for studying the continuities between structures of domination, the coloniality of labor could help analyze the ongoing link between labor forms and specific racial groups after the abolition of slavery in the Americas as well as the pauperization of both freed slaves and freed serfs in the Americas and Eastern Europe. At the same time, it allows us to distinguish between the pauperization of agricultural workers in the global periphery and the proletarianization of agricultural workers in parts of the global core while analyzing both as processes of the capitalist world-economy. By viewing the „denial of co-evalness" as the principle behind the definition of forms of unfree labor in the periphery via past stages of free labor in the core, it also complements the analysis of core-periphery hierarchization with an indispensable epistemic dimension. As a vital component of the larger phenomenon of the coloniality of power, the notion of coloniality of labor thus makes it possible to better grasp the complex relationships between co-existing, but non-contradictory modes of labor control, while disclosing the intricate interdependencies between the West and the many non-Wests constructed in the process of its self-definition.

References

Avineri, Shlomo (1968) (ed.): *Karl Marx on Colonialism and Modernization*, Garden City.

Baronov, David (2000): *The Abolition of Slavery in Brazil. The „Liberation" of Africans Through the Emancipation of Capital*, Westport.

Bartolovich, Crystal (2002): „Introduction: Marxism, modernity, and postcolonial studies", in: Bartolovich, Crystal and Lazarus, Neil (eds.): *Marxism, Modernity and Postcolonial Studies*, Cambridge.

Bartolovich, Crystal/Lazarus, Neil (eds.) (2002): *Marxism, Modernity and Postcolonial Studies*, Cambridge.

Boatcă, Manuela (2003): *From Neoevolutionism to World-Systems Analysis. The Romanian Theory of ‚Forms without Substance' in Light of Modern Debates on Social Change*, Opladen.

Boatcă, Manuela (2005): „Peripheral Solutions to Peripheral Development. The Case of Early 20th Century Romania", in: *Journal of World-Systems Research*, XI, I.

this context is not connected to the one coined by Dobrogeanu-Gherea in 1910, nor is his work referenced. See Makkai 1975 and further articles in the same issue of *Slavic Review*. For Gherea's term and its similarity to a world-systems approach, see Boatcă 2005.

Boatcă, Manuela (forthcoming): „Second Slavery vs. Second Serfdom. Local Labor Regimes of the Global Periphery", in: Arjomand, Said (ed.): *Social Theory and Regional Studies in the Global Age*, Albany.

Buck-Morss, Susan (2009): *Hegel, Haiti, and Universal History*, Pittsburgh.

Cardoso, Adalberto (2008): „Escravidão e sociabilidade capitalista. Um ensaio sobre inércia social", in: *Novos Estudos CEBRAP*, 80.

Chakrabarty, Dipesh (2008): *Provincializing Europe. Postcolonial Thought and Historical Difference*, 2nd edition, Princeton and Oxford.

Chirot, Daniel (1976): *Social Change in a Peripheral Society. The Creation of a Balkan Colony*, New York.

Curtis, Michael (1997): „The Asiatic Mode of Production and Oriental Despotism", in: *Marxism. The Inner Dialogues*, 2nd edition, New Brunswick; London.

Dobrogeanu-Gherea, Constantin (1910): Neoiobăgia. Studiu economico-sociologic al problemei noastre agrare, Bucharest.

Engels, Friedrich (1882): „Letter to Karl Marx, December 15, 1882", in: *Marx and Engels, Correspondence*, International Publishers, available at: www.marxists.org/archive/marx/letters/eng-marx/82_12_15.htm.

Fabian, Johannes (2006): „The other revisited: Critical afterthoughts", in: *Anthropological Theory*, 6 (2).

Frank, André Gunder (1967): *Capitalism and Underdevelopment in Latin America: Historical Studies of Chile and Brazil*, New York.

Frank, André Gunder (1969): *Latin America: Underdevelopment or Revolution*, New York.

Frank, André Gunder (1972): *Lumpenbourgeoisie: Lumpendevelopment. Dependence, Class, and Politics in Latin America*, New York and London.

Gutiérrez Rodríguez, Encarnación (2010): *Migration, Domestic Work and Affect: A Decolonial Approach on Value and the Feminization of Labour. Gender and Society*, New York and Abingdon.

Jani, Pranav (2002): „Karl Marx, Eurocentrism, and the 1857 Revolt in British India", in: Crystal Bartolovich/Neil Lazarus (ed.): *Marxism, modernity, and postcolonial studies*, Cambridge.

Katz , Stephen (1990): „The Problems of Europocentrism and Evolutionism in Marx's Writings on Colonialism", in: *Political Studies*, XXXVIII.

Madgearu, Virgil (1936): „Formarea şi evoluţia burgheziei române", in: Madgearu, Virgil: *Agrarianism, Capitalism, Imperialism*, Cluj-Napoca.

Makkai László (1975): „Neo-Serfdom: Its Origin and Nature in East Central Europe", in: *Slavic Review*, 34 (2).

Malowist, Marian (1958): „Poland, Russia and Western Trade in the 15th and 16th. Centuries", in: *Past and Present* 13 (April).

Marx, Karl (1847): „Letter to Paul Vasilyevitsch Annenkov in Paris", http://www.marxists.org/archive/marx/works/1847/letters/47_12_09.htm (last retrieved Nov. 16, 2012).

Marx, Karl (1857/58): Grundrisse der Kritik der politischen Ökonomie. Outlines of the Critique of Political Economy, Notebook IV, online version of the Penguin 1973 edition, translated by Martin Nicolaus: http://www.marxists.org/archive/marx/works/1857/grundrisse/ch09.htm (last retrieved Nov. 16, 2012).

Marx, Karl (1968): The Eastern Question: A Reprint of Letters Written 1853–1856 Dealing with the Events of the Crimean War, ed. by Eleanor Marx Aveling/Edward Aveling, New York.

Marx, Karl (1978): „On Imperialism in India", in: Robert Tucker (ed.): *The Marx-Engels Reader*, New York.

Marx, Karl/Engels, Friedrich (1977a): *Manifesto of the Communist Party*, in: Marx, Karl (1977): *Selected Writings*, ed. by David McLennan, Oxford.

Marx, Karl/Engels, Friedrich (1977b): *The German Ideology*, in: Marx, Karl (1977): *Selected Writings*, ed. by David McLennan, Oxford.

Mignolo, Walter (2000): *Local Histories/Global Designs. Coloniality, Subaltern Knowledges, and Border Thinking*, Princeton.
Mintz, Sidney (1977): „The So-Called World-System: Local Initiative and Local Response", in: *Dialectical Anthropology*, 2.
Mintz, Sidney (1978): „Was the Plantation Slave a Proletarian?", in: *Review. Journal of the Fernand Braudel Center*, II, 1, Summer.
Mintz, Sidney (1998): „The Localization of Anthropological Practice. From Area Studies to Transnationalism", in: *Critique of Anthropology* 18 (2).
Nimtz, August (2002): „The Eurocentric Marx and Engels and Other Related Myths", in: Crystal Bartolovich/Neil Lazarus (eds.): *Marxism, Modernity, and Postcolonial Studies*, Cambridge.
Quijano, Aníbal (2000): „Coloniality of Power, Eurocentrism, and Latin America", in: *Nepantla: Views from South*, 1.3.
Said, Edward (1979): *Orientalism*, New York.
San Juan, E. Jr. (2002): „Postcolonialism and the problematic of uneven development", in: Crystal Bartolovich/Neil Lazarus (ed.): *Marxism, modernity, and postcolonial studies*, Cambridge.
Schwartz, Stuart B. (1992): *Slaves, Peasants, and Rebels. Reconsidering Brazilian Slavery*, Urbana.
Smith, Adam (2009): *The Wealth of Nations*, Petersfield.
Stahl, Henri H. (1980): *Traditional Romanian Village Communities. The transition from the communal to the capitalist mode of production in the Danube region*, Paris/Cambridge.
Therborn, Göran (1996): „Dialectics of Modernity: On Critical Theory and the Legacy of Twentieth-Century Marxism", in: *New Left Review* 215.
Tomich, Dale (1991): „World Slavery and Caribbean Capitalism", in: *Theory and Society* 20.
Tomich, Dale (2004): *Through the Prism of Slavery. Labor, Capital, and the World Economy*, Lanham.
Trouillot, Michel-Rolph (1995): *Silencing the Past. Power and the Production of History*, Boston.
Tucker, Kenneth H. (2002): *Classical Social Theory. A Contemporary Approach*, Malden.
Wallerstein, Immanuel (1974): *The Modern World System, Vol. I, Capitalist Agriculture and the Origins of the European World-Economy in the Sixteenth Century*, New York.
Wallerstein, Immanuel (2000): *The Essential Wallerstein*, New York.
Wallerstein, Immanuel (2001): „Marx and Underdevelopment", in: Wallerstein, Immanuel: *Unthinking Social Science. The Limits of Nineteenth-Century Paradigms*, New York.

CHRISTINE LÖW

The Financialization of the Globe and Subaltern Women in the Third World

What a Postcolonial-Feminist Perspective Can Teach Us about Recent Globalization Processes

In my paper I will argue that contemporary globalization can be better understood if we broaden our perspective and analyze contemporary developments from a postcolonial-feminist perspective.[1] Thus I show (1.) that if we grasp the notion of abstraction in Marx's writing, it is possible to see that we need not put an end to the commodification of labor-power. Instead, if we value abstraction, we can recognize that new social movements in developing countries are at the heart of struggles about the socialist use of capital. Moreover I will claim (2.) that by recognizing the abstract nature of finance capital – the recent dominant force of globalization – we can also understand that finance capital as coded through world trade depends upon land and the embodied female subject. It is reproductive rights, biopiracy, population control that allow finance capital to work. Thus it is the rural scene that is the real global front today. My article describes (3.) how non-Eurocentric ecological movements and networks opposed to reproductive and genetic engineering are paradigms for political agency in the present day which try to turn the lever of capital around for the sake of those who have lost during globalization. Finally, (4.) I will deconstruct the binary between capitalism and socialism and suggest that socialism is not a utopia but a constant pushing away of capitalist productivity for the sake of a socialist redistribution. And this notion is integral for new globe-girdling movements from the global South struggling against dominant forms of globalization.

[1] The term subaltern, introduced by the Italian Marxist Antonio Gramsci, is used here to describe people or groups who are out of touch with the possibilities of social upward mobility. The meaning of subaltern transgresses the Marxist focus on class and includes other lines of exploitation, dominance and power, that relate for i. e. to farmers, zero workers, bonded labor. The most useful definition from Spivak is „Subalternity is the name I borrow for the space out of any serious touch with the logics of capitalism or socialism [...]. Please do not confuse it with unorganized labor, women as such, the proletarian, the colonized, the object of ethnography, migrant labor, political refugees, etc.“ (Spivak 1993, 115)

1. Introduction

In the recent financial and economic crises, numerous theorists on the Left have analyzed the historical and structural causes for this situation. Marxist theorists of various kinds have written about the speculative motif of finance capital and the immense power of banks, insurance companies, hedge funds and other shadow banking institutions for many national economies and most of the world's population.[2] Despite the important and politically valuable insights, the debate is, from a postcolonial perspective, missing at least three crucial points: first, the analyses and suggestions are mostly focused on Europe (and sometimes North America) and rarely relate to ‚the rest of the world.‘ Except for a few investigations on gender-specific effects of the crises, the majority of the literature treats globalization and financial capital as a gender-neutral subject and does not even ask if there are different consequences for (different) men and women.[3] And, last but not least, a great part of this critical work restricts itself to examination and is not willing or able to conceptualize resistance or a new model for another future. And the latter is not meant as a kind of reproach, because I am aware of the objections to utopian or messianic elements in leftist thinking. Nevertheless I am convinced that leftist politics should not always shy away from visions of a more just future.

Starting from this diagnosis of the current state of leftist theorizing in Europe, I want to bring in a postcolonial-feminist perspective in order to widen the recent discussions – with which I clearly sympathize. As postcolonial studies have shown, if we truly want to understand globalization, we have to give up our narrow view focused on Europe as well as North-America and integrate Africa, Asia, and South America into our global view. Moreover, it is not sufficient to think about globalization processes without gender. An extensive literature of feminist works has shown that globalization relies on a connection between capitalist ways of production and gender relations, be it in developed countries like Germany, in emerging countries like India or Brazil, or in the least developed countries like Bangladesh or Vietnam.[4]

If we assume that Marx's insights about the logical operations of capital are helpful for a better understanding of the recent developments called globalization, we have to turn to his writings and reread them – incorporating the lessons we have learned from feminist and postcolonial studies. Thus I want to develop in my article a subaltern epistemological point of view that analyzes globalization from the perspective of poor rural women in the Third World. Far from taking this perspective as a *per se* revolutionary standpoint, I want to use the life conditions, subjectivities, and political fights of poor women from the global South as a framework to counter the dominant narratives of Marxism. Theoretically speaking my enterprise is a deconstructive one and thus shares a critical intimacy with what it criticizes. With my article I want to show that by including a postcolonial-feminist perspective, globalization and contemporary political fights

---

[2] See for example the concise books of Huffschmid (2002) and Zeise (2010).

[3] Two important exceptions to that trend are Young/Bakker/Elson (2001/2011) and Young/Schuberth (2010).

[4] See among others Bakker/Runyan/Marchand (2011), Elson (2002) Elson/Cagatay (2000), Balakrishnan (2001), Beneria (2003) and Perrons (2004).

against it can be understood more thoroughly. Moreover, it is possible to deconstruct the ‚epistemic violence' of a theorizing that takes neither colonialism and imperialism nor the constitutive linkage between the Third and the First World into account – even in such emancipatory projects as Marxism.

2. The Shortcomings of Marxism from a Postcolonial-Feminist Perspective: The Meaning of Abstraction

If we consider the history of Marxism in the USA and in some parts of Europe, we receive a certain vulgarized or trivialized picture of what value is and how Marx's perceptions of labor-power can be used to establish a socialist society: based on the editorial notes from Engels, it seems that labor-power can be analyzed easily and then used for a political praxis. This is in particular visible when we turn to the examination of use-value and exchange-value. If you read Marx's central thoughts about them in the chapter on commodities in *Capital, Vol. I,* there seems to be an intuitive insight in the difference between use-value and exchange-value. Nevertheless, if we want to understand the Marxist notion of exploitation correctly, we will see that both are in the same form – the value-form – and thus are also constituted by sameness. And whereas it is usually thought that only exchange-value is abstract in contrast to a concrete use-value, Spivak points out that to bring something into the value form means to abstract. In other words: there is abstraction in exchange-value and in use-value as well.

And why is there such an emphasis on abstraction? Spivak reminds us that we have to keep in mind two counterintuitive lessons if we are to understand recent globalization processes and if we are to aim for a socialist future worldwide. First lesson to be learned: use- and exchange-value are two different appearances but still in the same form, namely the value form. This point is important because many Marxist followers have established a binary between use- and exchange-value. This ‚mechanical separation' attributes abstraction only to exchange-value and assumes that abstraction causes a great deal of evil (i. e. alienation).[5] In contrast to that, use-value is considered to be concrete and good. Spivak stresses that there is abstraction in every value form. Although we don't see the abstraction within use-value immediately, we have to keep in mind that Marx wrote on the second page in *Capital, Vol. I.*: „What makes a thing a use-value is the abstract human labor incorporated in it." (Marx 1867, 28) Putting something into the value-form always means abstracting – whether it is use- or exchange-value. In his time Marx tried to use the value form as a possibility to explain abstraction in general. But it was already at that time a counter-intuitive lesson. With that in mind, we are able to grasp Marx's magisterial thought that use-value – normally a fiction – is not a fiction for capital, because capital consumes through measuring. The crucial element of the capitalist production is thus the *use of use-value of labor*, not the use of labor. But this idea has been overlooked in many approaches today.

[5] For further examinations of the ‚mechanical separation' (mechanisches Auseinander) between use-value and exchange-value in a great deal of Marx's reviews see the entry on use-value in: *Historisch-Kritisches Wörterbuch des Marxismus* (1999, Vol. 4, 1259–1289).

And this first lesson, which needs to be updated in our era of finance capitalism, must be complemented by another one. The second lesson goes like this: the „capitalist pays back less value (in the money-form) that s/he borrowed (in the labor-power form). This is because when labor-power is used, it produces more value than its concrete pre-measurable base requires to reproduce itself potentially as measurable into use-value for capital: labor-power." (Spivak 2000, 2) This is exactly labor-power. And it is especially important for socialism to come to understand the role of abstraction, because a socialism that understands this will keep the use of labor-power and being just in its consequences by securing the surplus and/or interest for redistribution.

In order to understand Spivak's argument about socialism it is essential to understand abstraction. In contrast to many Marxist thinkers she claims that commodification of labor-power is a potentially good thing, because only commodification can provide the wherewithal for a socialist society. To place use (concrete) above exchange (abstract) is in her eyes too much of a Luddite binary to do justice to Marx's theoretico-practical project. Thus if political goals about ownership of the means of production, dictatorship of the proletariat, and critique of reification remain within the hierarchy of use and exchange, the self-determination of capital as globalization cannot adequately be theorized. For capital is now the big movement of abstraction.

To see what Marx wrote about abstraction, we have to turn to the first chapter in *Capital, Vol. I*, where he says the following:

> „Therefore, the common substance that manifests itself in the exchange value of commodities, whenever they are exchanged, is their value. The progress of our investigation will show that exchange value is the only form in which the value of commodities can manifest itself or be expressed. For the present, however, we have to consider the nature of value independently of this, its form. A use value, or useful article, therefore, has value only because human labour in the abstract has been embodied or materialized in it." (Marx 1867, 27 f.)

Referencing that passage Spivak stresses that value is not easy to recognize in the use-form, because we are not participating in an exchange. But this is exactly the exciting point in Marx's work. If we are not able to understand that there is abstraction in exchange-value *and* in use-value, we won't be able to understand the relation between capital and worker. And the commodity will remain a fetish. Thus Spivak demands: „it is the role of the abstract – the spectral if you will – that we must grasp rather than reject." (Spivak 2000, 3) And for socialism we have to think about the same model: it is useful to continue abstracting labor-power, but instead of using it for capitalist accumulation, commodified labor-power can be used from the associated workers for socialism and thus install another mode of redistribution.

Spivak's re-reading of Marx with its particular focus on abstraction also enables another point of view on the recent dominance of finance capital. For there is no doubt that since 1989 triumphant capitalism has turned to globalization, that is to „nearly complete abstraction, finance capital" (Spivak 2000, 7). What is meant by that? After the fall of the Berlin Wall 1989 and the dismantling of the Soviet Union in 1991, the growth of telecommunication established a kind of electronic capital that was unimaginable before. Nowadays the World Bank and other financial institutions are conceptualizing the world as different investment zones, stretching around the whole globe with different latitudes and longitudes and trying to establish one exchange system worldwide. And it is no longer money but data that represents the new universal equivalent. Against the common perspective that finance capital just functions by speculation in the monetary sphere and is something bad, Spivak asserts that „finance capital is the abstract as such and world trade codes it" (Spivak 2000, 7). And this relation cannot operate without the global South, because it is the rural, the aboriginal, the ecological that is needed and confronted directly by the agencies of globalization.

Before we take a closer look at how finance capital confronts the rural scene through world trade, I want to emphasize again that Spivak regards abstraction as useful. For if we think of capitalism and socialism as each other's *différance,* it is possible to turn to ethical practices that are ‚defective for capitalism'. In Spivak's words: „Marx must be turned around to those who lost in the capitalist competition again and again; in order to turn this ferociously powerful form of capital around." (Spivak 2000, 7)

3. Metropolis and the New Front: The Rural/Indigenous

As we have seen in the preceding elaborations, the question of agency was crucial for Marx and is relevant for contemporary discussions about globalization as well. Following the protocols of Marx's thoughts, we see a movement from speculations about the subject of labor in the *Economic and Philosophical Manuscripts* to the definition of the agent of production in the three volumes of *Capital.* And in *Capital* Marx is clear about the worker. As Spivak has diagnosed: he is the agent who „will turn the lever, *as* commodified labor, of political economy, *to* veer capital into *pharmakon*, a medicine always ready to turn poisonous if the socialist dose falls short" (Spivak 2000, 12). Writing at the beginning of industrial capitalism and with the intention to make the worker understand that he is the *agent* of production, Marx's entire thinking is concentrated on factories. This is nowhere more evident than in the famous sequence about the visible and the hidden world of production where the worker and the capitalist meet:

> „Accompanied by Mr. Moneybags and by the possessor of labour-power, we therefore take leave for a time of this noisy sphere, where everything takes place on the surface and in view of all men, and follow them both into the hidden abode of production, on whose threshold there stares us in the face – No admittance except on business. Here we shall see, not only how capital produces, but how capital is produced. We shall at last force the secret of profit making." (Marx 1867, 121)

In order to demonstrate to the European worker that he is the agent of production and that his agency is validated by the accumulation of capital, Marx relies on an urbanist teleology of history, because the workshop of the worker is the factory, and factories are located in cities. According to the Marxist narrative about the transformation of feudalism into capitalism, the former feudal farmer gets separated from the land and has to sell his labor-power in the factory as a worker. Once again, this Marxian thinking embedded in the rise of industrial capitalism is not a weakness. Quite the contrary, Spivak states that „Marx *must* derive the agent through factory work" (Spivak 2000, 20 f.). If agency is validated action, this action will for Marx come only from industrial capitalism. If we look around today we can see that the factory has changed, from its decline to the pulverization of the workplace. Yet the urbanist teleology is still alive for a great deal of Marxist followers who locate the global front in mostly western cities.[6] But if we take Spivak's thinking about the spectralization of the rural seriously, we have to ask what Marx claimed about land-related agency in opposition to labor-power. In the beginning of the *Economic and Philosophical Manuscripts,* Marx writes lines which make it obvious that the story of land-related agency has yet to be told:

> „Thus only for the workers is the separation of capital, landed property, and labour an inevitable, essential and detrimental separation. Capital and landed property need not remain fixed in this abstraction, as must the labor of the workers.
>
> *The separation of capital, rent, and labor is thus fatal for the worker.*" (Marx 1844, 3)

When we look closely at these passages, we can see that the third sentence is separated and italicized in the *Manuscripts*. And thus Spivak suggests an alternative reading concerning Marx's teleology of land and labor. From a postcolonial viewpoint it is crucial to ascertain that the nation form of appearance is dismissed quite early in Marx's writing. This tendency can also be found in many approaches of Western Marxists. Why is there a tendency to leave out the nation form? Spivak suggests that there is a link between the separation of land and labor and the disappearance of the nation.

When Marx started to read Adam Smith in the *Manuscripts,* it is with Nationalökonomie (‚national economy')[7] that he dealt; in 1867, when *Capital, Vol. I,* was published, it is *political* economy. The first sentence in *Capital, Vol. I* – "the wealth of societies where

---

[6] See for example the dominant narration about the Anti-/Alter-Globalization movements within Western leftist communities, which – so the story goes – started with Seattle in 1999, whereas when we broaden our perspective to a truly global view the Chipko-Movement in India against the cutting of trees was already beginning in the mid-1970 and can be seen as pioneering the struggles against dominant financialization of the globe long before Western activists initiated actions. Much has been written about the Chipko movement in India by ecofeminist Vandana Shiva. In the mid-1970's, Indian forests were being cut down and replaced by commercial eucalyptus and pine forests, destroying women's ability to provide subsistence for their families. In response women protested by hugging trees and managed to influence the government to initiate a moratorium on tree-felling. This in turn gave rise to interest in preventing soil erosion and loss of biodiversity in indigenous forests. The movement was linked and in some cases supported by organisations started by Gandhi. See Mellor (1997).

[7] But Marx in his time couldn't see the increasing relevance of and finance capital. For him the agent of production must be derived from factory work, because the affirmation of the agency of the European subject could only come through industrial capitalism. Thus he writes in the *Manuscripts*: „All wealth has become industrial wealth, wealth of labor, and industry is fully developed labor, just as the factory system is the perfected essence of industry – *i. e.*, of labor – and industrial capital the fully developed objective form of private property." (Marx 1844) The

the capitalist production prevails" – makes this move evident. The *Grundrisse* established the nation as something that is bound to blood and soil. In *Capital, Vol. I* the nation has vanished; the *social* is something that is emerging rationally as the abstract average. Marx argues that we have to progress from *national* wealth to *social* wealth. But how is the rational emerging, and is this emergence related to the covering over of land and nation? Here Spivak proposes to look at Marx's famous passage about a socialist society:

> „Of course, if wages are reduced to their general basis, namely, to that portion of the product of the producer's own labour which passes over into the individual consumption of the labourer; if we relieve this portion of its capitalist limitations and extend it to that volume of consumption which is permitted, on the one hand, by the existing productivity of society (that is, the social productivity of his own individual labour as actually social), and which, on the other hand, the full development of the individuality requires; if, furthermore, we reduce the surplus-labour and surplus-product to that measure which is required under prevailing conditions of production of society, on the one side to create an insurance and reserve fund, and on the other to constantly expand reproduction to the extent dictated by social needs; finally, if we include in No. 1 the necessary labour, and in No. 2 the surplus-labour, the quantity of labour which must always be performed by the able-bodied in behalf of the immature or incapacitated members of society, i. e., if we strip both wages and surplus-value, both necessary and surplus labour, of their specifically capitalist character, then certainly there remain not these forms, but merely their rudiments, which are common to all social modes of production." (Marx 1894, 603).

At the end of this quote we can find the trace of community in the rational spectral. As Spivak remarks: „[T]he urban telos [is] carrying the ‚previous' formation of the *Gemeinschaft* in its subjunctive future. The translation loses the tiny nuance, massive in its implication, by rendering *gemeinschaftlich* as ‚common'." (Spivak 2000, 23) Even in Marx's system for another future we have the residue of a former community bound by land. And where can the importance of soil be seen empirically? Apart from the relatively new discourse about land-grabbing (see Liberti 2012), I want to refer to the example of the so called ‚green revolution' within development rhetoric which had already started in the 1980s. Under this name, the Consultative Group on International Agricultural Research (CGIAR) launched large-scale agricultural transformations in Africa, Asia, and South America in order to reduce hunger. At the heart of the ‚green revolution' was the expansion of high-yield seeds and watering systems as well as the use of machines and fertilizers. This has led to an intensification of social injustices between large- and small-scale farmers and within regions. Furthermore, these changes from the top down resulted in privileged treatment of industrial farming with respect to credit, support, and subsidies and caused ecological damage through the use of chemicals as well as soil erosion from the turn to monocultures. All of these developments

---

English translation speaks of ‚the economic system' and has a footnote explaining that Marx uses the German term ‚Nationalökonomie.'

show that land was a main actor in the transnationalization of the pharmaceutical industry. And while commercial capital operates through banks, for finance capital today banks are just a matheme on the computer screen. Thus we have to rethink the idea of agency in Marx's writings. Although the urban sphere might have been an alternative in his day, nowadays globalization is attacking rural zones directly.

Spivak gives the following list of contemporary spectralizations of the rural as coded by world trade:

> „Biodiversity (the enormous variety of plant species in ‚Nature'), electronified for biopiracy (patenting them ‚illegally' with Northern patents – though legally by unilaterally established latter-day ‚laws' by the North, as in the famous Neem case); monocultures (Mutant hybrid high-yield seed suppressing variety, in the process depleting and literally ‚killing' the soil) produced by way of chemical fertilizers, themselves blips on the screen. [...] Indigenous knowledge transformed into database. *Trade Related* Intellectual property Rights and *Trade Related* investment measures abreactively punish the collectivities millennially working at the pre-measurable ‚rural' for not establishing property rights over its value coding. Deforestation-reforestation and the management of waters (for example, cutting down forests that are important to indigenous life- and knowledge systems, and replanting with eucalyptus that can produce 75 % pulp wood but depletes the moisture in the soil and disturbs the balance of living organisms in regions drastically, destroying mangrove and a salinating arable land to establish foreign direct export shrimp culture and devastating long established human and other life-systems and the like) belong to the earlier more commercial phase but augment the latter. And, the credit-baiting of rural women for phantom micro-enterprise is the latest twist: small scale-commercial-in-the-finance-capital market, where the perennial need of the rural poor is exploited for the commercial sector with no locally operated infrastructural change." (Spivak 2000, 30)

As we have seen in the last elaborations about the working of finance capital, no metropolis is structurally necessary for the spectralization of the rural. Indeed it is the abstraction of the aboriginal, the ecological, and the rural that is confronted with the violence of the global. And particularly in these fields, where the global and the local struggle with each other, we can see the emergence of resistance to the dominant forms of globalization. This resistance is represented by long established networks, which battle against globalization and disrupt and displace through their actions the workings of finance capital. And here I want to mention as an example the work of Navdanya, an activist group in India established 1984 after the violence in the Punjab and the catastrophe of Union Carbide in Bhopal, whose goal is non-violent farming to protect the earth, biodiversity and small farmers. Since 1987 they have been working on the following four objectives:

1. saving seeds in response to the crisis of agricultural biodiversity
2. promoting chemical-free organic agriculture
3. creating awareness of the hazards of genetic engineering
4. defending people's knowledge from biopiracy (see Naydanya 2012).

4. Marxism and Anti-Systemic Movements

Following explanations of the decreasing importance of labor-power, Marxism has also tried to rethink the notion that the European factory worker will bring about socialism. Before turning to non-Eurocentric movements of resistance I want to consider the thinking of one of the most well-known Marxian theorists of the revolutionary subject. Immanuel Wallerstein, founder of world-systems theory, wrote in the beginning of the 1990s about the relationship between the Old and New Left:

> „The anti-systemic movements are in search of a new strategy, to replace the one they have used for 125 years – taking state power. But will they find an alternative strategy? […] The so-called new social movements (Greens, women, minorities, etc.) have found themselves in the dilemma of the socialist movement in the late nineteenth century. The path that such movements will take, will determine whether we make the transition to something better or something worse. The problem is that no one today knows what path they will take, not even these movements themselves." (Wallerstein 1992, 99 f.)

In a recent article titled „Structural Crises," Wallerstein takes the present period of systemic crises as „an arena of struggle for the successor system" (Wallerstein 2010). In contrast to the above mentioned publication, he seems to be more open to the politics of the anti-/alter-globalization movements. Taking over state power is explicitly alluded to in his historical account of popular movements since the second half of the nineteenth century. When he elaborates on the revolution of 1968, he states that the Old Left had been displaced „because they had failed to deliver on their historic premises – first take state power, then change the world. The militants in effect said: ‚You have taken state power but have not changed the world. If we wish to change the world we need new movements and new strategies'." (Wallerstein 2010, 136) He also concedes that the Old Left had ignored the forgotten peoples because of their race, gender, ethnicity, and sexuality. Thus he claims that we have to „establish a new and more just successor system [to] struggle against the fundamental inequalities of the world – gender, class and race/ethnicity/religion" (Wallerstein 2010, 142). He also proposes to construct decommodified modes of production. Due to the actually confusing situation, Wallerstein concedes that there can be no formulaic agenda for what has to be done, but rather mere lines of emphasis.

Comparing the different tone of each article, it can be stated that Wallerstein has changed his view on the political projects of anti-systemic movements from thinking they would be detrimental for the articulation of class politics to now recognizing their political goals as fundamental for equality and justice. And although he does not explicitly mention taking over state power as an action we can take in the short run, he brings up „winning an election in order to maintain material benefits for those who have least“ (Wallerstein 2010, 142). Moreover, he remains relatively vague when he speaks about ‚the spirit of Porto Alegre,‘ which is a cipher for the anti-/alter-globalization movements. At this point a postcolonial-feminist perspective might ask, if this analysis and these political perspectives are true globally. And here we can learn from various new social movements in the global South that the state is no longer the main stage for movements with a worldwide reach. Nonetheless the state is the primary locus for justice and redistribution. And despite the fact that many of the Third World states in the current constellation deal with issues of nationalism,[8] the state is after all the abstract structure that fulfills basic infrastructural functions and guarantees standards for the rule of law and redistribution. This means that the relation between non-Eurocentric movements and the government in the global South is antithetical: they have to stand behind a state which embodies the abstract structure for redistributive justice. Navdanya for example demands that the Indian government fulfill their duties towards Indian farmers, Indian consumers, the environment, and the needs of diversity and agriculture and impose a ten-year moratorium on the impending release of GMOs in the country. At the same time, these initiatives have opposed the state: for example, when the Indian government made it possible to patent the Neem tree by signing intellectual property laws after the integration of India into the world market in 1991. Spivak claims that this represents a deeply different standpoint on the state:

> „Unlike many new social movements in the US and Europe, the nonelite southern NGOs – not the World Bank's ‚international civil society‘ – have a very different attitude toward the state. Of course, they are all located in relationship to various governments, but their political programs are not contained by their governments. Instead, organizations like the Third World Network and the Asian Women's Human Rights Council concentrate on issues like GATT. [...]. That's partly why I'm saying that the old models will not work. When these local-against-global-resistance movements relate to the state, they stand behind the state to the extent that it is being decimated by the transnational forces. At the same time they are also against the state because it is collaborating with the agents of economic restructuring. In this sense, their relationship

[8] Suffice it to say that the question of nationalism is not a minor one in a lot of Third World as well as second world countries and Spivak has already for a long time been attentive towards that theme. The Indian state is after 1992, when the Ayodha mosque was burned down, struggling with Hindu nationalism and the idea of a hindu nation without the muslim population. The notion of India as a multiethnic, multilingual, multireligious nation has become more controversial in the last years. In the actual situation, marked by increasingly lost hope, confusion and the failure of decolonization, the always precarious hyphen between nation and state is violently renegotiated. Renegotiated by dystopic fanatics in the name of a once glorious and pure nation, movements like the BJP in India that know the best chance for agency is to guarantee a second coming of the glorious repressed history (hindutva, a India only with and for Hindus, expelling all Muslim). Thus the postcolonial state is caught between the specters of development, nation and the recently emerging discourse of India as a global player Spirak (1993, 1998).

> to the state is robustly contradictory; it cannot be compared to the ‚postnationalist,‘ ‚poststatist‘ talk that we get in the Euro-US house of advanced theory.“ (Spivak 1995, 10)

Thus, from a postcolonial-feminist point of view, Marxist thinking has to realize that non-elite NGOs of the global South have no interest in taking over state power. This is also evident when we turn to discourse on development, or more precisely, on sustainable development. This new slogan is used much too often as an excuse by transnational agencies like the IMF, WTO and the World Bank to interfere in the domestic affairs of states in the global South. As a recent example of the tendency to restrict the rights of subaltern people in India, anthropologist Shalini Randeria has investigated how the state together with big NGOs like the WWF identifies and governs land with a high degree of biological diversity and labels it as a ‚protected area‘ (Randeira 2009). Done in the name of environmental management this has led to the following precarious results for indigenous groups: the World Bank funds a program for the protection of biological diversity in the primeval forest of Gir in the western part of India, because it is the last habitat for approximately 304 African lions. Within this habitat live 1.500 nomadic families, which are classified as scheduled tribes. In accordance with the global norms of environmental protection, the right to live in, access, and use the preserve for buffalo herdsmen has been severely restricted (i. e. grazing their herds, collecting forage, fireworks, and some forest products as well as utilizing water and streets). The concept of protected areas thus functions to designate the people who have been living with their herds in the forests for generations as ‚illegal invaders‘. This means that environmental governance rejects the basic civil rights of *Adivasis* groups.[9] In order to protect wildlife or biological diversity these people can be forcibly resettled or pressured to give up their lifestyle. And vice versa, people who want to stay on these preserves are denied access to the essential institutions of modern life: they have no electricity, no streets, no schools, no hospitals.

5. A New Version of Internationality: Globe-Girdling Movements from the Global South

From a postcolonial-feminist perspective, it is not helpful to reject development completely. Instead, the task should be to initiate development through local self-management.

[9] The term *tribals* or nowadays *adivasi* (hindi = native/first people) designates the almost 70 Million indigenous population of India. The *adivasis* are not a homogenous community but separated in cultural and socioeconomic different groups. The development and integration of the *adivasis* is since the Independence of India one of the main tasks of the state. The constitution contains special rights for *adivasis* that are registered as *scheduled tribes* (i. e. seats in the National Parliament, in the educational sector and job quotas). Despite of this affirmative action they are discriminated against in the daily life and their culture is regarded as primitive and remote. The majority of *adivasis* has a very low status within the ritual (caste) and the secular (income, education, property) system. Beside different forms of exploitation and dominance, adivasis are disproprtionally high affected by police violence, see Böck/Rao (1995) and Wagner (2006).

In contrast to the main idea of sustainable development (usually established top down) from which only the elites from states in both the North and South profit, the benefits from local forms of development would be given to the poorest and most vulnerable groups. And because of the fact that local initiatives tend to conflict with transnational capital, postcolonial states will not support these movements. This is for Spivak the reason that new social movements have to create a different notion of internationality, because states or governments are not their main targets. Thus it seems more adequate to describe these movements as globe-girdling. Compared to a lot of Western NGOs these movements have a critical stance towards ‚their' states. They also try to learn their organizational ideas from the spaces of women and subaltern peoples – elements that have usually not been considered crucial for the conception and the strategies of a social movement. Furthermore we can see the difference between struggles for rights as a teleological means versus the valorization of a right that can encourage responsibility towards nature. For the subaltern the task of ecological movements is not to conserve rights of/for nature but to secure their own ecological survival by demanding a responsibility to protect nature against the dominance of capital. This also involves the status of rationality within the new social movements from the global South. As the Indian scholar and activist Vandana Shiva mentions, there is a kind of dream that results from the conviction that social changes cannot be driven by rational enlightenment alone. If we are mobilizing for non-violent ecological actions, the concept of divinity plays a central role role (see Mies/Shiva 1993). And divinity doesn't necessarily carry with it a religious connotation; it can simply refer to something that is not contained within the rationality principle. If we share such an understanding of divinity, it can be argued that nature is no longer divine for nations that only control and exploit it. As we can see concerning the increasing importance of environmental problems (i. e. expectations for the UN summit Rio+20 and new ideas about green economy or green capitalism[10]), the idea of controlling nature leads to a global degradation of the ecobiome. Following Spivak, it is worth noticing that, in particular, less advanced groups in the so-called Fourth World (the world of indigenous collectivities worldwide) still keep notions of the relevance of nature as part of their cultural conformity. Thus, far from exoticizing or romanticizing the aboriginal, Spivak states:

> „It is a matter of their [the Aboriginals, C. L.] cultural conformity, if only because they are still subaltern. What we are dreaming of here is not how to keep the aboriginal in a state of excluded cultural conformity, but how to learn and construct a sense of sacred nature by attending to them – which can help mobilize and drive a globe-girdling ecological mind-set beyond the reasonable and self-interested terms of long term global survival." (Spivak 1993, 115)

---

[10] See for one exemplary view on the Summit and the new language of green economy as an pretext for the interests of corporate lobbyists and/of developed countries: http://www.wdm.or.uk/sites/default/files/rio+20-green-economy-briefing.pdf >16-07-2012<

6. The Spectrality of Female Bodies

The second group with which Spivak deals is the movement against reproductive and genetic engineering. In this field, which is related to the population control of Third World Women, we can see that the role of the state is again open to interpretation, because the majority of the governments in the global South have to adopt development schemes from the IMF and the World Bank. When, for example, India, after starting its economic reforms in July 1991, received a loan from the IMF, the conditions of the structural adjustment program (SAP) contained population control regulations as a crucial issue. And it is also evident that blame for the exhaustion of natural resources is often directed towards the so-called ‚population explosion' of women from the Third World – thus consequently onto the poorest women worldwide. And vice versa this argument redirects attention away from overconsumption in the North and focuses on Third World women as targets within international development discourse. In the publication „The Population Issue: A Third World Women's Perspective," released in 1993 after the 1992 UN Conference on Environment and Development (UNCED) in Brazil, it is states that „since UNCED there has been an intensification of a trend in the North to promote the belief that population growth in the South is the main cause of global environmental degradation" (People's Perspectives, 28).[11] But if we take a closer look at the transfer of resources, we can see that the results are unequal and exploitative in one direction: The North with some 25 % of population consumes 75 % of the world's resources (most of which are located in the South). In detail: the North consumes 75 % of the world's energy, 80 % of all commercial fuels, 85 % of all wood products and 72 % of all production. Thus it is the overdevelopment of the North which is primarily responsible for global environmental deteriotation.[12] As early as 1999, the researcher Klaus Leisinger reported that the 1.2 billion inhabitants of OECD-countries were using up more energy and non-renewable resources than the 5 billion people from developing countries (see Leisinger 1999).

Thus it is not merely coincidental that the official women's policy of the UN – the Gender and Development approach of the World Bank – tries to save female subalterns through gender training and micro-credits. Against this tendency in transnational women's politics, Spivak juxtaposes the Feminist International Network of Resistance against Reproductive and Genetic Engineering (FINRRAGE), an international feminist group with a strong influence from Southern women. Their goal is to develop *critical* positions towards the growth of reproductive and genetic technologies between individual women and feminist groups worldwide – recognizing in particular expertise and experience of women from Asia, Africa and Latin-America. In an overview of its history FINRRAGE states that:

> „Since 1985, FINRRAGE has cooperated with different local or national organisations in conducting a number of national, continental, and international

[11] See the mentioned document at http://www.finrrage.org/population.html.

[12] See also the article ‚Who is to blame?' from the NGO Multinational Monitor about the discussions at the Rio summit 1992, http://www.multinationalmonitor.org/hyper/issues/1992/07/mm0792_04.html >20.6.2012<

> conferences. The aim of these meetings is to bring together FINRRAGE activists to intensify and broaden the exchange of information and positions. From the early beginnings it was realized that the experiences and activism of women from Asia, Africa and Latin America are essential to the work of FINRRAGE. Together with women from westernized countries, their political and cultural diversity is the basis for developing common strategies for resistance. An important step towards this goal was the organization of the international FINRRAGE conference in Bangladesh, together with the Bangladeshi organization UBINIG (Policy Research for Development Alternative). The conference brought together more than 140 women from 35 countries (a majority of them from Asia) in March 1989 and greatly influenced the transnational scope of discussion and exchange.“ ((http://www.finrrage.org/history.html >22.6.2012<)

In particular, their non-Eurocentric viewpoint acknowledges that some policies and programs to limit population growth have had negative effects, especially on poor women. In many countries, abuses such as pressure to use specific types of contraceptives, forced sterilization, inadequate attention to contraceptive safety, poor-quality-services that ignore women's multiple reproductive needs, and barriers to access to contraceptives and safe abortion have jeopardized women's rights and health. On FINRRAGE's website there are documentations from concerned scholars and activists about the use of Norplant, a contraceptive that was given to poor women in Bangladesh and Brazil without information about the risks of the drug and which therefore subjected them to an unsafe contraceptive as a means of population control (UBINING 1990). What is important for a postcolonial-feminist standpoint on reproductive rights, the general term used in international UN documents, is that these discussions are not only about abortion but necessarily involve population control, pharmaceutical dumping, and forced sterilization as well. And this, following Spivak, does not mean denying that in Western countries there are also Christian fundamentalists who want to curtail women's right to abortion by reference to an abstract right to life for the fetus. However, if the topic of family planning is raised in the international arena, it is usually Third World women who are addressed. And is there not an implicit double standard if we force Third World women to make their reproductive decisions with reference to an ecological rationality when women in the first world demand a free choice?

Thus from a postcolonial-feminist view, all theorizing about reproductive must take into account that women in the South are threatened by restricted information about contraceptives, pressure to use long-lasting or even permanent contraceptives, disinterest of the government in general (non-procreative) healthcare, and the ignorance of doctors from population control programs.

Moreover, a postcolonial-feminist perspective considers two different female subjectivities, one being a subject who possess rights and the other a subject with responsibilities. It thus becomes clear that rights and responsibilities, which the Enlightenment in general endowed upon *one undivided subject*, are in this discussion unequally distributed between women from the North and South: the status of a subject entitled to rights is not given to subaltern women, for whom the sphere of duties and obligations is reserved.

The displacement of responsibility within the discourse about sustainable development has also been diagnosed by the Kenyan scholar Esther Wangari:

> „Because these debates [about sustainable development, C. L.], whatever their precise focus, are framed within the context of lifestyle, they deflect and obscure the interconnectedness of policies imposed by the state, international financial institutions, the family planning establishment, donor countries and the apparatus of resource control and power at a global level. It also shifts the responsibility of resource conservation and consumption patterns to people in the Third World." (Wangari 2002, 298)

So we have the ideas of ‚overpopulation' or even an ‚explosion of populations' deployed by demographic institutions like the UN Population Fund (UNFPA), the Ford and Rockefeller Foundation, the German Federal Institute for Population Research that propagate population control as adequate means against overpopulation. When we examine their writings more closely we find notions about causal connections between population control and the progress and/or development of a country (see i. e. the UNFPA side on ‚Population & Development' with its headline ‚Linking population, poverty and development': http://www.unfpa.org/pds/ >15.07.2012<). The rhetoric of sustainable development has strengthened this nexus. After the Earth Summit in Rio in 1992, higher and higher fertility rates in the Third World were blamed for lack of economic growth, environmental degradation, and the low status of women. According to the World Bank, the IMF, and donor countries, sustainable development can only be achieved by controlling fertility rates and lifestyles. Against this narrow and politically motivated point of view about who is responsible for unsustainable lifestyles, and developments Wangari sheds light on the broader context of these discussions:

> „It is not fertility rates that are destroying resources, nor are they responsible for women's lack of empowerment or improvement of well-being. After all, a family of five in the Third World may consume fewer resources than a family of two in the West. [...] But of course the debate on fertility rates in the third world obscures the consumption patterns, power, economic structures, racism and class issues which limit economic development and women's empowerment." (Wangari 2002, 308)

Referring to her research on land tenure politics in Kenya, Wangari goes on to reveal how the production of cash crops imposed by the structural adjustment programs of the IMF and World Bank has not benefited the majority of Kenyan women. Traditional staple foods, such as millet, sorghum, legumes, and varieties of beans provided nutrition for pregnant women and their families. Cutting trees for the export oriented production of coffee, tea, tobacco and cotton has resulted in the loss of minerals and vitamins due to soil erosion. Frequent use of pesticides and fertilizers, together with sewage contamination, leads to a lack of iodine and can result in miscarriages. But these connections are denied or left in the dark when we listen to the explanations of international agencies like the IMF or World Bank, donor countries, the family planning establishment, big pharmaceutical companies, and postcolonial states and their local elites.[13]

What connects reproductive rights and population control is the fact that the female body is the target for both of them. And this is not a coincidence, as orthodox Marxists may believe, but structurally necessary. As Spivak has written in *Ghostwriting* about the peculiar corporeality within contemporary globalization: „and in the current global conjuncture woman is the dubiously ferioucisly out-of-joint subject of the strictly Marxian vision" (Spivak 1995, 67). If we go back to the *Communist Manifesto* Marx stated, that „the less the skill and exertion of strength implied in manual labor, in other words, the more modern industry becomes developed, the more is the labour of men superseded by women" (Marx/Engels 1848, 62). And although this relates to the pre-Fordist factory, is has become true in the last years of globalization through the explosion of global homeworking. Investigations from the trade union Self Employed Women's Association (SEWA) speak of more than 300 million homeworkers in the developing countries, of which 50 % are women (Gupta 2001). With these figures it should become clear that the patriarchally defined subaltern women in the global South are the supporters of production and that their labor has become socialized. Thus a postcolonial-feminist perspective which has digested Marx might argue that neither homeworking nor population control and reproductive health are isolated issues; instead they are systematically connected and can be described as a new socialization of reproductive labor. The ‚shorthand taxonomy of the coded discursive management of the new socialization of the reproductive body' contains:

> „(1.) reproductive rights (*metonymic* substitution of the abstract average subject of rights for women's identity); (2.) surrogacy (*metaphoric* substitution of abstract average reproductive labor-power as fulfilled female subject of motherhood); (3.) transplant (displacement of eroticism and generalized presupposed subject of immediate affect); (4.) population control (objectification of the female subject of exploitation to produce alibis for hypersize through demographic rationalization); (5.) post-Fordist homeworking (classical coding of the spectrality of reason as empiricist individualism, complicated by gender ideology)." (Spivak 1995, 67)

And these are the ghostly remains of the abstraction that haunts the empirical body. For Marx these are the specters which haunt the worker and make her/him understand, that ‚*es spuk*' (Spivak 1995, 68). And only in this form can the fetish-character of labor be grasped and turned around like a lever from capitalism towards socialism. But following Spivak, Marx has forgotten a crucial moment: the differential play between capitalism and socialism is a representation of an earlier agony between self and Other that is essential for life itself. And this becomes particularly clear when the concern is reproduction and raising children. If in contemporary times reproductive labor is freed and socialized, women will not be able to avoid this question, because the ‚commodity' in question is a child. And if feminism has really digested Marxism, then the new question is: would it be just if reproductive labor used the fetish-character as *pharmakon* for

[13] For further readings see the meanwhile classical books of Hartmann (1995) and Shiva (1994).

a gender-neutral socialism? Moreover, would it be possible to establish a common fund that secures the use of female reproductive labor for a social*ist* distribution? We will see in future feminist works how these technological restructurings of generativity and other corporeal functions of women can be understood.[14] Or in Spivak's words: „The recoding of the *pouvoir/savoir* of women in globality is an immense field. Abortion as right or murder, queerness as preference or sin, surrogacy as fulfillment or trade are only three items within it." (Spivak 1998, 342)

7. Deconstructing the Capitalism/Socialism Binary

As we saw in the last paragraphs, contemporary globalization depends on the reproductive body of women and especially on poor women from the Third World for its operation. It is the use-value of the labor-power of females that is appropriated for the reproduction of the First World's wealth. And as we have also noticed, we need to understand the abstraction working within the socialization of female reproductive labor-power in order to think about forms of resistance. Going back to the second counter-intuitive lesson from Marx, we learned that the capitalist pays back less to the worker then he/she has given him in the form of labor-power. But this is not an injustice for a Marxist thinker, because capital is just a rational extension of the human capability to produce more than it needs for subsistence. Thus from Spivak's perspective, Marxism cannot give an account of the injustices of capitalism. Spivak therefore approaches the binary between capitalism and socialism with a deconstructive strategy, because deconstruction deals with impossible concepts like justice and ethics, which cannot be assessed via criteria developed beforehand. Value is neither pure use nor pure exchange, and it interrupts the stabilized opposition between capitalism and socialism.

So how can we use Marx's thoughts on value in the present for future concepts of social justice and political changes? If we read Marx's explanations of alternative social organization through a deconstructive lens, socialism is not necessarily the opposite of capitalism. In Spivak's words: „it is rather a constant pushing away – a differing and a deferral – of the *capital*-ist harnessing of the *social* productivity" (Spivak 1993, 119). Thus socialism is not the complete Other of capitalism. In contrast to what many Marxist thinkers suppose, socialism cannot, on Spivak's understanding, operate without the capital relation. But what is deeply problematic is the appropriation of productivity through private interests and groups. Instead, a truly communal (*gemeinschaftliche*) disposition towards the production of surplus-value is needed. A template for that could be found in *Capital, Vol. III*, where Marx describes how a portion of the product of the worker's labor, equal to her or his individual consumption, is relieved of its ‚capitalist limitations.' At the same time he claims that the amount of the use-value should be increased, depending on existing social productivity and the quantity necessary for workers to reach

[14] See for example the recent debates against a redefinition of abortion as murder by the Turkish Prime Minister Erdogan in June 2012 and political actions against it, in particular from women's and feminist movements: http://saynoabortionban.com/ >26.6.2012<.

their fully developed individuality. Marx wrote in his famous passages about the realm of freedom:

> „Freedom in this field can only consist in socialized man, the associated producers, rationally regulating their interchange with Nature, bringing it under their common control, instead of being ruled by it as by the blind forces of Nature; and achieving this with the least expenditure of energy and under conditions most favourable to, and worthy of, their human nature." (Marx 1894, 571)

By showing that socialism cannot function without the capital relation, Spivak deconstructs the binary between capitalism and socialism which is foundational and constitutive for Marxist ideas about emancipation. The majority of approaches dealing with capitalism and/or socialism rely on that opposition, i. e. the notion of the pursuit of happiness as opposed to responsibility towards Others. As Spivak points out, the relation between capitalism and socialism is also open to *différance*:

> „Thus one could reconsider all the pairs of opposites on which philosophy is constructed and on which our discourse lives, not in order to see opposition erase itself but to see what indicates that each of the terms must appear as the *différance* of the other, as the other different and deferred in the economy of the same." (Derrida 1982, 17)

Socialism is thus does not stand in opposition to the capitalist mode of production but differs and defers the capital*ist* use of the social productivity of capital. Moreover, socialism is not a state that has been reached forever, instead it must be thought of as a constant pushing away that needs to be scrutinized carefully. Spivak's concept of socialism does not resemble claims for establishing an alternative economic system. Her point of view focuses on the non-use of capital for capitalism. This means accepting the production of capital and restricting it through a general consensus so that it cannot be appropriated by particular groups but taken up rather as a dynamic force for social redistribution. And this is not a utopian idea, because new social movements from the global South – as we have seen – are already using Marx's insights for political fights. They operate less in the cultural than in the economic sphere and formulate as one important goal „the reallocation of use of capital" (Spivak 1995, 8). Their political tasks also include a version of development distinct from the notions propagated by the World Bank, IMF, WTO, and G 8-countries. Nor is their alternative vision for development a project that can be finished once and for all but one which is unfinishable. Spivak is thus not waiting for a revolution or insurgence. The struggle between socialism and capitalism is at the same time something to come and something already there. With respect to the recent processes of globalization, the antagonism between capitalism and socialism is located in the battle of people in the Third World for local self-determination and in their struggle against dominant forms of capital.

References

Bakker, Isabell, Anne S. Runyan, and Marianne Marchand (2001/2011): *Gender and Global Restructuring: Sighting, Sites and Resistance.* 2nd Edition, Abington.

Balakrishnan, Radhika (2001): *Hidden Assembly Line: Gender Dynamics of Subcontracted Work in a Global Economy*, Bloomfield.
Beneria, Lourdes (2003): *Gender, Development, and Globalization: Economics as if People Mattered*, New York.
Böck, Monika and Aparna Rao (1995): „Aspekte der Gesellschaftsstruktur Indiens: Kasten und Stämme“, in: Dietmar Rothermund (Ed.), *Indien. Kultur, Geschichte, Politik, Wirtschaft, Umwelt*, München.
Derrida, Jacques (1982): „Différance“, in: *Margins of Philosophy*, Chicago.
Elson, Diane (2002): „Gender Justice, Human Rights and Neo-Liberal Economic Policies“, in: Maxine Molyneux, Shahra Razavi (Eds.): *Gender Justice, Development and Rights*, Oxford.
Elson, Diane and Nilufer Cagatay (2000): „The Social Content of Macroeconomic Polices“, in: *World Development* 28 (7).
Hartmann, Betty (1995): *Reproductive Rights and Wrongs: The Global Politics of Population Control*, Boston.
Historisch-Kritisches Wörterbuch des Marxismus (1994 ff), ed. by Wolfgang Fritz Haug, Hamburg.
Huffschmid, Jörg (2002): *Politische Ökonomie der Finanzmärkte*, Hamburg.
Leisinger, Klaus M. (1999): *Die sechste Milliarde. Weltbevölkerung und nachhaltige Entwicklung*, München.
Liberti, Stefano (2012): *Landraub*, Berlin.
Marx, Karl (1844): *Economical and Philosophical Manuscripts of 1844*, http://www.marxists.org/archive/marx/works/1844/manuscripts/preface.htm.
Marx, Karl (1857/58): *Grundrisse der Kritik der Politischen Ökonomie* (engl.: *Outlines of the Critique of Political Economy*), http://www.marxists.org/archive/marx/works/1857/grundrisse/.
Marx, Karl (1867): *Capital 1. A Critique of Political Economy*, http://www.marxists.org/archive/marx/works/1867-c1/.
Marx, Karl (1894): *Capital 3. A Critique of Political Economy*, http://www.marxists.org/archive/marx/works/1894-c3/index.htm.
Marx, Karl, Frederick Engels (1848): *Manifesto of the Communist Party*, http://www.marxists.org/archive/marx/works/1848/communist-manifesto.
Mellor, Mary (1997): *Feminism & Ecology: An Introduction*, New York.
Mies, Maria and Shiva, Vandana (1993): *Ecofeminism*, Halifax.
Navdanya: *Two Decades of Service to the Earth and Small Farmers*. http://www.navdanya.org/attachments/Navdanya.pdf >6.7.2012<.
Perrons, Diane (2004): *Globalization and Social Change: People and Places in a Divided World*, New York.
Randeria, Shalini (2009): „Ökologische Governance. Zwangumsiedelung und Rechtspluralismus im (post-)kolonialen Indien“, in: *Femina Politica. Zeitschrift für feministische Politikwissenschaft* 18:2.
Shiva, Vandana (Ed.) (1994): *Close to Home. Women reconnect Ecology, Health and Development Worldwide*, Philadelphia.
Spivak, Gayatri C. (1993): „Supplementing Marxism“, in: Stephen Cullenberg, Bernd Magnus (Eds.): *Whither Marxism?* London/New York.
Spivak, Gayatri C. (1995): „A Dialogue on Democracy (with David Plotke)“, in: *Socialist Review* 94.3.
Spivak, Gayatri C. (1995): „Ghostwriting“, in: *diacritics* 25.2.
Spivak, Gayatri C. (1998): „Cultural Talks in the Hot Peace: Revisiting the ‚Global Village‘“, in: Pheng Cheah, Bruce Robbins (Eds.), *Cosmopolitics: Thinking and Feeling Beyond the Nation*, Minneapolis.
Spivak, Gayatri C. (2000): „From Haverstock Hill Flat to U.S. Classroom, What's Left of Theory?“, in: Judith Butler, John Guillory and Kendall Thomas (Eds.), *What's Left of Theory? New Work on the Politics of Literary Theory*, New York/London.

UBINING (1990): „Research Report on Norplant, the Five Year Needle: an Investigation of the Norplant Trial in Bangladesh from the User's Perspective", in: *Reproductive and Genetic Engineering: Journal of International Feminist Analyses*. Vol. 3, No. 3, http://www.finrrage.org/pdf_files/Contraception/Norplant_Trial_in_Bangladesh.pdf.

Wagner, Christian (2006): *Das politische System Indiens. Eine Einführung*, Wiesbaden.

Wallerstein, Immanuel (1992): „Post-America and the Collapse of Leninism", in: *Rethinking Marxism* 5.1.

Wallerstein, Immanuel (2010): „Structural Crises", in: *New Left Review* 62.

Wangari, Esther (2002): „Reproductive Technologies: A Third World Feminist Perspective", in: Krienhild Saunders (Ed.): *Feminist Post-Development Thought. Rethinking Modernity, Postcolonialism and Representation*, London/New York.

Young, Brigitte, Helene Schuberth (2010): „The Global Financial Meltdown and the Impact of Financial Governance on Gender", in: GARNET Policy Brief, Paris: Science Politique, http://www.garneteu.org/fileadmin/documents/policy_briefs/Garnet_Policy_Brief_No_10.pdf >20.6.2012<.

Young, Brigitte, Isabella Bakker and Diane Elson (2011): *Questioning Financial Governance from a Feminist Perspective*, Oxon.

Zeise, Lucas (2010): *Geld – der vertrackte Kern des Kapitalismus. Versuch über die politische Ökonomie des Finanzsektors*, Köln.

III. Politik

Hanna Meissner

... Es kommt darauf an, sie zu verändern: Gesellschaftstheorie als epistem-onto-logischer Einsatz

Dass die marxschen Analysen nicht einfach als Theorie unserer Gegenwart dienen können oder gar eine Anleitung für politisches Handeln darstellen, dürfte weitgehend unstrittig sein. Marx sollte als Klassiker gelesen werden, der in seiner Zeit bestimmte Fragen formuliert hat, bestimmte Probleme begrifflich erfasst hat, die auch heute noch relevant sind. Als Klassiker ist er allerdings immer auch zeitgebunden. Wir lesen ihn heute in einer anderen historischen Situation, dadurch sind auch seine Texte etwas anderes. Wenn man sie als vitales intellektuelles und politisches Projekt begreift, ist es also notwendig, die marxschen Texte beständig neu zu lesen und neu zu durchdenken. Mittlerweile blicken wir auf eine lange Geschichte diverser Debatten darüber zurück, inwiefern oder ob überhaupt gesellschaftliche Phänomene ursächlich auf die von Marx analysierten kapitalistischen Strukturen zurückzuführen sind. Es stellt sich daher die Frage, ob die marxschen Analysen ergänzt werden sollten, um weiter Aspekte der gesellschaftlichen Wirklichkeit zu erfassen – oder ob es gar an der Zeit ist, sie gänzlich als unzulänglich zu verwerfen.

Deutlich wurde im Zuge dieser Debatten in jedem Fall, dass mit der Kapitalismusanalyse noch keine Gesellschaftsanalyse geleistet ist, dass eine begrifflich-theoretische Rekonstruktion der kapitalistischen Produktionsweise nicht den Anspruch erheben kann, alle Phänomene der empirischen Wirklichkeit umfassend zu erklären. Fraglich erscheint generell, inwiefern einzelne Phänomene und Ereignisse überhaupt in irgendeiner Weise kausal auf übergreifende Strukturzusammenhänge zurückgeführt werden können. Wenn wir heute die marxsche Kapitalismusanalyse (wieder) lesen, dann tun wir das nicht zuletzt auch vor dem Hintergrund von Debatten, die in unterschiedlichen Hinsichten Marx' Fokus auf die Arbeiterklasse als Subjekt der Geschichte als universalisierend und zugleich ausschließend kritisiert haben. Der Blick, den die marxschen Analysen auf die Bedeutung richten, die die Strukturen der Produktionsweise für die Konstitution von Sozialität haben, erweist sich für emanzipatorische Bestrebungen als unzureichend. Wie Diane Elson feststellt, sind gesellschaftskritische Debatten, die sich auf Marx beziehen, häufig durch eine „produktionszentrierte Voreingenommenheit" geprägt; sie beschäftigen „sich mit der Umwandlung der Produktionsbeziehungen am Arbeitsplatz, [finden] jedoch keinen neuen Gedanken für die Beziehungen zwischen Produktion und Konsumtion, zwischen Arbeitsplatz und Haushalt, ebensowenig dafür, wie die Konsumtion und die Reproduktion der Arbeitskraft reorganisiert werden müssen" (Elson 1990, 62).

In Projekten der Re-Lektüre und des Überdenkens der marxschen Texte scheint es mir aber wichtig, das Kind nicht mit dem Bade auszuschütten: Bei aller berechtigten Kritik an gesellschaftstheoretischen Unzulänglichkeiten, bieten seine Arbeiten unverzichtbare Instrumentarien, um den Zustand unserer historischen Gegenwart zu verstehen. So bemerkt Noel Castree im Hinblick auf bestimmte Kritiken am eurozentrischen Geschichts- und Menschenbild bei Marx:

> „[P]ostcolonial critics eager to locate subaltern struggles unique to the ‚Third World' run the serious risk of losing sight of an international political economy that binds the ‚West' and ‚the rest' into an unequal relationship of destructive creativity. And, equally, they run the risk dividing those in both parts of the world who, [...] share a *common* subjection to capitalism: working people." (Castree 1996, 67)

Eine bloße Verabschiedung der marxschen Analysen würde also dazu führen, dass wir *etwas aus dem Blick verlieren* – und zwar globale Abhängigkeiten, die sich in gewaltsamen und krisenhaften Zwängen artikulieren und über Differenzen hinweg Gemeinsamkeiten konstituieren.

Die marxschen Analysen bieten für drängende Fragen unserer Zeit ein wichtiges kritisches Potenzial, indem sie uns die kapitalistische Produktionsweise als historische Wirklichkeit erkennen lassen, als eine spezifische Kombination von Produktivkräften und Produktionsverhältnissen, die auf der Existenz von Privateigentum an Produktionsmitteln beruht und als treibende Dynamik die Produktion von Mehrwert hervorbringt. Der epistemische Einsatz dieser Analysen besteht in der Annahme, dass die kapitalistische Produktionsweise einen realen strukturellen Zusammenhang darstellt, der allerdings als solcher verborgen, also sinnlich-empirisch nicht unmittelbar erfassbar ist, sondern nur durch begrifflich-theoretische Rekonstruktion zugänglich wird. Marx macht sich also gewissermaßen eine „visualizing ‚power' of theory" (Castree 1996, 48) zunutze: Mittels einer begrifflichen Rekonstruktion macht er einen Verweisungszusammenhang sichtbar, der erst dadurch auf spezifische Weise als Realität erfahren werden kann. Aber was ist es genau, was da sichtbar gemacht wird? Was ist der ontologische Status dieses verborgenen Zusammenhangs? Wie lässt sich der Akt des „theoretical envisioning" (Castree 1996, 49) fassen, wenn er nicht als Repräsentation einer vorgängigen Wirklichkeit verstanden werden soll?

Diese Fragen halte ich für entscheidend für Überlegungen, welchen gesellschaftskritischen Beitrag die marxschen Analysen für eine Kritik und mögliche Umgestaltung unserer Gegenwart bieten. Ich möchte im Folgenden argumentieren, dass der strukturelle Zusammenhang, den Marx sichtbar macht, weder ein rein gedankliches Konstrukt ist noch aber unmittelbare Wirklichkeit. Seine analytischen Kategorien sind nicht einfach Ergebnisse einer möglichen Lesart der Welt, die ebenso gut anders möglich wäre – sie verweisen allerdings eben so wenig auf eine ‚außerdiskursive' Realität, die sich als solche vorfinden und einfach abbilden ließe. Um dies zu diskutieren, skizziere ich im ersten Teil des Artikels inwiefern Marx mit der analytischen Rekonstruktion der Strukturen der kapitalistischen Produktionsweise eine Dimension des Sozialen in den Blick bringt, die eine spezifische Objektivität gesellschaftlicher Verhältnisse konstituiert. Dadurch kann er zum einen deutlich machen, dass unser In-der-Welt-Sein, unser Bezug auf uns selbst und auf Andere/s nicht in vorgängigen, natürlichen Eigenschaften von Menschen und Dingen begründet ist, sondern dass Menschen und Dinge mit spezifischen Eigenschaften und Beziehungsformen überhaupt erst in diesem gesellschaftlichen Zusammenhang hervorgebracht werden. Zum anderen kann er argumentieren, dass sich bestimmte Dynamiken gewissermaßen ‚naturwüchsig' vollziehen, solange die Produktions- und Austauschverhältnisse im Systemzusammenhang der kapitalistischen Produktionsweise organisiert sind. Es geht bei Marx also darum, einen gesellschaftlichen Zusammenhang sichtbar zu machen, um ihn auf diese Weise als praktisch veränderbar erscheinen zu lassen.

Zugleich ist diese Analyse nicht ausreichend – und damit komme ich zum zweiten Punkt, nämlich der Frage, was fehlt: Mit der Kapitalismusanalyse hat man noch keine Gesellschaftsanalyse geleistet und erst recht hat man keinen Fahrplan in der Tasche, wo es im Sinne emanzipatorischen Gestaltens hin gehen sollte. An feministische Kritiken anschließend, diskutiere ich die Grenzen der marxschen Analyse, wobei ich an der Problematisierung eines gewissen objektivistischen Überhangs des Konzepts der gesellschaftlichen Form bei Marx ansetzte. So macht beispielsweise Ursula Beer geltend, dass sich empirische Phänomene durch die Funktionsbestimmungen verborgener Strukturen nicht erschöpfend erfassen lassen, vielmehr sei in empirischen Phänomenen immer auch ein überschüssiges Moment wirksam – beispielsweise das, was in der Form der Produktivkraft ‚Individuum' „an Subjektivität brachliegt, nicht vernutzt wird, sich nicht vernutzen lässt" (Beer 1991a, 138). Phänomene sind in ihrer materiellen Gestalt durch die verborgenen Strukturen konfiguriert, aber nicht determiniert. Das heißt, dass konkrete Institutionen, Formen der Arbeitsteilung, gesetzliche Regelungen, Identitäten, Lebensformen und Praktiken in einem funktionalen Verhältnis zu den verborgenen Strukturen stehen, jedoch nicht einfach aus diesen Strukturen ableitbar sind: „‚Erscheinungsformen' wären nach dieser Auffassung nicht bloßer Ausdruck von sozialen Strukturierungsprinzipien, sondern immer zugleich auch Überschüssiges" (Beer 1991a, 139).

An diese kritischen Überlegungen anschließend, geht es mir darum zu argumentieren, dass sich dieses Überschüssige allerdings nicht einfach zur marxschen Kapitalismusanalyse hinzufügen lässt. Es *fehlt* nichts bei Marx – und zugleich ist seine Kapitalismusanalyse keine vollständige Gesellschaftsanalyse. Ich gehe vielmehr davon aus, dass gerade die Aufmerksamkeit für die spezifischen Grenzen der marxschen Analysen einen sinnvollen Ausgangspunkt für die Frage darstellt, welche unverzichtbaren Möglichkeiten diese Analysen für eine Kritik unserer Gegenwart bieten. Diese Überlegungen setzten bei der epistemologischen Annahme an, dass jeder Akt, etwas sichtbar zu machen, zugleich immer anderes nicht in Erscheinung treten lässt. Wenn die Stärke der marxschen Analysen darin zu sehen ist, dass sie Strukturen erkennbar machen, die einen globalen Maßstab für Produktion und Tausch darstellen und dadurch bestimmte Einheitlichkeiten und Regelmäßigkeiten, aber auch krisenhafte Dynamiken erzeugen, dann verweist der Fokus auf die Grenzen dieser Analysen auf das, was dabei stillschweigend vorausgesetzt oder gar aus dem Blickfeld gerückt wird: „[The] claim that ‚capitalism' is now truly ‚global' arguably depends precisely on ignoring and thereby effacing the vast multiplicities of other histories, other geographies, and other subjectivities." (Castree 1996, 65)

Dies heißt allerdings wiederum nicht, dass der marxsche Akt der begrifflichen Visualisierung kapitalistischer Strukturen durch andere Visualisierungen *ergänzt* werden sollte. Es geht in diesem Sinne nicht darum, eine theoretische Vollständigkeit anzustreben, vielmehr stellt sich die Frage, wie verschiedene und eventuell disparate Visualisierungen in ihren möglichen Spannungen zueinander gehalten werden können. Um diese Vielfältigkeit und die Spannungsverhältnisse der jeweils sichtbar werdenden Wirklichkeit fassen zu können, habe ich an anderer Stelle Étienne Balibars Vorschlag aufgegriffen, unterschiedliche Perspektiven in ihren ‚Punkten der Häresie' zu betrachten, um auf diese Weise das Verhältnis unterschiedlicher Analyseperspektiven weder als Alternative noch als einfache Ergänzung zu betrachten (Meißner 2010, 255 f.). Balibar argumentiert, dass Michel Foucault und Marx – obgleich sie in mehreren entscheidenden Punkten in (grundsätzlicher) Opposition zueinander stehen – im Hinblick auf die Frage der Transformation von Strukturen von Macht und Herrschaft aufeinander verwiesen werden können. Eine Gegenüberstellung dieser beiden Perspektiven im Sinne einer Pro-Kontra-Abwägung hält Balibar für reduktionistisch, denn „bei Foucault gibt es Probleme, von denen sich bei Marx keine Spur finden lässt" (Balibar 2004, o. S.; Übersetzung H. M.).

Diesen Gedanken der häretischen Spannungen und vor allem dessen Implikation, dass eine Perspektive bestimmte Probleme erkennbar macht, die in einer anderen Perspektive überhaupt nicht erkennbar sind, will ich hier erneut aufgreifen. Mir geht es dabei um die Suche nach einem epistem-ontologischen Konzept, mit dem erfasst werden könnte, dass es keine theoretische Perspektive gibt, aus der alle Dimensionen der Wirklichkeit gleichzeitig betrachtet werden können, und dass zugleich aber unterschiedliche (und eventuell sich gegenseitig ausschließende) Perspektiven gleichermaßen wichtig sind, um ein adäquateres Bild zu erhalten.[1] Wenn die kapitalistische Produktionsweise als struktu-

[1] Der Bezug auf das Konzept der Epistem-onto-logie stellt einen (hier erst einmal recht losen) Verweis auf Karen Barad (2007) dar, die dieses Konzept im Kontext der (feministischen) Wissenschafts- und Technikforschung eingebracht hat, um den konstitutiven Zusammenhang von Erkenntnis und Wirklichkeit zu erfassen. Barad schließt dabei an Niels Bohrs *Komplementaritätsprinzip* an, mit dem dieser das in der Quantenphysik diskutierte Welle-Teilchen-Paradox interpretiert. Im Unterschied zu Werner Heisenbergs Konzeption der Unschärferelation, die besagt, dass es nicht möglich ist, gleichzeitig Ort und Impuls eines Teilchens zu messen, sondern jeweils nur das eine bestimmbar ist, während über das andere lediglich wahrscheinlichkeitstheoretische Aussagen möglich sind, geht Bohr davon aus, dass es jenseits der Messapparatur keine Teilchen mit bestimmten Eigenschaften (wie Ort oder Impuls) *gibt*. Dies impliziert, dass Teilchen mit einem bestimmten Impuls oder einem bestimmten Ort nur im Akt des Messens durch die Messapparatur hervorgebracht werden. Barad zieht daraus den Schluss, dass die kleinsten ontischen Einheiten nicht einzelne Teilchen, also vorgängige Entitäten sind, sondern Phänomene, die in den Relationierungen spezifischer Apparate hervorgebracht werden. Die Unmöglichkeit, Impuls und Ort eines Teilchens gleichzeitig zu bestimmen, ist also nicht ein vorrangig epistemisches Problem, keine *Unschärfe*, die durch bessere Apparaturen eventuell schärfer gestellt werden könnte. Vielmehr besagt Bohr (in Barads Interpretation), dass unterschiedliche Apparaturen unterschiedliche Phänomene konstituieren. Und nicht nur das: Mit dem Prinzip der Komplementarität lässt

reller Zusammenhang für die Alltagserfahrung nicht einfach zur Entdeckung bereitsteht, dann bedarf es eines bestimmten Erkenntnisapparats, damit sie als Wirklichkeit erfahrbar wird. Der Gedanke der häretischen Spannung verschiedener Perspektiven verweist aber darauf, dass die durch diesen Apparat sichtbar gemachte Struktur der Produktionsweise nicht einfach als ein isolierbares Objekt begriffen werden sollte. Adäquat ist die marxsche Rekonstruktion der kapitalistischen Produktionsweise, da sie diesen Strukturzusammenhang sichtbar macht und ihn dadurch als Gegenstand transformatorischen Gestaltens thematisieren kann – wodurch eine spezifische menschliche Handlungsfähigkeit begründet wird. Zugleich ist diese Visualisierung allerdings nicht als eine adäquate Repräsentation der gelebten Wirklichkeit zu verstehen; mit ihr kann nicht geklärt werden, wer, wie, warum und mit welchem Ziel diese Transformation der Produktionsweise tatsächlich in die Praxis umgesetzt werden könnte und sollte.

1. Marx' Sozialtheorie als materialistische Gesellschaftskritik

„Die Philosophen haben die Welt nur verschieden *interpretiert*; es kömmt drauf an, sie zu *verändern.*" (MEW 3, 7) Marx' Sozialtheorie ist ein Projekt der Kritik, das darauf zielt, praktisch-materielle Veränderungen der Welt zu ermöglichen. Er geht dabei davon aus, dass Interpretieren und Handeln in einem Verhältnis der gegenseitigen Konstituierung stehen; ein wichtiges Moment seines Anliegens besteht insofern darin, die Wirklichkeit als historisch geworden erkennbar werden zu lassen, als von Menschen ‚gemacht', um sie auf diese Weise als Gegenstand menschlicher Gestaltung, als bewusst veränderbar thematisieren zu können. Dies impliziert wiederum ein spezifisches Verständnis von Handlungsfähigkeit und damit auch ein spezifisches Subjekt. Ein Subjekt, das die Welt als historisch gewordene erkennt und aufgrund dieser Erkenntnis bewusst transformatorisch eingreifen kann. Hier zeigt sich die spezifische Interessiertheit der marxschen theoretischen Visualisierungen: Indem er die Bedingtheit von dem was ist erkennbar werden lässt, will er praktisch zugänglich machen, dass es auch anders möglich wäre. Zugleich ist diese Interpretation in die Verhältnisse des Gegebenen eingebunden. Sie wird als mögliche Lesart der Welt gewissermaßen in und von dieser Welt hervorgebracht.

---

sich fassen, dass sich gegenseitig ausschließende Phänomene gleichermaßen möglich/wirklich sein können – dass beispielsweise Licht sowohl Welle als auch Teilchen sein kann. Als Denkmodell könnte dies auf die Gesellschaftstheorie übertragen hilfreich sein, um die gesellschaftliche Wirklichkeit als paradoxe Einheit aus Totalität und Vielfältigkeit zu erfassen. Wie mir im Übrigen kürzlich zur Kenntnis kam, wird der Fokus des Leitprojekts *Tension/Spannung* am Institute for Cultural Inquiry (ici) in Berlin in der Laufzeit 2012/13 auf *Complementarity and Wholes Which Are Not One* liegen. Die in der Projektbeschreibung aufgeworfene Frage nach „potential and limits of complementarity for reconsidering questions of totality, the whole and the relation of parts within different fields and to explore further how diverse cultures and discourses can be brought into productive confrontation beyond indifferent coexistence and violent conflict" scheint in eine ähnliche Richtung zu zielen, wie meine hier skizzierten Überlegungen (http://www.ici-berlin.org/de/projektbeschreibung/complementarity-and-wholes/).

Marx geht also von einer aktiven Handlungsfähigkeit des Menschen aus, der er ein transformatorisches Potenzial zuspricht. Der Schlüssel zu dieser Handlungsfähigkeit liegt für ihn allerdings nicht in den Handlungsmotiven der Individuen, sondern in den sozialen Bedingungen, die solche Motive überhaupt erst hervorbringen. Bei Marx ist die Annahme, dass der Mensch produktiv verändernd in die Welt eingreift, nicht mit der Voraussetzung eines souveränen Subjekts verbunden, sondern er geht davon aus, dass Subjektivität und Handlungsfähigkeit gesellschaftlich konstituiert sind. Wie es in der sechsten Feuerbachthese heißt, ist das menschliche Wesen „kein dem einzelnen Individuum innewohnendes Abstraktum. In seiner Wirklichkeit ist es das Ensemble der gesellschaftlichen Verhältnisse." (MEW 3, 6) Ausgangspunkt von Marx' Analysen ist daher nicht der Mensch, sondern es sind die gesellschaftlichen Verhältnisse, die in ihrem ‚Ensemble' bestimmte Formen von Subjektivität hervorbringen. Der gesellschaftskritische Einsatz der marxschen Analysen besteht darin, ein spezifisches historisches Subjekt erkennbar zu machen: die Arbeiterklasse, die mit ihrer lebendigen Arbeitskraft die Grundlage allen gesellschaftlichen Reichtums schafft, unter kapitalistischen Verhältnissen allerdings zu einem Produktionsfaktor neben anderen (Kapital und Boden) verdinglicht ist und ausgebeutet wird.

Für Marx ist es aber „weniger interessant, *daß* [...] die Arbeiterklasse im Kapitalismus Objekt der Ausbeutung und [...] auch der Entwürdigung durch ihre faktische Einreihung unter die sachlichen Produktionsmittel des Kapitals ist. Ihn interessiert vielmehr in erster Linie, *wie* dies geschieht, d. h. die *Form* der Ausbeutung und die *Form* der Versachlichung" (Kößler/Wienold 2001, 42). Marx interessiert, inwiefern spezifische Formen von Ausbeutung und Versachlichung mit spezifischen Subjektivierungsweisen verbunden sind. Er fasst die Form kapitalistischer Ausbeutung als ein Verhältnis des gerechten Tauschs zwischen freien Rechtssubjekten und macht auf diese Weise deutlich, dass Machtverhältnisse im Kapitalismus auf der Freiheit der Subjekte beruhen. Diese Subjekte stehen nicht in persönlichen Abhängigkeitsverhältnissen, sondern sie sind als individuelle Privatproduzenten in Abhängigkeiten eingebunden, die unpersönlich und zugleich global sind: „Die Produktion sowohl jedes einzelnen ist abhängig von der Produktion aller andern; als die Verwandlung seines Produkts in Lebensmittel für ihn selbst abhängig geworden ist von der Konsumtion aller andern." (MEW 42, 89 f.)

Der gesellschaftliche Zusammenhang – als „wechselseitige und allseitige Abhängigkeit der gegeneinander gleichgültigen Individuen" (MEW 42, 90) – drückt sich in der kapitalistischen Produktionsweise im Tauschwert aus; dieser findet seinen sachlich-individuellen Ausdruck wiederum im Geld als dem verallgemeinerten Tauschmittel, das damit zur *sachlichen* Gestalt von Macht wird. Macht wird hier also nicht von Subjekten direkt auf Subjekte ausgeübt, sondern vermittelt über eine *Sache*; ihre Ausübung erscheint dadurch auch nicht als solche, sondern vielmehr als Ausdruck der Freiheit. Marx bringt die Besonderheit dieser Versachlichung von Macht sinnbildlich auf den Punkt, wenn er schreibt, dass das Subjekt als Besitzer von Geld „seine gesellschaftliche Macht, wie seinen Zusammenhang mit der Gesellschaft in der Tasche mit sich [trägt]" (MEW 42, 90). Die für Gesellschaften mit kapitalistischer Produktionsweise spezifischen Formen von Herrschaft und Ausbeutung sind also dadurch gekennzeichnet, dass sie systematisch und dauerhaft und zugleich unpersönlich sind. Diese Versachlichung sozialer Verhältnisse führt wiederum zu einer systematischen *Verkehrung*: Individuelle

Freiheit ist in diesem Kontext insofern „zugleich die völligste Aufhebung aller individuellen Freiheit und die völlige Unterjochung der Individualität unter gesellschaftliche Bedingungen, die die Form von sachlichen Mächten, ja von übermächtigen Sachen – von den sich beziehenden Individuen selbst unabhängigen Sachen annehmen“ (MEW 42, 551).

Marx rekonstruiert die historische Ontologie unserer Gegenwart also in ihrer Dimension der Versachlichung, durch die soziale Beziehungen als Eigenschaften von Dingen erscheinen und den Status natürlicher Notwendigkeiten erhalten. Er kann zeigen, inwiefern die Subjekte ihre gesellschaftlichen Verhältnisse als Wesenseigenschaften von Dingen und Menschen wahrnehmen und ihnen ‚Gesellschaft‘ dann wiederum als notwendige Regulierung dieser Natur von Dingen und Menschen erscheint. Marx bezeichnet dies als *Verkehrung*, da gesellschaftliche – also von den Menschen ‚gemachte‘ – Verhältnisse gewissermaßen als Natur erscheinen. Aufgrund dieser Verkehrung ist der gesellschaftliche Zusammenhang als solcher nicht unmittelbar erfahrbar, „die fertige Gestalt der ökonomischen Verhältnisse, wie sie sich an der Oberfläche zeigt, in ihrer realen Existenz, und daher auch in den Vorstellungen, worin die Träger und Agenten dieser Verhältnisse sich über dieselben klar zu werden versuchen, sind sehr verschieden, und in der Tat verkehrt, gegensätzlich zu ihrer inneren, wesentlichen aber verhüllten Kerngestalt und dem ihr entsprechenden Begriff“ (MEW 25, 219). Hier wird die gesellschaftspolitische Relevanz der marxschen Konzeption verborgener Zusammenhänge deutlich: Ohne eine begriffliche ‚Visualisierung‘ sind sie nicht als Wirklichkeit erkennbar; die gesellschaftlichen Verhältnisse erscheinen als sachlich oder natürlich notwendige Anordnungen. Ohne eine theoretische Apparatur ist es den Einzelnen gar nicht möglich, einen Zusammenhang zu erkennen.

Marx verhandelt diese Verkehrung paradigmatisch unter dem Begriff der *trinitarischen Formel*: Kapital, Arbeit und Boden erscheinen empirisch als unmittelbare, eigenständige Produktionsfaktoren, die jeweils ihren eigenen Anteil an der Produktion des gesellschaftlichen Reichtums haben. Die Kategorien ‚Arbeit‘, ‚Boden‘ und ‚Kapital‘ scheinen also auf verschiedene, ontologisch eigenständige Einheiten zu verweisen, die jeweils die Quelle unterschiedlicher Formen von Einkommen sind (Lohn, Rente und Profit). Marx fragt nun aber nach dem gesellschaftlichen Zusammenhang, der diese Kategorien in ihrer spezifischen Formbestimmtheit und inneren Abhängigkeit voneinander überhaupt erst hervorbringt. Seine Analyse macht erkennbar, dass ‚Arbeit‘ als Quelle von Einkommen eine bestimmte, historische Form der Verausgabung von Arbeitskraft gegen Lohn impliziert. Diese Form der Verausgabung von Arbeitskraft steht in konstitutivem Zusammenhang mit der historischen Form der Produktionsmittel als ‚Kapital‘. Beides ist wiederum ohne die Form des Privateigentums (an der eigenen Arbeitskraft oder an Produktionsmitteln als Kapital) nicht verständlich. Auch die Einkommen generierende Potenz des ‚Bodens‘ ist erst in ihrer historischen Form als Eigentum möglich, denn nur in dieser Form kann Boden einen Teil der erwirtschafteten Ressourcen als Einkommen an sich binden. Der innere Zusammenhang stellt sich für Marx über die Mehrwert produzierende lebendige Arbeitskraft her, sie schafft den gesellschaftlichen Reichtum, der nur aufgrund spezifischer historischer Produktionsverhältnisse in Form vermeintlich eigenständiger Einkommensquellen erscheinen kann:

> „*Rente, Zins und industrieller Profit* sind bloß *verschiedene Namen für verschiedene Teile des Mehrwerts* der Ware oder *in ihr vergegenständlichten unbezahlten Arbeit* und *leiten sich in gleicher Weise aus dieser Quelle und nur aus ihr her*. Sie leiten sich nicht aus *Boden* als solchem her oder aus dem *Kapital* als solchem, sondern Boden und Kapital setzen ihre Eigentümer in den Stand, ihre respektiven Anteile an dem von dem industriellen Kapitalisten aus seinem Arbeiter herausgepreßten Mehrwert zu erlangen." (MEW 16, 137)

Mit der Rekonstruktion dieses gesellschaftlichen Zusammenhangs ermöglicht Marx gewissermaßen eine andere Lesart der Welt und eröffnet damit zugleich die Möglichkeit eines anderen gesellschaftskritischen Einsatzes, der sich mit Judith Butler als „Aufstand auf der Ebene der Ontologie" (Butler 2005, 50) bezeichnen lässt. Statt die ontische Gegebenheit bestimmter Dinge – wie Arbeit, Kapital und Boden – vorauszusetzen und dann zu fragen, wie diese in gerechtere oder ethisch angemessenere Verhältnisse zueinander gebracht werden können, richtet sich Marx' Strategie der Kritik auf die Frage, durch welche Strukturen bestimmte Elemente, Gegebenheiten und Probleme überhaupt erst als solche hervorgebracht werden und wie sie entsprechend in spezifischen Kausalbeziehungen zueinander stehen und spezifische Dynamiken hervorbringen.[2] Marx geht es also nicht um eine Umverteilung im Rahmen einer gegebenen Ordnung. Ein solcher Fokus auf Umverteilung verkennt nämlich, dass, solange der strukturelle Zusammenhang der kapitalistischen Produktionsweise als solcher bestehen bleibt, bereits eine beständige Umverteilung erfolgt. Diese Umverteilung geschieht unabhängig vom Wollen und von den Werthaltungen der Subjekte; sie vollzieht sich entsprechend der Gesetzmäßigkeiten des Werts. So beruht laut Marx

> „[d]er *Ruf nach Gleichheit der Löhne* [...] daher auf einem Irrtum, ist ein unerfüllbarer *törichter* Wunsch. Er ist die Frucht jenes falschen und platten Radikalismus, der die Voraussetzungen annimmt, die Schlussfolgerungen aber umgehn möchte. Auf Basis des Lohnsystems wird der Wert der Arbeitskraft in derselben Weise festgelegt wie jeder andern Ware [...]. Nach *gleicher oder gar gerechter Entlohnung* auf Basis des Lohnsystems zu rufen, ist dasselbe, wie auf Basis des Systems der Sklaverei nach *Freiheit* zu rufen. Was ihr für recht oder gerecht erachtet, steht nicht in Frage. Die Frage ist: Was ist bei einem gegebnen Produktionssystem notwendig und unvermeidlich?" (MEW 16, 131 f.)

Indem Marx in diesem Sinne die Produktionsweise als einen historischen Strukturzusammenhang rekonstruiert, kann er erklären, inwiefern sich in und durch diese Strukturen bestimmte Hierarchien und Machtverhältnisse systematisch reproduzieren. Er kann dadurch argumentieren, dass diese Hierarchien und Machtverhältnisse nur transformiert werden können, indem die strukturelle Ordnung reorganisiert wird. Der kritische Impe-

---

[2] Diese Herangehensweise weist meines Erachtens große Nähe zu Foucaults Konzept des Dispositivs auf. Die marxsche *Kritik der politischen Ökonomie* ist ein Projekt der Analyse der historischen Strukturen der politischen Ökonomie. Im Sinne einer Dispositivanalyse setzt sie dabei nicht bei bestimmten Problemen an, die sie als gegeben hinnimmt. Ihr Ziel ist es auch nicht, nach Lösungen für diese Probleme zu suchen. Vielmehr geht es ihr um die Strukturen, die diese Probleme überhaupt erst *konstituieren*.

tus besteht darin, diese vermeintlich sachlichen Verhältnisse als Gegenstand kollektiver Bearbeitung in den Blick zu bekommen. So formulieren Marx und Engels die Hoffnung, dass die Menschen, wenn sie die soziale Bedingtheit ihrer gegenseitigen Abhängigkeiten erkennen, sich bewusst zusammenschließen können, um diese Verhältnisse im Sinne eines guten Lebens gemeinsam und bewusst zu gestalten. Der historische Prozess erhielte dadurch eine neue Qualität als kollektiver Willensakt:

> „Der Kommunismus unterscheidet sich von allen bisherigen Bewegungen dadurch, daß er die Grundlage aller bisherigen Produktions- und Verkehrsverhältnisse umwälzt und alle naturwüchsigen Voraussetzungen zum ersten Mal mit Bewußtsein als Geschöpfe der bisherigen Menschen behandelt, ihrer Naturwüchsigkeit entkleidet und der Macht der vereinigten Individuen unterwirft." (MEW 3, 70)

Dieser Bezug auf die vereinigten Individuen ist aber weitaus voraussetzungsvoller und problematischer, als es hier erscheint. Wie Gayatri Spivak bemerkt, stellt Marx die Frage eigentlich gar nicht, *warum* diese vereinigten Individuen überhaupt einen solchen Willen zur Macht haben sollten, einen Willen, der nicht zuletzt auch bedeutet, dass gemeinschaftlich für den Lebensunterhalt anderer gesorgt werden muss: „Marx left the question of the will to socialism begged" (Spivak 2000, 9). Welche Macht die vereinigten Individuen auf ihre Produktions- und Verkehrsverhältnisse ausüben wollen können, welche Bedürfnisse sie haben, was sie sich unter einem guten Leben vorstellen, ist durch die Analyse der kapitalistischen Produktionsweise nicht zu klären.

2. Grenzen der marxschen Analysen

Auf Grenzen der marxschen Analysen verweisen nicht zuletzt feministische Debatten, die seit langem geltend machen, dass die Geschlechterungleichheit eine eigenständige Problematik darstellt und sich nicht als Überbauphänomen aus dem Kapitalverhältnis ableiten lässt. Für eine Analyse und Kritik von Geschlechterverhältnissen und männlicher Herrschaft ist die marxsche Begrifflichkeit insofern nicht ausreichend. Hier will ich allerdings einhaken und diesen Aspekt der Unzulänglichkeit reformulieren. Ich knüpfe dabei an die Kritik Ursula Beers an, die bei Marx eine unzureichende Bestimmung des Subjekts bemängelt. Da sich die Kategorie der Arbeitskraft bei Marx auf die abstrakte Verkörperung eines gesellschaftlichen Verhältnisses beziehe, existierten bei ihm keine Individuen aus Fleisch und Blut, sondern lediglich Träger sozialer Verhältnisse: „Wenn ich aber meine Arbeitskraft auf dem Markt anbiete, tue ich das nicht nur als potentielle Lohnarbeitskraft für einen Beschäftiger, sondern als Frau oder Mann." (Beer 1991b, 260) Beer macht also geltend, dass eine Gesellschaftsanalyse berücksichtigen muss, „daß es ganz einfach auch Geschlechter geben muß, die ein solches Verhältnis konstituieren" (Beer 1991b, 257). Allerdings würde ich Beers Strategie einer kritischen Erweiterung der marxschen Analyse nicht ohne weiteres folgen (vgl. Meißner 2011). Die Unzulänglichkeit der marxschen Analyse fasse ich nicht als eine Lücke in der Theorie auf, die durch weitere Annahmen (beispielsweise über vergeschlechtlichte Subjekte) gefüllt werden kann. Das, was Beer als Leerstellen ausmacht – nämlich die Geschlechtlichkeit der

Subjekte sowie die Frage der Reproduktion der Menschen – verweist auf Grenzen der marxschen Analyse; Grenzen, die dadurch gegeben sind, dass sein begrifflicher Apparat in spezifischer Weise situiert ist, um eine bestimmte Dimension unserer historischen Wirklichkeit sichtbar werden zu lassen. Andere Dimensionen dieser Wirklichkeit werden dabei notwendigerweise nicht erfassbar: „[B]ringing something into view depends on the active displacement and marginalization of other things to which they are connected“ (Castree 1996, 49).

Ich verstehe die Strukturanalyse der marxschen *Kritik der politischen Ökonomie* insofern als begrifflich-theoretische Rekonstruktion einer Dimension des Sozialen und nicht als eine substanzielle Theorie über eine konkrete Gesellschaft. Mit einer solchen begrifflich-theoretischen Rekonstruktion kann gar nicht der Anspruch erhoben werden, alle Phänomene der empirischen Wirklichkeit umfassend zu erklären. Es geht vielmehr darum, aus einer bestimmten (politisch interessierten) epistemischen Situiertheit heraus, Strukturen zu erfassen, die dazu führen, dass sich ‚hinter dem Rücken der Akteure' bestimmte Verhältnisse, Dynamiken und Hierarchien reproduzieren.

Die kapitalistische Produktionsweise erscheint durch Marx' Analysen als ein gesellschaftlicher Zusammenhang, innerhalb dessen der Kreislauf von Produktion und Reproduktion über den Tauschwert vermittelt ist. Dieses System der Produktionsweise hat allerdings Voraussetzungen, die wiederum aus der Perspektive der Kapitalismusanalyse nur als radikal Anderes, dem System Äußerliches thematisiert werden können; gemeint sind hier etwa Körper, Bedürfnisse, Affekte, Materie. Gayatri Spivak verweist in diesem Zusammenhang auf eine notwendige *Diskontinuität* in der Wertschöpfungskette (Spivak 1996). Über die Materialität des Gebrauchswerts (insbesondere auch der arbeitenden/produzierenden und konsumierenden Körper) kommt eine uneinholbare Bedingung in die Formanalyse hinein. Eine gesellschaftliche Form (in diesem Fall die Form des Tauschwerts) ‚existiert' nicht jenseits der je spezifischen Materialisierungen. Zugleich ist diese Form eine Dimension der historischen Ontologie der Materialität. Menschliche Arbeitskraft erhält im Kapitalismus die Form des Tauschwerts, durch die sich eine wesentliche Dimension bestimmen lässt, die einen historisch spezifischen Bezug zu Körperlichkeit, Fähigkeiten, Bedürfnissen konstituiert. Das freie Rechtssubjekt ist Besitzer seiner Arbeitskraft. Als solcher kann er frei über deren Einsatz verfügen, trägt aber zugleich als Privatindividuum die Verantwortung für deren Reproduktion:

> „Der Arbeiter im Kapitalismus ist nicht Sklave, sondern freier Lohnarbeiter, der über seine Arbeitskraft als sein Eigentum verfügt. Im Gegensatz zum Sklaven muss er damit die gleiche reflexive Haltung, die die Eigentümergesellschaft all ihren Mitgliedern abverlangt, auch sich selbst gegenüber einnehmen.“ (Deutschmann 2002, 68)

Mit der – gerade auch angesichts meiner Bezugnahme auf feministischen Debatten – sicherlich merkwürdig anmutenden Beschränkung auf die männliche Form, wenn ich hier über den Arbeitskraftbesitzer schreibe, will ich darauf hinweisen, dass diese Bestimmung des Subjekts als kapitalistische Arbeitskraft immer nur eine partielle ist. Das von Marx erkennbar gemachte Subjekt des Arbeiters sollte in diesem Sinne nicht als eine Ontologie des Subjekts verstanden werden. Es bezeichnet keine beschreibbare Entität, es ist kein Synonym für den ‚Menschen', sondern eine historische Form – und zwar eine Form, über die eine *unverfügbare Heterogenität* in das System der kapitalistischen Produktionsweise eingebunden wird. Die gesellschaftskritische Leistung der marxschen Formanalyse besteht darin, einen bestimmten Imperativ erkennbar zu machen, dem die konkreten Materialisierungen von Körperlichkeiten, Fähigkeiten und Bedürfnissen unterworfen sind, nämlich den Imperativ der Verwertung. Die Produktion von Gebrauchswerten, die spezifische Qualität von Materialität ist nicht der bestimmende Zweck, sondern ein Mittel zur Produktion von Mehrwert. Die Arbeitskraft erhält als Ware eine bestimmte Form; diese Form stellt eine historische Wirklichkeit dar – sie ist eine fundamentale Dimension der Materialisierung dieser Arbeitskraft; diese Form ist allerdings nicht im Sinne eines realen Containers zu verstehen, der mit einer passiven Substanz gefüllt wird und dann als Wirklichkeit dieser Substanz betrachtet werden kann. Mit welchen Qualitäten von Körperlichkeit, Fähigkeiten, Bedürfnissen die Arbeitskraft sich charakterisieren lässt, ist durch die marxsche Formanalyse nicht zu klären.

Ein wichtiges Argument feministischer Kritik an der marxschen Analyse und vor allem an seiner Bestimmung des Arbeiters als Subjekt besteht darin, gerade auf diese Beschränktheit der Bestimmung zu insistieren. In gewisser Weise *ist* dieses Subjekt ein ‚männliches' Subjekt – nicht, weil es ein realer Mensch mit bestimmten reproduktiven Organen ist, sondern weil es als Form nur durch den systematischen Ausschluss eines Anderen (‚weiblichen' Subjekts) bestehen kann. Wenn Marx hervorhebt, dass sich Machtverhältnisse in kapitalistischen Gesellschaften durch ihre unpersönliche Sachlichkeit auszeichnen und die freien Rechtssubjekte über ihre Arbeitskraft verfügen können (und müssen), dann geht dies mit einer spezifischen Formation der Abhängigkeiten und Sorgebedürfnisse dieser Subjekte einher. Diese scheinen nämlich in einer vorgängigen Körperlichkeit und Endlichkeit der Individuen begründet, gewissermaßen als individuelle Schwächen, die der individuellen Verantwortung übereignet werden. Wie Marx schreibt, geht die Arbeitskraft in den kapitalistischen Produktionsprozess als „Ingrediens" ein (MEW 25, 34); die Absicherung der Sorgebedürfnisse des freien Rechtssubjekts geschieht historisch durch die Auslagerung oder Delegation seiner Abhängigkeiten an andere, die selber nie in gleicher Weise dessen autonomen Subjektstatus erlangen können. Die versachlichte Herrschaft der kapitalistischen Produktionsweise ist in der gesellschaftlichen Wirklichkeit von anderen (sexistischen, rassistischen, kolonialen) Macht- und Herrschaftsverhältnissen konstitutiv durchzogen.

Mit seiner Rekonstruktion einer besonderen, kapitalismusspezifischen Dimension leistet Marx allerdings einen wichtigen Beitrag zu einem adäquaten Bild der spezifischen Konfiguration von Macht- und Herrschaftsverhältnissen. Indem er den kapitalistischen Produktionsprozess als Einheit von Arbeits- und Verwertungsprozess bestimmt, kann er eine spezifische Unterscheidung zwischen produktiver und unproduktiver Arbeit begründen, die sich nicht auf normative Annahmen über vorgängige Bedürfnisse von Menschen bezieht, sondern durch den Imperativ der Verwertung gegeben ist. In der kapitalistischen Produktionsweise ist die Bestimmung von Arbeit als produktive darauf verengt, dass sie Mehrwert produziert: „Die kapitalistische Produktion ist nicht nur Produktion von Ware, sie ist wesentlich Produktion von Mehrwert. [...] Nur der Arbeiter ist produktiv, der Mehrwert für den Kapitalisten produziert oder zur Selbstverwertung des Kapitals dient." (MEW 23, 532) Im Kapitalismus werden entsprechend auch nur die gesellschaftlichen Bereiche wirtschaftlich relevant, die sich als Anlagesphäre für

Kapital eignen. Sehr interaktionsintensive und schwer rationalisierbare Tätigkeiten, wie zum Beispiel Pflege und Erziehung, werden in großen Teilen also der Privatheit überantwortet oder über staatliche Regulierungen gewährleistet. Die lebendige Arbeitskraft wird zur Reproduktion des Kapitalverhältnisses gebraucht, aber die Sicherstellung der individuellen Reproduktion dieser Arbeitskraft wird aus dem Kapitalverhältnis ausgelagert.

Die Trennung von Öffentlich und Privat, von Erwerbsarbeit und Hausarbeit und die damit verbundene vergeschlechtlichte Arbeitsteilung können als eine konkrete gesellschaftliche Lösung dieser strukturellen Problemlage gesehen werden. Die strukturelle Ignoranz der kapitalistischen Produktionsweise gegenüber ihren eigenen Reproduktionsbedingungen bringt aber nicht notwendigerweise genau diese vergeschlechtlichte Trennung hervor. Vielmehr ist dies eine historisch kontingente Lösung, in die zudem weitere kontingente Bedingungen eingehen, die nicht notwendig mit den Strukturen des Kapitalismus verknüpft sind. Mit Butler lässt sich beispielsweise die symbolische Ordnung der Zweigeschlechtlichkeit als eine wichtige strukturelle Dimension dieser Lösung erfassen. Mit ihrer Rekonstruktion der heterosexuellen Matrix als historische Strukturbedingung der zweigeschlechtlichen Ordnung kann Butler eine Antwort auf die Frage geben, warum die Lösung über eine binäre Vergeschlechtlichung funktioniert, ohne dabei davon ausgehen zu müssen, dass dies in einer ahistorischen oder natürlichen Körperlichkeit begründet ist. Im Anschluss an die Analysen Foucaults lässt sich wiederum erfassen, dass die Trennung von Haus- und Erwerbsarbeit nicht eine historisch besondere Anordnung von an sich ahistorischen oder natürlichen Tätigkeiten ist.[3] Vielmehr ist das, was wir beispielsweise als wichtige Aufgaben der Pflege, Versorgung und Erziehung von Kindern betrachten, konstitutiv mit den historischen Macht-Wissen-Regimen verbunden, in denen spezifische Selbstverhältnisse und Dispositive der Generativität hervorgebracht werden (vgl. Meißner 2011).

Wie die Bereiche von marktvermittelter Produktion und individueller Reproduktion konkret-substanziell aussehen und organisiert sind, lässt sich auf der Ebene der marxschen Analysen also nicht bestimmen. Dies stellt aber insofern keine Lücke dar, als Marx sehr wohl die abstrakten Bedingungen rekonstruieren kann, die diese Bereiche in ihrem Gegensatz und Widerspruch hervorbringen. Eine Grenze ergibt sich vielmehr aus der Situiertheit des Erkenntnisapparats und der dadurch sichtbar werdenden Wirklichkeit. Wird die Visualisierung dieses Erkenntnisapparats als Abbild der Wirklichkeit begriffen, dann überträgt dies die analytische Perspektive von Marx bruchlos in die gesellschaftliche Realität und weist ihr damit eine ontologische Aussagekraft zu, die sie gar nicht beanspruchen kann. Wie ich an der feministischen Kritik am theoretisch beschränkten Zugriff auf das Subjekt skizziert habe, muss die historische Gestalt sozialer

---

[3] Diese Überlegungen schließen auch an Diane Elsons Interpretation von Marx' ‚Arbeitswerttheorie' als *value theory of labour* (statt labour theory of value) an. Elson verweist damit auf eine grundsätzliche *Unbestimmtheit* menschlicher Arbeitskraft, die erst in historischen Verhältnissen ihre je konkrete Gestalt erhält: „It is a fluidity, a potential, which in any society has to be socially ‚fixed' or objectified in the production of particular goods, by particular people in particular ways." (Elson 1979, 128) Dieses ‚Fixieren' oder ‚Objektivieren' geschieht durch gesellschaftliche Strukturen, die der Unbestimmtheit bestimmte Formen vorgeben.

Verhältnisse und Praxen auch in anderen konstitutiven Momenten rekonstruiert werden. In den Verweisen auf Butler und Foucault habe ich hier die Dimensionen der symbolische Ordnung sowie der Macht-Wissen-Regime ins Spiel gebracht. Damit will ich allerdings nicht einen fertigen Baukasten der Gesellschaftstheorie präsentieren. Dieses Bild des Baukastens ist vielmehr selbst zwiespältig, da es nahelegt, dass es so etwas wie einen vollständigen Satz an Instrumenten geben könnte, um die Welt in ihrer ontischen Gesamtheit zu erfassen – gewissermaßen im Sinne eines Puzzlespiels, bei dem die ineinander passenden Teile gefunden und zusammengefügt werden können, um dann das vollständige Ganze zu ergeben. Inwiefern es aber sinnvoll sein könnte, sich von einer solchen Hoffnung auf erreichbare theoretische Vollständigkeit zu verabschieden, will ich nun abschließend skizzieren.

3. Soziale Wirklichkeit und unverfügbare Heterogenität

Um zum Schluss noch mal zu der Hoffnung auf eine bewusste, transformatorische Gestaltung der Welt zurückzukommen, würde ich an dieser Hoffnung festhalten wollen und auf die Bedeutung von Gesellschaftstheorie verweisen, die das Gegebene als anders möglich denkbar macht. Wie wir uns jedoch eine gute Welt vorstellen können, auf die wir gestaltend hinwirken, lässt sich theoretisch gar nicht beantworten. Dem würde wohl auch Marx zustimmen. Er konzipiert Kritik als eine Arbeit an den Grenzen des Gegebenen, ihm geht es darum, dass wir „nicht dogmatisch die Welt antizipieren, sondern erst aus der Kritik der alten Welt die neue finden wollen“ (MEW 1, 344). Wer ‚wir‘ allerdings sind, und welche Kritik ‚wir‘ an der alten Welt haben, ist eine Frage, deren Komplexität nicht durch die Kritik des Kapitalismus eingeholt werden kann.

Mit den abstrakten Begriffen der Kapitalismusanalyse lässt sich ein Zusammenhang benennen, der in unserer historischen Gegenwart unsere Abhängigkeiten in globalem Maßstab in Gewalt- und Ungleichheitsverhältnissen strukturiert. Zugleich ist diese Kritik insofern unzureichend, als sich mit den Begriffen der Kapitalismusanalyse die Vielfältigkeit der Regulierungen und Materialisierungen dieser Abhängigkeiten und die damit verbundenen Macht- und Herrschaftsverhältnisse nicht erfassen lassen. Für ein adäquates Bild unserer Gegenwart ist die marxsche Rekonstruktion der kapitalistischen Produktionsweise wichtig, da sie globale Verhältnisse sichtbar macht, die unsere Beziehungen zu anderen systematisch beschränken[4] und unsere gegenseitigen Abhängigkeiten in gewaltsamen Formen konfigurieren. Werden diese Strukturen sichtbar gemacht, können sie als Gegenstand transformatorischen Handelns erfahrbar werden und insofern eine Basis für Bündnisse sein: „If working people across the globe are to recognize their common interest in transcending capitalist value relations, then an indispensable precondition is that they first be convinced of the reality of that common interest.“ (Castree 1996, 57)

[4] „Obwohl die kapitalistischen Konkurrenzverhältnisse sich also als eine ganz unpersönlich-überpersönliche Sache entwickeln, schlagen sie sich im zwischenmenschlichen Verhalten der Individuen nieder. Die Individuen sind, soweit sie im Rahmen ökonomischer Konkurrenzbeziehungen aufeinander stoßen, gezwungen, den jeweils Anderen an seiner Tauschwertrealisierung, am Gelingen seines Tauschakts zu hindern, ihn auszustechen und zu schädigen, so daß er auf der Strecke bleibt.“ (Ottomeyer 1977, 80)

Allerdings ist dies immer nur eine abstrakte Bestimmung von Gemeinsamkeit; diese Gemeinsamkeit ist nicht so sehr in substanziellen Ähnlichkeiten begründet, sondern vielmehr in geteilten Beschränkungen und Behinderungen. Aus einer auf diese Weise bestimmten Gemeinsamkeit lassen sich keine gemeinsamen Bedürfnisse und Ziele ableiten. Es ist eine Gemeinsamkeit, die in konkreten Situationen wahrscheinlich immer erst verhandelt und erfunden werden muss – Spivak spricht in einem Interview davon, dass wir vor der Herausforderung stehen, „to invent a unity out of what on a level of abstraction we really share, that is to say, our stake in wanting to turn capitalism into a juster model for our communities“ (Spivak 1992, 42). In eine ähnliche Richtung geht Dipesh Chakrabartys Annahme, dass eine wichtige Herausforderung unserer Zeit darin bestehe,

> „to hold in a state of permanent tension a dialogue between two contradictory points of view. On one side is the indispensable and universal narrative of capital [...]. This narrative both gives us a critique of capitalist imperialism and affords elusive but necessarily energizing glimpses of the Enlightenment promise of an abstract, universal but never-to-be-realized humanity. [...] On the other side is thought about diverse ways of being human, the infinite incommensurabilities, through which we struggle – perennially, precariously, but unavoidably – to ‚world the earth‘ in order to live within our different senses of ontic belonging“ (Chakrabarty 2000, 254).

Für die Frage einer emanzipatorischen Transformation der Macht- und Herrschaftsverhältnisse unserer Gegenwart ist eine Wissensproduktion, die darauf angelegt ist, bestimmte, nicht unmittelbar erfahrbare Zusammenhänge sichtbar zu machen, unverzichtbar. Diese ‚visualizing power‘ ist aber nicht als Möglichkeit zu verstehen, von einer Perspektive aus ein umfassendes Bild zu erhalten, „the key point [...] is to undertake such an envisioning in a modality different from that of Archimedean ‚modern‘ theories but without relinquishing the power of vision altogether for fear of marginalizing other aspects of social reality.“ (Castree 1996, 57) In diesem Sinne würde es dann auch nicht darum gehen, die marxsche Analyse durch weitere Dimensionen zu ergänzen oder gar zu vervollständigen. Vielmehr ginge es darum, diese Analyse in produktiver Spannung zu den Analysen anderer Dimensionen sozialer Bedingungen zu halten. Zugleich ist es wichtig im Auge zu behalten, dass das, was Castree hier als *social reality* fasst, eine Wirklichkeit bezeichnet, die nicht einfach ‚gefunden‘ werden kann, sondern die eben bestimmter Erkenntnisapparate bedarf um als solche (als *soziale* Wirklichkeit) erfahrbar zu werden – und diese Erkenntnisapparate lassen uns jeweils Zusammenhänge und Formen sehen, über welche unverfügbare Heterogenität eingebunden wird. Um diese *social reality* nicht wiederum als archimedischen Anker zu nehmen, gilt es vielleicht, sich von der Vorstellung einer gegebenen, erkennbaren Gesamtheit (im Sinne eines Puzzlespiels) zu lösen und dafür auch an Apparaten der Wissensproduktion zu arbeiten, die darauf ausgelegt sind Fantasie freizusetzen, Räume des Imaginären entstehen zu lassen, in denen die unverfügbare Heterogenität der Welt erfahrbar wird – ohne dass diese Heterogenität aber gleich wieder als *Erkenntnis* verfügbar gemacht werden muss.

Literatur

Balibar, Étienne (2004): „Foucault-Marx, parallèles et paradoxes“, in: Humanité 16.12.2004; http://www.humanite.fr/2004-12-16_Cultures_-Foucault-Marx-paralleles-et-paradoxes (Zugriff am 4.5.2008).

Barad, Karen (2007): *Meeting the universe halfway. Quantum physics and the entanglement of matter and meaning*, Durham u. a.

Beer, Ursula (1991a): *Geschlecht Struktur Geschichte. Soziale Konstituierung des Geschlechterverhältnisses*, Frankfurt am Main/New York.

Beer, Ursula (1991b): „Zur politischen Ökonomie der Frauenarbeit“, in: T. Brüsemeister u. a. (Hg.), *Die versteinerten Verhältnisse zum Tanzen bringen. Beiträge zur marxistischen Theorie heute*, Berlin.

Butler, Judith (2005): *Gefährdetes Leben. Politische Essays*, Frankfurt am Main.

Castree, Noel (1996): „Invisible Leviathan: Speculations on Marx, Spivak, and the Question of Value“, in: *Rethinking Marxism: A Journal of Economics, Culture & Society*, Volume 9, Issue 2.

Chakrabarty, Dipesh (2000): *Provincializing Europe. Postcolonial Thought and Historical Difference*, Princeton N.J.

Deutschmann, Christoph (2002): *Postindustrielle Industriesoziologie. Theoretische Grundlagen, Arbeitsverhältnisse und soziale Identitäten*, Weinheim und München.

Elson, Diane (1997): „The Value Theory of Labour“, in: dies. (Hg.), *The Representation of Labour in Capitalism*, London.

Elson, Diane (1990): „Markt-Sozialismus oder Sozialisierung des Markts?“, in: *Prokla* 78.

Meißner, Hanna (2010): *Jenseits des autonomen Subjekts. Zur gesellschaftlichen Konstitution von Handlungsfähigkeit im Anschluss an Butler, Foucault und Marx*, Bielefeld.

Meißner, Hanna (2011): „Totalität und Vielfalt – gesellschaftliche Wirklichkeit als multidimensionaler Zusammenhang“, in: *Prokla* 165, 41(4).

Ottomeyer, Klaus (1977): *Ökonomische Zwänge und zwischenmenschliche Beziehungen. Soziales Verhalten im Kapitalismus*, Reinbek bei Hamburg.

Spivak, Gayatri Chakravorty (1992): „Interview with Gayatri Chakravorty Spivak: New Nation Writers Conference in South Africa“ (Interviewer Leon de Kock), in: *Ariel: A Review of International English Literature*, 23 (3).

Spivak, Gayatri Chakravorty (1996): „Scattered Speculations on the Question of Value“, in: Donna Landry und Gerald Maclean (Hg.), *The Spivak Reader*, New York/London.

Spivak, Gayatri Chakravorty (2000): „From Haverstock Hill Flat to U.S. Classroom, What's Left of Theory?“ , in: Judith Butler, John Guillory, Kendall Thomas (Hg.), *What's Left of Theory?: New Work on the Politics of Literary Theory*, New York/London.

Rosemary Hennessy

Für eine politische Wertigkeit des Affekts

Marxistisch-feministische Notizen

Affektive Vermögen sind Teil eines dynamischen Prozesses, durch den politische Identitäten geformt werden, der wesentlich für den Prozess des sozialen Wandels ist und der dennoch von Marx nicht hinreichend theoretisiert wurde. Diese affektiven Vermögen ermöglichen es Menschen, sich zusammen zu schließen, um einer gemeinsamen Sache zu dienen; sie können aber auch eine Quelle von Antagonismus und Zwietracht sein. Die Bedeutung der Affekte für politisches Handeln, das auf grundlegenden sozialen Wandel gerichtet ist, ist in jüngster Zeit von zahlreichen wichtigen marxistischen Intellektuellen betont worden. Ich möchte mich kurz einigen solcher Beiträge zuwenden, um danach einige Gedanken zu einem alternativen Ansatz zu formulieren, der auf einer langen Tradition der feministischen Auseinandersetzung mit Marx beruht. Meine Perspektive auf das Problem der Affekte in der Politik ist von dieser Tradition beeinflusst, bezieht sich aber ebenso auf meine Erfahrungen mit der mir vertrauten Erwerbsarbeit und Stadtteilarbeit in Nordmexiko. Ich werde meine Bemerkungen beschließen, indem ich ein kurzes Beispiel aus diesem mexikanischen Kontext anführe, in der Hoffnung, dass wir dadurch in die Lage versetzt werden, die Frage nach den Implikationen affektiver Bindungen für die Politik zu beantworten.[1]

Organisation setzt viele verschiedene Operationen voraus: die Beschaffung von Ressourcen, Arbeitsteilung, Entscheidungen, Strategien und Taktiken. Diese und andere Aktivitäten besitzen alle eine affektive Dimension, wenn Menschen im Rahmen einer organisierten Kampagne mobilisiert werden. Während die affektive Dimension des Organisierens ein weites Spektrum an Fähigkeiten und Verhaltensweisen umfasst, interessiere ich mich für diejenigen, die zu Kooperation motivieren, sie begleiten und vorantreiben. Ich werde diese als ‚affektive Kultur' bezeichnen. Bei den Organisationsversuchen in den Fabrikstädten, an denen ich teilhatte und deren Zeugin ich während der letzten zehn Jahren sein durfte, haben Affektkulturen das Erreichen kurzfristiger Ziele befördert und längerfristige Aspirationen beflügelt. In diesem Kontext sind kurzfristige Ziele häufig an die Durchsetzung eines Rechts geknüpft,

[1] Für eine ausführlichere Version dieses Arguments vgl. Hennessy 2013.

das Recht auf Tarifverhandlungen, auf Gesundheit und Sicherheit am Arbeitsplatz, auf Land, Wasser, Gesundheitsversorgung und Bildung in den Gemeinden. Bei der Verkündung längerfristiger Ziele geht es darum, nachhaltige Maßnahmen zu entwickeln, um gemeinschaftliche Ressourcen für sich zu beanspruchen und zu erhalten. Während die Teilnehmer selbst nicht unbedingt diese Begriffe verwenden, zielen ihre Aktivitäten doch darauf, die nichterfüllten Bedürfnisse des Kapitalismus zu transformieren – ein *Mehrwert*, der sein Außen konstituiert – aus einem *Mehrwertspotenzial*, das ihm immanent ist. Organisieren ist ein Prozess politischer Bildung, der in beiden Arten des Mehrwerts gründet: er bietet uns eine kritische Perspektive auf unerfüllte Bedürfnisse und nutzt brachliegendes kooperatives Potenzial, um diesen Missstand zu beheben. Affektive Kultur verdient unsere Aufmerksamkeit, weil sie diesen Prozess durchdringt.

1.

Michael Hardts und Antonio Negris dritter Band ihrer *Empire*-Reihe trägt den Titel *Commonwealth* (Hardt/Negri 2009). Ihr Buch stellt eine überzeugende philosophische und politische Beurteilung der Art und Weise dar, in der der Kapitalismus sich mehr und mehr des Körpers und der Natur bemächtigt, und argumentiert dafür, sich diese Ressourcen zurückzuholen. Sie zielen darauf, das „gemeine Wohl" vom zerstörerischen Würgegriff des Kapitalismus zu befreien und bilden damit ein Echo von Graswurzelbewegungen in der ganzen Welt, von denen viele von Frauen organisiert werden. Um ein Verständnis der Stellung des Affekts innerhalb ihres Arguments zu entwickeln, sollten wir uns zunächst kurz einige ihrer konzeptionellen Prämissen vergegenwärtigen. Drei solche Prämissen wären *Bio-Macht* (Macht über das Leben), *bio-politischer Wert* (Macht des Lebens zu widerstehen) und *Körper*, die Hardt und Negri zufolge konstitutiver Bestandteil des sozialen Lebens sind. Sie erkennen an, dass dieser Anspruch des Kapitalismus innerhalb der marxistischen Tradition lange vernachlässigt wurde, und behaupten, dass der historische Materialismus sich neu ausrichten muss, um diesem Umstand Rechnung zu tragen. Um dieses Argument weiter zu entwickeln, wenden sie sich insbesondere Foucault und Spinoza zu. So berufen sie sich auf Foucaults These, dass Körper konstitutiv sind für den biopolitischen Stoff des Seins (ebd., 31) und auf Spinozas Konzept des Körpers als der elementaren Lebenskraft, die die Ausbildung der Gesellschaft konstituiert (ebd., 194–96). Aus diesen Konzeptionen ergibt sich die ihrem Buch zugrunde liegende Aussage, dass Körper und ihre Triebe die Grundlinie der Geschichte sind.

Hardt und Negri behaupten, dass die kapitalistische Produktion sich mehr und mehr auf Biomacht stützt, vor allem durch etwas, was die Autoren als den affektiven Bereich der „immateriellen Arbeit" bezeichnen. Ihr Begriff der „immateriellen Arbeit" bezieht sich auf eine Veränderung im Valorisierungsprozess des globalen Kapitalismus, in der eine wachsende Dienstleistungswirtschaft der Produktion von Information, Wissen und Affekten mehr Gewicht verleiht als der Produktion von Gütern. Sie behaupten mit anderen Worten, dass die Arbeit des Kopfs und des Herzens jetzt die kapitalistische Produktion beherrscht. Das, was sie „immaterielle Arbeit" nennen, ist eine Instanz der Anwendung von Bio-Macht, denn es produziert Subjekte und nicht Waren, und die Produktion findet teilweise durch die affektiven Vermögen der Arbeiter statt.

Für Hardt und Negri ist Biopolitik eine politische Subjektivität, die sich in einem Diskurs artikuliert, der politische Entscheidungen mit sich im Kampf befindenden Körpern verknüpft. Eines der Probleme, die diese Formulierung von Politik aufwirft, ist, dass die Vorstellung von „im Kampf sich befindenden Körpern“ ein dermaßen weites Spektrum abdeckt, dass es unterscheidungslos auf politische Gruppen von der extremen Rechten bis zur progressiven und radikalen Linken angewandt werden kann. Wichtiger aber ist noch, dass ein Konzept von Widerstand als undefinierte Lebenskraft, die sich zufällig und anarchisch in verstreuten Formen von Subversion artikuliert, Gefahr läuft, jeglichen Bezug zur materiellen Geschichte zu verlieren. Was die Begriffe der Bio-Macht und des biopolitischen Werts verdecken, ist der Umstand, dass der Valorisierungsprozess des Kapitalismus notwendig unerfüllte Bedürfnisse produziert und dass diese unerfüllten Bedürfnisse als Basis politischen Handelns fungieren. Dies heißt nicht, dass Körper in der Politik nicht relevant sind, sondern dass die Idee von „Leben“ als fundamentales politisches Subjekt die materielle Berührungsfläche in den Hintergrund drängt, die zwischen Körpern und den sozialen Beziehungen besteht, durch die ihre Bedürfnisse erfüllt werden, darunter befinden sich auch die Kulturen, durch die Ansprüche artikuliert werden. Hardts und Negris Begriff des biopolitischen Werts ersetzt die Materialität der Körper durch die Sache der Körper. Dadurch geben sie den Anspruch auf, zu erklären, wie Körper und ihre affektiven Vermögen in die Akkumulation von Mehrwert materiell eingegliedert werden. Sowohl Bio-Macht als auch Bio-Politik spalten Körper und ihre affektiven Vermögen ab von der andauernden Arbeit der Warenproduktion und sozialen Reproduktion. Der „Wert“ des bio-politischen Werts liegt im Kampf für ein besseres Leben. Weil aber dieser Begriff des politischen Werts generiert wird durch die Behauptungen des „Körpers“ und des „Lebens“, bekommen wir kein klares Verständnis davon, wie der vom Kapitalismus akkumulierte und produzierte Mehrwert auf die Vermögen und unerfüllten Bedürfnisse dieser Körper angewiesen ist.

Doch indem sie das Konzept des Gemeinen (*common*) als wesentlichen Grund für antikapitalistische Organisation aktivieren, gewähren Hardt und Negri *doch* einen Einblick in das, was eine materialistische Perspektive auf den Affekt als politischen Wert mit sich bringen mag. In der langen Geschichte seines Gebrauchs hat sich *das Gemeine* auf die substanziellen Güter bezogen, die die Regenerierung der Natur und des menschlichen Lebens ermöglichen. Diese bezeichnen gemeinhin die Ressourcen der materiellen Welt – Luft, Wasser und die Früchte des Bodens. Doch das Gemeine beinhaltet auch Ressourcen, die durch menschliche Arbeit verfügbar gemacht werden (zum Beispiel das Versorgen von Kindern, von Alten und Kranken, die Entsorgung von Abfall, das Zubereiten von Essen, oder das Beschaffen von Wasser). Hardt und Negri interessieren sich für diese weniger anerkannte Dimension des Gemeinen und insbesondere für die Tatsache, dass die Akkumulation von Kapital gemeine Formen sozialer Beziehungen und des Affekts in Besitz nimmt, um dadurch Mehrwert zu generieren (Hardt und Negri). Dieses Gemeine der Kooperation bezeichnen sie als ‚Liebe‘. Doch diese faszinierende Formulierung politischen Handelns, animiert durch die Affektkultur und die leidenschaftliche Vernunft gemeiner Kooperation, beruht auf einem fragwürdigen Konzept von Biopolitik. Das führt dazu, dass wir die Bedeutung der affektiven Dimension des politischen Prozesses anerkennen müssen, dabei aber nur ein vages Verständnis davon haben, wie das Gemeine der Kooperation und ihrer affektiven Ressourcen eine politische Kraft werden kann.

2.

Und genau hier setzt auch die Kritik Ernesto Laclaus an. Laclau, in seiner Analyse dessen, was er „populistische Vernunft" nennt, interessiert sich für die Art und Weise, in der gemeinsame politische Forderungen artikuliert werden und für den affektiven Aufwand, den dies erfordert. Der Wert von Laclaus Analyse liegt in seiner Aufmerksamkeit für die diskursiven Praktiken, die bei der Formierung politischer Identitäten als namengebend fungieren und Schlüsselrollen bestimmen. Laclau behauptet, dass diese Dimension politischer Strategie bei Hardt und Negri keine Rolle spielt (Laclau 2007, 242). Für Laclau werden soziale Forderungen, die zunächst nur als isolierte Kritik auftreten, zu einem stabilen System von Bedeutung, das ein kollektives Subjekt wie *das Volk* durch dessen äquivalente Artikulation konstituiert. Er erklärt, dass das, was den Wechsel von individuellen Forderungen zu äquivalenten Forderungen des Volkes bewirkt, seiner Wurzel nach die Erfahrung einer Lücke oder eines Mangels in der imaginierten harmonischen Kontinuität des sozialen Lebens ist. Die Konstruktion einer gemeinsamen Identität wie ‚das Volk' ist ein Versuch, dieser abwesenden Kontinuität des sozialen Lebens einen Namen zu geben. Für Laclau sind Affekte eine wesentliche Komponente der diskursiven Formierung von kollektiver Subjektivität, weil es in den Stoff selbst der Sprache eingewebt ist. Affekte werden ihm zufolge konstituiert durch das, was er die *differentiale Kathexis einer Bedeutungskette* nennt (ebd., 111). Laclaus Konzept des Affekts beruht auf einer Lacanschen Version des Subjekts. Hier wird der Körper konzeptualisiert als etwas, das Bedürfnisse und Triebe hat, die diese Bedürfnisse befriedigen. Sobald sich das Subjekt herausbildet, indem es in die symbolische Ordnung eintritt, wählen die Triebe externe Objekte aus, die in der Lage sind, mehr als nur Bedürfnisse zu erfüllen. Radikale Investition in ein Objekt bedeutet, dieses zu einer Verkörperung einer mythischen Ganzheit zu machen. (Laclau führt als Beispiel die Ersetzung des Begehrens nach Milch durch die Brust an.) In dieser Geschichte ist der Affekt das Wesen radikaler Investition (ebd., 115).

Für Laclau liegt die Materialität des Affekts in dem Verlust der Ganzheit, der sich als Ergebnis des Eintretens in die symbolische Ordnung einstellt und in der Wendung hin zu einem Ersatz für die Befriedigung und Erfüllung, die in diesem Prozess verloren gehen. Der „Mangel", aus dem heraus der Affekt geboren wird, ist das Verlangen, wobei Verlangen immer diskursiv ist und innerhalb der sozialen Beziehungen einer Situation formuliert wird, die „als mangelhaftes Sein gelebt wird". Was ist die Materialität dieses Mangels? Hier sind Laclaus Aussagen vage und seine Vagheit bezüglich der Materialität dieser Defizienz im sozialen Leben ist gebunden an die psychoanalytische Geschichte von Verlangen und Begehren, das die unerfüllten Bedürfnisse in einem absoluten Merkmal menschlicher Kultur verortet – Eintritt in die symbolische Ordnung. Hier ist Affekt als Investition in eine mythische Ganzheit die Prämisse selbst von sozialen Begehren, doch es ist eine Prämisse, die historische und materielle Tatsachen des Erfüllens und

Nichterfüllens von Bedürfnissen in den Hintergrund drängt (ich könnte nun sein Beispiel von der Ersetzung des Verlangens nach Milch durch die Brust hier neu denken, aber das wäre ein anderer Aufsatz). Was bei dieser Version der affektiven Dimension der Politik verloren geht, ist die historische und materielle Produktion des Mangels oder des unerfüllten Bedürfnisses und seiner Beziehung zur Repräsentation. In anderen Worten, das Benennen von Dingen oder *kulturelle* Politik haben die Politik des Bedürfnisses subsumiert. Was dabei zu kurz kommt, ist ein gründlicheres Verständnis der Beziehung zwischen den materiellen Verlusten, die der Kapitalismus einführt und der affektiven Dimension dieser Verluste und von Politik überhaupt.

3.

Marxistische Feministinnen stimmen Marx in seiner fundamentalen Prämisse zu, dass das Erfüllen von Bedürfnissen die Grundlinie von Geschichte darstellt, und von dieser Prämisse her, so würde ich argumentieren, könnten wir die affektive Dimension organisierter kollektiver Politik am produktivsten erörtern. Hier liegt die Betonung auf den sozialen Beziehungen der Arbeit, durch die Körper in die kooperativen Interaktionen, die Leben reproduzieren, eingebunden sind. Feministische Arbeiten der marxistischen Tradition haben Marx neu gedacht und sind dabei von der Prämisse ausgegangen, dass die Materialität des sozialen Lebens in der Arbeit der Kooperation liegt – immer irgendwie auf die Natur bezogen – die es Körpern ermöglicht, zu leben und zu gedeihen. Marxistische Feministinnen wie Frigga Haug, Silvia Federici, Maria Mies, Lisa Vogel und andere erkennen an, dass soziale Reproduktion immer durch den stetig wechselnden Zirkel von Natur-Arbeit-Körper-Kooperation vermittelt wird, und dass weder Natur noch Arbeit, weder Körper noch menschliche kooperative Fähigkeiten für sich sprechen, sondern durch kulturelle Diskurse repräsentiert werden. Materialistische Feministinnen haben ebenfalls den affektiven Wert von feminisierter reproduktiver Arbeit für das Kapital thematisiert. Hierbei denke ich an die theoretische Auseinandersetzung mit häuslicher Arbeit durch Margaret Benston, Selma James, Arlie Hochschild oder in jüngerer Zeit die Forschungen von Encarnación Gutiérrez-Rodríguez zum affektiven Wert von migrantischer häuslicher Arbeit in Europa.

Der junge Marx schreibt: „Die Leidenschaft, die Passion ist die nach seinem Gegenstand energisch strebende Wesenskraft des Menschen“, fügt dann aber hinzu, dass diese Gegenstände, wie auch die nach ihnen strebenden menschlichen Sensibilitäten, ihren Ursprung in der Geschichte haben (MEW 40, 579). Affekte sind physiologische und psycho-soziale menschliche Vermögen. Sie erstrecken sich über ein breites Spektrum von Empfindungen und Gefühlen, die durch Diskurse und kulturelle Praktiken verkörpert und verständlich gemacht werden; durch sie werden sie in einen Kreislauf von Natur-Arbeit-Körper-Kooperation eingewoben. Ein materialistisch-feministischer Ansatz versteht dies nicht als eine rudimentäre Lebenskraft oder einfach als eine Investition in mythische Ganzheit. Eher sind Affekte ein menschliches Vermögen, das in den Stoff des sozialen Lebens eingebettet ist und durch historisch variable Bedeutungen und Praktiken artikuliert wird, von denen viele der verkörperten Arbeit anhaften, um menschliche Bedürfnisse zu erfüllen. Auf diese Weise sind Affekte Teil der physischen/psychischen/

emotionalen Materie der Arbeitskraft, deren Aneignung Mehrwert akkumuliert. Sie bilden das Treibmittel der Kooperation, das für die Arbeit des formalen Marktes und in der Arbeit der sozialen Reproduktion gebraucht wird. Integriert in das soziale Wesen der Menschheit, vermittelt Affektkultur die Beziehungen, durch die Bedürfnisse erfüllt oder verweigert werden. Handlungen, Urteile, Identifikation und Aversion werden durch sie angetrieben und gemäßigt. Sie kann Leben pflegen, missbrauchen oder zerstören.[2]

Während affektive Vermögen als Teil der menschlichen Persönlichkeit, die als Mehrwert kommodifiziert und verkauft wird, angeeignet werden, ist es wichtig sich zu erinnern, dass das Vermögen, affektive Bindungen zu bilden, nie vollständig vom Kapital aufgezehrt wird. Affektive Bindungen sind in diesem Sinne ein Mehrwert, der dem Kapitalismus gleichzeitig immanent und äußerlich ist. Zu diesem Mehrwert will ich weiterhin sagen, dass der Kapitalismus unerfüllte Bedürfnisse produziert und diese unerfüllten Bedürfnisse eine konstante Bedrohung kapitalistischer Interessen darstellen. Sie sind ein materieller Mehrwert, das ständige „Außen" des Kapitalismus, das die Basis sozialer Unruhe darstellt und mit dem daher ständig gerechnet werden muss. Hardt und Negri beziehen sich in dieser Art auf unerfüllte Bedürfnisse, als Depravierung, die zu einem Antagonismus führt. Wie Hardt und Negri darlegen, wird dieser Antagonismus nur dann in eine Revolte überführt, wenn es durch einen weiteren Mehrwert gestärkt wird, der nicht durch das Kapital enteignet werden kann. Dieser Mehrwert ist für die Entstehung revolutionären Wandels wesentlich. Er besteht in der „Intelligenz, Erfahrung, Wissen und Wünschen", die soziale Kooperation ermöglichen – oder das, was sie das gemeine Wohl nennen.

In seiner Antwort auf die Arbeiten von Hardt und Negri fragt Cesare Casarino: „Wenn dieser Mehrwert der Generator revolutionären Werdens ist, woher kommt dann seine umgestaltende Macht?" Seine Antwort: die Macht dieses Mehrwerts liegt in der Tatsache, dass er außerhalb der Reichweite des Kapitals liegt, und dies liegt daran, dass er ein absolutes und kein relatives Potenzial ist. Der potenzielle „Reichtum" von Intelligenz, Erfahrung, Wissen und Wünschen ist Reichtum nur dann, wenn der Begriff „Reichtum" vollständig von seiner kapitalistischen Bestimmung entkoppelt wird. Er kann mit der Kategorie des Werts weder gemessen und nicht einmal verstanden werden. Stattdessen ist er absoluter Reichtum, oder, um Begriffen zu benutzen, die Marx bezüglich der Arbeitskraft gebraucht, „die generelle Möglichkeit von Reichtum". Dieser Mehrwert an Reichtum ist das menschliche Potenzial, das das Kapital unter den Mehrwert des Werts subsumieren will. Es ist diese Potenzial, das als überschüssiges Gemeines fortdauert, eine „Externalität", die bis zu einem gewissen Grad die Reichweite des Kapitals immer

[2] Nebenbei würde ich ergänzen, dass affektive Bindungen natürlich nicht nur eine basale Komponente sozialer Kooperation sind, sondern auch Elemente dessen, was Étienne Balibar die „andere Szene" der Politik genannt hat. Die Extreme der Vernichtung (seiner selbst und der anderer) markieren die Pole dieser anderen Szene. Wir brauchen ein vollständigeres Verständnis der „Andersheit" dieser Szene und der Bindungen, die sie vollzieht, gerade deshalb, weil sie angetrieben werden durch die Regulierung des Bedürfnisses durch den Affekt. Man denke hier an die Handlung, die zum Funken für die Aufstände in der arabischen Welt wurde – Mohammed Bouazizis Selbstverbrennung, entzündet durch die öffentlich beigebrachte Ohrfeige einer Frau, das letzte Glied einer langen Kette täglicher Erniedrigungen und Schikanen durch die Polizei, während er versuchte, durch den Verkauf von Obst an seinem Stand, seine Familie zu ernähren.

übertreffen wird. Der Mehrwert des Gemeinen ist eine nichtausbeutbare Potenzialität, die in unseren Körpern gelebt und verkörpert wird. Dieses „Mehrwertspotenzial" liegt im Herzen des Gemeinen insofern als „Solidarität, Sorge für Andere, das Schaffen von Gemeinschaft und das Kooperieren in gemeinsamen Projekten ein wesentlicher Überlebensmechanismus ist" (Casarino/Negri 2008, 180).

Neuere Arbeiten von Marxist_innen und materialistischen Feminist_innen sehen Affekte als ein wesentliches Merkmal unserer menschlichen Relationalität und den affektiven Wert als einen Bestandteil sozialer Reproduktion. Encarnación Gutiérrez-Rodríguez hat in ihren Forschungen zu migrantischen Hausangestellten in Europa den relationalen Charakter von lebender Arbeit als einem Merkmal des affektiven Werts betont und herausgestrichen, dass sie durch das geprägt ist, was Gayatri Spivak die „materialistische Prädikation des Subjekts" genannt hat, vorherbestimmt durch die feminisierte und rassifizierte Kodifikation der Körperlichkeit von Arbeit und ihren geopolitischen Ort. Spivak zufolge sind es Affekte, die, als „eine relationale Kraft, die unsere Körper durchdringt und aus unserer körperlichen Fähigkeit zu fühlen hervorgeht" (Spivak 1985, 5), uns bewusst machen, dass wir untereinander und miteinander verbunden sind, dass wir nicht als singuläre, abgeriegelte Monaden existieren. Unsere Körper, Häute sind porös und offen für die Gefühle anderer, für die Energien unserer Umwelt, die von unserer Vergangenheit heimgesucht und durch unsere Gegenwart vitalisiert werden" (ebd., 147). Es ist diese relationale Merkmal der Affektkultur, das uns dazu veranlasst, uns mit ihr als Element des sozialen Lebens auseinanderzusetzen, die das Kapital einerseits erntet, andererseits nicht vollständig erfassen kann. Und es ist dieser Wert, der sie zur wesentlichen Komponente von Politik macht.

4.

Ich möchte schließen, indem ich von einigen Beispielen berichte, die ich aus den verschiedenen Formen des Organisierens unter mexikanischen Fabrikarbeitern kenne, mit denen ich am besten vertraut bin. Im Laufe einer Organisationskampagne müssen Arbeiter viele Opfer bringen. Viele verlieren ihre Arbeit und die magere wirtschaftliche Sicherheit, die ihnen ihr Gehalt bietet. Sie werden auf schwarze Listen gesetzt und werden so daran gehindert, sich in anderen Fabriken in ihrer Gegend Arbeit zu suchen. Einige verlieren Freunde und Familienmitglieder. Doch sie entwickeln auch neue Beziehungen und neue kritische Perspektiven. Irgendwann sind viele von ihnen nicht mehr nur Arbeiter: sie werden zu Organisatoren. Auf diesem Weg werden Freundschaftsbeziehungen, Vertrauen, Neid und Verrat zum Medium, in dem die Ereignisse jeden Tages gelebt werden. Diese Bindungen sind so sehr ein Teil ihrer Geschichte, dass die Fakten ohne sie nicht richtig zur Geltung kommen, und dennoch entziehen sie sich unweigerlich den Berichten darüber, was geschehen ist.

Die Arbeiterin einer Papierfabrik erzählte, dass die Erfahrungen, die sie im Laufe eines 16-monatigen Streiks in der Fabrik machte, ihr halfen, neue Bande zu anderen zu knüpfen. Ihrer Beschreibung nach war dieser Wandel gewaltig und subtil. Er fand statt durch tägliche Entscheidungen, die von einem allmählichen Prozess politischer Bildung geleitet wurden. *„Was ich nun tun, ausdrücken, fühlen oder weitergeben kann, habe ich* *durch diesen Kampf gelernt,“* sagt sie. *„Ich habe angefangen herauszulassen, was ich bis dahin für mich behalten hatte. Ich habe angefangen, mit anderen zu reden, manchmal über sehr tiefe Sachen. Es ging um Ehe, Krankheit oder Sorgen um eines der Kinder. All das habe ich mit ihnen gelernt. Alle, selbst wenn sie es nicht wissen, haben mich gelehrt zu rebellieren und zu sagen, ‚Nein, das gefällt uns nicht‘, oder ‚Dies sollte nicht so sein‘ oder zu gehen und zu sagen, ‚Ich komme im Namen einer anderen.‘* Im Laufe des Fabrikstreiks bildeten Frauen affektive Bindungen zu anderen Frauen aus und kreierten ganz neue Arten von Wissen und Handeln, wie sie in Carmens Formulierung (‚Ich komme im Namen einer anderen‘) versinnbildlicht werden. Ana, die sieben Jahre lang in dieser Fabrik arbeitete, bevor sie wegen ihrer Teilnahme am Streik gefeuert wurde, sagt, dass sie an dem Tag, an dem sie hinausging, um sich zu der Versammlung der Streikenden zu gesellen, keine Furcht empfand. *„Ich fühlte – wie kann ich es dir sagen – wir fühlten uns machtlos, als könnten wir nichts gegen diese Leute ausrichten. Aber wir sollten uns niemals fürchten. Niemals. Und aus diesem Grund gehe ich voran.“* Aus den Zeugnissen dieser Frauen spricht ein wachsendes politisches Bewusstsein, das von affektiven Bindungen markiert ist, die die Formulierung ihrer politischen Haltung unterstreichen, die ihre Konfrontation mit den Mächtigen ermöglichten und ihnen zu der Erkenntnis verhalfen, dass sie nicht alleine sind. Eine dieser Bindungen ist evident im stockenden Übergang von „ich“ zu „wir“ in Anas Aussage, eine affektiv geladene Bezeichnung von Verbundenheit, die mit dem *common sense* des Individualismus bricht. Die Forderungen der streikenden Arbeiter konzentrieren sich auf Bedürfnisse, die von ihren Gehältern nicht erfüllt werden, doch der Diskurs der Organisatoren wird angeregt, gar motiviert, durch Bindungen, die durch ihre Arbeit als Frauen zu Hause gefiltert werden – *Es ging um Ehe, Krankheit oder Sorgen um eines der Kinder.* Wie bei vielen anderen Organisationsversuchen fand diese Kampagne auf einem Boden statt, der von mächtigen lokalen und internationalen Akteuren vorbereitet worden war und von menschlicher Schwäche und menschlichen Bedürfnissen geplagt wurde. Wie in so vielen Kämpfen kamen Kräfte zusammen, um die uralte Strategie des ‚Teile und Herrsche‘ anzuwenden, die auch durch affektive Bindungen umgesetzt wurde. Freundschaft und Geheimhaltung waren schnell verfügbare Instrumente, um das überschüssige Gemeine, das die streikenden Arbeiter beanspruchten, zu unterminieren. Vielleicht nicht überraschend, war Sexualität das Medium für einen großen Teil des Klatsches, das die einst glühende Idee eines geteilten Zwecks ausfransen ließ.

Dieses Beispiel erinnert uns daran, dass die immaterielle Arbeit einer Dienstleistungsökonomie abhängig ist von einer Produktion, die anderswo stattfindet, und dass die Radikalisierung und Feminisierung der Arbeiterschaft fortbesteht in dem, was Gutiérrez-Rodríguez die „Schützengräben der Kolonialität“ nennt, von der die mexikanischen *maquiladoras* nur eine Instanz sind. Das Kapital erntet den affektiven Wert, der sich in der Akkumulation von überschüssiger Arbeit in Fabriken weltweit befindet, aber auch in *Call Centern*, Geschäften und Büros, in denen Frauen die wachsende Mehrheit des Dienstleistungssektors ausmachen, und im Haushalt, wo die affektiven Bindungen der Frauen der Arbeit der Versorgung von Kindern, Kranken und Alten, dem Zubereiten von Essen, dem Umgang mit Abfall oder dem Beschaffen von Wasser affektiven Wert zufügen.

Zusammenfassend lässt sich also sagen: Die Affektkultur ist elementarer Bestandteil der Mehrwerte, die der Kapitalismus produziert und ebenso der Versuche, gerechtere Alternativen zu organisieren, doch ist sie meist unter dem Radar historischer und materialistischer Analysen geblieben. Einer der wichtigsten feministischen Beiträge zu einer Marx-Relektüre ist das Bestehen auf dem fundamentalen Wert der Arbeit der Reproduktion, am Arbeitsplatz und zu Hause. Diese Einsicht hat ein Überdenken eines jeden Aspekts des Lebens bezüglich der Akkumulation von Kapital provoziert und dazu geführt, dass Vorannahmen über den Ort der Politik neu ausgerichtet werden. Materialistische und marxistische Feministinnen sorgen dafür, dass die Grundlinie sozialer Reproduktion im Auge behalten wird. Ich schlage vor, dass die Frage der Politik am fruchtbarsten hier zu beginnen hat, bei einem Standpunkt, der die unerlässliche Produktion des Kapitalismus von unerfüllten Bedürfnissen im Markt und zu Hause als fundamental ansieht, wie auch die überschüssige Produktion, die das Kapital nie ganz beanspruchen kann, und die Rolle der Affektkultur auf jeder Ebene dieser Aktivitäten. Eine Problematik, die Politik mit diesen Begriffen formuliert, kann auch zu dem drängendsten Thema unserer Zeit sprechen: wie man die Möglichkeit realisiert, den gemeinsamen Grund, auf dem wir leben, zurückzugewinnen und zu pflegen.

Aus dem Englischen von Catherine Davies

Literatur

Balibar, Étienne (2012): *Politics and the Other Scene*, New York.
Casarino, Cesare und Antonio Negri (2008): *In Praise of the Common*, Minneapolis.
Foucault, Michel (1978): *The History of Sexuality Vol. 1.*, New York.
Gutiérrez-Rodríguez, Encarnación (2010): *Migration, Domestic Work, and Affect*, New York.
Hardt, Michael und Antonio Negri (2009): *Commonwealth*, Cambridge.
Hennessy, Rosemary (2013): *Fires on the Border: The Passionate Politics of Organizing on the Mexican Frontera and Elsewhere*, Minneapolis.
Laclau, Ernesto (2007): *On Populist Reason*, New York/London.
Spinoza, Baruch (2000): *Ethics*, New York.
Spivak, Gayatri Chakravorty (1985): „Scattered Speculations on the Question of Value", in: *Diacritics* (Winter 1985).

J. K. Gibson-Graham, Esra Erdem, Ceren Özselçuk

Thinking with Marx towards a Feminist Postcapitalist Politics

1. Introduction

The current economic crisis has reignited substantial interest in Marxist theory. There has been a return to Marx in order to gain a critical understanding of how capitalism works and what its alternatives might be. We would like to use the space provided by this article to contribute to this timely debate by presenting a feminist perspective on what postcapitalist politics might entail. For us, what renders Marx's writing of interest today are not so much the levers for systemic change that one may presumably find in his texts, but the theoretical openings within his works (as well as within the Marxist tradition at large) afforded by the recognition of economic difference and contingency.

In what follows, we turn to several examples of such openings and explore their potential contributions towards imagining and enacting a postcapitalist politics of economic transformation and experimentation. Section II introduces the concept of a diverse economy and explores what it means to theorize economic difference as class difference in the Marxist sense. Section III critically discusses why the theoretical contributions of Marxist-feminism to the reproductive economy continue to be indispensable for theorizing economic heterogeneity. In Section IV, we approach the process of economic reproduction from a different angle. Building on Marx's analysis of the circuit of capital, we examine the theoretical impact of introducing a radical lack of determinacy into the diverse economy framework. Section V concludes with a reflection on the feminist postcapitalist ethics underlying research and activist projects that utilize the diverse-economy framework.

As this article will elaborate, our postcapitalist knowledge politics involves debunking the primacy accorded to capitalism as the determining economic force in favour of an anti-essentialist perspective. At the ontological level, we understand the economy as a heterogeneous space that is not reducible to capitalist relations of production. Epistemologically, our premise is that such an ontological reorientation towards diversity bears a performative effect (Butler 1990). Put differently, it calls for the recognition of the role ontological framing plays in creating and performing a postcapitalist world. In this article, we make the case that the diverse economies research program, pioneered by J. K. Gibson-Graham (1996; 2006), involves such a break with reflective and realist epistemologies.

2. Reading Marx for Class Difference

Marx begins Volume I of *Capital* with a discussion of the circulation of goods via markets (1976). He introduces the reader to the idea that commodities are exchanged according to the amount of socially necessary abstract labour time embodied in them, then he goes on to examine one particular commodity in great detail, namely labour power and how it is exchanged for a wage. In a third step, Marx elaborates at great length how the production, appropriation, and distribution of surplus are organized under capitalism and in what sense he considers this economic relation to be exploitative. We would like to start our mapping of the diverse economy with entries that depict this familiar Marxist scheme (Figure 1).

TRANSACTIONS	LABOUR	ORGANIZATION OF SURPLUS
MARKET	WAGE	CAPITALIST

Figure 1: The representation of capitalism in the diverse economy

Next, we would like to explore with Marx whether the diverse economy framing offers any additional scope for assessing economic processes that are not characterized by the capitalist class process outlined above.

Both towards the end of Volume I of *Capital* and in various other writings such as *Grundrisse* (1993), Marx does juxtapose capitalist to pre-capitalist economic relations. Modernist readings of Marx, rather than dwelling on the unique characteristics of such noncapitalist class processes, have tended to depict them as sequential elements of a trajectory of universal economic development that unfolds ever more advanced class relations over time. In this historicist representation, non-capitalist relations are precursors of capitalism, not co-extant.

We would like to propose a different reading in which class is seen as the ‚concrete universal' of the Marxian tradition (Žižek 1999: 101–102). In this reading, class as an object of theory emerges out of Marx's analyses of the class concept's variegated concrete manifestations, i. e. as a consequence of his repeated attempts to make sense of the changing forms of the production, appropriation, and distribution of surplus labour. At the same time, class always fails to be given a final shape by any one of these forms (Özselçuk and Madra 2005). This reading upsets the historicist approach and articulates a technology for exploring the co-existence of multiple ways to organize the production of a surplus, to remunerate labour, and to exchange goods. From a diverse economies perspective then, what Marx has produced is foremost an inventory of class, which in his writings refers to the distinctive modes of capitalist, feudal, slave, primitive communist, and independent commodity-producing class relations. Rather than defining an exhaustive or a transparent list however, this inventory serves as a guidepost for articulating class difference in any historical conjuncture (Gibson-Graham 2006).

ORGANIZATION OF SURPLUS

CAPITALIST

NON-CAPITALIST

Feudal

Slave

Primitive communist

Independent

Figure 2: Diverse class relations based on reading of Marx against historicism and for class difference

The non-historicist reading of class and the introduction of non-capitalist class processes into the diverse economy frame (see Figure 2) challenge modernist Marxist discourse, which considers the contemporary economy as synonymous with a capitalist totality. As Figure 2 above shows, the diverse economy approach opens up a theoretical space from which to inquire into and articulate economic diversity qua surplus, i. e. to recognize the co-existence of various constellations of surplus production, appropriation, and distribution at any particular point in time and in any particular place. Going beyond a mere elaboration of struggles over capitalist surplus, it thus provides the theoretical tools for deconstructing the notion of class difference and rethinking the economy as a radically heterogeneous space characterized by a multiplicity of struggles over (capitalist and non-capitalist) constellations of surplus (Resnick and Wolff 1987; Gibson-Graham, Resnick and Wolff 2000).

3. Marxist-Feminist Readings of Reproduction and Class Difference

A second angle from which to approach the theme of class difference is through Marxist-feminism. The domestic labour debate in particular constitutes a significant intervention that has allowed for the capitalist wage, i. e. the value of workers' labour power, to be set in relation to the amount of unpaid labour produced within the household (for an overview of the debate see Jefferson and King 2001). As the discussion below shows, the recognition of the non-market, intra-household flow of goods deriving from the unpaid work of homemakers re-signifies the meaning of economic difference within the framework of a diverse economy. Moreover, it also foregrounds the question of how the market and non-market spheres of the economy interact with each other.

Particularly among those scholars who took up Louis Althusser's concept of *reproduction* (1971), we can recognize an effort to open a (relatively autonomous) sphere for acknowledging and theorizing the gendered division of labour underlying unpaid economic practices. At the time, this effort coincided with an expansion of the realms of Marxian political economy and socialist struggle from a concern with production to a concern with social reproduction as such. Nonetheless, Marxist-feminist efforts to theorize the household have been marked from the outset by the difficulty of negotiating a de-centering of capitalism (in relation to the „constitutive outside" of social reproduction) with the necessity of capitalist reproduction (Molyneux 1979, Gibson-Graham 1996). In this context, a tendency towards economic determinism can be detected in the way caring and household labour have been conceived as functional for the reproduction of the capitalist labour force. Drawing on our earlier critique of the historicist interpretation of Marx, our first point of critique would thus relate to the logic of determinacy that has been introduced into the interrelation of capitalism and household labour. We would argue that such determinacy leaves virtually no room for contingency with respect to the reproduction of capitalism and makes it inconceivable at the level of theory to imagine a social dynamic emanating from the household sphere that might jeopardize the capital-labour relation in any significant way.

A second point of critique concerns the ‚capitalocentric' imaginary within which the domestic labour debate has by and large remained. As J. K. Gibson-Graham (1996) shows, capitalocentrism is a form of structural ontology that views and hierarchically orders all economic and non-economic processes and subjectivities in a binary relation (as subservient, the same, or complementary etc.) to a capitalist identity conceived as a self-cohering whole. To the extent that reproductive labour was understood primarily as being reproductive of capitalism (rather than any other economic relation), women's unpaid economic contributions were seen as either subservient or complementary to capital, i. e. as theoretically embedded within capitalism through a unifying logic.

Based on the Marxian conception of class difference presented in Figure 2 above, it could thus be argued that contributors to the household labour debate have failed to consider how unpaid caring and domestic work might contribute to the reproduction of non-capitalist forms of surplus production in a diverse economy. From the perspective of a postcapitalist politics, the capitalocentric representation of the household economy does not simply point to a blindspot in research. This representation has performative effects that become sedimented in economic institutions that in turn constrain the possibilities for economic transformation and experimentation. In that sense, capitalocentrism has profound implications for the limits that Marxist-feminist thinking imposes on itself with respect to the imaginary of political transformation (Cameron and Gibson-Graham 2003). We will return to this point in the concluding section of the article.

A third point of critique pertains to the intersectionality of gender and class within Marxist theory. A substantial body of Marxist-feminist work has questioned the theoretical and political primacy accorded to class, and hence the relegation of women's oppression as secondary to and derivative of capitalist exploitation (Hartmann 1981). Building on this critique, feminist scholarship has explored possibilities for conceptualizing economic difference through the prism of gender as a social construction (rather than through the lens of capitalist reproduction). Notable constructivist contributions include Christine Delphy's theory of the „domestic mode of production" (Delphy 1984) and Nancy Folbre's theory of the „patriarchal mode of production" (Folbre 1987), both of which share the premise that women's unpaid labour structures a unique class relation distinct from capitalism.

We concur with feminist critiques of class essentialism within Marxism but are wary of theories that position gender as the dominant social relation instead. Rather, it is in the work of Fraad, Resnick, and Wolff (1994) that we find the Marxist-feminist position taken to its radically anti-essentialist conclusion. Their theory of diverse class processes within households follows the work of Delphy and Folbre in so far as they recognize the household to be a site constitutive of economic relations that are not reducible to an effect of capitalism. In line with our earlier depiction of class difference in the diverse economy (see Figure 2), Fraad, Resnick, and Wolff identify a multiplicity of different (exploitative or non-exploitative) constellations pertaining to processes of producing, appropriating, and distributing surplus labour within the household (including the exploitative slave and feudal modes as well as the non-exploitative independent (i. e. single) and communal modes). Their theory of the household is anti-essentialist in the sense that they theorize gender relations as just one among many determinants of household class relations – rather than as the central one. Secondly, Fraad, Resnick, and Wolff do not consider the reproduction of any particular household class constellation to be conditional upon a given set of key conditions of existence. Rather, the sustainability of specific household class processes is subject to radical contingency vis-à-vis its conditions of existence (in this respect we are already anticipating the Marxist notion of indeterminacy outlined in Section IV below).

Figure 3 presents a revised version of the diverse-economy model that incorporates Marxist-feminist insights into the household economy. It exemplifies possible class constellations pertaining to the home-based, unpaid production of surplus and renders visible some of the ways in which this surplus gets distributed through non-market mechanisms.

TRANSACTIONS	LABOUR	ORGANIZATION OF SURPLUS
MARKET	WAGE	CAPITALIST
NONMARKET	UNPAID	NON-CAPITALIST
Household sharing	Household labour	Feudal
Gifting	Child care	Slave
	Elder care	Communal
	Neighbourhood work	Independent

Figure 3: Economic diversity as re-signified through Marxist-feminist theories of reproduction

4. Expanded Accumulation and Indeterminacy in Marx

In this section, we would like to discuss the notion of reproduction from a different angle, taking Marx's exposition of the circuit of capital in *Capital* as our starting point. The development of Marx's arguments from *Volume I* to *Volumes II* and *III* is often perceived as an elaboration of Marx's materialist method (1976; 1978; 1981), in the sense that he conceptualizes the concrete real by way of introducing more and more conditions of existence for capitalism, hence enabling himself to theoretically account for more complex and contradictory social constellations. Following Norton (2001) and Özselçuk and Madra (2007), we propose to read this same movement from Volume *I* to *III* as a gradual elucidation of the contingency of the capitalist enterprise and its reproduction, and as a concomitant distancing from a deterministic drive for capital accumulation.

According to Özselçuk and Madra, the circuit of capital (M – C ... P ... C' – M') is Marx's attempt to identify the distinct moments that, in the process of value creation, define the movement of capital from one form to another. Put differently, the circuit of capital does not prescribe an invariant, unmediated, self-constituted logic, a „law of motion", but rather formalizes the metamorphoses of capital: first, capital is transformed from its money-form M (finance capital) into commodity-form C (when the industrial capitalist purchases the means of production and the labour power and puts them to work); then, once new commodities C' are produced, capital is transformed back into money-form M' as the goods are sold in the market and the surplus value appropriated from workers is realized. For Marx, this creation of value is never a smooth and frictionless process. Each transformation of capital is contingent upon and continually maintained by the social technologies that animate and enable the various economic agencies that participate in the circuit. Throughout the three volumes of *Capital*, Marx emphasizes how industrial capitalists draw on merchant capitalists to market their commodities, on providers of storage and transportation services to handle their goods, on finance capital to raise funds, and on factory supervisors and legislation to discipline workers in the labour process. We could add to this social agencies and institutions of reproduction, such as trade unions, the government, the family, and so on (Özselçuk and Madra 2007, 84).

The ‚accumulationist' narrative presupposes the contradictory unfolding of the expanded reproduction of capital M-M' as a built-in and automatic process. This deterministic reading of Marx would, however, prevent us from seeing the moments *within* the circuit, namely, the moments of production, appropriation, exchange, and distribution as potential sites of subjection and subjectivation. Reading Marx in a different light allows us to recover these moments of contingency and to reconsider some distinctively Marxian concerns: Who appropriates surplus value? How are the means of production secured? What are the social and technical relations of production by which surplus value is produced? What happens to the realized surplus value? What are the concrete struggles over its distribution? When these questions are posed, the circuit of capital and its continued reproduction start to appear more and more uncertain and susceptible to disruption by a host of social and economic antagonisms.

Once we re-read Marx with an eye for the dynamics of contingency, two points emerge vis-à-vis the diverse-economies framework: The first point is that there is no essentialist logic inherent to capitalist reproduction or, by extension, to non-capitalist economic reproduction either. In other words, a condition of contingency is inscribed within each economic process depicted in our representation of the diverse economy. Secondly, lifting the imperative of capitalist accumulation allows for a more variegated reading of the objectives and constraints of capitalist firms. We can thus differentiate alternative capitalist enterprises whose mode of operation takes into account social, cultural, or ecological concerns (Figure 4).

ORGANIZATION OF SURPLUS

CAPITALIST

ALTERNATIVE CAPITALIST

Socially responsible capitalist

Green capitalist

Non-profits

NON-CAPITALIST

Feudal

Slave

Primitive communist

Independent

Figure 4: Diverse forms of surplus distribution within alternative capitalist and non-capitalist enterprises, based on reading Marx's economic circuit for contingency

Our point here is not to say whether socially responsible corporations (philanthropic capitalists), green entrepreneurship, or non-profit organisations etc. are good or bad, but simply to point out the possibility of re-channeling flows of surplus value towards different ends and to recognize the contingency this possibility introduces into the reproduction of the circuit of capital. Moreover, we would argue that this representation constitutes a step towards destabilizing the binary between capitalism and its constitutive outside, i. e. non-capitalism. In this sense, re-reading *Capital* from the perspective of the contingency of the circuit of capital (rather than via the logic of economic determinism) not only makes for a theoretically richer depiction of the economic realm in its radical heterogeneity, it also refocuses our view towards the possibilities for transformative politics on the ground. It is to the enactment of such alternative visions of the economy as a space of ethical decision-making that we now turn in our concluding section.

5. Performing a Postcapitalist Politics

Having laid out aspects of the diverse economies framework, we would like to proceed by pinpointing some of the ways in which this framework has been related to a postcapitalist politics by researchers and activists associated with the Community Economies Network Collective.[1] A caveat is in place here. The diverse economies framing broadens our conception of economic value and widens our policy choices. It is not meant

[1] In keeping with the central theme of this edited volume, we have focused on theorizing the diverse economy through a re-reading of Marx. However, we would like to point out that scholars and activists working in the field of diverse economies – and specifically those who are associated with the Community Economies hybrid research network – draw on a diverse range of radical intellectual traditions and social movements, such as the post-Fordist school that questions the stage model of historical industrialization; a feminist economics that highlights the question of unpaid and caring labour in a broader sense; a queer politics that explores sexual difference in its complexity and its refusal of coherence; the solidarity economy movement that fosters worker-owned cooperatives; urban, rural, ecological, and cyber movements that reinvigorate our understanding of commons; the economic anthropology of the gift economy, and psychoanalytic and post-human

as a way of arriving at a more ‚complete economy' by „adding in" formerly invisible and marginalized economic practices. Nor does it claim that *all* economic practices and transactions should be valued indiscriminately, or that they might contribute to ‚alternative' economic niches. Rather, the diverse economies framework embodies a shift from a moral position involving an „a priori judgment about whether a practice is valued as good or bad" (Gibson-Graham 2006, 98) to an ethics of conduct. This stance involves starting here and now, i. e. regarding each individual economic transaction and practice as a possible site of struggle and ethical decision-making, as the (problematic) starting place for a project of transformation or becoming. Through its refusal to posit an *a priori* judgment about the value of any transaction and practice, the diverse economies framework forces us to inquire into the specific conditions of any economic activity and subject it to a process of democratic decision-making about its potential merits and drawbacks.

Such conscious reflection constitutes the basis for a process of building and performing a new value: a being-in-common at the economic level. Postcapitalist politics leads us on towards an engagement with the economic field from a perspective of ethical decision making, bringing together the realms of community and economy by articulating a shared concern with economic and ecological interdependence. Key concerns of a community economy include how to produce and share a social surplus in order to meet needs, how to generate and sustain a commons, as well as how to invest in an ecologically and socially sustainable future (Gibson-Graham, Cameron and Healy 2013). Given the fact that all class formations feature institutionalized mechanisms that attempt to configure the necessary/surplus division and the social content of „needs," the central impulse of postcapitalist politics is to foreground „the inherent sociality of decisions made in defining necessity, and the various forms of interdependence that are enacted when such decisions are made" (Gibson-Graham 2006, 90). In other words, prior to enacting a particular institutional configuration, postcapitalist politics aims to open up the tightly woven sutures of already existing discourses and institutions that determine what is necessary and what is surplus.

By way of a conclusion, let us reiterate that postcapitalist politics does not refer to a blueprint from which to organize diverse economic transactions. It does not prescribe a certain scale – whether it be local or global – for transformation. It is both a naming and a process; it is the nodal point for negotiating relations of interdependency among the different economic practices of diverse economies. It recognizes that democratic deliberations and participatory politics are grounded in the premise of an affective surplus, i. e. that there is an irreducible antagonism in the social that refuses the ultimate reconciliation of community through communicative rationality à la Habermas. The ethical dimension of postcapitalist politics thus refers to a shift in subjectivity that chooses not to cover over inherent antagonisms by positing ideals of economic harmony. In this sense, the ethics of postcapitalist politics refers to a commitment to a continual process of

theories of subjectivity and affect (Gibson-Graham 1996, 2006, 2008). Not only is the process of mapping diverse economies continuously evolving, but it also categorically rejects the idea of compiling an exhaustive listing of all existing economic practices based on a uniform theoretical agenda (also see www.communityeconomies.org).

'becoming in common' (Nancy 1991) through refusing the homogenization of identities and harmonization of community.

References

Althusser, Louis (1971): „Ideology and Ideological State Apparatuses (notes towards an Investigation)", in: *Lenin and Philosophy and other Essays*, New York.

Butler, Judith (1990): *Gender Trouble: Feminism and the Subversion of Identity*, London.

Cameron, Jenny and J. K. Gibson-Graham (2003): „Feminising the Economy: metaphors, strategies, politics", in: *Gender, Place and Culture* vol. 10(2).

Delphy, Christine (1984): Close to Home: A Materialist Analysis of Women's Oppression, London.

Folbre, Nancy (1987): „A Patriarchal Mode of Production", in: Randy Albelda, Christopher Gunn and William Waller (eds.), *Alternatives to Economic Orthodoxy*, Armonk.

Fraad, Harriet, Stephen Resnick and Richard Wolff (1994): *Bringing It All Back Home: Class, Gender and Power in the Modern Household*, London.

Gibson-Graham, J. K. (1996): *The End of Capitalism as We Knew It*, London.

Gibson-Graham, J. K. (2006): *A Postcapitalist Politics*, Minneapolis.

Gibson-Graham, J. K. (2008): „Diverse Economies: Performative Practices for ,Other Worlds'", in: *Progress in Human Geography* vol. 32(5).

Gibson-Graham, J. K., Stephen Resnick and Richard Wolff (eds.) (2000): *Class and Its Others*, Minneapolis.

Gibson-Graham, J. K., Jenny Cameron, and Stephen Healy (2013): *Take Back the Economy, Any Time, Any Place*, Minneapolis.

Hartmann, Heidi (1981): „The Unhappy Marriage of Marxism and Feminism", in: L. Sargent (ed.), *Women and Revolution*, Boston.

Jefferson, Therese and John King (2001): „Never Intended to be a Theory of Everything: Domestic Labor in Neoclassical and Marxian Economics", in: *Feminist Economics* vol. 7(3).

Marx, Karl (1993): *Grundrisse: Foundations of the Critique of Political Economy*, London.

Marx, Karl (1976): *Capital* Volume 1. London.

Marx, Karl (1978): *Capital* Volume 2. London.

Marx, Karl (1981): *Capital* Volume 3. London.

Molyneux, Maxine (1979): „Beyond the Domestic labour Debate", in: *New Left Review,* no. 116.

Norton, Bruce (2001): „Reading Marx for Class", in: J.K. Gibson-Graham, Stephen Resnick and Richard Wolff (eds.), *Re/Presenting Class: Essays in Postmodern Marxism*, Durham.

Nancy, Jean-Luc (1991): „Of Being-in-common", in: The Miami Theory Collective (eds.), *Community at Loose Ends*, Minneapolis.

Özselçuk, Ceren and Yahya Madra (2005): „Psychoanalysis and Marxism: From capitalist-all to communist non-all", in: *Psychoanalysis, Culture & Society* vol. 10(1).

Özselçuk, Ceren, and Yahya Madra (2007): „Economy, Surplus, Politics: Some Questions on Žižek's Political Economy Critique of Capitalism", in: Heiko Feldner and Fabio Vighi (eds): *Did Somebody Say Ideology? On Slavoj Žižek and Consequences*, Newcastle upon Tyne.

Resnick, Stephen and Richard Wolff (1987): *Knowledge and Class*, Chicago.

Žižek, Slavoj (1999): *The Ticklish Subject*, London.

Emmanuel Renault

Marxism, Politics, and Social Experience

The status of philosophy in Marxism has always been a problem; so has the task of philosophers. In this respect, three options must be distinguished which are also three possible interpretations of the famous „thesis 11“. A first option is to conceive of Marxism as a new philosophy that should be developed for its own sake, the philosophy of the transformation of the world. The question at issue then, is whether Marxism has to be elaborated using its specific resources, as Labriola or Plekhanov tried to do. Or it is whether Marxian philosophy should be developed by confronting it or by completing it with other philosophical programs, for instance with Hegelianism, existentialism, structuralism, or Rawlsian philosophy, as Lukács, Sartre, and Althusser tried to do, and as many contemporaries continue to attempt. A second option is to draw on the Marxian project to abandon philosophy for a theoretical stance more appropriate to the transformation of the world, that of Marxian science of history and society, and thus to reduce philosophy to a reflective account of the principles and methods of this science, focusing for instance on the implications of *Capital* for epistemology and social theory (as in Postone and Bidet nowadays). According to a third option, rather than a new philosophy or an attempt to abandon philosophy, Marx advocates a transformation of philosophy or a new practice of philosophy: the transformation of philosophy which is required in order to transform the world. Marx would not only have introduced new philosophical principles (as in the first option) or new methods (as in the second one), but he would have transformed the very idea of philosophy. This third option has been advocated notably by the so-called Frankfurt school, although in very diverse ways. In this third interpretation, the new way to do philosophy has a twofold import: first, it entails a critique of philosophy as it is generally understood, as well as a critique of the various theoretical or ordinary discourses dealing with society; and second, it is connected to a kind of social critique that should be radical as well as focused on potential emancipatory dynamics and on the obstacles to these dynamics.

Marx's writings are rich and complex enough to leave these three options open for Marxist philosophers and for those who would like to draw on Marx fruitfully. Marx's thinking contains not one but many philosophies (see Balibar 1993), and it would make no sense to contend that only one of these options is genuinely Marxist or has real philosophical significance. But it is also a fact that in recent decades, Marxist philosophers have mainly developed their theoretical endeavors in line with the first two options. They seem to have neglected investigations into the best way to elaborate a new practice of philosophy that would be appropriate to the contemporary epistemological and social situation. Instead of attempting to develop an internal critique of the mainstream paradigms of political philosophy and the social sciences, they seem to have preferred either to keep their philosophical efforts within the internal field of Marxism or to reconstruct Marxism according to the mainstream paradigms. Instead of seeking to account for new forms of the experience of injustice and new modes of domination arising alongside contemporary neoliberalism, they have mainly limited their interventions either to formal discussions about models of socialism or to abstract statements about the general dynamics of contemporary capitalism and about the necessity of remembering that we live in a capitalist age where commodification, commodity fetishism, reification, exploitation, and class struggle are still in play.

The contemporary primacy of the first two options mentioned above is all the more surprising given that the contemporary situation is in fact quite comparable to the historical context that had motivated the third option. Early Marxian attempts to promote a transformation of philosophy were in response to a situation in which philosophers (Young-Hegelians) were content with translating real political and social problems into a readymade theoretical framework (that of Hegel), reproducing in their own discourses the „abstraction“ of a political space that was unable to bridge the gap with social experience. In a similar way, mainstream contemporary political philosophy focuses on technical questions that seem to have lost any kind of relationship to the types of domination and social injustice that matter for the members of the subaltern groups. Hence, contemporary political philosophy seems to reproduce in the academic field the existing gap between the politics of the public sphere and what is encountered as problematic in the social experience of subaltern groups. In a situation like the one that seems to be our predicament, Marx's critiques of philosophy and politics receive new, refreshed relevance, and some aspects of the Marxian transformation of philosophy could appear as particularly valuable for a recovery of political philosophy, that is, for a transformation of political philosophy from one that simply interprets social and political problems as philosophical ones into a political philosophy using philosophical methods in order to participate in the politicizing of social experience[1] and in an elaboration of a what could be termed a „politics from below“.

In what follows, I will proceed in three steps. First, I will delineate the elements of Marx's approach to philosophy which could be associated with such a recovery of political philosophy from the standpoint of social experience. Second, I will try to spell out what „social experience“ could mean in such a Marxian context. Third, I will consider a few ways in which contemporary political philosophy could adopt the standpoint of

[1] Here I'm paraphrasing a famous quote from Dewey: „Philosophy recovers itself when it ceases to be a device for dealing with the problems of philosophers and becomes a method, cultivated by philosophers, for dealing with the problems of men.“ (Dewey 1978, vol. 10., 46).

social experience. In doing so, I will try to show that the Marxian project of transforming philosophy is able to set up a fruitful relationship to Marx, relevant not only for Marxists, but also for all those who would like to draw upon Marx in a way that can take up the epistemological and political challenges of our times.

1. The Marxian Move toward Social Experience

Within contemporary Marxist philosophical debates, associating Marx with a move toward social experience might sound odd. Nevertheless, the history of Marxism provides various examples of attempts to promote *experience* as a major concept. The way Adorno contrasted idealist philosophies and positivist sociology with the primacy of experience (see Adorno 1973, Introduction and Part II; Adorno 1976, Introduction) is not the only example. E. P. Thomson also put much weight on the idea of social experience in his attempt to elaborate a „history from below", and the issue of social experience was a major point in his critique of Althusserian „theoreticism" (Thompson 1963; Thompson 1978). The very idea of „subaltern studies," which remains so influential in contemporary discussions, is one among the many effects of his promotion of social experience (see for instance Sarkar 1998). Within the history of Marxism, the orientation toward social experience hasn't only been adopted for this kind of epistemological concern, but also for directly political reasons. In his articles published in *L'Ordine Nuovo*, Gramsci devotes a great deal of space to the discussion of social experiences of war as well as to the diverse social experiences involved in the struggles of the peasantry and proletariat. He seems to be convinced that without taking these social experiences into account in their affective as well as social and political dynamics, no accurate political diagnosis and strategic orientation is possible.[2] In Mao's writing of the 1920s and 1930s, one finds the same insistence on inquiry as a political method, the same confidence in the creativity of the masses, and the same centrality given to the mediation between theory and practice. In Gramsci as well as in Mao, these themes were clearly oriented against Marxist dogmatisms and were intended to promote mass action from below against the Leninist model of a revolution from above. It is worth noting that in Mao, these themes come from a synthesis of populist politics (see Meisner 1982)[3] with Dewey's philosophical and political promotion of experience.[4] Such examples show that the move toward social experience is not only a way of proposing a method for making philosophy or history from below, but also for giving room to grassroots politics.

---

[2] See notably „Worker' Democracy", *L'Ordine Nuovo*, 1, 7, 21/06/1919; „Workers and Peasants", 2/08/1919; „Men of Flesh and Blood", 8/06/1921; „Subversivness", 22/06/1921; „The experience of steelworkers …", 23/05/1922.

[3] Dewey's political ideas also can be conceived of as a mix between socialist and populists elements so far as populism is understood as a „back to the people movement", see Feuer 1959.

[4] Dewey's lectures in China played a great role on the evolution of Mao's thinking, and the role given to inquiry and to the mediation of theory and practice should be considered as a Deweyian residue in his own version of Marxism; see Sun 2007; Sun 1999; Renault 2013. Dewey has also played a role in the development of Marxism in America, via Hook; see Phelps 1997.

All of these shifts are already there in Marx himself. I have already mentioned the fact that the gist of his critique of politics was to denounce the gap between abstract political life in state politics and concrete life in civil society. Notions such as „political alienation“ or „political abstraction“ (frequently used in the *Kreuznach Manuscript* and the *Deutsch-Französische Jahrbücher*) assume that political discourse should be able to give an account of what individuals and groups experience as problematic in their social life, as well as to help them find solutions to these problems. Within the framework of the critique of politics, the stakes of an enquiry about social experience are then threefold: critical, reconstructive, and political.

The *critical* stake of the description of social experience is to reveal as illusory the normative principles governing the public political space, as well as the institutionalized justifications of the existing social order. It is in that sense that Marx writes, in the introduction to the *Critique of Hegel's Philosophy of Right*, that

> „The actual pressure must be made more pressing by adding to it consciousness of pressure, the shame must be made more shameful by publicizing it. Every sphere of German society must be shown as the *partie honteuse* of German society: these petrified relations must be forced to dance by singing their own tune to them! The people must be taught to be *terrified* at itself in order to give it *courage*“ (Marx/Engels 1975, vol. 3., 178).[5]

Marx never renounced this mode of social criticism through the description of social experience. One of the stakes of his substantial use of public health reports on factories and living standards of the workers in *Capital* is clearly the desire to contradict the powerful ideological justifications of the capitalist society of his day. It is a very comparable stance that Adorno tried to renew in *Dialectic of Enlightenment* and *Minima Moralia* when he attempted to set up a disclosing critique in order to break down, through description of negative social experiences, ideological justifications as well as immediate individual identifications with the existing social order (see Honneth 2000; Jaeggi 2005).

The reference to social experience also has a *reconstructive* function, since the counterpart of the criticism of politics is the claim that political discourse should be able to capture the normative stakes of the social experience as well as the critical dynamics emerging from it. The clearest illustration of this reconstructive move relates to the critique of morality. When Marx refuses to give a moral foundation to his definition of communism or to his criticism of society, it is surely not because he thinks that social critique or communist projects should be freed of all normative assumptions. Rather, his point is that social critique and political projects should adopt no normative stances other than those that are already in play in practical reactions against domination and injustice. In *The German Ideology*, the definition of communism as a „real movement“ is not directed against all the normative content of social criticism and political projects,

[5] „The criticism of religion ends with the teaching that *man is the highest essence for man* – hence, with the *categoric imperative to overthrow all relations* in which man is a debased, enslaved, abandoned, despicable essence, relations which cannot be better described than by the cry of a Frenchman when it was planned to introduce a tax on dogs: Poor dogs! They want to treat you as human beings!“ (Marx/Engels 1975, vol. 3., 182)

but against a fixation of this content in „ideals“.[6] It is also directed against the idea that fixed principles should drive political practice; such a static and external approach to normativity is incompatible with the dynamic one that Marx associates with the definition of revolutionary practice as self-transformation and self-emancipation (Marx/Engels 1975, vol. 5., 214).[7] As Dewey has pointed out, a normative articulation in terms of absolute, external, or fixed goals is unable to capture normative dynamics of practice or the very possibility of a social transformation.[8] The criticism of the existing situation requires an approach to normativity from the point of view of the practical dynamics of social experience, that is, in Marxian terms, from the point of view of the „passions“ and the „immanent consciousness“ (ibid., 456 f.) of real men and women involved in social struggles. Such a reference to social experience is also in play in the mature Marx. In „Wages, Prices and Surplus-Value,“ Marx quite clearly analyzes the workers' struggle as reaction to their experience of domination and injustice. And in *Capital*, he states that the critique of political economy „represents“ (as *Vertreter*) (Marx 1990, 98) the proletariat not only from an epistemological standpoint, but also from a normative one. The fetishism section endorses the workers' project of an „association of free men“ (ibid., 171), and in the chapter on „The Working Day,“ he deliberately lets the workers' voices speak in order to make sure he articulates their very specific experience of injustice.[9] It is not easy to decide which author, in the history of Marxism, has paid the greatest attention to this dynamic understanding of practical normativity and to the necessity of introducing it into our model of social criticism and into our political projects. Labriola's emphasis on moral life conceived of as a practical moment and as involved in a process of historical transformation could perhaps be mentioned here (Labriola 1964, 139). Gramsci's criticism of the temptation to judge peasantry resistance movements (Gramsci 1995) or worker defeats by external political standards provides another good illustration of this approach of the political:

> „The workers of Fiat have returned to their jobs. Betrayal? Denial of revolutionary ideals? The workers of Fiat are men of flesh and blood. They resisted for a month. They knew how to fight and resist, not only for themselves, not only for the rest of the working masses of Turin, but for the entire Italian working class […]. Especially we Communists, who live side by side with the workers, who know their needs, who have a realistic idea of the situation, should un-

---

6 „Communism is for us not a *state of affairs* which is to be established, an *ideal* to which reality [will] have to adjust itself. We call communism the *real* movement which abolishes the present state of things. The conditions of this movement result from the premises now in existence“ (Marx/Engels 1976, 49).

7 See also the third „Thesis on Feuerbach“ (Marx/Engels 1975, vol. 5., 4) and the „Inaugural Address of the Working Men International association“ (Marx/Engels 1975, vol. 20., 5–13).

8 See *Democracy and Education*, chap. VIII and „Social Change and its Human Direction“ (Dewey 1985, Vol. 5., 363–367).

9 „Suddenly the voice of the labourer, which had been stifled in the storm and stress of the process of production, rises: […] During the great strike of the London builders, 1860–61, for the reduction of the working-day to 9 hours, their Committee published a manifesto that contained, to some extent, the plea of our worker“ (Marx 1990, 342 f.) For the intertwinements of scientific and workers discourses in *Capital,* see Rancière 1976.

> derstand the reasons for this conclusion to the Turinese struggle. For too many months the masses fought, for too many years they exhausted themselves in small scale actions, squandering their means and their energy. And this was the reproach that at the end of May 1919 we of ‚Ordine Nuovo' consistently put forth to the heads of the workers and socialist movements: don't abuse the resistance and the virtue of sacrifice of the proletariat. We were dealing with ordinary men, real men subject to the same weaknesses as all the ordinary men that we pass on the street; who drink in the taverns, talk in groups in the plazas, who are hungry and cold, who are moved when they hear their children cry and their wives loudly lament. Our revolutionary optimism has always been sustained by this crudely pessimistic vision of human reality, which must inexorably be taken into account".[10]

The third function of social experience relates to the content of a *communist politics from below* and to its strategies. Against all forms of socialist dogmatism, Engels and Marx always stressed the importance of conducting inquiries into workers' living standards in order to set up realistic political projects and strategies. This was required not just to determine the content of a politics that would represent the expectations and interests of the workers, but also to gain an understanding of the practical resources and obstacles that such a political project faced. The 1844 preface to Engels's *The Condition of Working Class in England* clearly articulates these two types of stakes. And in one of the last texts written by Marx, the *Workers' Questionnaire* of 1880, these stakes are just as clearly pointed out. In the history of Marxism, there is no doubt that Mao is the one who gave the greatest role to inquiry understood in this twofold sense. As already noted, it is with such an anti-dogmatic intention and in relation to an attempt to elaborate the content and strategy of a politics from below which could meet peasants' expectations that Mao put so much weight on inquiry,[11] on the method of „expressing grievances,"[12] and on the necessity of mediating theory with social practice.[13] Interestingly enough, this pragmatist Mao is at odds with the dogmatic Mao of the Cultural Revolution who had so much impact on the history of western Marxism.

2. Which Notion of Social Experience?

I have tried to show that for Marx as well as for significant figures in the Marxist tradition, the reference to social experience has played a crucial role. The very notion of „social experience" certainly does not belong to the major concepts of Marx's theory. Neither does it have a central status for any of the Marxists mentioned above. Nevertheless, Marx's move towards experience enables us to figure out what a Marxian concept of social experience would look like. The significance given by Marx to the knowledge of

[10] „Men of Flesh and Blood", *L'Ordine Nuovo*, 8/06/1921.

[11] See *Against Book Worship* (1930) (Mao 1965, 300–301)

[12] *On the great victory in the Norhwest and on the new type of ideological education movement in the liberation army* (1948) (Mao 1968).

[13] *On Practice* (1937) (Mao 1951)

social experience and to the expression of its normative stakes relies on the fact that he was convinced that the theory and critique of the social world would remain insufficient as long as they restricted themselves to its structures (capitalism and its tendential laws) and its major institutions (the family, the market, the machinery system ...). The way these structures and institutions shape social life and the way they could be politically transformed cannot be fully understood without taking into account the effects they produce on individual experiences as well as individuals' reactions to them. In that sense, Marx's theory has left room for a pragmatist conception of social experience as the host of bodily, affective, and practical reactions of individuals and groups to the social structures and institutions shaping social life. It leaves room for a concept of experience as practical, affective, and cognitive transaction with the social environment, as a dynamic relation in which individuals, groups, institutions, and structures could engage in a process of self-transformation that could possibly be revolutionary.

For Marx himself, experience understood as such a transaction between individuals and institutional and structural contexts has mainly been investigated through the impact of industrial work and poverty on health and mortality, and through the practical forms of resistance to power relations linked to exploitation. But since the development of sociological theories of social action, it has become possible to articulate richer accounts of practical transactions with structures and institutions and to address on a new basis the structural, institutional, and subjective obstacles to the transforming power of collective action. Conversely, the development of psychoanalysis and social psychology has enabled a richer account of the subjective dimensions of social experience. It has helped to disclose new dimensions within relations of social domination and it has offered new models of emancipation as well as new means of analyzing the obstacles to emancipation. Adorno could again be mentioned as the more convincing attempt to elaborate a conception of social experience on the basis of such considerations, but his psychological and sociological analysis of the obstacles to emancipation lead him to the idea that capitalism has succeeded in undermining the creativity of social practices and the real possibilities of social transformation. Such an account of social experience cannot be fully satisfactory for those who believe that a politics from below remains possible and that social criticism must try to promote it. This provides another reason to refer to Dewey in contemporary Marxist discussion. The Deweyian conception of social experience provides a way of capturing the creativity of social struggles and forms of resistance (see Joas 1992) that the Adornian model is unable to take seriously, just as the Adornian conception of social experience is able to capture the social and psychic processes of alienation and reification which are not taken seriously enough by Dewey (see Renault 2010).

It can be added that specific features of neoliberal capitalism give this orientation towards the subjective dimension of experience more relevance than ever (see Haber 2007; Renault 2008; Deranty 2011). Under neoliberalism, new logics of exploitation appear which are closely interrelated with a double subjectivation of work: on the one hand, through the constraints of involvement, autonomy, self-realization, and responsibility, and, on the other hand, through the constraints of making one's own subjective involvement recognizable. These constraints are specific sources of suffering, all the more painful in that they are at the same time denied as such, since individuals are „interpellated" as „self-entrepreneurs" (See Moldaschl/Voss 2002; Bröckling 2010). Outside of the firm, neoliberalism can also be characterized as developing powerful logics of marginalization that tend to deprive individuals of their social support, reducing them to „negative individuals" (Castel 1995) who are nothing more than stigmatized individuals held responsible for their social failures. In a context like this one, where exploitation and domination specifically target subjectivity, and where the experience of domination and marginalization notably takes the subjective form of suffering, the description of the subjective dimensions of social experience has epistemological as well as critical significance. Conversely, any approach to neoliberalism that would restrict itself to the discussion of its structural features without addressing the transformations of social experience it produces would have clear theoretical and political shortcomings.

3. Consequences for the Practice of Philosophy

I have already suggested that it could be fruitful for Marxist philosophers to endorse the Marxian move toward experience. A first argument for this relates to the contemporary situation of political philosophy. For about forty years, political philosophy has consistently narrowed the scope of the objects deserving its consideration as well as its definition of the criteria to be met in order for an issue to be recognized as deserving of philosophical treatment. The political-philosophical discussion has become more and more abstract and technical, and the gap between it and social experience greater and greater. On the one hand, this gap leads to glaring thematic omissions: for instance, in contemporary normative philosophy, the normative stakes of work as productive activity within capitalist firms (and not only as social status and means of distribution) remains generally out of consideration,[14] just as do the normative problems linked to the various forms of daily social violence or to the lack of social bonds in situations of social exclusion.[15] The philosophical discussion focuses on the definition of social and legal justice or on the definition of freedom as non-domination, issues that are undoubtedly linked to real social concerns. But the standards of the discussion are so abstract and technical that political philosophy seems totally unable to capture the normative stakes of the social experiences of injustice and domination, not to mention the total lack of attention to the ways in which various forms of social suffering hinder practical dynamics of empowerment, resistance, and the struggle against injustice and domination.

In such a situation, there must be room for another way of practicing political philosophy: one that tries to take seriously the various normative stakes of the social experience of subaltern groups, one that also aims to articulate these stakes by attempting to remain as close as possible to the ways in which they are experienced as well as to the ways in which they give rise to practical forms of resistance, to the expression of political claims, and eventually to forms of struggle. Such a practice of political philosophy would fo-

[14] For a critique of the contemporary philosophical account of work and for an attempt to overcome its shortcomings, see Deranty/Renault 2012.

[15] For an attempt to address these issues in reference to Marx, see Balibar 2010a; Balibar 2010b (especially the third part).

cus on the experiences of injustice and domination, understanding these experiences as *social* experiences, that is as a process in which social structures and institutions producing injustice and domination as well as the affective, cognitive and practical reactions of individuals are at play. Philosophy, then, would not merely try to make particular normative stakes explicit in order to articulate a richer definition of justice or of autonomy. Rather, it would also give a *political* account of these stakes by showing their contentious dimensions: experiences of domination and experiences of injustice always call into question existing social structures, institutions, or individual actions, and these experiences often question the very language that is linked to these structures and institutions. Hence, it would be part of the task of such a political philosophy to investigate the specific meaning that an experience of domination or of injustice receives in a specific social context, just as Marx tried to spell out the various meanings of the experience of injustice in the market and in the process of production, or the various meanings of domination in manufacture or in the machinery system[16]. But for such a philosophy, making the contentious content of these normative stakes explicit would indeed not be sufficient. It would also be necessary (1) to analyze the ways such experiences could give rise to practical forms of resistance and to political claims against injustice and domination, (2) to analyze the various social and psychical obstacles to these forms of resistance and these claims, and (3) to investigate the social transformations that would be necessary to satisfy these claims. In doing so, such a political philosophy could not but cooperate with the social sciences, using them in order to fulfill its own specific tasks, but also criticizing their specific epistemological and political shortcomings.

Such a political philosophy, which could also be labeled social philosophy (see for instance Fischbach 2007), could endorse the threefold function of Marx's move toward social experience. Firstly, this political philosophy could participate in collective endeavors seeking to provide descriptions of social experience capable of disclosing what is denied by philosophical and political discourses, and that could also contribute to undermining ideological justifications of the existing social order. Secondly, it could participate in collective endeavors seeking to make sense of the problems encountered in social experience and attempting to make their normative stakes explicit so that appropriate claims could be articulated. Thirdly, in attempting to remain as close as possible to the practical dynamics emerging from social experience, and by referring these dynamics to the social and psychic obstacles they meet as well as to their possible political outcomes, this political philosophy could contribute to a collective effort toward a politics from below that would be a leftist alternative to populism.

References

Adorno, Theodor W. (1973): *Negative Dialectics*, London.
Adorno, Theodor W. (1976): *The Positivist Dispute in German Sociology*, New York.
Balibar, Étienne (1993): *La philosophie de Marx*, Paris.

[16] For an attempt to address the issue of justice from this point of view, see Renault 2004. About Marx's differentiated account of injustice and domination with regard to the two spheres of circulation and production, see Deranty/Renault 2012.

Balibar, Étienne (2010a): *Violence et civilité. Wellek Library Lectures et autres essays de philosophie politique*, Paris.
Balibar, Étienne (2010b): *La Proposition de l'Égaliberté*, Paris.
Bröckling, Ulrich (2010): *Das unternehmerische Selbst,* Frankfurt am Main.
Castel, Robert (1995): *Les métamorphoses de question sociale*, Paris.
Deranty, Jean-Phillippe (2011): „Travail et expérience de la domination dans le néolibéralisme contemporain", in: *Actuel Marx*, no. 49.
Deranty, Jean-Phillippe and Emmanuel Renault (2012): „Arbeit als Ort von Ungerechtigkeit und Herrschaft: Die Grenzen der zeitgenössischen politischen Philosophie", in: *Deutsche Zeitschrift für Philosophie*, 2012.4.
Dewey, John (1978): *The Middle Works of John Dewey, 1899–1924.* 15 vols. Carbondale and Edwardsville.
Dewey, John (1985): *The Later Works of John Dewey, 1925–1953.* 17 vols. Carbondale and Edwardsville.
Feuer, Lewis S. (1959): „John Dewey and the Back to the People Movement in American Thought", in: *Journal of the History of Ideas*, Vol. 20, no. 4 (Oct. – Dec., 1959).
Fischbach, Franck (2009): *Manifeste pour une philosophie sociale*, Paris.
Gramsci, Antonio (1995): „Some aspects of the southern question" (1926), in: *The Southern Question*, Toronto.
Haber, Stéphane (2007): *L'Aliénation. Vie sociale et experience de la dépossession*, Paris.
Honneth, Axel (2000): „Über die Möglichkeit einer erschließenden Kritik. Die *Dialektik der Aufklärung* im Horizont gegenwärtiger Debatten über Sozialkritik", in: *Das Andere der Gerechtigkeit*, Frankfurt am Main.
Jaeggi, Rahel (2005): „No Individual Can Resist. *Minima Moralia* as Critique of Forms of Life", in: *Constellations*, 12 (1).
Joas, Hans (1992): *Die Kreativität des Handelns*, Frankfurt am Main.
Labriola, Antonio (1964): *Saggi sul Materialismo storico*, Torino.
Mao, Tse-tung (1951): *On Practice. On the relation between knowledge and practice – between knowing and doing*, Peking.
Mao, Tse-tung (1965): *Selected Works of Mao Tse-tung*, Peking.
Mao, Tse-tung (1968): *On the great victory in the Northwest and on the new type of ideological education movement in the liberation army*, Peking.
Marx, Karl (1990): *Capital. Volume I*, London.
Marx, Karl and Frederick Engels (1975): *Collected Works*, New York.
Meisner, Maurice (1982): „Leninism and Maoism: Some Populist Perspective on Marxism-Leninism in China", in: *Marxism, Maoism and Utopianism,* Madison.
Moldaschl, Manfred and G. Günter Voss (2002): *Subjektivierung von Arbeit*, München.
Phelps, Christopher (1997): *Young Sidney Hook. Marxist and Pragmatist*, Ithaca.
Rancière, Jacques (1976): „How to read ‚Reading the Capital'", in: *Economy and Society*, 5(3), pp. 377–384 (also republished in A. Rattansi (ed.), *Ideology, Method and Marx*, London, Routledge, 1989, 181–189).
Rancière, Jacques (1974): *La Leçon d'Althusser*, Paris, Gallimard, 1974.
Renault, Emmanuel (2004): *L'Expérience de l'injustice. Reconnaissance et clinique de l'injustice*, Paris.
Renault, Emmanuel (2008): *Souffrances sociales. Sociologie, psychologie, politique*, Paris.
Renault, Emmanuel (2010): „A Critical Theory of Suffering", in: *Critical Horizons*, vol. 11, no. 2.
Renault, Emmanuel (2013): „Dewey, Hook et Mao: quelques affinités entre marxisme et pragmatisme", in: *Actuel Marx*, n° 44: „Populisme/Contre-populisme".
Sarkar, Sumit (1998): *Writing social history*, New Delhi.
Sun, Youzhong (1999): „John Dewey in China: Yesterday and Today", in: *Transations of the Charles S. Pierce Society*, winter 1999, vol. XXXV, no. 1.

Sun, Youzhong (2007): „The Trans-Pacific Experience of John Dewey", in: *The Japanese Journal of American Studies*, no. 18.
Thompson, Edward P. (1963): *The Making of the English Working Class*, New York.
Thompson, Edward P. (1978): *The Poverty of Theory*, London.

Über die Autorinnen und Autoren

Andreas Arndt ist Professor für Philosophie an der Theologischen Fakultät der Humboldt-Universität zu Berlin und Leiter der Schleiermacherforschungsstelle an der Berlin-Brandenburgischen Akademie der Wissenschaften. Seit 1992 ist er Vorstandsvorsitzender der Internationalen Hegel-Gesellschaft. Zuletzt erschien von ihm *Fortschritt?* (2011, hg. gemeinsam mit Jure Zovko), *Schleiermacher – Denker für die Zukunft des Christentums?* (2011, hg. gemeinsam mit Kurt-Victor Selge) und *Die Klassische Deutsche Philosophie nach Kant. Systeme der reinen Vernunft und ihre Kritik 1785–1845* (2012, gemeinsam mit Walter Jaeschke).

Manuela Boatcă ist Professorin für die Soziologie globaler Ungleichheiten an der Freien Universität Berlin. Ihre letzten Veröffentlichungen sind *Decolonising European Sociology. Transdisciplinary Approaches* (2010, hg. gemeinsam mit E. Gutiérrez-Rodríguez und S. Costa), *Globale, multiple und postkoloniale Modernen. Theoretische und vergleichende Perspektiven* (2010, hg. gemeinsam mit W. Spohn) und „Von nachholender Entwicklung zu nachhaltiger Unterentwicklung – der Fall Rumäniens 1860–1910“, in: *Zeitschrift für Weltgeschichte*, 13.2 (2012).

Matthias Bohlender ist Professor für Politische Theorie am Fachbereich Sozialwissenschaften der Universität Osnabrück. Zuletzt erschien von ihm *Metamorphosen des liberalen Regierungsdenkens. Politische Ökonomie, Polizei und Pauperismus* (2007), „Was ist Kritik? Versuch einer Archäologie“, in: H. Bluhm, M. Llanque und K. Fischer (Hg.), *Ideenpolitik. Geschichtliche Konstellationen und gegenwärtige Konflikte* (2011) und „Die Unzulänglichen oder Wie man Langzeitarbeitslose regiert“, in: *Merkur*, 66 (2012).

Terrell Carver ist Professor für Politische Theorie an der School of Sociology, Politics and International Studies der University of Bristol. Zuletzt veröffentlichte er „Sex, Gender and Heteronormativity: Seeing ‚Some Like It Hot‘ as a Heterosexual Dystopia“, in: *Contemporary Political Theory*, 8(2) (2009), „The German Ideology Never Took Place“, in: *History of Political Thought*, 31(1) (2010) sowie „Democratic Manliness“, in: J. Seery (Hg.), *A Political Companion to Walt Whitman* (2011).

Esra Erdem unterrichtet an der Alice-Salomon-Hochschule Berlin. Sie ist außerdem Redaktionsmitglied der Zeitschrift *Rethinking Marxism* und Gastherausgeberin einer Schwerpunktausgabe im Gedenken an die feministisch-marxistische Geographin Julie Graham (erscheint im Herbst 2013). Zu ihren weiteren Publikationen gehören „Contested Constructions of the Migrant ‚Home‘: Gender, Class and Belonging in the Anatolian-German Community“, in: Graham Cassano (Hg.), *Home Front: Work, Conflict and Exploitation in the Contemporary Household* (2009) und „In der Falle einer Politik des Ressentiments: Feminismus und die Integrationsdebatte“, in: Sabine Hess, Jana Binder und Johannes Moser (Hg.), *No Integration?* (2009).

Franck Fischbach ist Professor für Sozialphilosophie und politische Philosophie an der Universität Nizza sowie Direktor des Centre de Recherches en Histoire des Idées. Seine letzten Veröffentlichungen sind *Sans objet. Capitalisme, subjectivité, alienation* (2009), *La privation de monde. Temps, espace et capital* (2011) und *La critique sociale au cinéma* (2012).

J. K. Gibson-Graham ist das Pseudonym von Katherine Gibson und der späten Julie Graham, zwei feministischen politischen Ökonominnen und Wirtschaftsgeographinnen an der University of Western Sydney und der University of Massachusetts Amherst. Zuletzt erschien von ihnen „A feminist project of belonging for the Anthropocene“, in: *Gender, Place and Culture*, 18, 1: 1–18 (2011), „Diverse economies: performative practices for ‚other worlds‘“, in: T. Barnes, J. Peck und E. Sheppard (Hg.), *The Wiley-Blackwell Companion to Economic Geography* (2012) sowie *Take Back the Economy: An Ethical Guide For Transforming Our Communities* (2013, hg. gemeinsam mit J. Cameron und S. Healy).

Michael Heinrich lehrt Volkswirtschaftslehre und Politikwissenschaft an der Hochschule für Technik und Wirtschaft in Berlin und ist Mitglied in der Redaktion von *PROKLA. Zeitschrift für kritische Sozialwissenschaft*. Seine letzten Veröffentlichungen sind *Kapital und Kritik. Nach der „neuen“ Marx-Lektüre* (2011, hg. gemeinsam mit Werner Bonefeld), *Die Wissenschaft vom Wert. Die marxsche Kritik der politischen Ökonomie zwischen wissenschaftlicher Revolution und klassischer Tradition* (2011) und „Individuum, Personifikation und unpersönliche Herrschaft in Marx' Kritik der politischen Ökonomie“, in: Ingo Elbe, Sven Ellmers und Jan Eufinger (Hg.), *Anonyme Herrschaft. Zur Struktur moderner Machtverhältnisse* (2012).

Rosemary Hennessy ist L. H. Favrot Professor of Humanities an der Rice University in Houston, Texas. Ihre wichtigsten Veröffentlichungen sind *Profit and Pleasure: Sexual Identities in Late Capitalism* (2000), *NAFTA from Below* (2007) und *Fires on the Border: The Passionate Politics of Labor Organizing on the Mexican Frontera* (2013).

Christoph Henning war im Frühjahr 2013 Junior Fellow am Kolleg Postwachstumsgesellschaften an der Universität Jena. Seine jüngsten Aufsätze sind „Naturalistic Values and progressive politics. A missing link between Pragmatism and Social Theory", in: *European Journal of Pragmatism and American Philosophy*, IV.1 (2013), „Vom Essentialismus zum Overlapping Consensus – und zurück? Anthropologie und Ethik bei Martha C. Nussbaum und Alasdair MacIntyre", in: Anton Hügli u. a. (Hg.), *Studia Philosophica: Jahrbuch der Schweizerischen Gesellschaft für Philosophie* (2012) und „Welfare to Work: Lässt sich Arbeit sozialstaatlich erzwingen? Eine Kritik normativer Rechtfertigungen von Workfare", in: *Neue Praxis*, Sonderheft 11 (2012).

Tim Henning ist Wissenschaftlicher Mitarbeiter an der Universität Gießen. Zu seinen letzten Aufsätzen gehören „Why be Yourself? Kantian Respect and Frankfurtian Internality", in: *Philosophical Quarterly*, 61 (2011), „Moral Realism and Two-Dimensional Semantics", in: *Ethics*, 121 (2011) und „Normative Reasons Contextualism", in: *Philosophy and Phenomenological Reserach* (im Erscheinen).

Marco Iorio ist Fellow in der DFG-Forschergruppe „Normenbegründung in Medizinethik und Biopolitik" an der Universität Münster. Zuletzt erschien von ihm *Regel und Grund: Eine philosophische Abhandlung* (2011), „Klimawandel, Klimaethik und das drohende Ende der Menschheit", in: *Zeitschrift für Politikwissenschaft*, 22 (2012) sowie *Einführung in die Theorien von Karl Marx* (2012).

Russell Keat ist emeritierter Professor für Politische Theorie an der School of Social and Political Science der University of Edinburgh. Seine letzten Publikationen sind „Habermas on ethics, morality and European identity", in: *Critical Review of International Social and Political Philosophy*, 12 (4), (2009), „Liberalism, neutrality and varieties of capitalism", in: N. Smith und J.-P. Deranty (Hg.), *New Philosophies of Labour: Work and the Social Bond* (2011) und „Marktökonomien als moralische Ökonomien", in: *Deutsche Zeitschrift für Philosophie*, 60 (4) (2012).

Lukas Kübler ist wissenschaftlicher Mitarbeiter am Lehrstuhl für Praktische Philosophie, Rechts- und Sozialphilosophie der Humboldt-Universität zu Berlin.

Georg Lohmann ist Professor für Praktische Philosophie an der Otto-von-Guericke Universität Magdeburg. Seine letzten Veröffentlichungen sind „Globale Gerechtigkeit, Menschenrechte und korrespondierende Pflichten. Eine Skizze", in: Hans-Helmuth Gander (Hg.), *Menschenrechte. Philosophische und juristische Positionen* (2009), „Menschenwürde als ‚soziale Imagination'. Über den geschichtlichen Sinn der Deklaration der Menschenrechte und Menschenwürde nach 1945", in: Nikolaus Knoepffler, Peter Kunzmann und Martin O'Malley (Hg.), *Facetten der Menschenwürde* (2011) sowie *Menschenrechte. Ein interdisziplinäres Handbuch* (2012, hg. gemeinsam mit Arnd Pollmann).

Christine Löw lehrt am Fachbereich Gesellschaftswissenschaften der Goethe-Universität Frankfurt. Zuletzt erschien von ihr „Subalternität und eine neue Pädagogik: Postkolonial-feministische Perspektiven auf Menschenrechte und Bildung im globalen Süden", in: Claudia Brunner und Josephine Scherling (Hg.), *Bildung, Menschenrechte, Universität – Chancen und Risiken einer menschenrechtsbasierten Bildungspolitik im Kontext des Wandels der Universitäten* (2012), sowie „A Postcolonial Commentary", in: *Critical Exchange on the 2010 Nobel Peace Price* (gemeinsam mit Chandran Kukathas, Brooke Ackerly und Steve On), *Contemporary Political Theory*, Vol. 11, No. 2 (2012).

Hanna Meißner ist Wissenschaftliche Mitarbeiterin am Zentrum für Interdisziplinäre Frauen- und Geschlechterforschung (ZIFG) der Technischen Universität Berlin. Ihre letzten Veröffentlichungen sind *Butler. Grundwissen Philosophie* (2012) und *Geschlechter Interferenzen. Wissensformen – Subjektivierungsweisen – Materialisierungen* (2013, hg. gemeinsam mit Corinna Bath, Hanna Meißner, Stephan Trinkaus und Susanne Völker).

Ceren Özselçuk ist Assistant Professor am Fachbereich Soziologie der Bogazici University in Istanbul. Zu ihren letzten Veröffentlichungen gehören „Abstractions and Affects" (gemeinsam mit Yahya Madra), in: Heiko Feldner, Fabio Vighi und Slavoj Žižek (Hg.), *States of Crisis and Post-Capitalist Scenarios* (2013), „Louis Althusser and the Concept of Economy", in: Katja Diefenbach, Sara R. Farris, Gal Kirn und Peter Thomas (Hg.), *Encountering Althusser: Politics and Materialism in Contemporary Radical Thought* (2013) sowie „Reading Diverse Economies with Desire" (gemeinsam mit Yahya Madra), in: Gerda Roelvink, Kevin St. Martin und J. K. Gibson-Graham (Hg.), *Performing Diverse Economies* (erscheint 2013).

Tilman Reitz ist Juniorprofessor für Wissenssoziologie an der Universität Jena. Zuletzt erschien von ihm „Der Ausnahmezustand, in dem wir leben. Politische Ordnung und entgrenzte Verfügungsgewalt", in: Janine Böckelmann und Frank Meier (Hg.), *Die gouvernementale Maschine. Zur politischen Philosophie Giorgio Agambens* (2007), „Von Chancen und Statuskämpfen. Klassenverhältnisse in der Erziehungsgesellschaft", in: *Prokla*, 160 (2010, gemeinsam mit Susanne Draheim und Alexandra Krause) sowie *Intellektuelle in der Bundesrepublik Deutschland. Verschiebungen im politischen Feld der 1960er und 1970er Jahre* (2013, hg. gemeinsam mit Thomas Kroll).

Emmanuel Renault ist Professor für Sozial- und Politische Philosophie an der Universität Nanterre. Seine letzten Publikationen sind *Souffrances sociales* (2008), *Lire les Manuscrits de 1844* (2008, hg.) und *Lire Marx* (2009, gemeinsam mit G. Duménil und M. Löwy).

Hans-Christoph Schmidt am Busch ist Professor für Philosophie an der Technischen Universität Braunschweig. Seine jüngsten Buchveröffentlichungen sind *„Anerkennung" als Prinzip der Kritischen Theorie* (2011), *Hegel et le saint-simonisme. Étude de philosophie sociale* (2012) und Charles Fourier, *Über das weltweite soziale Chaos. Ausgewählte Schriften zur Philosophie und Gesellschaftstheorie* (2012, hg. und eingeleitet).

Über die Herausgeberin und den Herausgeber

Rahel Jaeggi ist Professorin für Praktische Philosophie an der Humboldt-Universität Berlin. Ihre letzten Buchveröffentlichungen sind *Was ist Kritik?* (2009, hg. gemeinsam mit Tilo Wesche), *Sozialphilosophie und Kritik* (2009, hg. gemeinsam mit Rainer Forst, Martin Hartmann und Martin Saar) und *Kritik von Lebensformen* (2013).

Daniel Loick ist Wissenschaftlicher Mitarbeiter am Institut für Philosophie der Goethe-Universität Frankfurt. Seine letzten Buchveröffentlichungen sind *Der Nomos der Moderne. Die politische Philosophie Giorgio Agambens* (2011, hg.) und *Kritik der Souveränität* (2012).

Personenregister

www.ingramcontent.com/pod-product-compliance
Lightning Source LLC
LaVergne TN
LVHW081330011026
849161LV00013BB/2892